普通高等教育“十一五”国家级规划教材

全国高等医药院校药学类专业第五轮规划教材

医药市场营销学

（供药学类专业使用）

主　编　宋跃晋　黄　哲

副主编　傅书勇　阮娴静

编　者　（以姓氏笔画为序）

王慧华（南京中医药大学）

付　非（吉林医药学院）

刘亚军（广西医科大学）

阮娴静（广东药科大学）

李　超（昆明医科大学）

宋宝香（南京中医药大学）

宋跃晋（广东药科大学）

沈　枫（广东药科大学）

聂　磊（广东药科大学）

黄　哲（沈阳药科大学）

黄李凤（广西医科大学）

隋　欣（锦州医科大学）

傅书勇（沈阳药科大学）

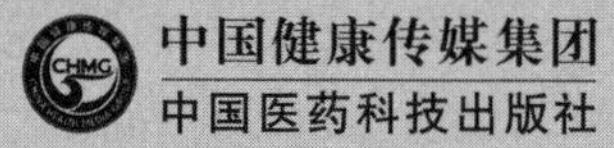

中国健康传媒集团

中国医药科技出版社

内容提要

本教材是“全国高等医药院校药学类专业第五轮规划教材”之一，系根据本套教材的编写指导思想和原则要求编写而成。本教材系统地介绍了医药市场营销学及相关知识点的基本概念、基本理论、基本方法等，其主要内容包括医药市场营销环境分析、医药市场营销战略、医药消费者市场与购买行为、医药组织市场与购买行为等。本教材为书网融合教材，即纸质教材有机融合电子教材，教学配套资源（PPT、微课、视频、图片等）、题库系统、数字化教学服务（在线教学、在线作业等）。

本教材主要供全国高等医药院校药学类专业师生使用，也可作为企事业单位等相关人员自学的参考书。

图书在版编目（CIP）数据

医药市场营销学/宋跃晋，黄哲主编．—4版．—北京：中国医药科技出版社，2019.12

全国高等医药院校药学类专业第五轮规划教材

ISBN 978－7－5214－1486－8

Ⅰ．①医…　Ⅱ．①宋…　②黄…　Ⅲ．①药品－市场营销学－医学院校－教材　Ⅳ．①F724．73

中国版本图书馆 CIP 数据核字（2019）第 301678 号

美术编辑　陈君杞

版式设计　友全图文

出版　**中国健康传媒集团**｜中国医药科技出版社

地址　北京市海淀区文慧园北路甲 22 号

邮编　100082

电话　发行：010－62227427　邮购：010－62236938

网址　www.cmstp.com

规格　889×1194 mm 1/16

印张　16 3/4

字数　371 千字

初版　2002 年 8 月第 1 版

版次　2019 年 12 月第 4 版

印次　2022 年 12 月第 3 次印刷

印刷　三河市航远印刷有限公司

经销　全国各地新华书店

书号　ISBN 978－7－5214－1486－8

定价　59.00 元

获取新书信息、投稿、为图书纠错，请扫码联系我们。

数字化教材编委会

主　编　宋跃晋　黄　哲

副主编　傅书勇　阮娴静

编　者　（以姓氏笔画为序）

王慧华（南京中医药大学）
付　非（吉林医药学院）
刘亚军（广西医科大学）
阮娴静（广东药科大学）
李　超（昆明医科大学）
宋宝香（南京中医药大学）
宋跃晋（广东药科大学）
沈　枫（广东药科大学）
聂　磊（广东药科大学）
黄　哲（沈阳药科大学）
黄李凤（广西医科大学）
隋　欣（锦州医科大学）
傅书勇（沈阳药科大学）

常务编委会

出版说明

“全国高等医药院校药学类规划教材”，于20世纪90年代启动建设，是在教育部、国家药品监督管理局的领导和指导下，由中国医药科技出版社组织中国药科大学、沈阳药科大学、北京大学药学院、复旦大学药学院、四川大学华西药学院、广东药科大学等20余所院校和医疗单位的领导和权威专家成立教材常务委员会共同规划而成。

本套教材坚持“紧密结合药学类专业培养目标以及行业对人才的需求，借鉴国内外药学教育、教学的经验和成果”的编写思路，近30年来历经四轮编写修订，逐渐完善，形成了一套行业特色鲜明、课程门类齐全、学科系统优化、内容衔接合理的高质量精品教材，深受广大师生的欢迎，其中多数教材入选普通高等教育“十一五”“十二五”国家级规划教材，为药学本科教育和药学人才培养做出了积极贡献。

为进一步提升教材质量，紧跟学科发展，建设符合教育部相关教学标准和要求，以及可更好地服务于院校教学的教材，我们在广泛调研和充分论证的基础上，于2019年5月对第三轮和第四轮规划教材的品种进行整合修订，启动“全国高等医药院校药学类专业第五轮规划教材”的编写工作，本套教材共56门，主要供全国高等院校药学类、中药学类专业教学使用。

全国高等医药院校药学类专业第五轮规划教材，是在深入贯彻落实教育部高等教育教学改革精神，依据高等药学教育培养目标及满足新时期医药行业高素质技术型、复合型、创新型人才需求，紧密结合《中国药典》《药品生产质量管理规范》（GMP）、《药品经营质量管理规范》（GSP）等新版国家药品标准、法律法规和《国家执业药师资格考试大纲》进行编写，体现医药行业最新要求，更好地服务于各院校药学教学与人才培养的需要。

本套教材定位清晰、特色鲜明，主要体现在以下方面。

1.契合人才需求，体现行业要求 契合新时期药学人才需求的变化，以培养创新型、应用型人才并重为目标，适应医药行业要求，及时体现新版《中国药典》及新版GMP、新版GSP等国家标准、法规和规范以及新版《国家执业药师资格考试大纲》等行业最新要求。

2.充实完善内容，打造教材精品 专家们在上一轮教材基础上进一步优化、精炼和充实内容，坚持“三基、五性、三特定”，注重整套教材的系统科学性、学科的衔接性，精炼教材内容，突出重点，强调理论与实际需求相结合，进一步提升教材质量。

3.创新编写形式，便于学生学习 本轮教材设有“学习目标”“知识拓展”“重点小结”“复习题”等模块，以增强教材的可读性及学生学习的主动性，提升学习效率。

4.配套增值服务，丰富教学资源 本套教材为书网融合教材，即纸质教材有机融合数字教材，配套教学资源、题库系统、数字化教学服务，使教学资源更加多样化、立体化，满足信息化教学的需求。通过“一书一码”的强关联，为读者提供免费增值服务。按教材封底的提示激活教材后，读者可通过PC、手机阅读电子教材和配套课程资源（PPT、微课、视频、图片等），并可在线进行同步练习，实时反馈答案和解析。同时，读者也可以直接扫描书中二维码，阅读与教材内容关联的课程资源（“扫码学一学”，轻松学习PPT课件；“扫码看一看”，即可浏览微课、视频等教学资源；“扫码练一练”，随时做题检测学习效果），从而丰富学习体验，使学习更便捷。

编写出版本套高质量的全国本科药学类专业规划教材，得到了药学专家的精心指导，以及全国各有关院校领导和编者的大力支持，在此一并表示衷心感谢。希望本套教材的出版，能受到广大师生的欢迎，为促进我国药学类专业教育教学改革和人才培养做出积极贡献。希望广大师生在教学中积极使用本套教材，并提出宝贵意见，以便修订完善，共同打造精品教材。

中国医药科技出版社

2019年9月

前言

《医药市场营销学》自2002年出版以来，得到了广大师生的欢迎，至今已经修订至第4版，成为国内为数不多的修订第4版的市场营销学教材之一。期间也获得社会各界的好评，如2006年获得全国高等医药院校规划类优秀药学教材二等奖。在当前我国医药市场政策强力推动下，国内医药市场急速转型升级，并发生了从“首仿”“快仿”战略到“仿创结合”“以创为主”等战略的转变。因此，为了满足新形势下国内医药企业的营销实践需求，在中国医药科技出版社的大力支持下，对《医药市场营销学》进行第4版修订，使得其理论体系日臻完善，希望能够给读者提供对未来国内医药市场更具有指导意义的市场营销理论与方法。

本版修订主要内容如下：一是删减部分内容，因第二章主要讲产品内容，与第十三章存在一定内容重复，且该书主要内容为企业市场营销，因此要弱化产品研发内容，故删除；第六章属于营销管理内容，由于篇幅有限，故删除。二是合并部分内容，第八章、九章均属于环境分析内容，因此，合并为第二章医药市场营销环境分析；第十章、十一章和十二章均属于市场调研内容，故合并为第六章医药市场调研；第十六章、十七章、十八章、十九章属于促销策略部分，故合并为第十一章医药促销策略。三是调换位置，本着从宏观到微观的认知顺序，按照环境分析—战略制定—消费者（组织）行为分析—市场调研—市场定位—4P策略—医药市场营销新理论等顺序进行编排，故将环境分析排为第二章，其后是市场营销战略，另外，市场调研是做好STP策略（市场细分、目标市场和市场定位）和4P策略的前提和基础，所以把第六章放在这两部分内容的前面。

《医药市场营销学》（第4版）依然秉承了以前各版的编写要求与特色，以医药行业国家政策为导向、贴近医药市场实践，市场营销理论与方法既反映普通营销学最新研究成果，又突出医药市场营销的特殊性，能够为我国医药企业转型升级提供必要的理论指导与方法借鉴，使其逐步成为我国高等医药类院校相关专业首选教材。

近年国家相继出台了一系列医药政策，已经展示出助力我国医药行业转型升级的巨大决心，国内医药企业欲在变幻莫测的医药市场大环境中取得发展，掌握一些必要的医药市场营销理论与方法则是必由之路，虽然本书编者兢兢业业而为之，但由于学识和时间所限，难免出现一些疏漏和不妥，恳请读者给予中肯的批评和指导，共同为促进我国医药市场营销理论和方法的不断完善而努力。

编　者

2019年12月

目录

第一章　绪　论 …… 1
第一节　医药市场营销学的基本概念 …… 1
一、市场营销学的概念 …… 1
二、医药市场营销学的概念 …… 3
三、医药市场营销学的内涵 …… 4
第二节　市场营销学的产生与发展 …… 5
一、市场营销学的产生 …… 5
二、市场营销学的演变 …… 6
三、市场营销学的发展阶段 …… 9
四、市场营销学在我国的应用与发展 …… 11
五、市场营销产生与发展的社会条件 …… 12
第三节　医药市场营销学的基本任务 …… 13
一、研究医药市场营销学的意义 …… 13
二、医药市场营销学研究的内容 …… 13
三、医药市场营销学研究的方法 …… 15
第二章　医药市场营销环境分析 …… 17
第一节　医药市场营销环境分析的内涵与方法 …… 17
一、医药市场营销环境的内涵 …… 17
二、医药市场营销环境系统 …… 17
三、医药市场营销环境分析的意义 …… 18
四、医药企业营销环境分析的主要方法 …… 19
第二节　医药市场宏观营销环境分析 …… 21
一、人口统计因素 …… 21
二、经济环境 …… 23
三、自然环境 …… 26
四、科学技术环境 …… 27
五、政治法律环境 …… 28
六、社会文化环境 …… 31
第三节　医药市场微观营销环境分析 …… 32
一、医药企业内部营销环境及资源 …… 32
二、医药企业外部微观营销环境因素 …… 34

第三章 医药市场营销战略 …… 43
第一节 医药企业战略与市场营销战略 …… 43
一、医药市场营销战略的概念与意义 …… 43
二、医药企业营销战略的类型 …… 45
三、医药市场营销计划体系及内容 …… 45
四、医药营销计划的制定过程 …… 46
第二节 竞争性市场营销战略 …… 51
一、竞争者分析 …… 51
二、市场竞争者策略分析 …… 56
第三节 医药市场营销计划与营销组合 …… 59
一、医药市场营销计划概述 …… 59
二、市场营销组合的概念与特点 …… 61
三、研究市场营销组合的意义 …… 63
四、正确运用营销组合策略 …… 65
第四章 医药消费者市场与购买行为 …… 67
第一节 医药消费者市场分析 …… 67
一、医药消费者市场概述 …… 67
二、研究医药消费者市场的意义 …… 68
三、医药消费者市场分析的内容 …… 69
第二节 影响医药消费者购买行为的因素 …… 72
一、影响购买行为的个人因素分析 …… 72
二、影响消费者购买行为的社会因素分析 …… 76
第三节 医药消费者购买决策过程 …… 79
一、医药消费者购买行为类型 …… 79
二、医药消费者购买决策过程 …… 80
第五章 医药组织市场与购买行为 …… 83
第一节 医药组织市场类型及特征 …… 83
一、医药组织市场的定义和构成 …… 83
二、医药组织市场的特征 …… 84
三、医药组织购买行为的影响因素 …… 85
四、医药组织市场购买行为的参与者 …… 87
五、医药组织购买行为的决策过程 …… 87
第二节 医药产业市场的购买行为 …… 91
一、医药产业市场购买行为模式 …… 91
二、医药产业市场的购买对象 …… 91
三、医药产业市场的购买类型 …… 92
四、医药产业市场的购买决策过程 …… 92
第三节 医药中间商市场的购买行为 …… 93

一、医药中间商市场的购买类型 …… 93
二、医药中间商市场购买过程的参与者 …… 94
三、医药中间商市场的购买决策过程 …… 94
第四节　医药政府市场和非营利组织市场购买行为 …… 95
一、医药政府市场购买行为分析 …… 95
二、非营利组织购买行为 …… 97

第六章　医药市场调研 …… 98
第一节　医药市场信息 …… 98
一、医药市场信息的类别与功能 …… 98
二、医药市场信息的收集与处理 …… 100
三、医药市场信息系统 …… 101
第二节　医药市场调研 …… 105
一、医药市场调研概述 …… 105
二、医药市场调研的设计与实施 …… 107
三、医药市场调查方法 …… 110
四、调查问卷的设计 …… 112
第三节　医药市场预测 …… 114
一、医药市场预测的作用与分类 …… 114
二、医药市场预测的程序 …… 116
三、定性预测方法 …… 117
四、定量预测方法 …… 118

第七章　医药市场细分与目标市场选择 …… 122
第一节　医药市场细分 …… 122
一、医药市场细分的概念及意义 …… 122
二、医药市场细分的理论依据与细分条件 …… 124
三、医药市场细分的标准 …… 125
四、市场细分的步骤 …… 129
第二节　医药目标市场的选择与策略 …… 130
一、医药目标市场的概念及条件 …… 130
二、选择医药目标市场应考虑的因素及选择策略 …… 131
第三节　医药产品的市场定位策略 …… 132
一、医药产品市场定位的概念及策略 …… 132
二、医药产品市场定位的方法 …… 133

第八章　医药产品策略 …… 136
第一节　医药产品的整体概念和产品组合 …… 136
一、医药产品的整体概念 …… 136
二、产品组合策略 …… 137
第二节　医药产品生命周期策略 …… 139
一、产品生命周期的基本概念 …… 139

二、医药产品生命周期各阶段的特点与营销策略 …… 139
三、延长医药产品市场生命周期的途径 …… 143
第三节 医药产品品牌策略 …… 143
一、品牌的相关概念 …… 143
二、品牌的含义 …… 144
三、品牌的作用 …… 144
四、品牌策略 …… 145
第四节 医药产品包装策略 …… 146
一、包装的概念和作用 …… 147
二、包装的设计原则 …… 148
三、包装策略 …… 149

第九章 医药产品价格策略 …… 152
第一节 药品定价的基础 …… 152
一、成本——药品价格的基础 …… 152
二、药品供求与药品价格 …… 153
三、价格弹性与药品价格 …… 154
四、竞争条件与商品价格 …… 156
五、国家政策与商品价格 …… 157
六、影响药品价格的其他因素 …… 158
第二节 企业定价目标与程序 …… 160
一、定价目标的选择 …… 160
二、定价程序 …… 162
第三节 企业定价方法 …… 163
一、成本导向定价法 …… 164
二、需求导向定价法 …… 166
三、竞争导向定价法 …… 167
第四节 企业定价策略 …… 168
一、消费者心理定价策略 …… 168
二、折扣与让价策略 …… 169
三、产品寿命阶段定价策略 …… 169
四、相关产品价格策略 …… 171

第十章 医药产品分销渠道策略 …… 173
第一节 医药市场分销渠道的概念、作用与类型 …… 173
一、医药市场分销渠道的概念 …… 173
二、医药市场分销渠道的作用 …… 174
三、医药市场分销渠道的构成 …… 174
四、医药中间商的功能与类型 …… 177
第二节 医药市场分销渠道的设计 …… 181
一、医药市场分销渠道的类型 …… 181
二、影响医药市场分销渠道设计与选择的因素 …… 182

三、药品分销渠道设计决策 …… 183
四、对渠道设计方案的评估 …… 185
第三节 医药市场分销渠道的管理 …… 186
一、选择渠道成员 …… 186
二、激励渠道成员 …… 187
三、评估渠道成员 …… 188
四、调整渠道 …… 189
第四节 医药市场分销渠道冲突管理 …… 190
一、医药市场分销渠道冲突的主要类型 …… 190
二、医药市场分销渠道冲突产生的原因 …… 191
三、化解渠道冲突的常用方法 …… 193
四、窜货管理 …… 194

第十一章 医药产品促销策略 …… 200
第一节 医药产品促销和促销组合概念 …… 200
一、促销的概念与作用 …… 200
二、促销组合的内涵 …… 201
三、有效传播组合基本方法与技巧 …… 202
四、促销组合决策 …… 202
第二节 医药产品广告 …… 204
一、医药产品广告的概念与作用 …… 204
二、医药产品广告的目标与预算 …… 205
三、设计广告信息 …… 207
四、非处方药品广告的媒体选择 …… 208
五、医药产品广告效果评价 …… 209
第三节 医药产品人员推销 …… 211
一、人员推销的概念与作用 …… 212
二、推销人员的选择、培训、考核与激励 …… 213
三、药品销售人员推销技巧 …… 215
第四节 医药产品公共关系与营业推广 …… 217
一、公共关系概念与分类 …… 217
二、公共关系促销工作的主要内容 …… 218
三、营销公关促销方法 …… 220
四、医药产品营业推广概念及技巧 …… 221
五、医药产品营业推广方案的制定与实施 …… 223

第十二章 医药产品国际市场营销 …… 225
第一节 国际市场营销概论 …… 225
一、国际市场营销的基本概念 …… 225
二、国际国内市场营销的区别 …… 226
三、国际市场营销的基本模式 …… 227
第二节 国际医药市场环境分析 …… 227

一、国际环境分析 …… 228
二、目标国国内环境分析 …… 232
第三节 国际医药市场战略抉择 …… 237
一、国产医药商品进入国际市场策略 …… 237
二、补偿贸易的策略 …… 238
三、租赁策略 …… 238
四、在国外建立制造基地的策略 …… 238
第四节 国际医药市场营销组合策略 …… 238
一、国际市场产品策略 …… 238
二、国际市场定价策略 …… 239
三、国际市场销售渠道策略 …… 240
四、国际市场促销策略 …… 241

第十三章 医药市场营销理论发展新趋势 …… 244
一、绿色营销 …… 244
二、服务营销 …… 246
三、关系营销 …… 246
四、网络营销 …… 248
五、微营销 …… 249

参考文献 …… 251

第一章 绪 论

学习目标

通过本章学习全面了解医药市场营销学的概念、研究内涵、研究意义；掌握市场营销学的产生、发展的历史与发挥应有作用的社会条件；熟悉市场营销学在我国的发展状况。

市场营销学是专门研究市场经济条件下，企业如何更好地抓住机遇、避开风险、获得健康发展的经济管理类学科。现代市场营销学是西方国家市场经济高度发展的产物，是西方企业经营管理的经验和教训的理论总结，因此它具有很强的应用性。明确市场营销的科学内涵，了解其过去、现在的形成与发展以及市场营销学理论和科学体系，阐明市场营销学的研究对象与方法，掌握市场营销学的基本理论与方法，对于创立具有中国特色的市场营销学和医药市场营销学，无疑具有十分重要的意义。

第一节 医药市场营销学的基本概念

扫码“学一学”

一、市场营销学的概念

国内市场营销学主要译自英文 Marketing 一词。Marketing 有两重含义：一是当作动词理解，它指经济活动，主要是指企业的营销活动；二是当作名词理解，它指一门学科，主要指以企业营销活动为研究对象和内容的管理类学科。因此，Marketing 在不同的使用场合有着不同的含义。自从 Marketing 进入中国以后，国内学者先后将它翻译为销售学、市场经营学、市场经营销售学、市场推销、市场学、营运学、行销学、市场营销学等。随着人们对其从形式到内涵的充分认识，国内逐步接受了市场营销学这一流行译法。

扫码“看一看”

（一）国内外关于市场营销学的解释

虽然市场营销学对于国人的生活来说是一个接触与使用越来越多的常用术语，但是，关于市场营销学的定义，数十年来，国内外企业家、营销学专家、学者及有关权威机构，却有数十种不同的说法。客观地说，无论哪一种定义，都试图使它最能表达市场营销学的精髓，让读者一目了然，因而它们都体现了作者对市场营销的理解，表达方式的不同只不过是所处的立场、角度不同而已，没有根本的或本质上的区别。当然，从历史发展角度来看，有些定义客观上存在着一定的局限性，但随着社会的发展、市场营销实践活动的增加，后续定义都是在对前期定义继承基础上增加或补充的，而不是根本的否定。因此，回顾了解国内外具有代表性的市场营销学定义，有助于我们全面把握市场营销学的精髓并将之很好地应用到医药行业中来。

1. 国外营销学的定义 自从市场营销学产生到现在，西方国家的市场营销学者们对此作出了许许多多的定义和解释，具有代表性的有以下几种。

市场营销是引导货物和劳务从生产者流向消费者或用户所进行的一切企业活动（1960年美国市场学协会的定义）。

市场营销是指一个企业或组织所进行的这些活动：调查研究目标顾客，引导满足需要的商品和劳务从生产者流向目标顾客，以实现企业或组织的目标（尤金·麦卡锡《基础营销学》1978年第6版）。

市场营销是指企业的这种业务活动：识别目前尚未满足的需要与欲望，估量和确定需要量的大小，选择和决定企业能最好地为它服务的目标市场，并且决定适当的产品、劳务和计划，以便为目标市场服务（菲利普·科特勒《营销管理》1984年第5版）。

市场营销是（个人或组织）对思想（或主意、计策）、货物和劳务的构想、定价、促销和分销的计划与执行过程，以创造达到个人或组织的目标的交换（1985年美国市场学协会的定义）。

市场营销是致力于通过交换过程满足需要与欲望的人类活动（菲利普·科特勒《营销学原理》1986年第3版）。

市场营销是为了满足任何个人和群体的需要与欲望，分别与上述各种人交换产品和价值的一种社会管理过程（菲利普·科特勒《营销管理》1991年第7版）。

市场营销是研究如何根据市场的需要和供给，来提供商品和服务，以维持和发展市场为目的的所有对策的总和（日本市场营销学教科书的定义）。

一个企业如果要生存、发展和盈利，就必须有意识地根据用户和消费者的需要和潜在的需要来安排生产（英国市场营销学协会的定义）。

市场营销是一项有组织的活动，它包括创造“价值”，将“价值”通过沟通输送给顾客，以维系管理公司与顾客间的关系，从而使公司及其相关者受益的一系列过程（2004年美国市场学协会的定义）。

从以上定义中可以看出，虽然它们的表达方式不一，但没有太大的本质区别，它们都离不开市场需要与满足这个市场营销中最基本的内容，强调企业市场营销的关键寻找发现消费者的需要并为这提供产品或服务使之满足。

2. 国内关于市场营销学的定义 为适应我国企业界市场营销实践的需要，理论界也开始了有关市场营销的研究探讨工作，并结合实际，提出了一些市场营销学的定义，可谓是众说纷纭，但具有代表性的主要如下。

市场营销学是研究生产者通过销售渠道同市场联系起来，以促进消费者购买的过程。

市场营销学是研究为消费者服务的一种理论，通过制造和供应商品以及最后提供消费的一系列活动，来满足消费者的需要。

市场营销学是研究出现在生产者与消费者之间的一种联系。

以上定义，从根本上讲也没有区别，都强调生产与消费的联系，并把此作为市场营销学研究的出发点。但随着商品经济的发展，市场营销学的概念还应拓宽，这本身也符合事物发展规律的需要。

（二）本教材的市场营销学的定义

从经典意义上说，市场营销学最早是从某一个具体的生产者、经营者或某种商品出发来研究市场营销学的，它主要涉及产品的研发策略、市场定位、定价策略、销售策略和销售促进策略等。因而曾有人把它定义为狭义市场营销学：“引导商品与劳务从生产者到达消费者或使用者的一切商业活动过程”。

随着时代的变化，市场营销学研究的范围早已不再局限于制成产品后到达消费者手中的过程，而远在制造产品之前就已经开始了。例如，市场调查、产品设计开发、产品定价、确定销售路线和推销方法以及产品的商标、包装的确定、广告的制作、媒体选择等，都在产品被制造出来之前或制造过程中就预先进行。另一方面，成功的企业也不会仅满足于把产品或劳务送到消费者手中，它也还需要了解企业的产品是否使消费者满意、消费者是否乐意继续使用或购买、是否乐意向亲友或同事推荐，以此来获得产品销路的增加和公司（企业）形象与声誉的扩展。在此意义上说，不仅要把产品制造前企业所需做的工作（通常所说的售前服务）包括在市场营销过程中，而且即使是产品销售出去后，市场营销过程仍然没有结束，还应把企业的售后服务包括在内。

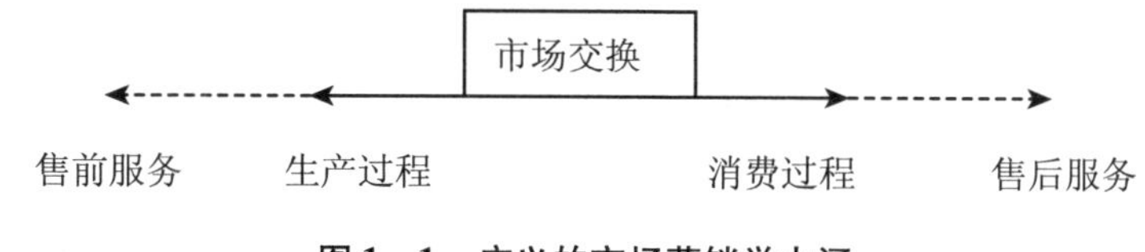

图1-1 广义的市场营销学内涵

美国经济学家包尔·马苏提出了一种广义市场营销学的解释，即“市场营销是给社会传送生活标准”。哈佛大学的马尔康·麦克纳教授认为：“市场营销是给社会创造和传送生活标准”。他们均认为市场营销活动绝不仅仅在企业中孤立地进行，而是与整个社会的生活观念、价值标准紧密地结合在一起。市场营销是综合的经济活动过程，对于企业而言，其根本目的是在于满足现实的和潜在的消费者的需要。

本书着重从企业角度来阐述市场营销学，属于微观经济的范畴。因此对市场营销学的基本解释是：在市场经济的条件下，企业所有的生产经营活动都应围绕市场展开，从消费者的需要出发，以满足消费者的需要为中心，提供适销对路的产品或满意的服务，制定适当的价格，采取合适的销售渠道和促销方法，选择适当的时机和地点，针对合适的消费者出售商品或服务，从而取得良好的经济效益。其中包含了企业从研制开发到生产销售、从企业营销战略决策到营销战术实施等全过程。因此，本书所涉及的内容应该是广义的微观市场营销学。

二、医药市场营销学的概念

市场营销，无论从其管理功能或具体操作技巧，还是从理论学科概念来理解，都适用于国民经济中各行各业及各类企业。并且从实际情况来看，随着社会竞争的普及，各行各业都将市场营销的意识和功能渗透到各自的日常经营和管理之中。国内外的经验证明，即使是非盈利性的社团组织，如想获得更多的社会支持，也离不开市场营销的作用。医药企业，无论是其工业企业还是商业企业，作为盈利性组织中的一员，当然更不能例外。

市场营销学作为一种管理文化，我们应该科学地认识到，除去社会及意识形态上的区别外，客观上还应该存在着跨越国界、跨越行业的与生产力相关的、纯技术性的自然属性。即市场营销学的基本思想、观念、方法及策略，在不同的行业、企业都能得以科学地应用，只不过在应用过程中，应该密切联系本行业、本企业的特点，吸取其精华，摒弃其糟粕，这才是对待来势日益凶猛的西方文化应该有的一种科学严谨的态度。

所谓医药市场营销学，就是医药企业要根据市场营销学的基本原理，认真研究医药市场的发展变化，围绕市场需求和医药科技的发展，在国家有关法律法规指导下为市场提供合适的产品，制定合适的价格，采用高效的销售渠道和促销措施，向合适的顾客销售产品，

以取得良好的企业经济效益和社会效益。

三、医药市场营销学的内涵

从以上定义中可以看到，搞好医药市场营销的基础和前提是掌握以下四点：市场营销学的基本原理与技巧；医药市场的特征及医药科学技术的发展；国家有关医药产品科学研究、药品生产销售等环节的政策法规；具体企业具体产品的具体情况。

1. 市场营销学的基本原理与技巧 市场营销学产生于以商品生产与交换为主要特征的商品经济条件下，从它正式形成概念后的不到一个世纪以来，随着社会实践内容和规模的不断升级变化，在企业界和理论界的共同努力下，市场营销学已经成为一门独立的有系统科学理论作为指导的并具有很强操作性的经济管理类学科。其基本原理和技巧可以说都是前人社会实践经验和智慧的结晶，并经过了漫长岁月的考验和各种营销实践过程的检验，作为人类的共同知识财富，理应为我们所掌握和采用，这样可以大大提高我国医药行业的营销水平，尽快缩短与世界先进企业之间的差距。因此，在搞好医药企业市场营销的过程中，认真学习研究西方经典的市场营销学理论、掌握科学的营销技巧，是洋为中用的第一步。

2. 医药市场与医药科技 医药市场营销是市场营销基本原理与技巧在医药行业中的具体应用，其营销活动的主体是医药行业中的工商企业，客体是医药市场与医药商品。因此，医药市场就成为医药市场营销学生存与发展的客观社会基础。此外，医药行业又是国际公认的高科技、高投入、高风险、知识密集型行业，医药市场竞争十分激烈，它涉及资金、产品、管理、技术、人才等各个方面。于是，认真研究调查医药市场的现状和变化趋势，把握医药行业科技最新动态，正确制订企业发展和营销战略就成为医药市场营销学的重要课题之一，也是医药企业在医药市场上生存与发展的重要前提。

3. 药事法规 医药行业是国民经济中的一个重要组成部分，它肩负着既为国家创造物质财富又保障人民身体健康的重任。医药产品又是一种特殊商品，它直接关系到人民大众的防病治病与生命安全。因此，国家有关部门需要通过行政的、法律的、经济的、舆论的等手段来监督管理医药行业与医药市场，已经出台的有《中华人民共和国药品管理法》《麻醉药品管理办法》《精神药品管理办法》《医药用毒性药品管理办法》《放射性药品管理办法》《中药品种保护条例》《药品生产质量管理规范》《新药审批办法》《新生物制品审批办法》《进口药品管理办法》《医院药剂管理办法》《药品监督行政处罚程序》《药品卫生标准》《药品监督员工作条例》《药品检验所工作管理办法》《药品流通监督管理办法（暂行）》等。它们共同构成了我国医药管理方面的法律法规体系，是医药行业经营销售的依据和保证，认真学习研究和掌握这些法律法规，无疑是搞好医药市场营销的又一重要前提。

4. 企业及产品特点 我国医药行业工商企业数以万计，各企业拥有资源、生产经营产品各不相同，其营销战略和侧重点都各有差异，因此，要使营销策略具有实际意义，切实联系本企业的实际、联系生产经营产品的特点，就显得尤为重要。例如，实力雄厚的企业和小型企业、处方药和非处方药，它们在市场营销战略、市场定位、营销手段等方面就存在着较大差别。

总之，认真研究市场营销学的基本原理原则，结合医药行业医药产品的特色，并结合我国医药企业经营管理的实际，才是我国医药行业的市场营销学本质的内涵，也是其生命力之所在。

扫码“学一学”

第二节 市场营销学的产生与发展

一、市场营销学的产生

市场营销学是适应现代商品经济高度发展而产生和发展起来的一门管理学科，也是一门由多学科交叉渗透、实用性很强的新兴学科。它于20世纪初起源于美国，但那时只是市场营销学的初期或萌芽阶段。只有到了20世纪五六十年代，市场营销学才有了比较成熟的理论作指导，并随着市场营销实践的变化而不断创新、不断丰富、不断发展和不断完善。

市场营销学作为一门学科而言，从它产生到现在不足百年的历史，但作为培育它和为它提供实践场所的商品市场，却是一个非常古老的经济范畴。

市场是社会分工、商品生产和交换的产物，从人类发展历史角度来看，它经历了几种社会形态，有着几千年的发展历史。

在原始社会，自从发生了畜牧业与农业分离的第一次社会大分工，出现了农产品和畜产品交换的需要，从而也就相应出现了交换的场所，这就是市场的雏形。人类社会第二次大分工，使手工业和农业产生了分离，形成了两大物质生产部门，出现了直接以交换为目的的生产活动，即商品生产，它为市场的进一步发展提供了物质基础。第三次人类社会的大分工产生了一个不从事生产而只从事产品交换的商人阶级，兴起了一种专门从事商品交换的行业——商业，这使得市场的扩大和发展有了组织条件。

进入奴隶社会，商品生产和商品交换进一步发展，能够交换的不仅仅是产品，就连奴隶本身也被当作可交换的商品。到了资本主义社会，商品生产和商品交换发展到了极高水平。在那里，一切产品包括劳动力都变成了商品，其商品生产和交换的规模是以前几种社会形态所不能望其项背的。总之，无论何种社会形态，只要有商品生产和商品交换存在，就离不开为之提供场所的市场。因此，从简单意义上讲，市场是商品和服务交换的场所，是沟通供需的纽带。

在市场经济条件下，市场就如同战场。追求利益的最大化是商人们天经地义的本能，商人们为了在激烈的市场竞争中获胜，就必须认真研究有关市场与交换产生的学问。据专家考证后认为，世界上最早提出市场营销观念的国家是日本。早在公元1650年，日本三井家族的成员就在东京开设了第一家所谓的百货公司，并提出了一套经营销售的方针：如商店要成为顾客的采购员；要为顾客设计和生产合适的商品；保证顾客满意，否则原款奉还。这些经营思想，应该说比较符合现代市场营销学原理的要求。

19世纪中叶，美国国际收割机公司提出经营销售思想后，市场经营才真正出现于西方国家。麦克密克不但发明了收割机，而且发明了经营销售理论。他是西方国家中第一位清楚地认识到营销重要性的人，提出了早期市场营销的理论与方法。

20世纪初，泰勒《科学管理原理》一书的出版，标志着现代企业管理的开端。市场营销活动以及理论研究开始正式登上美国学术界和企业界实践与探索的舞台。

经济思想史的进程表明，任何社会条件的变化都将产生新问题，从而导致为解决此问题的新理论和新思想的产生。因此，市场营销思想首先起源于美国，也是和美国当时的社会经济环境密切相关的，是美国社会经济环境发展的产物。

19世纪末20世纪初，美国开始从自由资本主义向垄断资本主义过渡，与过去相比美国

社会环境发生了深刻的变化。工业生产规模不断扩大，专业化程度日益加深，人口迅速增加，个人收入上升。日益扩大的市场需求为创新提供了无限的机会，市场的竞争也随之进入了一个新的阶段。人们对市场和市场实践的态度开始发生了变化。所有这些因素共同促进了美国市场营销思想的产生，并逐步形成一门对商品营销活动进行全面综合分析的专门学科。其中最重要的因素有：市场交换规模的扩大，新的生产技术出现和生产条件的改善，新的消费思想和需求观念，中间商作用的变化，政府管理社会与经济职能的提升等。

二、市场营销学的演变

现代市场营销学，是在资本主义经济迅速发展和市场问题日益尖锐化的过程中形成和发展的。现代市场营销学从低级到高级的演变过程，大致可以分为四个阶段：即形成时期、应用时期、“革命”时期和创新成熟时期。

1. 形成时期 从19世纪末到20世纪30年代，是现代市场营销学形成时期。这个时期中，各主要资本主义国家经过工业化革命，生产能力迅速增加，城市化进程加速带动了城市经济的发展。1920年美国城市人口开始超过农村人口，商品需求急剧增加。由于市场需求量的增加，市场基本特征是产品供不应求的卖方市场，各类企业最需解决的问题是如何降低成本、增加生产，以满足市场的需求，而产品的销售则根本不用企业担心。但随着先进科学的管理方法和生产技术的应用，使企业生产率得到逐步提高，生产能力的增长超过市场需求增长的速度。在这种情况下，一些有远见的企业开始重视商品推销和刺激需求，注意研究和采用推销术和广告术。与此同时，一些经济学者根据企业销售实际的需要，着手从理论上研究商品销售问题，市场营销专著相继在美国出版，市场营销学课程也出现在美国一些大学的课堂上。如1905年克罗西在美国宾夕法尼亚大学讲授《产品市场营销》课程；1910年巴特勒在美国威斯康星大学讲授《市场营销方法》课程；1913年韦尔达在美国威斯康星大学讲授《农产品市场营销》课程；1912年美国哈佛大学教授赫尔特齐在讲授市场营销课程并走访一些大企业主的基础上，出版了《市场营销》教材；1916年韦尔达出版《农产品市场营销》一书；1917年巴特勒出版《市场营销方法》一书。其中哈佛大学教授赫尔特齐主编的《市场营销》问世，被公认为是市场营销学作为一门独立学科出现的里程碑。

以上这些都显示了市场营销最初作为为企业解决实际问题的手段的初步形成，同时也说明了营销实践是营销理论产生的社会基础。

2. 应用时期 从20世纪30年代到第二次世界大战的结束，是市场营销广泛应用于企业产品销售过程的时期。

1929~1933年资本主义的经济大危机震撼了西方世界。由于生产严重过剩，产品大量积压，商品销售困难，导致企业大量倒闭。这时，企业面临的已经完全不是供不应求的卖方市场，而是供过于求的买方市场。面对尖锐的市场销售问题，企业亟需解决的不是如何扩大生产和降低成本，而是怎么样把产品卖出去。为顺应这个潮流需要，不仅企业主广泛使用各种各样的推销术和广告术，而且营销学者也提出了“创造需求”的概念，并开始重视市场调查研究、分析、预测和刺激市场需求。如1942年，克拉克在其撰写的《市场营销原理》一书中，将营销功能归纳为三大类。①交换功能：购买和销售；②实体分配功能：运输和储存；③辅助功能：金融、风险承担、市场情报沟通和标准化等。这就为大规模开展市场营销学的研究与应用开辟了道路。这样，营销学进入了产品流通领域的应用阶段，

积极而广泛地参与了企业争夺市场、销售产品的活动，为企业生存发展作出了积极的贡献。

1926 年，美国成立了全国销售学和广告学教师协会。到 1931 年，成立了美国销售学协会，专门开设了为企业管理人员讲授销售学的讲习班。随后许多企业家也加入了协会，他们和销售学研究人员共同组成了现代美国销售学会（American Marketing Association，AMA）。这个学会在全美各地设有许多分会，专门从事销售学的研究和培训企业销售人员，并积极参与企业营销策略的研究和制定，客观上为市场营销的广泛应用起到了积极的组织作用。

3. “革命”时期 从 20 世纪 50 年代开始，市场营销学的原理、概念都发生了许多重大变革，逐步形成了现代市场营销学。

随着第二次世界大战的结束，一方面由于美国急剧膨胀的军事工业转向民用工业，另一方面由于科技革命的深入，劳动生产率大幅度提高，产品数量剧增，花色品种日新月异；同时，西方国家汲取了经济危机的教训，推行高工资、高福利、高消费以及缩短工作时间的政策，从而大大刺激了人们的消费购买力，使西方国家的市场需求无论在数量上还是质量上都发生了重大变化。市场的基本特征和趋势是产品进一步供过于求，而消费者的需求和欲望则不断变化。从而市场竞争的范围更加广泛和深入，企业的经营压力有增无减。显然，原来的销售学越来越不能适应新形势的要求。

美国营销学家奥尔德逊和科克斯率先对销售学提出了批评，指出：“（过去）销售学著作向读者提供的只是很少的重要原则和原理……现有的理论不能满足研究者的需要，因为这些理论既未能说明也未分析流通领域内的各种现象。”他们在《市场营销学原理》一书中对市场赋予了新的概念：“广义的市场概念，包含生产者和消费者之间实现商品和劳务的潜在交换的任何一种活动。”所谓“潜在交换”，就是生产者的产品或劳务要符合潜在消费者的需要和欲望。按照过去的观念，市场是生产过程的终点，销售的职能只是推销已经生产出来的产品或劳务；而新的观点则强调买方的显在需求和潜在需求，市场是生产过程的起点。市场营销的功能首先通过调查研究分析判断消费者的需求和欲望，将信息传递到研究开发和生产部门，据此才能提供适销对路的产品和劳务，并使“潜在交换”得以实现，企业才能获得自身发展的机会。从这意义上说，市场营销学已经大大超越了原先的流通领域，延伸到了生产领域和消费领域。

市场营销学这一基本概念的变革，被西方学者公认为是市场营销学中的一次“革命”，并把之与工业革命相提并论。在这一阶段，许多学者相继提出了六个全新的菲利普·科特勒称之为里程碑式的概念：1950 年，尼尔·鲍顿首次提出“市场营销组合”概念；同年，乔尔·迪安提出“产品寿命周期”概念；1955 年，西德尼·莱维提出“品牌形象”概念；1956 年，温德尔·史密斯提出“市场细分”概念；1957 年约翰·麦克金特立克阐述了“市场营销”概念的哲学（认为当一个组织切实地从发现顾客的需要，然后给予各种服务，最后使顾客等到满足，它便是以最佳方式满足了组织自身的目标，即对市场有利的最终有利于组织）；1959 年，艾贝·肖克曼提出了“营销审计”概念（企业应该定期地进行营销审计，以检查它的战略、制度和结构是否与它的最佳市场机会相吻合）。

4. 创新、成熟时期 20 世纪六七十年代以后，市场营销学日益与消费经济学、管理科学、心理学、社会学等理论密切结合起来，逐步成为一门成熟的综合性的经营、管理类学科，出版了一系列新的营销学著作，并得到了企业界的广泛重视和应用。市场营销的内涵也不断被更新和扩充，其中比较突出的是市场营销组合、“社会营销”观念和菲利普·科特

勒的“大市场营销”理论的出现。这一时期对市场营销学理论作出突出贡献的代表人物有尤金·麦卡锡和菲利普·科特勒等。

尤金·麦卡锡在《基础营销学》一书中首次明确提出4P组合概念，即产品（product）、价格（price）、地点（place）和促销（promotion）（详细内容请参阅第五章第四节医药市场营销组合）。

菲利普·科特勒是当代世界上最著名的市场营销学专家之一，他所著的《营销管理》专著，自1967年第一版后至今已有十次再版，并被译成多国文字，对世界许多国家的营销理论研究和应用都产生了很大作用。

大市场营销（mega marketing）是菲利普·科特勒1984年在美国西北大学凯洛格管理研究生院校友会上首次提出的。他认为在各国生产能力不断扩大、商品供过于求、市场竞争加剧而各国政府对经济的干预不断增加、贸易保护主义盛行的新形势下，仅仅依靠原来的“市场营销组合”已经远远不够了，企业管理当局不仅必须服从和适应外部环境，而且应当采取适当的市场营销措施来影响和改善外部环境，这就是大市场营销的本质内涵。

那么什么是“大市场营销”呢？菲利普·科特勒说，在实行贸易保护政策的条件下，面对封闭的或保护型的市场，企业的市场营销战略，除了“$4P_S$”以外，还要加上两个“P”，即“政治力量”（political power）和公共关系（public relations）。他给“大市场营销”下的定义为：企业“为了成功地进入特定市场和在特定市场营销，在策略上要协调地运用经济的、心理的、政治的和公共关系的技巧，以赢得若干参与者的合作和支持”。

“大市场营销”与传统的市场营销学理论的主要区别如下。

（1）企业市场营销管理与外部市场营销环境的关系不同。大部分营销学者都一贯认为，企业管理者要善于适当安排“$4P_S$”，千方百计地使企业“可控制的变数”与外部“不可控制的变数”相适应，这是企业经营管理是否成功、企业能否生存和发展的关键；而“大市场营销”则认为，企业管理当局应当而且能够影响外部营销环境，而不是仅仅必须依从和服务它。

（2）企业的市场营销目标有所不同。在常规的市场营销理论中，企业的营销目标是：千方百计地调查研究、了解和满足目标顾客的需要；而在“大市场营销”观念指导下，企业市场目标是：为了满足目标顾客的需要，采取一切市场营销手段，打开和进入某一市场，或者创造或改变目标顾客的需要。

（3）企业的市场营销手段有所不同。在经典的市场营销理论中，企业应集中一切资源和力量，适当安排“$4P_S$”，用其组合手段来满足目标顾客的需要；而“大市场营销”则认为，除了“$4P_S$”外，营销手段中还应包括政治力量和公共关系，共同构成“$6P_S$”组合。

从对比分析中我们可以看出，“大市场营销”也并不是对以往市场营销理论的根本否定，也称不上是一种全新的发明创造，而应该说是一种发展基础上的创新。从事和关心市场营销学理论的人都清楚，经典或传统的市场学虽然没有像菲利普·科特勒先生那样明确地将政治力量和公共关系单独列为营销组合中的要素，但也是十分强调它们两者在营销工作中的作用，例如政治力量通常放在制定营销战略时的外部环境因素来考虑，而公共关系则作为促销组合手段中的一个重要要素来使用。菲利普·科特勒先生在新的营销环境条件下，认为政治力量和公共关系应得到企业充分的重视和使用，并将它们与原有的产品、价格、渠道、促销四个要素并列考虑。因此，充其量说“大市场营销”仅仅是市场营销学在新形势下的灵活应用而已。但我们并不完全否认菲利普·科特勒先生在市场营销学理论发

展方面的贡献，因为一旦市场营销学定位于市场导向之后，无论是理论界还是实业界，能够对此作出的贡献，只能围绕市场这个永恒的主题作一些（或某些方面）的微调，而不太可能出现像从生产导向向市场导向般的划时代的或里程碑式的改变（市场营销学理论后来的发展进程也已充分证明了这一点）。这充分说明了我们对待西方管理文化应该有一个科学而理智的态度，而不能仅是人云亦云。

以上简单地阐述了市场营销学的演变过程。从中可以看出，市场营销学的演变过程是市场营销的理论与方法随着商品经济的发展与市场营销的实践的增加而不断创新、不断丰富、不断发展和不断完善的过程，也从一个侧面反映了企业经营管理从过去到现代的演变过程。并且可以预见，随着社会的发展，市场营销学的新观念还会不断涌现，也不可避免地会出现各种新的见解、新的观点和新的方法，营销理论定会向更深层次发展，从而更好地为市场营销的实践服务。

三、市场营销学的发展阶段

现代市场营销学着重研究企业的市场营销管理问题。企业市场营销管理是一个企业为了得到目标市场交换的预期结果所做的种种努力。其中，市场营销管理的指导思想是企业市场营销管理的基础。因为企业的市场营销计划要靠企业管理人员和市场营销人员去分析、制定、执行和控制，而企业管理人员和市场营销人员都是按照一定的商业哲学（即指导思想）去进行市场营销管理工作的。正因为这样，企业市场营销管理的指导思想是否符合客观形势需要、是否正确，对于企业市场营销管理能否成功、企业兴衰成败关系极大。中外企业市场营销的实践也充分证明了这一点。

支配企业营销行为的观念，并不是固定不变的。它是随着社会经济的发展和市场形势的变化而发展变化的。近百年来，西方工商企业市场营销的指导思想经历了一个漫长的演变发展过程。从总体上看，大体上经历了四个发展阶段：生产导向阶段、销售导向阶段、市场导向阶段、社会导向阶段（图1－2）。

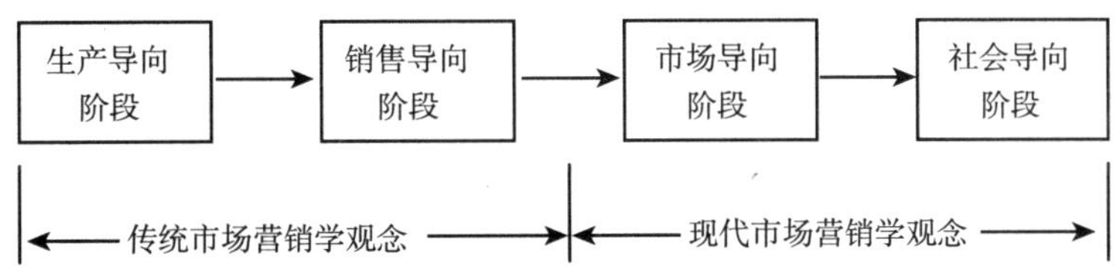

图1－2　市场营销学发展阶段

（一）生产导向阶段

生产导向，即企业以生产为中心阶段。20世纪20年代以前，西方社会产品生产能力还不高，产品供不应求，整个市场总的趋势是“卖方市场”。只要商品质量过硬，价格适中，企业生产多少，就能销售多少。这时的企业家不用关心产品销售，而只要管好生产，在如何使生产得越多越好的目标上下功夫。这种以“生产为中心”的管理导向指导下的企业被称为“生产型”企业，其根本的特征是“以产定销”。市场的需求、消费者的爱好根本不能也没有必要引起企业的重视，市场消费处于被动消极的地位。不断开发新产品的热情、提高产品质量与改善服务水平的原动力处于被封闭状态，这与今天企业竭力取悦市场、取悦消费者的现象是不可同日而语的。

（二）销售导向阶段

销售导向，即企业以销售为中心阶段。20 世纪 30 年代至 50 年代，西方世界商品生产能力有了很大提高，尤其是当军事生产技术转移到民用产品上以后，消费品生产采用了现代化的大批量生产体制和科学管理方法，生产效率突飞猛进。产品快速成倍增长的结果，使得消费品市场由供不应求变为供过于求，由卖方市场变为买方市场。产品从紧缺到大量普遍过剩，使一些企业被迫减产、转产，甚至是倒闭。在这种产销矛盾尖锐、市场竞争激烈的情况下，企业只埋头于内部生产而不顾市场销售的经营方法显然行不通了。为了求得生存和发展，大部分企业不得不把主要精力由生产管理转移到市场销售上来，由“以生产为中心”转变为“以销售为中心”阶段。严酷的社会现实，诱导企业关注市场销售，市场能销售什么产品，企业就生产什么产品，只要能够销售出去，企业就进行生产。在这样的社会背景下，各种销售技巧、广告宣传、经营管理被重视起来。由于此时的企业经营仅仅关注市场销售，通过各种手段追求销售量最大化目标，因此被称为“推销型”企业。

（三）市场导向阶段

市场导向，即企业以消费者为中心阶段。20 世纪 50 年代以后，西方世界经济增长迅速，消费品大量普及，市场日趋饱和。其结果是，即使产品价廉物美，加上绞尽脑汁的推销，仍然不能将产品全部销售出去，市场竞争空前激烈。面对千变万化的消费者提出的多样化、个性化、高级化和时代化的要求，不能满足市场需求的企业不断被淘汰的残酷现实，企业被迫由“以销售为中心”进入“以消费者为中心”的阶段。其本质内涵是，消费者需要什么，企业就生产什么、销售什么，并且销售技巧完全按消费者的喜好而改变，企业的生产经营活动也随着市场需求的变化而不断变化。这种经营理念上的脱胎换骨式的飞跃，开创了企业市场营销的新天地，使企业经营管理跨上了新台阶，也为市场营销学理论研究注入了强劲的活力。以这种经营理念为指导的企业被称为“经营型”企业。

（四）社会导向阶段

这是 20 世纪 70 年代以后发展起来的一种新型市场营销观念，这是为解决市场营销与社会利益之间可能发生的矛盾而提出来的。市场导向观念的本质是企业在满足消费者的需求的基础上实现企业的利润目标。但在实际执行过程中，经常会出现满足消费者个人需求与社会利益之间的不一致。另外，越来越多的有识之士认识到了社会资源的有限性。现代市场营销学的应用，如果不加以适当的约束和引导，一味地迎合消费者的需求，则可能导致产品更新过分加速、社会资源的浪费和环境污染，并且这样的现象随着新科学技术的发展有越来越严重的趋势，如已经引起人们广泛关注的塑料快餐盒的“白色污染”等。

为解决这些问题，出现了社会市场营销的新观念，它比单纯的市场经营观念增加了两个因素：①社会市场营销观点认为在满足消费者某些需要的同时，还应考虑和兼顾和别人的需求和社会利益；②更加强调了消费者和社会长期的福利。社会营销学的观念要求企业进一步参与社会、生态环境、可持续发展等诸多方面的协调工作，不仅要考虑企业微观效益，也要考虑整个社会的宏观效益。

时间巨人的步伐不会停止，事物总是不断发展变化的。随着时代的发展和营销实践活动内容变更，市场营销学将面临更多更新的研究课题，从而产生更多更新的营销理论和营销方法。营销百年的历史也充分证明了这一点。

四、市场营销学在我国的应用与发展

市场营销学在我国的应用和发展可以分为两个泾渭分明的阶段来分析。

（一）市场营销学在我国古代的应用

我国是世界闻名的四大文明古国之一，许多发明创造为世界文明的进程作出了巨大的贡献。从辩证唯物主义角度来看，在我国五千多年的文明历史进程中，每一项变革、每一种社会制度的变迁，无一不渗透着商品生产和交换的推动作用。我国古代市场营销无论从交换的规模上还是营销理念上讲，都是当时世界其他各国所不能比的。从举世闻名的唐代“陆上丝绸之路”的兴起到明代郑和下西洋建立“海上丝绸之路”，其“国际贸易”的时间之早、规模之大令大部分现代人都为此感叹。只要有商品交换就会出现专业从事商品买卖的商人阶层，也会出现许多朴素的商品买卖理论（即所谓的生意经），这些诞生于早期商品交换过程中的营销理论不仅使得中华民族在商品经营上独树一帜，使华商成为世界上闻名的三大系列商人之一（其他为犹太人和阿拉伯人），而且许多与现代市场营销理念也不谋而合，至今仍然在指导着我国现代企业的营销活动（如商品买卖要讲究信用、应童叟无欺等）。

但由于我国封建社会时间的漫长，长期处于自给自足的封闭的小农经济之中，商品经济得不到充分发展，加之我国古代占主导地位的“重农抑商”的经济思想的影响，客观上不具备产生现代市场营销观念的社会基础。需要指出的是，虽然从全社会的层面上讲我国古代商品交换的程度远不能与现代西方相比，因而也不可能产生与之相适应的现代市场营销理念。但这并不影响我国古代一个个著名营销天才的出现，只是由于我国古代政治、经济、军事常常密不可分，以至于我们现在都很难将他们一一区分开来。从这个意义上说，有人将市场营销学的最早最原始的诞生地定为中国也应该是有案可稽的。

（二）现代市场营销学在我国的应用和发展

现代市场营销学于20世纪初起源于商品经济发达的美国。从20世纪50年代起比较系统地传播到了日本和欧洲各国，逐渐被这些国家接受和使用，并与当地的传统文化相结合产生了具有鲜明特色的营销文化。它为当地经济的振兴和发展，企业经营销售的国际化作出了不可估量的贡献。

我国在改革开放以前，除了台湾和港澳地区对此有比较广泛的研究和应用外，整个大陆的市场营销学研究可谓是一片空白。改革开放以后，我国确立了市场经济制度，这就为我国引进、研究和应用市场营销学创造了有利的环境和条件。虽然时间不长，但已经取得了许多可喜的成果，主要体现在以下几个方面。

1. 市场营销学理论已经经历了一个由引进、介绍到借鉴、创新的过程。即由最初单纯引进、介绍西方市场营销学原理与方法，转变为将西方市场营销原理同中国的客观实际相结合，并在局部有所创新，以便能较好地指导中国企业的营销实践。

2. 全国高等院校和研究机构的专家、学者撰写出版了数量可观的专著、教材、辞典、论文等，对市场营销在我国的推广普及起到了积极的作用。

3. 全国各种经济管理类大专院校和中专、干部管理学校，几乎都开设了市场营销学课程。部分院校还开设了市场营销专业，或招收研究生或开办研究生班。全国已具备一批素质较高、规模可观的师资队伍，在培养营销人才、传播和研究市场营销理论方面及指导企

业营销实践等方面起了相当重要的作用。

4. 全国各地先后成立了许多不同类型的市场营销学会、协会、研究会等组织机构，广泛吸引学术界、教育界、企业界人士参加，在推广、普及市场营销知识，总结我国企业营销实践经验，提高理论水平和技巧，为企业提供咨询服务等方面发挥了积极作用。

5. 企业界人士充分认识到了市场营销对企业生存发展方面的重要作用，并广泛参与到市场营销理论和方法的研究与应用中来。一些企业已将市场营销学原理灵活地运用到实践中去并获得成功，为企业带来了良好的经济效益，提高了企业的知名度和美誉度，增强了企业的综合竞争实力，使企业在激烈的市场竞争中处于主动，从而促进了企业的发展。

6. 市场营销学的研究、应用方面也取得了很大成绩，其领域已经从消费品市场拓展到了工业品市场（其中就包含医药产品市场）、旅游市场、服务市场等，并随着我国经济与国际市场的接轨，致力于各类企业的国际市场营销学的研究。

需要指出的是，尽管我国市场营销学的研究和应用取得了上述可喜的成绩，但是从总体上看，与西方一些经济发达的国家相比，尚有一定的差距，距离创立具有中国特色的市场营销学的目标距离就更远。由于我国社会主义市场经济制度的建立时间还不长，市场机制尚不完善，我国大多数企业，特别是国有大中型企业还没有很好地运用现代市场营销学理论来指导企业的经营管理实践，所以在国际国内的市场竞争方面与外国企业相比就显得活力不足。因此，我国市场营销学理论的研究和应用水平尚需理论界、企业界和政府部门共同努力，使之进一步提高，从而增加我国企业的市场综合竞争实力。

社会主义市场经济的建立，为我国市场营销学的研究和应用提供了更为有利的社会环境，开辟了更为广阔的天地。可以肯定，在“以我为主、博采众长、融合提炼、自成一体”思想的指导下，在继续学习和借鉴西方市场营销理论、科学营销管理方法及先进营销手段的基础上，结合我国市场经济的特点和东方管理文化的精髓，经过理论界、企业界和政府有关部门的共同努力，必将创立出具有中国特色的市场营销学。

五、市场营销产生与发展的社会条件

纵观市场营销学在国际国内的发展变化过程，我们可以清晰地认识到，市场营销学作为一门经济管理类学科，其赖以生存的社会和经济基础是商品经济，即商品生产和商品交换。

商品经济的发展促使社会分工的进一步深化，专业化分工越来越细，相互间的依赖与协作则越来越强。生产技术不断革新、各种产品日新月异、层出不穷，市场需求饱和竞争日趋激烈。为了生存与发展，企业之间争市场、争顾客、争人才、争技术、争形象、争舆论成为企业经营管理方面的重点和焦点。严酷的生存环境和不断变化发展的市场需求，使得企业自动自觉地不断更新自己的市场营销理论和方法，按照市场的需要配置企业自身资源，紧紧扣住既定的目标市场，合理制定科学的营销策略和战术，在动态地满足市场需要的基础上实现自身的生存与发展。不同阶段的营销社会实践产生不同的新问题，为此就会产生新的营销理念与方法。在这样的过程中，商品经济从初级阶段发展到了高级阶段，市场营销学也实现了从萌芽到成熟的飞跃。因此，可以说离开了高度发展的商品经济就不可能产生现代意义上的市场营销学。

市场营销学作为一种管理技术和管理文化，它伴随着商品经济这一社会现象的产生而产生、发展而发展，商品经济孕育了市场营销学，市场营销学的方法运用又促进了商品经济的进一步发展。

扫码"学一学"

第三节 医药市场营销学的基本任务

一、研究医药市场营销学的意义

医药产业是国际公认的国际化产业，在国际最新标准划分的25种产业中，医药是国际交换量最大的15类产品之一。医药行业的经营活动日益国际化使得医药市场的竞争比其他行业更加激烈。在改革开放的今天，国际化的趋势促使我国医药行业认真研究现代化经营管理、研究市场营销，去开发国际国内医药市场。然而由于我国建立市场经济制度时间不长，与外国实力雄厚的医药企业相比，国有医药企业底子薄、基础差、技术水平低、管理落后等现象普遍存在，国产药品的市场竞争实力不足。因此，认真研究医药市场营销学，不仅是提高医药企业现代化管理水平、振兴民族医药、促进医药国际化进程的需要，也是保障人民身体健康、提高生活质量、充分满足国民经济对药品需要的必要条件和重要基础。

二、医药市场营销学研究的内容

（一）医药市场营销学研究的重点

现代医药市场营销是一种应以整体（整合）营销活动为基础的顾客导向的营销活动，其根本目的是通过满足目标市场顾客的需要从而实现企业发展目标。它具体包含了三个重点：市场导向、整体营销、顾客满意。

1. 市场导向 是指医药经营企业要重视目标市场上顾客的需求，把了解掌握顾客的需要、欲望和行为特征作为自身营销活动的宗旨，努力为其提供所需的产品和服务，并以各种有效的营销手段去创造和满足其需要，在此基础上实现企业的营销目标。医药经营企业在以市场导向制订自己的经营方针时，应注意以下问题。

（1）了解市场需要　医药企业中每个具体从事营销活动的人员都应了解企业所服务的市场中具体顾客的基本需求，而不是简单地从企业现有的产品出发去寻找合适的顾客。虽然从表面现象看企业制造和销售的都是防病治病的具体药品，但从本质上讲，顾客从购买行为中希望得到的并非完全是药品本身，而是去病强身、享受美好人生的需要的满足。因此，医药企业不应仅以现有产品为营销计划的起点，而应以市场机会为经营的起点，了解目标市场上顾客的真正需求，并将企业所提供的产品或服务与之有机地结合起来，才能使企业把握市场机会，制订正确的营销计划。

（2）进行市场细分　医药产品的消费者的需要因受多种因素（如年龄、收入、心理、医疗条件、个体差异、病因等）的影响而呈现多样性的特点，每一种需要又有多种形式，因而单一的药品已经难以满足所有顾客的所有需求。为此，企业要根据一些具体标准对市场需求进行细分。在市场细分的基础上，企业再根据自身的资源和外部的客观条件，选定合适的目标市场，提供相应产品，使其获得最大的满足。具体讲，就是医药企业要用有限的资源，针对某些特殊的需要，使其获得完全的满足，而不是将所有的资源分散，去试图满足市场全部的需要。

（3）营销组合的差异化　市场营销组合由产品、价格、渠道、促销四个要素组成。每个因素的不同变化，可以组合成多种不同的方案。营销差异化的要求不仅是单一营销要素的差异，而且包括整个营销组合的差异。医药企业应针对不同的目标市场，实施不同的营

销组合，这样才能使营销组合产生综合效果。

（4）进行顾客研究　顾客研究是指企业应充分认清顾客对于企业生存发展的重要作用，在其市场营销的各个阶段都认真研究顾客的消费心理、消费行为，并将顾客按不同标准进行分类，研究、探索其具体的行为模式和行为动机，从而制订相应的营销计划。

（5）合理利用资源　社会资源的稀缺性已得到全社会的公认，从社会所追求的可持续发展要求出发，合理利用现有资源也应成为医药企业的自觉行为。对于医药企业而言，合理利用资源不仅体现在产品研究开发与生产阶段体现绿色营销的要求、减少浪费，合理生产，而且在产品流通、销售过程中也可以通过提高效率、改善服务、改善提高现有医药产品的合理用药率来实现医药资源的合理利用。

2. 整体（合）营销　主要包括两个方面的要求：①企业各职能部门的密切配合。实现市场导向的企业，市场营销部门的任务主要是研究开发、认识了解、服务和满足顾客，其他职能部门均应围绕市场和企业营销目标，积极配合营销部门。医药企业中各职能部门必须在努力增进企业整体利益的前提下，采取各方面的协调行动，为争取顾客、占领市场发挥应有的作用。②各营销因素的配合。营销组合是企业实现营销目标、顺利打开市场、满足顾客需要的关键，而其发挥作用的关键则是其内在要素的统筹兼顾与统一协调。

3. 顾客满意　医药企业的长期利益应建立在顾客满意的基础上。在争取顾客满足时，应注意做好以下工作。

（1）帮助顾客而不是取悦顾客　企业在争取顾客时，不能一味地取悦顾客，而只能在寻求满足顾客的时候，在兼顾顾客要求和社会利益的基础上，从顾客角度出发采取适当的措施给顾客以实际的帮助，从而获得顾客的满意。

（2）进行周密的市场研究　企业进行市场研究的任务之一就是要调查竞争者的行为与动向，调查顾客对企业和产品的印象以及市场的需要变化趋势，作为衡量企业获得顾客满意程度和制定下一步行动计划的依据。

（3）经济效益与社会利益的统一　在经济利益经常与社会利益发生矛盾的今天，医药企业应该更多的是积极寻求这两者的有机统一，在实在无法兼顾的情况下，作出让步的应是医药企业。这一方面反映了国家、社会对经济活动的关注程度，同时也体现了“对社会、对市场有益的事情，终将有益于企业”这一现代营销理念的要求。

（二）医药市场营销学研究的主要内容

医药市场营销学作为市场营销学在医药领域中的具体应用，理应紧紧围绕医药产品与医药市场这个主题和环节，总结、归纳与探索医药产品营销的技巧与措施，对医药经营企业起理论与实际两方面的指导作用。因此，医药市场营销学研究内容主要涉及以下方面。

1. 营销策略的制订　医药市场营销学首先涉及营销策略的问题，包括企业内外营销环境的客观分析、企业竞争策略的制定、产品市场定位、宏观微观营销策略的分工与结合等内容。

2. 营销组织机构　包括专业营销组织部门的组建、职能界定、市场营销在企业中的地位、营销活动支持系统、非营销部门的营销职能与协调等内容。

3. 目标市场　医药市场营销学主要研究医药产品消费者（包括药品经销者如医院和患者）需求的特征与变化趋势，包括现实的和潜在的消费者。研究消费者的数量、构成和分布；消费者的购买动机与购买心理，购买意向与行为；消费者的购买模式与购买决策环境的影响因素，消费者的购买能力和构成、投向等内容。

4. 市场组织 医药市场营销学着重研究市场观念、市场功能、医药市场的结构、医药市场细分、目标市场的选择及市场调查与市场预测等内容。

5. 产品策略 包括产品结构、产品生命周期、新药开发与竞争策略、产品商标与包装策略的制定等内容。

6. 价格策略 主要包括价格概念、国家药品价格政策、企业定价药品的定价方法以及市场营销的价格策略的选择及调整等内容。

7. 促销策略 医药市场营销学根据药品的市场营销特点，涉及药品广告宣传、人员推销、公共关系推广与有条件的营业推广措施等内容。

8. 渠道策略 包括药品销售渠道的类型与选择、销售网络的筹建、高绩效销售队伍的建立与维持等内容。

此外，医药市场营销学理所当然地包括国际市场的拓展及营销组合策略的选择等内容。

三、医药市场营销学研究的方法

（一）医药市场营销学的理论基础

1. 传统市场营销的核心理论 传统市场营销学有着明显的“管理”导向，即着重从市场营销管理决策的角度研究企业的市场营销问题。从1975年出版的约翰·霍华德的《市场营销管理：分析和决策》到1960年出版的尤金·麦卡锡的《基础市场营销学》和1967年出版的菲利普·科特勒的《市场营销管理：分析、计划和控制》，这三本传统市场营销学的经典著作都一脉相传地阐述了企业市场营销管理的核心理论：即企业应该紧紧围绕其“可控制变量”（$4P_S$）与外部“不可控制变量”（外部环境）相协调这一环节，制订可行的营销措施，采用市场营销组合策略，来满足目标市场的需求。

2. 整合营销理论 人们常说，市场竞争是整体的竞争。无论企业形象的树立，还是产品的市场竞争力，都渗透着整合观念的要求。因此，医药市场营销学十分强调管理的整合效果。企业良好的营销环境，依赖于企业多方面的努力，如信息系统、决策系统的健康运作，营销要素的组合、促销要素的组合等。

3. 绿色营销理论 医药市场营销学要求医药企业兼顾眼前与长远的利益、平衡企业与社会的关系，这样才能充分满足可持续发展的要求。医药企业的营销过程，包括产品研制、生产、销售等环节，都体现绿色营销的要求。这既是社会环境的趋势，也应该成为医药企业本身的自觉行为。

（二）医药市场营销学研究方法

1. 系统研究方法 是指医药企业进行市场营销管理决策时，要把与具体营销活动有关的环境和营销活动过程看作是一个系统，按照系统论的客观要求，统筹兼顾其营销系统中的各个相互影响、相互作用的构成部分，内部一致、内外协调，千方百计地使各个部分协同行动，密切配合，产生“1+1>2”的效果。

所谓系统，是指由两个或两个以上的相互影响、相互作用的部分所构成的统一整体。医药企业的所处的环境和营销活动过程实际上也是一个非常复杂的大系统，它一般包括以下一些相互关联的因素（构成部分）：①企业自身（内部系统）；②营销伙伴（渠道）（如医药经销公司、医院等）；③目标顾客（患者）；④竞争对手；⑤医药企业面临的公众（如政府部门、新闻媒介、银行、社团组织、合作者等）；⑥外部宏观环境（技术环境、自然环

境、政治法律、社会文化等）。

任何医药企业想要成功地为其目标市场服务，提高经营效益，在制定营销策略时必须统筹兼顾，全面审视和考虑企业本身、目标市场、营销渠道、竞争对手、周围公众和宏观环境力量等各个方面的情况，使市场营销系统的各个因素（或称构成部分、或称子系统）在行动上步调一致，密切配合，从而产生“增效作用”。这与目前较为流行的整合营销观念是不谋而合的。

2. 管理（或决策）研究法 就是医药企业在制定市场营销管理决策时，要按照目标市场的需要，全面分析研究外界“环境因素”（即企业不可控制因素），同时考虑企业内部资源和能力，权衡利弊，选择最佳的市场营销组合，以满足目标市场的需要，扩大销售、增加盈利，提高企业经济效益。这就是从管理（决策）角度分析研究市场营销问题。

医药市场营销与其他有形产品领域的营销一样，其营销战略中应包括两个相互关联的部分，即目标市场和市场营销组合。医药企业为满足目标市场的需要，必须对“$4P_S$”作出最佳的组合。但企业的营销活动不是在真空中进行的，它必须全面考虑企业的目标与资源、外界制约因素（即经济因素、技术因素、社会文化、政治法律因素等）。医药企业市场营销管理的工作任务和重点是：合理安排市场营销组合，使企业的营销管理决策与外界不断变化的环境相适应。这就是医药企业经营管理能否成功、企业能否在竞争中获得生存发展的关键。

市场营销工作是市场经济条件下企业生存与发展的必备手段之一，越是现代化大规模生产越显现出它的重要性。作为人类社会活动的组成部分，市场营销工作的内涵、方式、重点必然会随着社会环境的改变而变化，但不变的是不断改变营销行为以满足市场需要才能获得市场生存机会。医药市场营销虽然主要关注医药商品的营销活动，但同样需要调整内部各方资源才能动态地适应不断变化的外部社会环境的要求。

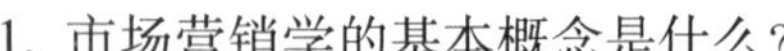

思考题

扫码“练一练”

1. 市场营销学的基本概念是什么？
2. 医药市场营销特点是什么？
3. 影响西方市场营销哲学发展演变的社会条件是什么？对我国有哪些启示？
4. 我国市场营销的现状与未来趋势是什么？
5. 我国医药市场营销学的现状与未来趋势是什么？

第二章　医药市场营销环境分析

学习目标

通过本章学习，需要了解医药企业市场营销环境分析的意义和主要方法；了解医药企业市场营销工作面临的外部宏观环境的本质与重要性；详细掌握微观营销环境的内容与本质；了解与掌握各种宏观环境因素和微观环境因素对医药市场营销活动的具体影响与作用；学会以科学的方法对环境威胁和市场机会进行分析。

现代市场营销学认为，市场是企业生产和经营的出发点与归宿，企业的一切活动都应围绕市场展开。因此，对一个医药企业来说，能不能对医药市场营销环境作出正确的分析与判断，对于企业生产和经营决策的成败关系重大。在市场经济的竞争格局下，盲目地靠运气，或靠个人主观经验去经营，企业是难以生存和发展的。由于竞争日趋激烈，企业必须首先对医药市场和营销环境作出科学的分析与判断，然后才能根据消费者的需求和欲望，决定企业的营销策略和战术。

第一节　医药市场营销环境分析的内涵与方法

扫码“学一学”

一、医药市场营销环境的内涵

在现代经济生活中，每个医药企业并不是生存于真空之中，它必须在复杂多变的市场营销环境中开展业务活动。每一个企业都是一个有机的社会技术经济系统，在企业的营销活动中，既要受到自然规律的支配，又要受社会规律的制约。企业内部的各种生产要素结构，构成了企业的内部系统条件。然而，企业的一切活动又从属于外界环境这个更大的社会系统，因此企业的生存和发展必须以一定的外部环境作为条件和前提。

所谓医药市场营销环境，就是指与医药企业经营有关的、影响企业生存与发展的所有内外部客观要素的总和，亦即企业赖以生存的内外部社会条件。市场营销环境极其复杂，具有确定与不确定、可控制与不可控制、机会和威胁同时并存等特性。医药企业的一切活动都必须适应其内外环境变化，才能具有生命力。企业市场营销甚至经营管理的实质，就是谋求和保持企业的外部环境、内部条件和企业目标三者之间的动态平衡。在上述三个系统要素中，企业的外部环境是最重要和最活跃的因素，又是企业不能支配和控制的因素。

二、医药市场营销环境系统

医药企业的市场营销环境是一个复杂的系统工程，它由相互作用、互相依赖的若干要素组成，一般可以分为宏观和微观两个方面。

（一）宏观营销环境

医药市场宏观营销环境，是指影响企业生产经营的经济环境、科技环境、政治法律环境、社会文化环境和自然环境等要素。它们共同组成了企业生产经营的制约力量，具体地规定或引导企业生产什么、生产多少、如何生产、如何销售等。在通常意义上说，这是企业不可控制的因素，只能顺应它、利用它，而较少地能够改变它。这几个方面的内容各自又可细分为若干个子项目，也都会直接或间接、有形或无形地影响着企业的生产经营活动。因此，医药企业在进行市场营销环境分析时，首先应对外部宏观环境进行科学严谨的调查研究，以期把不利变为有利，使其营销活动完全符合环境的要求。

（二）微观营销环境

医药市场微观营销环境是指对企业营销活动产生直接影响的介于4Ps策略与宏观环境之间的一种营销环境。它既包括医药企业内部的营销资源和非营销资源，如产品、质量、人员、政策、机构设置等，还包括企业外部的与本企业相关的供应商、营销中介、顾客、信息服务提供商、竞争者和公众等制约因素。因此，医药企业微观营销环境还可细分为企业内部和企业外部两个方面。

一个企业能否成功地开展营销活动，不仅取决于能否适应宏观环境的变化，适应和影响微观环境的变化也是非常重要的。

三、医药市场营销环境分析的意义

医药企业的营销活动离不开对市场需求的科学研究和对市场信息变化的及时掌握，而随着市场竞争的加剧，市场的不稳定性、复杂性、多变性和不规则性将更为剧烈。因此，医药企业要在动荡的市场中取得好的营销效果，就必须对市场营销环境作出正确的分析与判断。市场营销环境分析的意义表现在以下三方面。

1. 医药企业市场营销活动的基点 医药企业的生产经营活动离不开社会的、经济的、技术的环境，社会生产力水平，医药科学技术的变化趋势，社会经济管理体制如医药保险制度的改变和药品分类管理办法等，都会直接与间接地影响着医药企业的生产经营活动、左右着医药企业的发展。任何一个医药企业都必须认真调查与分析经营环境，抓住一切有利机会、避开可能的风险，动态地适应社会经济变化的要求，及时调整市场营销战略与策略，使企业的生产经营活动与国家医药事业发展的要求相互协调、相互适应、相互促进，实现企业生存与发展的目标。如果忽视市场营销环境的调研分析，医药企业必将陷入经营困境。

2. 企业寻找市场机会的前提 医药企业市场营销环境的变化最终都会集中地反映在医药市场的需求与供给的关系上。只有认真分析并掌握营销环境和医药市场供求、竞争状态的变化，才能发现和把握医药市场机会，选择正确的目标市场，生产经营适销对路的医药产品。

3. 制定企业各种战略、策略的客观依据 医药企业的生产经营活动由于其产品的特殊性而受到更多环境因素的制约，因此，医药企业营销战略与策略的制定，离不开对营销环境的详细而科学的调研。

从上面的分析中可以看到，医药企业的营销活动从本质上讲只能适应和服务于内外部环境的变化，唯有充分利用医药企业内外部条件优势，寻找和发现经营的机会，并通过正

确的战略，使内外环境和条件协调平衡，才能实现其目标。企业与其外部环境之间的相互依存关系，来源于专业分工和协作的发展，医药企业也就是在参与这种社会分工协作的过程中，不断地扬长避短，发挥优势，从而得到生存和发展的。

四、医药企业营销环境分析的主要方法

（一）企业外部营销环境分析方法

如前所述，宏观营销环境是指医药企业外部的社会性约束条件，这些条件通常无法精确地用量化来表示，因此对市场营销环境的分析通常以定性分析方法为主，通常采用以下两种方法。

1. 专家分析方法　主要是对有关医药市场专家进行相应的咨询和调查，从而得到正确的结论。专家分析方法能否有效的前提是对有关专家的界定和选择，以及专家对所研究问题的关注程度和掌握相关资料的多少等。常见的有个别专家询问调查、专家会议法、头脑风暴法和德尔菲等法（详细内容请参阅本书有关市场调研内容的章节）。

2. 机会－威胁对比分析法　所谓机会，是指市场营销环境中对医药企业有利的方面，而威胁则指市场营销环境中对医药企业不利或存在障碍的因素。企业所面临的内外部环境，可以根据不同时期的具体情况细分为若干基本因素。例如，市场需求方面可包括市场销售及其增长率、利润率及增长潜力等；市场竞争方面可包括同类产品的生产情况、竞争者的状况及营销策略动态等；社会政治经济方面可包括医药行业发展趋势和国家的产业政策、相关政策法规等；企业内部条件可包括产品的市场占有率、生产能力、技术能力和营销能力、财务能力等。

在具体进行市场营销环境分析时，可由企业市场营销人员事先进行广泛的市场调查研究，然后进行相关因素的评分，填写机会－威胁程度分析表（表2－1），并绘制机会－威胁坐标图（图2－1），评价医药企业的市场营销环境状况，从而作出相应的决策。

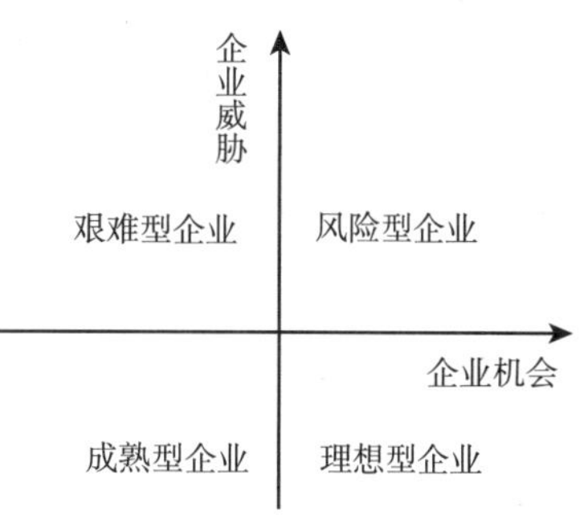

图2－1　机会－威胁坐标图

在相同的市场营销环境中，机会多而威胁、障碍少的企业称为理想型企业；机会多同时威胁也大的企业称为风险型企业；机会少而威胁大的企业称为艰难型企业；机会少但同时威胁也少的企业称为成熟型企业。

需要指出的是，以上的分析都是相对而言的。因为随着市场营销环境的改变，企业所面临的机会和威胁都在不断地发生变化，今天的机会有可能成为明天的威胁，今天的威胁也可能成为明天的机会。并且在企业的努力下，也可能使对他人而言是威胁的因素，转变为对自己有利的动力。这一切的变数全要依靠企业充分重视市场营销环境的研究分析工作，并及时相应调整营销策略，使市场营销环境向有利于企业生存发展的方向变化，使之成为企业发展的加速力。

表 2－1　医药企业机会－威胁程度分析表

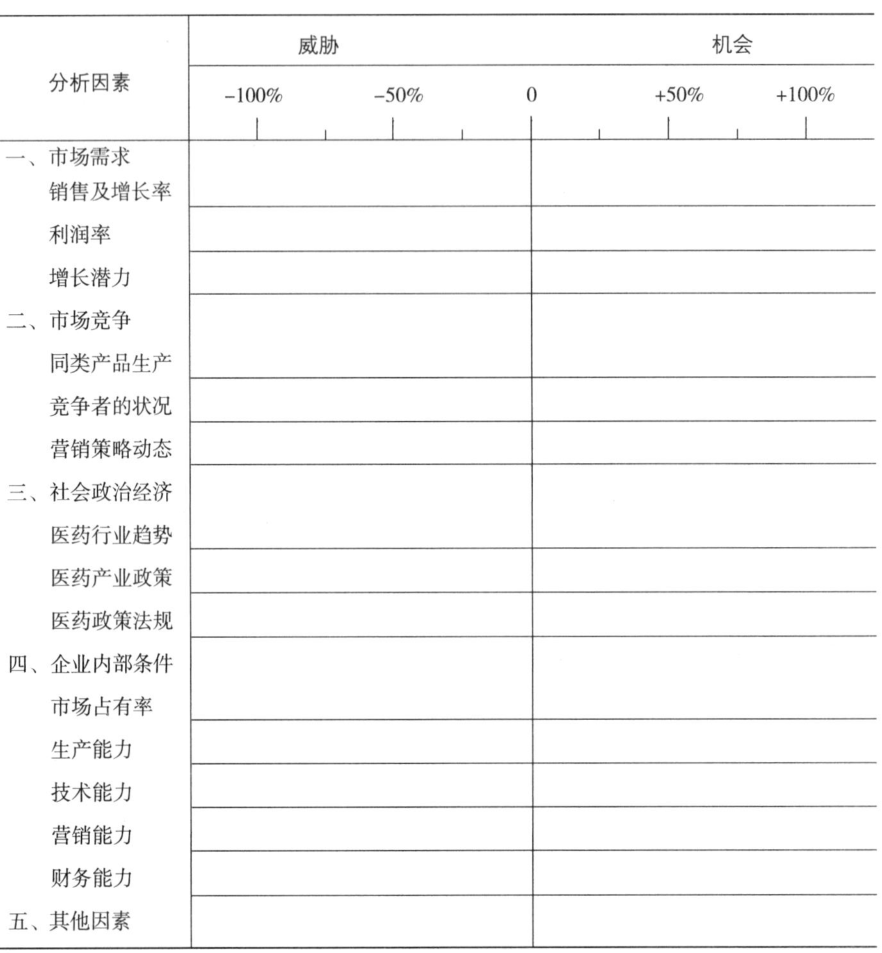

分析因素	威胁			机会	
	-100%	-50%	0	+50%	+100%
一、市场需求					
销售及增长率					
利润率					
增长潜力					
二、市场竞争					
同类产品生产					
竞争者的状况					
营销策略动态					
三、社会政治经济					
医药行业趋势					
医药产业政策					
医药政策法规					
四、企业内部条件					
市场占有率					
生产能力					
技术能力					
营销能力					
财务能力					
五、其他因素					

（二）企业内部营销环境分析方法

1. 企业相关能力分析

（1）营销能力分析　认知度和美誉度、市场份额、产品和服务质量、生产成本与定价效率、分销成本与分销效率、促销能力、研究开发与创新能力、地理优势、原材料优势。

（2）财务能力分析　资金成本与筹资能力、赢利能力、资金稳定性、流动性指标（资产周转率、存货周转率、应收账款周转率等）、安全性指标（流动比率、速动比率、负债比率、权益比率等）。

（3）生产能力分析　①员工素质分析：企业管理人员、专业技术人员、其他职工；②设备与工艺水平分析：专业工艺特性、设备平均役龄人均固定资产；③生产规模分析，经济规模分析；④交货能力分析：是否具有产能优势。

（4）组织能力分析　领导者行为分析（素质、能力、价值观、对职工人性的假设）、员工奉献精神分析、组织结构分析、企业应变能力分析。

2. SWOT 分析　是一种企业内部常用的基础分析方法之一，通过详细的市场调查与研判，根据企业自身的既定内在条件进行分析，找出企业的优势、劣势及核心竞争力之所在，从而将公司的战略与公司内部资源、外部环境有机结合。其中，S 代表 strength（优势），W 代表 weakness（弱势），O 代表 opportunity（机会），T 代表 threat（威胁）。S、W 是内部因

素，O、T 是外部因素。按照企业竞争战略的完整概念，战略应是一个企业“能够做的”（即组织的强项和弱项）和“可能做的”（即环境的机会和威胁）之间的有机组合。

如表 2－2 所示，SWOT 分析实质是把企业营销工作所面临的内外环境所形成的机会（opportunities）、风险（threats）、优势（strengths）、劣势（weaknesses）四个方面的情况，结合起来进行分析，并从中寻找制定适合本企业营销实际情况的销售战略和策略的方法。

表 2－2　SWOT 矩阵表

外部条件	内部分析	
	优势S 列出优势	劣势W 列出劣势
机会O 列出机会	SO战略 发挥优势利用机会	WO战略 克服劣势利用机会
威胁T 列出威胁	ST战略 利用优势回避威胁	WT战略 减少劣势回避威胁

第二节　医药市场宏观营销环境分析

扫码“学一学”

据一项针对 100 家以上大企业的研究报告显示：“拥有先进的外部环境分析系统的企业，比没有类似系统的企业显现较高的增长率与盈利率。”宏观层面对于医药企业营销工作产生影响的就是宏观环境因素，主要包括人口统计因素、经济因素、自然因素、科技因素、政治法律因素、社会文化因素。

一、人口统计因素

扫码“看一看”

人口统计因素就是指人口的特征特点，包括人口数量、人口结构、人口分布等。市场是由那些具有购买愿望同时又具有购买力的人构成的，因此，人口的多少直接决定市场的潜在容量，人口越多，市场规模就越大。而人口的年龄结构、地理分布、婚姻状况、出生率、死亡率、人口密度、人口流动性及其文化教育等人口特性，会对市场格局产生深刻影响，并影响医药企业的市场营销活动与经营管理。

（一）人口数量与增长速度对医药企业营销的影响

从统计意义上分析，某一商品在一国或一地区的市场需求量与该国或该地区的人口总数成正比的。医药产品也是如此，一般情况下，如发病率一定，如果人口数量基数大、人口增长速度快，则发病者势必会增多，对医药产品的需求量就大，因此该市场规模就变大；反之则变小。当前世界人口仍然在持续增长态势，这说明世界医药产品的市场总规模仍在增大。

（二）人口结构对医药企业营销的影响

人口结构主要包括自然构成和社会构成，前者如人口的年龄结构、性别结构；后者如

家庭结构、职业结构以及民族结构等。

1. **年龄结构** 不同年龄的消费者对商品的需求不一样，比如老年人对中药材的需求集中在心脑血管疾病，而少年儿童则集中在上呼吸道感染、退热、消化不良等。而我国人口年龄结构的显著特点是：青少年比重约占总人口的一半，反映到市场上，今后一段时期内，婴幼儿和少年儿童用品及结婚用品的需求将明显增长。同时我国人口老龄化现象正逐渐成为一个严重的问题，我国老年人口增长快、数量大（60 岁以上老年人口是世界老年人口总量的 1/5，是亚洲老年人口的 1/2。在第六次人口普查报告中显示，我国大陆老年人数量已占总人口量的 13. 32%）、患病率高、病情复杂、残疾问题严重，这些都会导致老年医疗及生活照料需求量大，保健品等市场潜力不可限量。

2. **性别结构** 人口的性别不同，其消费需求结构和需求方式必然会有明显的差异，而反映到市场上就会出现男性用品市场和女性用品市场。例如保健品市场上，妇女更多需要减肥、健美类产品，男性则更需要壮阳产品等。值得注意的是，调查显示，我国现阶段男女比例达到了 1. 17:1，男性明显多于女性，这既应该引起社会学者与政府部门的关注，也给药品研发工作都提供了某些启示。

3. **家庭结构** 家庭是购买、消费的基本单位。家庭因素有总户数、每户人口数、居住环境（指建筑面积、房间数、水电气等）等。家庭总户数与某些商品的需要量的关系很密切，它是研究市场需求的一个基本数据。

4. **社会结构** 我国农村人口约占总人口的 80% 左右，因此，农村是个广阔的市场，有着巨大的潜力，常被医药业界称为药品销售中的“第三终端”。这一社会结构的客观因素决定了许多医药企业，尤其是一些中小医药企业，应当以农民为主要营销对象，注意开发价廉物美的药品以满足农民的需要。

5. **民族结构** 民族不同，其生活习性、文化传统也不相同，比如许多藏民还比较倾向于用传统的藏药，这些反映到市场上，就是各民族的市场需求存在着很大的差异。因此企业营销者要注意民族市场的营销，重视开发适合各民族特性、受其欢迎的产品。

（三）人口的地理分布及区间流动对企业营销的影响

首先，人口密度与市场营销的关系很密切。人口密度越高，市场越是集中，企业进入这类市场就越有利。我国东部沿海地区人口密度高，有些地区平均密度高于100 人/平方千米，而西部地区人口密度低，有些地区不足 1 人/平方千米。我国医药市场的“东热西冷”现象与此不无关系。其次，人口集中在城市还是集中在农村，人口的流动趋势，不同地区人们的疾病结构，都会影响到消费方式和消费水平，这也是企业开展市场营销所必须重视的。再次，有些疾病的发生与地理环境有密切的关系，如气候、地形等，从而也就决定了相应药品的主要销售场所。另外，由于地理区域的不同，消费者的经济收入、消费观念、消费习惯、价值观念等都有所不同。以上这些就会直接影响企业市场营销工作的开展。

（四）人口老龄化对医药市场需求的影响

全球著名咨询公司波士顿咨询（BCG）2014 年 1 月 23 日在北京发布最新报告《中国医药市场制胜的新规则》，报告预测随着中国人口老龄化加剧，中国医药市场正经历一场重要变革，未来近 10 年内，中国医药市场年均增速有望达到两位数。

这份报告指出，当下中国人口老龄化进程正在加快，到 2020 年全国 50 岁以上人口的比例，将从 2010 年的 24%，攀升至 33%。此外，慢性疾病发病率日渐升高，预计到 2020

年，将有三分之一的成年人患高血压，十分之一的成年人患有 2 型糖尿病。这将促使中国政府加快医疗市场改革，届时中国医保保障范围将不断扩大，政府相应的支出比例也在不断提高。受这些因素的共同作用，2011～2020 年，中国医药市场年均增速有望达到 13% 至 15%。

受中国医药市场强势增长的影响，未来几年内，中国医疗改革也将带来医药市场格局的巨大变化。BCG 的这份报告认为，医疗改革带来的影响主要体现在 5 个方面：药品价格持续降低、逐步降低医院对药品收入的依赖、提升医保覆盖范围、日益强调合规的重要性和本土医药企业实力不断增强。

二、经济环境

经济环境（economic environment）是那些能够影响顾客购买力和消费方式的因素，是医药企业营销活动所面临的外部社会条件，其运行状况及发展趋势会直接或间接地对企业营销活动产生影响。

（一）国家宏观经济条件

1. 国民经济运行情况　国民经济是一个有机的整体，它由生产、分配、交换和消费各个领域、各部门、各行业以及无数生产流通企业所组成。一些部门和行业之间存在着密不可分的共存共荣的相互促进、相互影响的关系。就医药行业而言，它与我国的医疗卫生事业、劳动保障事业、化学工业、机械制造、包装工业、电子工业、农业中的养殖和种植业、海洋开发与利用等有着十分紧密的联系。当整体经济呈现上升趋势时，市场需求旺盛，企业开工充分，供销两旺；当整体经济呈现衰退态势时，企业开工不足，市场需求萎缩，产品销路不畅。宏观经济的这种起伏跌宕的形势，影响的将不仅仅是一个部门或一个行业，而是普遍的行业。因此，在企业进行市场营销活动时，决不能忽视这种经济大环境的影响。

2. 国民经济生产总值与国民收入情况

（1）国民生产总值与国民收入　国民生产总值（gross national product，GNP）是一个国家（或地区）所有国民在一定时期内新生产的产品和服务价值的总和。国民收入（national incomes，NI）是为生产这些产品和劳务而向生产要素所有者支付的全部收入的总和。这是衡量一个国家经济实力与购买力的重要指标。通过对国民生产总量、国民收入、消费与积累的比重，以及国民经济发展计划确定的规模与结构的分析，可以预测其对行业发展和产品需求的影响状况。

（2）人均收入　是指消费者从各种来源获得的全部经济收入，是用国民收入总量除以总人口而得到的指标。企业营销人员应该对这个指标特别感兴趣，因为它与消费者的购买能力和消费水平密切相关。例如，目前我国由于人均收入水平较低因而人均用药只有三四十元人民币，而发达国家一般每人每年消费药品在数百美元以上。

（二）财政金融政策

财政金融政策也称财政金融手段，是一个国家用来调控社会发展、保障经济健康稳定增长的主要宏观工具。

1. 公共财政政策　包括税收和政府开支两个方面。从营销角度来看，公共财政政策在许多方面直接制约着市场营销活动。一方面政府直接订货的增加或减少会使得相关企业的生产经营产生波动，某些财政补贴性产品（如计划生育用品）也会受财政政策的影响；另

一方面，税收变动又会直接或间接影响企业生产和经营。例如，个人所得税和公司税都会降低需求。所得税减少了消费者用在商品和服务上的可支配收入，制约了市场需求的扩张。公司税（对企业利润所征收的税）降低了企业可用于再投资和红利分配的利润。较高的公司税会影响投资计划，从而使投资计划的吸引力变小，因为持股人的期望回报下降了。从投资者角度而言，红利的下降意味着收入下降，从而需求也随之下降。在这种情况下，企业营销不但难以扩张，相反有可能缩小。直接税是如此，间接税如增值税也有此影响。增值税会使属于增值税范围内的商品和服务价格提高，通常情况下，这会使这些产品和服务的需求减少（减少程度需视具体产品的需求价格弹性而定）。增加税收可以增加国家的财政收入，但同时会减少国家的总需求，从而降低对生产要素的使用，进而降低公众的收入水平。这种情况通常就使得企业只能采用降价策略而不能使用提价策略。

2. 金融政策 主要是指国家通过银行利用利率、贷款条件等手段来影响经济的发展，其影响表现为以下几方面。

（1）银行通过利率、贷款条件的变化来影响企业投资规模，从而影响企业的市场营销工作。在市场经济条件下，一个企业的生产经营，除了少量的自有资金外，大部分资金需要通过银行贷款获得（我国目前只有部分具备条件的企业能够通过股市发行股票的方式筹集资金）。企业贷款的数量，取决于利率和贷款期限等条件。如果银行提高利率，限制贷款限期，则企业往往不得不削减贷款数量，进而缩小生产规模或是降低流通及广告促销费用，最后影响各项营销活动的开展。另外，利率也会影响汇率，进而影响企业进出口的创汇能力。高利率会吸引外资流入本国，从而提高本币的价值，使本国产品成本提高，丧失其在国际市场的价格竞争力，同时进口商品则更具价格优势。其直接的表现是出口营销规模的缩小和进口营销规模的扩张。

（2）银行通过提高或降低储蓄利率，影响消费者行为，进而影响企业营销活动。银行提高利率，人们趋于多储蓄少花钱，消费者购买力下降，从而减少了市场需求。同时，存款于银行比持有股票作为财富更具有吸引力，因而股票价格就会下跌。无论哪一种情况的发生，企业营销活动都会受到影响。

（3）银行通过举办针对个人消费的信贷活动，会直接影响市场营销活动。如中国银行的长城卡、工商银行的牡丹卡、农业银行的金穗卡、交通银行的太平洋卡等，都给予消费者一定额度的消费信贷，从而使市场需求得到扩张。

（三）外贸管理制度

国际贸易是人类社会生产力发展到一定阶段的产物，它以生产力为基础，并受其制约，但反过来又可以促进社会生产力的发展。国际贸易是国际经济关系的基本形式，是世界所有国家经济发展的重要杠杆。随着科学技术的巨大进步和生产力的进一步提高，国际联系和依赖程度日益加强。但由于国际贸易会涉及各交易国的贸易利益，各个国家都会制定一些有利于本国经济和对外贸易的政策和措施。世界贸易组织为促进贸易自由化的发展，对各成员国贸易措施的约束和规范作出了许多规定，这无论对于一个国家从宏观上管理其对外贸易活动，还是对于一个具体从事进出口营销的企业顺利开拓国际市场来说，都是值得深入研究和正确遵守、合理利用的。一个国家的贸易制度对企业市场营销的直接影响如下。

1. 汇率 是用另一种货币所表示的一种货币的价格，也是一个国家的货币可以兑换成其他国家货币的比率。它之所以重要，是因为它影响进出口企业的价格和利润。汇率的变动，会制约一个国家出口商品国内价格的变动。如果以本币所表示的外币价格高涨，则外币购买力强，国外进口商就会在营销上采取增加对本国出口商品需求的策略；如果以本币所表示的外币价格下降，则外币的购买力下降。本币价格提高，出口商就要采取相应的促销手段，以避免可能引起对本国出口商品需求的减少，从而引起出口商品价格的下降。如果汇率稳定，企业营销也必须与之相适应，否则市场潜力就不会得到充分的实现。如想要增加出口，就必须增加新的销售渠道，采取新的促销活动。

2. 贸易保护政策　是指对国家之间的贸易给予的限制措施。一国政府通常要采取保护措施来减少与其他国家的贸易赤字，或者保护需要保护的特殊行业和企业。贸易保护通常的措施有关税壁垒和非关税壁垒。这些措施都会直接影响出口企业的市场营销活动。

（四）消费者总体状况

1. 消费者的收入变化　消费者的购买力来自于消费者的收入，因此，消费者的收入高低，直接影响购买力的大小，从而决定了市场规模的大小和消费者的支出模式。消费者的收入包括其个人的工资、红利、租金、退休金、馈赠等。其变化一方面取决于国民经济发展水平，另一方面也会由于不同地区、不同年龄、不同学历、不同职业等而产生差异。

营销学者关心的除了消费者的收入总量外，还感兴趣的有“可支配的个人收入”和“可任意支配的个人收入”两个概念。所谓“可支配的个人收入”是指个人收入中扣除税款和非税性负担之后所剩的余额。它是个人收入中可以用于消费支出或储蓄的部分，它直接决定了消费者的购买力和支出的规模。所谓“可任意支配的个人收入”是指在“可支配的个人收入”中减掉用于购买生活必需品的支出和固定支出后所剩余的部分。这部分收入是消费者需求变化中最活跃的因素。

此外，在进行具体分析时，还需要注意区分“货币收入”与“实际收入”之间的差别，它们之间的微妙变化主要取决于市场物价的变动。

2. 消费者的支出变化　是指其消费模式和消费结构的变化。在研究一个国家或地区的总体消费模式时，往往利用“恩格尔系数”（或称恩格尔定律）来评价。德国19世纪著名的统计学家恩格尔根据统计资料，得出了这样一个结论：一个家庭收入越少，家庭收入中或家庭总支出中用来购买食物的支出所占的比例就越大；一个国家越穷，每个国民的平均收入中用来购买食物的费用所占比例就越大；随着家庭收入的增加，家庭收入中或家庭支出中用来购买食物的支出将会下降。西方经济学家后来证明，不仅是食物消费，而且在衣服、住房等生活必需品的消费上也存在着类似的规律性。

消费模式和消费结构的变化既受收入数量的影响，也会受年龄、职业、价值观念、消费观念、社会风尚、生活负担等影响。例如，年轻人一般消费意识超前，敢于冒险，消费支出大多围绕学习、体育锻炼、旅游、时尚商品等方面，而老年市场畅销的主要是防病治病、延年益寿的药品和保健食品等。

3. 消费观念与心理的变化　消费观念既受个人收入、年龄的影响，也随着人们对未来的预期心理和社会保障、社会福利事业的变化而变化。其最突出的标志就是储蓄与信贷的变化对市场需求的影响。当人们对未来充满信心时，就会减少储蓄，扩大信贷规模，从而使需求规模扩大。相反，人们就会减少目前的开支，增加储蓄，社会购买力就要下降。

（五）其他经济状况

影响企业市场营销活动的经济环境因素除了上述内容以外，还应包括能源、交通运输、邮电通讯以及商业基础设施等的状况。这些设施在各国、各地存在着很大差异，企业市场

营销当然更倾向于这些基础设施比较发达的国家和地区。

三、自然环境

一个国家、一个地区的自然环境（natural environment）包括该地的自然资源、地形地貌和气候条件等，这些因素都会不同程度地影响企业的营销活动，有时这种影响甚至对企业的生存和发展起决定的作用。企业要避免由自然地理环境带来的威胁，最大限度利用环境变化可能带来的市场营销机会，就应不断地分析和认识自然地理环境变化的趋势，根据不同的环境情况来设计、生产和销售产品。

（一）自然资源

自然资源是进行商品生产和实现经济繁荣的基础，和人类社会的经济活动息息相关。比如，中药企业设置在中药种植基地附近，一般会降低原材料价格及运输成本等，这样在其他方面类似的情况下，选择在基地附近建厂其产品价格方面就具有竞争优势，这会给企业营销带来好处。现代社会，环境污染已成为举世瞩目的问题。针对严重的污染问题，各个国家（包括我国）、地区政府都采取了一系列措施，对环境污染问题进行控制。这样，就限制了某些行业的发展，比如某些医疗器械生产厂家被责令停产。但是也为企业造成了两种营销机会：一是治理污染的技术和设备；二是不破坏生态环境的新的生产技术和包装方法。与此同时，政府对自然资源管理的干涉逐步增多。如许多国家都成立了环境保护组织，对破坏环境的行为进行制止；许多新的关于环境保护的法律法规得以通过，对破坏环境的单位和个人进行制裁。面对着原材料数量的日益短缺，能源成本急剧上升，环境污染不断加剧，政府对自然资源管理的干涉日渐增多，医药企业组织应该有所准备。

（二）地理环境

一个国家或地区的地形、地貌和气候，是企业开展市场营销所必须考虑的地理环境因素，这些地理特征对市场营销有一系列影响。例如，安徽、江西等省份是血吸虫病的高发地区，所以在这些地区，针对血吸虫病的药品和医疗服务就有较大的营销空间，而在东北三省、山东等地区就基本上没有血吸虫病，那么在这些地区上述产品和服务就难以有生存空间。再比如，从经营成本上考虑，平原地区道路平坦，运输费用比较低，而山区、丘陵地带道路崎岖，运费自然就高。因此，医药企业开展营销活动，必须使其营销策略能适应当地的地理环境。

（三）区位条件

众所周知医药行业是高科技行业，其行业内部分工日益细化，科研、生产组织之间的协作或外包现象日益普遍。顺应其需要，国内外均出现了各种类型的医药产业工业园区，其目的就是发挥其产业集聚功能，减少各类交易费用的投入以增加产出效果。其中区位条件或区位优势的概念在医药行业日益广为人知。

所谓区位条件即区位本身具有的条件、特点、属性、资质。其构成因素主要包括：自然资源、地理位置，以及当地的社会、经济、科技、管理、政治、人文、教育、旅游等方面。区位优势是一个综合性概念，单项优势往往难以形成区位优势。一个地区的区位优势主要是由自然资源、劳力、工业聚集、地理位置、交通条件等决定。

一个医药企业的区位条件优劣对企业的经营管理的影响是多方面的，就营销层面分析，如处于东部沿海地区，则因其人口密集、经济发达、各种人才济济，因此无论营销重点领

域的选择、营销目标的确定、营销人才的选聘等都相对内陆地区来说要重要与容易得多。

四、科学技术环境

科学技术是影响人类前途最大的力量。通常而言科学技术一旦与生产密切结合起来就将直接或间接地带来相关行业的变化和发展，伴随而来的是新兴产业的出现、传统产业的改造、落后产业的淘汰。所以，科学技术的不断进步与新技术的问世，将会给医药企业带来各种契机和前途，当然也存在种种威胁。医药企业要搞好营销，必须充分重视医药科学技术环境的变化。

（一）科学技术环境对企业营销的影响

在科学技术高速发展的今天，企业所面临的技术环境就是技术的不断进步和新技术的不断问世，即所谓的新技术革命。新技术革命对企业的营销产生以下几方面的影响。

1. 消费者的购买行为发生改变　医药科学技术的发展突飞猛进，一方面为消费者提供大量品种不同、功效各异的医药新产品；另一方面，又唤起消费者独特的消费欲望，使他们不再满足药品的实体消费，而是追求消费的个性化和多样化。随着人们医疗卫生知识的增长，自主诊治与自主服药的现象将越来越普遍。这给医药企业目标市场的定位，以及产品及服务的确定带来了前所未有的麻烦与困难。

2. 药品流通方式与结构发生变化　随着医药科学技术的发展，传统的商业机构与药品消费模式将逐渐被新型的商业机构和消费模式所替代，与此同时，还出现了新型的零售方式，如邮购、电话订购、送货上门和网上销售等。所有这些改变将为消费者购买带来极大的方便，同时也为医药企业开拓更广阔市场创造了有利的条件。

3. 新技术为开发新产品提供了条件　医药新科技的不断出现，既为医药新产品的问世提供了有利条件，也可使许多企业在某一特定的领域内，不使用某些传统技术，而直接采用比较新的技术来开发新产品。这对于我国医药行业赶超世界先进水平，对于医药企业能保证获得长期利润都有深远的意义。

（二）新技术环境下的营销策略

科学技术的发展给企业市场营销造就了机会，但同时也是一种威胁与压力，医药企业想充分利用技术环境，必须及时调整营销策略。

1. 积极开发新产品　由于科学技术的迅速发展，新产品开发周期大大缩短，产品更新换代越来越快。这种形势下，开发新产品是医药企业开拓新市场和赖以生存发展的唯一途径。因此，医药企业要不断创新，做好医药新技术的专利保护、开发工作，给消费者带来更多更好的新产品。

2. 改变传统分销方式　由于科技迅速发展，人们的生活方式、工作方式、兴趣与爱好等差异性日益明显。不仅要求 OTC 药品范围不断扩大，而且使销售方式更多地从传统的人员推销、医生决定变成较多的自我诊疗服务。

3. 采用有效的促销方式　科技革命引起促销方式的多样化，尤其是广告媒体的多样化和广告宣传方式的多样化。因此，根据医药科技发展和国家有关规定的要求，医药企业的促销手段今后将主要地集中于研究医药信息沟通效率、促销组合的效果、降低促销成本、采用新的广告手段以及加强广告管理等方面。

（三）医药科技环境分析的内容

医药行业是高科技、高投入、知识密集型行业，医药科学与技术是人类科学技术体系

中的重要组成部分。在当今科学技术越来越综合和越来越分化的两种发展趋势并存的条件下，医药科学和技术的发展一方面依赖于其他科学和技术的发展，另一方面其自身的发展又会对其他科学、技术的发展产生强烈影响和促进作用。因此，医药科学和技术自身发展的需求及所取得的成果，对科学、技术体系的整体发展就具有极其重要的战略意义，在科学、技术体系结构的复杂网络中，也就占有重要位置。如20世纪中叶由于控制论、信息论、系统论的产生和发展以及相应的技术产生与广泛应用，对生物控制、生物信息和生命系统的研究提供了重要的理论基础与技术手段，为医药科学的理论发展、药物研制及应用提供了新的思路、新的方法和新技术手段。反之，医药科学理论与实践成果，又促进了这些学科更深入的研究。

对于医药生产经营企业而言，其科技环境是指新技术、新工艺、新材料的研究开发以及应用情况。分析医药科技环境的目的在于判明医药行业生产力发展水平和工业化程度，并通过对技术装备条件的考察来具体了解医药企业面向未来的能力。通过对以上“三新”的考察，了解新旧产品的替换范围、程度及时间，掌握医药产品的寿命周期以及需求发展的层次趋向。

医药企业必须掌握以下情况：①当前本行业本产品的生产技术、工艺发展水平及其变化趋势；②本企业的生产技术和工艺水平，与当前国内、国外先进水平的差距及变化趋势；③国内外与本企业有关的新产品开发及上市程度；④产品所处的寿命周期阶段及新旧替代情况；⑤医药新产品研究开发的重点领域和趋势等。

企业在分析科技环境时，除了明确本企业的技术力量和潜在的研究开发能力外，还要正确估计竞争对手的技术水平及研究动向。我国的医药工业，科技含量偏低，长期以来是以仿制为主，创制能力较弱，有世界性专利的新药很少。加入世贸组织后，这种状况将不复存在。医药企业要争取国家的重视和支持，采取多种途径加大对新药研究的投资。根据医药属于国际化产业的特点和我国医药行业的现状，医药企业应积极发展有技术和资源优势的产品，应有计划、有步骤地采用国内外先进的生产工艺、技术、装备、检测仪器和先进的经营管理手段，以高质量、低消耗、多品种、少“三废”为目标，生产疗效用途确切、质量性能可靠的药品。在药物制剂方面要开发新剂型、新品种、新辅料，向提高生物利用度、控释、缓释、透皮给药、靶向给药、使用方便的方向发展；在化学原料药如抗生素、维生素、激素、氨基酸等品种的生产中，要采用生物工程技术，发展高产菌种、高效酶；对化学合成药要发展催化（包括光催化）反应技术。

五、政治法律环境

政治环境包括与企业市场营销活动有关的国内、国际的政治环境。从国内看，主要是指国家从发展国民经济的全局出发，制定的经济和社会发展的战略、方针和政策，将影响产业的发展，引导市场的需求，改变某些资源的供应，从而引导企业的市场营销活动。此外，社会是否安定对于企业的市场营销关系极大。国际政治环境则包括世界局势、各国关系和世界和平等。法律环境包括国际法、国际惯例和本国政府、地方政府、主管部门所颁布的各项法律、法规、法令、条例等。医药企业进行政治法律环境分析的主要内容如下。

（一）国家或地区的政治局势

政治与经济是密不可分的。全世界有224个国家和地区，在政治制度、法律、经济体制以及发展状况等方面存在不同的特点，甚至存在着较大的差异。建立国家经济、文化、

外交等政策的基础是各国的体制，即政体、国体、制度。各个不同的政党、政权，代表了不同阶级、阶层的利益。我国的对外开放政策和政治稳定性吸引了大批国外大制药公司来华投资。判别政局稳定与否对于市场营销是至关重要的。我们需要了解外国执政党和在野党间政权的更迭趋势，认识许多国家政局不稳定的因素，尽可能避免我国外贸、国际营销的风险。可以说，国际市场营销的前提，不仅要认识国际市场，还要认识一下世界。

（二）国家或地区的宏观经济政策

一个国家或地区的经济政策对企业的市场营销活动产生着深刻的影响。根据社会发展和经济建设的需要，为了推进市场经济进程，我国政府会不断推出一些新的改革措施和方针政策，其中绝大多数政策对企业的营销活动影响甚大，所以企业应密切注意政府颁布的一系列新政策，相应地调整其市场营销策略和生产经营方向，只有这样才能取得主动权。在诸多国家政策中，对企业营销活动有显著影响的主要是人口政策、财政金融政策、税收政策、医药产业政策以及对外开放政策等。

1. 人口政策 人口规模决定市场规模，人口数量直接决定市场的潜在容量，人口特性对市场需求格局产生着深刻影响。由于人口的迅速增长会导致对食物、能源、医疗卫生服务等的巨大需求，从而产生一系列供需矛盾。随着九年制义务教育政策的实施及各类高等教育形式的出现，我国人口受教育程度及国民素质的提高，将影响消费者的心理和购买行为。

2. 财政金融政策 财政金融政策将直接影响社会经济。国家可以利用财政收支的调整帮助企业求得生存和发展，也可以利用金融政策使企业增加或减少资金的筹措，从而影响企业的生产经营。我国金融体制改革后，实现了政策性金融和商业性金融的分离。各级政府不再对银行进行直接干预，银行与企业双方可以双向选择，专业银行的利润和企业的利益挂钩，今后的企业贷款是锦上添花不搞雪中送炭。处在竞争性行业中的医药企业将难以得到政策性信贷支持，根本的办法是应着眼于提高自身经营效果，否则资金困难问题将难以解决。所以医药企业必须密切注意对企业的营销活动有明显制约作用的国家财政金融政策。

3. 税收政策 我国新税制按统一税法、公平税负、简化税制、合理分权的原则，建立起以增值税为主体的流转税制度。规范税制，统一所得税，对医药企业的影响是积极的。首先，不同所有制性质的医药企业可在公平税负的基础上展开公平竞争，形成企业自主经营所需要的良好外部条件和市场环境，有利于解决部分国有企业税负过重的问题；其次，合理规范了国家和企业的分配关系；第三，有利于进一步转变企业经营机制，促使企业眼睛向内，从追求产值转到调整产品结构、提高效益上来。

当然，实行新税制后的负面影响也是明显的。首先，地方财力减少，今后地方政府较难凭借财力用行政措施直接扶持企业；其次，上收地方政府减免税权限，对困难企业和亏损企业影响较大，因为企业发生经营性亏损，不能再指望得到减税让利；第三，改税前还贷为税后还贷，对医药企业影响较大。医药产业是高科技、高投入、高风险、竞争性很强的行业，为了符合国家颁布的GMP标准，许多企业进行了技术改造，改为税后还贷后，企业的负担加重，投资风险增加。当然这也促进企业注重投入产出，强化效益意识。

4. 医药产业政策 我国是一个产业部门比较齐全的国家，但对各产业的发展则根据不同时期的实际情况有所侧重，或重点扶持，或抑制发展。根据1989年3月《国务院关于当

前产业政策要点的决定》，医药产业政策的大方向是：在生产领域，重点支持“高效和紧缺化学原料药及医药专用中间体、生化药品、放射性药品、抗肿瘤药品、计划生育药品等”；在技改方面，重点支持“高效和紧缺化学原料药及医药专用中间体、新型制剂及辅料、包装材料、容器、生化药品、预防性生物制品等”；在基本建设方面，停止或严格限制“医药制剂（达 GMP 标准的除外）产品的建设”。《中国制造 2025》将生物医药和高性能医疗器械作为重点领域，国家继续把生物医药等战略性新兴产业作为国民经济支柱产业加快培育。“重大新药创制”科技重大专项等科技计划继续实施，将医药工业创新能力、质量品牌、智能创造和绿色发展水平提升提供有力的政策支持。

5. 对外开放政策 国家的对外开放政策会直接影响企业参与国际营销活动，也会影响利用外资和对民族医药工业的保护。在改革开放初期，国家对于“三资”企业给予许多政策上的优惠，这对于引进外资，提高我国医药行业的科技、产品及经营管理水平起到了积极作用。随着我国经济与国际市场的接轨，有识之士已经提出我国应该给予“三资”企业与国内企业相同的国民待遇。

各国政府对企业经营活动采取的主要干预措施包括：进口管制、关税政策、价格控制、外汇管制、国有化政策等。

（三）医药行业政策与法规

医药行业的政策与法规是国家及有关政府部门为推动医药行业发展而制定的行为规范与准则。由于医药行业是一个复杂的系统，从而决定了医药行业的政策与法规必然也是一个复杂的系统。这主要表现在：从医药行业的生产经营活动过程看，它包括科学研究、技术开发、科技成果转化、技术交易、药品生产、市场销售等一系列领域；从医药产品构成体系看，它包括化学药物、中药、生物药物与基因工程药物等领域。医药行业的政策与法规，就是由上述各方面有关推动医药行业健康发展的政策与法规综合而成的系统。这两者在本质上是一致的，但它们在表现形式、实施方式和稳定性诸多方面存在着不同。政策比较原则化，表现为指导性；法规是具体化的，表现为强制性。

医药行业政策与法规作为国家及有关政府部门为推动医药行业发展而制定的行为规范与准则，它表明国家一定时期内在医药科研、生产、经营销售等活动中提倡什么、鼓励什么、限制什么、反对什么，并以此调动或约束人们在医药行业的各项活动中的行为。

医药企业一方面可以凭借这些行政管理、法律、法规维护自己的正当权益，另一方面也必须严格依据其要求来进行生产和营销活动，把它当作市场营销工作的指南。西方企业对法律非常敏感，不仅聘请法律顾问为企业市场营销决策提供咨询，而且不少企业还成立了专门法律事务机构，研究政府有关法律影响，甚至分析政府的立法动态，以便在经营决策中采取相应对策。

与医药企业市场营销活动有关的法律、法规很多，其中有的是为了维护市场秩序、保护公平竞争，有的是为了维护消费者利益，有的是为了社会利益、保护环境等。我国近年来颁布的与医药企业有关的法律、法规主要有：《中外合资经营企业法》《对外贸易法》《经济合同法》《破产法》《公司法》《外资企业法》《广告法》《商标法》《专利法》《标准化法》《税收征收管理法》《中国人民银行法》《反不正当竞争法》《消费者权益保护法》《劳动法》《药品管理法》《药品管理法实施办法》《新药审批办法》《关于新药保护及技术转让的规定》《麻醉药品管理办法》《医疗用毒性药品管理办法》《精神药品管理办法》《放射性药品管理办法》《野生药材资源保护管理条例》《医药仓库管理规则》《药品包装管理

办法》《中药保健药品的管理规定》《进口药品管理办法》《医疗器械管理办法》《中华人民共和国药典》《处方药与非处方药分类管理办法》等。

六、社会文化环境

社会文化环境（有时简称文化环境，cultural environment）包括一个社会的基本价值、观念、偏好和生活准则等。它对市场营销的作用不像其他环境那样显而易见和易于理解，但却无时无刻不在影响市场营销活动。对其影响比较大的主要有以下几个方面。

（一）教育水平

消费者受教育程度在社会文化因素中占据主导地位。教育水平的高低不仅关系人们整体素质，而且也能影响或改变原有的价值观念和风俗习惯，直接影响人们的消费行为和消费结构；同时消费者受教育水平的高低也制约着企业的市场营销活动。受教育程度高的消费者对商品的内在质量、外观形象以及技术说明和服务有着较高的要求，而教育水平低的消费者则往往需要更多的实物样品和通俗易懂的说明书。药品不同于一般商品，在其消费过程中，需要有一定的文化知识作支撑。例如，医生一般不会轻信夸大疗效功能的药品宣传，他们更注重药品的药理作用和临床反应。即使是 OTC 药品，也需要消费者具备相应的知识，做到对症买药、按时按量服药，从而避免误服药品或耽误治疗。在教育水平低的地区，与消费者交换意见难，进行市场调查研究和预测工作也难，人们对新产品接受能力弱，购买产品时的理性程度低，不易接受文字宣传的影响；而教育水平高的地区则正好相反。因此，医药企业在制定产品营销策略时，应使产品的复杂程度、技术性能与目标消费者的受教育水平适应。在文盲率较高的国家或地区，做广告宣传最好不用文字形式，而改用电视、广播或当场示范表演等方式。

（二）价值观念

从营销的角度来说，价值观念可被看成是对某一事物所具有的信念、看法和道德判断。消费者的价值观念会引导他们的消费观念，影响他们的购买决策。因此，营销人员在开展营销活动之前，应预先了解当地消费者的某些价值观念，例如对生命的理解、对待财富的态度、时间观念、对新事物的态度等，并据此设计产品和组织营销，而不是让消费者适应产品。比如美国人强调财富，喜好新奇，对新产品总想尝试一下，对象征财富、价值高昂的商品有一种购买欲；而英国人则比较保守。企业营销人员在开拓市场时就要注意目标市场消费者的不同价值观念。

（三）宗教信仰

世界各地聚居着各种不同的宗教信仰者。“物以类聚，人以群分”，宗教信仰对社会体系及营销方式的影响不可低估，它决定着教徒的人生观、生活方式、风俗、购买目的和方式以及价值观念。佛教、基督教和伊斯兰教为世界三大宗教，其分支教派很多，但以上述三大宗教影响最大，教徒分布地域最广。每一宗教的教徒均有其最喜爱和厌恶的色彩，这有其宗教的渊源。佛教徒崇尚的是黄色，因为黄色是代表太阳的颜色，表示华丽和光辉。信仰佛教的地区，居民多以红色为吉庆色，以白色为丧事用色。绿色是伊斯兰教徒喜爱的色彩，因为绿色为沙漠中肥沃的绿洲之色，象征吉祥和相爱。与佛教不同，伊斯兰教视黄色为死亡的象征，因而特别不欢迎。基督教把蓝色看作是象征天国的颜色，也视为海洋之色，欧洲人历史上把蓝色视为高贵身份的代表。所以蓝色被选为欧共体的代表色，许多公

司的标志、产品目录、包装设计都以蓝色为主色。每一宗教又都有重要节日活动，例如基督教有圣诞节、复活节、万圣节和感恩节四大节日。每一宗教又有许多清规戒律，例如印度教徒的等级观念、家庭观念以及因循守旧的观念根深蒂固；佛教的核心思想与追求富贵和成就的思想相对立；伊斯兰教徒禁食猪肉，禁止饮酒等。伊斯兰教国家均禁用女性人体作商品广告和包装图案，他们还禁忌六角星，因六角星是以色列国旗图案。伊斯兰教国家禁止下国际象棋，他们认为玩国际象棋是训练人们篡夺王位。

（四）风俗习惯

世界上许多国家的人口是由多民族构成的，如我国就有56个民族。由于国家和民族不同，人们有各自的思维逻辑、价值观念、道德准则、行为规范，其风俗习惯与审美观念也就有很大差异，会有一些独特的喜爱和忌讳。因此，从事市场营销必须重视对目标市场的风俗习惯与审美观念的研究。例如，为西方民族所宠爱的狗，却为泰国、阿富汗、北非伊斯兰国家所禁忌；大象在美国、英国及英联邦地区被认为是无用之物，是令人生厌的东西，而印度、斯里兰卡则视大象为庄严的象征；日本人认为荷花表示不吉利；法国、比利时、西班牙、日本人都把菊花（特别是白菊花）作为葬礼用物；西方人忌讳13，日本人忌讳数字4等。

审美观念与一个国家、地区、民族的爱好与习俗有关，也与物质文化水平、教育水平相联系。从国际市场营销学的角度来看，企业要了解的是各国消费者对于颜色、线条、图形、标志与符号的偏好是什么；他们偏爱或忌讳的动物、植物各有哪些，针对这些不同的爱好，企业需以不同的产品设计、不同的包装及不同的商标和广告设计来满足。

扫码“学一学”

第三节　医药市场微观营销环境分析

具体来说，医药市场微观营销环境是指能够直接影响企业营销活动的各种参与者，包括企业本身、供应商、营销中介、顾客、竞争者及公众。

一、医药企业内部营销环境及资源

管理学家彼得·德鲁克说：“市场营销是企业的基础，不能把它看作是单独的职能。从营销的最终成果亦即从顾客的观点来看，市场营销就是整个企业。”这说明任何企业的市场营销活动都不是企业某个部门的孤立行为，企业进行营销决策，制订营销计划，开展营销活动，无一不以企业的内部环境条件为基础。营销管理者在制订营销计划时，不仅要考虑企业外部环境力量，而且要考虑企业内部环境力量，必须考虑到专业营销部门与公司其他部门（如计划、财务、采购、生产、研究与开发、主管部门等）的协调，以及其他业务部门的情况，最高管理层的意图，并与之密切协作，以企业任务、目标、战略和政策等为依据，共同研究制定年度和长期计划。反言之，企业内部的直接与间接营销资源数量与质量，也决定了医药企业营销工作规模与质量。

（一）企业的经营目标

医药企业是以盈利为目标的生产经营单位，它在为社会创造提供物质财富、帮助人民防病治病的同时，也需要获得合理的利润，以保证其简单和扩大再生产的顺利进行。为实现这个目的，企业必须根据实际的外部市场营销环境和企业内部的生产条件，确定每一个

时期的企业经营目标，作为企业营销工作的奋斗方向和行动指南。在进行具体营销活动时，必须紧紧围绕企业总的经营目标，统一部署、统一规划。由于经营目标的不同，市场营销战略的侧重点也会有所不同。

1. 高层管理者的意图　任何一个企业的市场营销活动不是企业某个部门的孤立行为，药品市场营销部门也不例外。企业内由最高管理层负责制订企业的任务、目标、发展战略及其重大决策。药品营销部门在制订和执行营销战略或具体的市场营销计划时，必须在企业总体发展战略的指导下，获得企业最高管理层的批准和支持，并与其他部门搞好分工协作，要考虑最高管理层的意图。

2. 企业经营目标　通常，医药企业可供选择的经营目标包括以下内容。

（1）投资报酬率　指一种产品、一条产品线或一个企业的投资额与其盈利额之比。投资报酬率的确定是一个比较复杂的过程，生产技术水平、生产成本与价格状况、产品供求与市场竞争、经营管理水平等都会对其产生重大影响。投资报酬率从理论上讲其下限是银行利率，其上限是不定的，但也不能盲目追求其最大化，因为它还要受到所谓“平均利润率”的制约。

（2）产品市场规模和销售增长率　指企业以扩大产品生产规模，增加本企业产品的市场占有率为其主导的经营目标。

（3）市场占有率　以不断提高产品质量，扩大新品种，在追求质量中求效益，以期长期占领市场，讲究长久效益为企业经营目标。

（4）市场渗透目标　指在新产品上市、原来产品开拓新市场、为扩大市场占有率或迎接同行竞争挑战时所采取的企业经营目标。

（5）树立企业信誉和产品声誉的经营目标　企业经营目标是互相关联的和互相促进的，相互之间并不矛盾，只不过是在不同的时期和不同的市场条件下，企业的经营目标和策略有所侧重而已。

（二）医药企业生产经营能力

医药企业的生产经营能力是企业生产能力、技术能力和营销能力的综合反映，它是实施市场营销策略的具体执行者，是企业生存发展的主力军。无论多么远大宏伟的企业经营目标或营销计划，如果没有坚定有力的生产经营能力作后盾，那也只能是一纸空文。

生产能力是指生产产品的最大产量和转变生产产品的适应能力；技术能力包括企业新产品开发设计能力、生产技术装备和检测手段、职工的技术水平等；营销能力则是指企业营销机构的设置、营销网络的建立、营销人员及其素质状况、处理和协调营销关系的能力、市场占有率、销售服务水平等。这些因素都直接影响和制约企业的生存与发展。

（三）医药企业财务状况

企业财务状况是企业经营管理成果的集中反映，也是企业市场营销的重要内部条件。它包括企业经营资金状况、资产负债状况、资金盈利水平、产品盈利能力与水平等，这些都是制定企业经营决策的基础。

（四）医药企业经营管理水平

企业经营管理水平不仅影响企业的整体竞争实力，而且也是市场营销顺利开展的保证。企业管理能力的高低强弱决定了企业生产经营产品的数量和品种的多少、销售地域的宽窄、销售队伍的规模大小等。当企业经营管理水平达不到全方位市场营销时，往往只有采用收

缩或代理代销式的营销策略。否则，战线拉得太长、规模铺得过大、指标定得过高，反而适得其反。

1. 组织结构与企业文化 组织结构的合理与否直接关系到企业的经营效率，符合简洁、高效、畅通等要求的组织结构安排无疑是市场竞争力的有力保证。医药企业需要审视的不仅仅是公司及中层相关机构设置的合理性，还需要公司根据其具体的经营目标科学地组织安排营销队伍数量与结构模式，特别是包括各类终端区域组织与管理模式，这样才能满足医药行业普遍存在的做精做细终端的工作要求。企业文化是企业核心竞争力的重要组成部分，是企业所有成员在困难面前团结一致、面向未来的内在向心力，也是药品销售人员能够忠于企业、接受挑战的内在动力。

2. 各职能部门的协同能力 一个合格的药品从原辅料采购开始，一直到售后服务是一项系统工程，离不开药品生产企业各职能部门如生产部门、采购部门、研究与开发部门、质保部门、营销部门、财务部门等密切协作。能否与企业的其他部门协调配合将直接影响药品营销部门的绩效。此外，新药品的开发计划能否实现，不仅取决于新药品本身是否有市场，还取决于与各部门的协作是否和谐。

3. 相关配套政策的作用 科学合理的政策能够激发员工潜在的能力，特别是在日益激烈的市场竞争中就更需要企业相关政策科学、合理，这样才能做到即使在同等条件下，自己的企业、自己的产品、自己的员工更具市场竞争力，这更是企业经营管理水平的具体体现。

总之，面对相同的外部环境，为什么有的企业药品销售活动能获得很好的业绩，占有市场较大的份额，有的却不然？答案是它们的内部环境要素不一样，包括人员、厂房设备、资金、信息等。人员是企业最主要的资源，企业的市场竞争归根到底是人才的竞争。管理出效益，企业管理水平高低直接影响营销效果。企业文化在培养企业员工共同价值观，增强企业凝聚力，发挥员工的主动创造力等方面具有越来越重要的作用。现在是信息社会，建立企业营销信息系统是完成营销工作的重要保证。企业的管理者必须整合所有资源，有效地集中并合理利用所有的人力、物力、财力及信息，才有可能实现共同的企业营销目标。

二、医药企业外部微观营销环境因素

医药企业外部微观营销因素是指与营销工作相关的条件，它们是营销活动的参与者如竞争者，或者是医药企业的合作者如各种类型的医药中间商，或者是营销工作争取的对象如各种类型的社会公众等。这种以微观形式存在的外部制约因素，无疑也对医药企业的营销工作发挥着决定性的作用。因此，企业对待它们应像对待外部宏观环境一样，决不可掉以轻心。医药企业外部微观营销因素主要以下几个方面。

（一）供应商

供应商是影响企业营销微观环境的重要因素之一。供应商是指企业资源的供应者，即向企业供应原材料、部件、能源、劳动力和资金等资源的企业和组织。原材料、零部件、能源及机器设备等货源的保证，是企业营销活动顺利进行的前提。供应商对企业的营销活动有重要影响，其所供应的原材料数量和质量将直接影响产品的数量和质量，所提供的资源价格会直接影响产品成本、价格和利润，这些很明显会影响企业产品的销售，从而影响企业的综合竞争能力；供应商提供材料的交货时间会影响企业的生产能否正常进行，如企业在开发新产品时，若无开发新产品所需的原材料或设备的及时供应，就不可能成功。有

些比较特殊的原材料及生产设备，还需供应商为其单独研制和生产。因此，企业要对供应商的影响力有足够的认识，并与其保持良好的关系。

企业对供应商的影响力要有足够的认识并尽量保持与之密切配合的生产协作关系。企业必须和供货人保持密切联系，及时了解供货商的变化与动态，使货源供应在稳定性和连续性上能得到切实保证。特别是在进行新产品研制、需要新型原材料或特种材料和设备时，或者原料短缺时，除了保证商品本身的内在质量外，还要有各种售前和售后服务；对主要原材料和零部件的价格水平及变化趋势，也要做到心中有数，应变自如。企业在处理好与供应商的关系时，还要避免对某一供应商的过分依赖，以防其任意提价或限制供应，即企业必须慎重选择供应商，并尽可能多地做到多渠道供应，以确保企业生产活动的顺利运行。根据不同供应商所供货物在营销活动中的重要性，企业可按照诚信状况、货源规格与质量、在供应商中的地位以及地理位置、交通运输状况等将供应商分为不同的类别和等级，从而有选择、有重点地与之联系。

1. 供货的稳定性与及时性 合格的原辅包装材料的供应保证，是药品生产和营销的前提。在市场经济中，药品市场需求千变万化，药品经营企业必须针对瞬息万变的市场及时调整计划，而这一调整又需要供应商及时提供相应资源的支持，否则这一调整只是一句空话。药品经营企业为了在时间上和连续性上保证得到适当的资源，就应该和供应商保持良好的关系，才能保证企业的正常运行。

2. 供货的价格变动 供应物资的价格水平会直接影响药品的成本和利润，最终影响药品在市场上的竞争能力。这就意味着企业在营销中应密切注意供货价格的变化趋势，特别要密切注意对构成药品关键部分的材料价格的变化，使企业应变自如，不至于措手不及。医药企业为了协调与供应商的关系，应力争做到以下几方面。

（1）遵循“双赢原则” 即通过互惠互利的交易，双方均为胜利者。企业和供应商虽有竞争的关系，但更应该是合作伙伴。因此，药品生产或经营企业应注意建立长期的稳定的合作供应链，使外部交易成本下降，避免两败俱伤。

（2）加强与供应商的信息沟通 企业应及时将自身的经营状况、产品调整情况、企业对供应货物的要求（价格、供货时间、质量标准等）与供应商进行沟通，以便协调双方的立场。

（3）对供应商进行分类管理 企业应根据供应商所供应货物的重要程度、稀缺程度、供应量大小、信誉状况、在供应商中的地位以及地理位置、交通运输状况等划分为不同等级，以便重点协调，兼顾一般。

（4）提高选择供应商的自由度 企业若过分依赖一个或几个供应商，会导致供应商任何的细微变化都将影响企业的价格的正常经营运作，也会加大供应商对原料或药品价格的操控能力，从而增加企业的经营风险。为此，药品生产经营企业应建立多个供应渠道来增加选择上的自由度，使企业居于有利位置。

（5）保持供应商的相对稳定 GMP 要求药品生产企业有相对固定的原料、辅料及包装材料供应商，以保证药品质量相对稳定。

3. 供货的质量水平 药品供应商提供的生产资料的质量直接影响药品本身的质量，从而影响药品的销售。当然，供货的质量还包括各种服务，尤其是一些制药机设备的供应，如果没有配套的服务如安装、调试、零部件供应等，药品生产就没有保障，药品营销就会陷入被动状态。

（二）营销中介

营销中介（marketing intermediaries）是指协助医药企业促销、分销其产品给最终购买者的公司，包括中间商（拥有商品所有权的商人中间商和不拥有商品所有权的代理中间商）、实体分配公司（运输企业、仓储企业）、营销服务机构（广告公司、营销调研企业、营销咨询企业等）和财务中间机构（银行、信托公司、保险公司等）。企业要达到实现潜在交换、满足顾客需要的目标，离不开这些营销中介的共同配合，所以说营销中介都是医药市场营销活动不可缺少的环节。

1. **药品中间商** 是指介于生产者与消费者之间专门从事药品流通活动的经济组织，包括零售商、批发商和代理商，如药店、连锁药店、药材公司、医药公司及代理机构。对药品生产企业而言，若把供应商比作上游企业，那么中间商就是下游企业。目前药品市场供大于求，竞争日趋激烈，协调好与中间商的关系更为重要。

2. **配送机构** 包括药品的运输和储存机构。企业应结合自身药品的特点，在综合考虑储存和运输的费用、安全性、速度等因素后，选择最适宜的药品物流公司。把储运工作交由专业的现代化物流企业完成，可以提高效率、降低经营成本。

3. **营销服务机构** 是帮助药品生产或经营企业寻找目标客户和帮助企业促销药品的机构，主要有市场调研机构、广告公司、传播媒介公司、市场营销咨询机构等。大多数药品经营企业要借助这些服务机构来开展销售活动。药品生产或经营企业在选择这些机构时，需对它们所提供的服务、质量、创造力等方面进行评估，并定期考核其业绩。

4. **金融机构** 又称财务中介机构，是指那些协助厂商融资或保障货物购销储运风险的机构，如信托公司、保险公司和银行等部门。为保证融资渠道畅通，企业应根据金融机构提供的服务条件选择财务中介。

（三）顾客

医药企业的一切营销活动都是以满足顾客的需要为中心的，因此，顾客是医药企业营销最重要的环境因素。顾客是医药企业服务的对象，也就是医药企业的目标市场。顾客市场一般可以分为五种。

1. **消费者市场** 即指为满足个人或家庭需要而购买商品和服务的市场。由于药品的特殊性，导致消费指在购药时利益聚焦在产品对其健康的益处，因而更注重功效和品牌，并且需求弹性比较小。

2. **生产者市场** 即指为赚取利润或达到其他目的而购买商品和服务来生产其他产品和服务的市场。

3. **中间商市场** 即指为利润而购买商品和服务以转售的市场。由于医药的特殊性，各国对医药经销商的运作、资格等往往都有比较多的限制条件。

4. **政府市场** 即指为提供公共服务或将商品与服务转给需要的人而购买商品和服务的政府和非盈利机构。

5. **国际市场** 即指国外买主，包括国外的消费者、生产者、中间商和政府等。

顾客是企业服务的对象，也是营销活动的出发点和归宿，忠诚的顾客是企业最宝贵的财富。企业的一切营销活动都应以满足顾客的需要为中心，顾客是企业最直接、最重要的环境因素。顾客不断变化的需求，会影响企业营销决策的制定和服务能力的形成，企业要以不同的方式提供相应的产品和服务，只有不断满足顾客变化发展的消费需求，才能获得

市场，获得效益。

（四）竞争者

市场经济最突出的特征之一就是竞争，优胜劣汰是市场竞争的根本法则。没有竞争，社会就不可能发展，企业产品质量、服务水平都会受其影响。面对日益激烈的国际国内市场竞争，医药企业只有提高认识，苦练内功，从全方位提高企业的综合竞争实力。竞争力既来自于企业的产品、技术、服务等有形方面，也来自于经营理念、企业化、企业形象等无形方面。医药企业面临的竞争环境，既包括同行业企业间的直接竞争，也要考虑与未来新加入企业间的潜在竞争；既有有形的如技术、产品的竞争，也有形象、声誉等无形的竞争；既有国内市场、国际市场的竞争，也有国内市场上国内企业、外国企业的竞争。

医药企业欲在竞争中取得胜利，必须熟知并适应竞争环境。在一定的时间、地点和条件下，企业所承受的竞争压力是不相同的。竞争环境分析的目的就是要深入了解每一种竞争力量的势态，并不时地将本身的各方面情况与竞争者作一比较，这样才能辨别竞争优势与劣势之所在，知已知彼方能制订出有效的竞争策略，既可以对竞争者发动正确的攻击，也可作最佳的防御。

1. 竞争者分类　对营销有重要意义的划分是从消费者需求角度看，把医药企业的竞争者分为愿望竞争者、普通竞争者、产品形式竞争者和品牌竞争者。

（1）愿望竞争者　是指提供不同产品以满足不同需求的竞争者，如生产药品的厂商可以将生产医疗器械、卫生材料等满足不同需求的厂商作为自己的竞争者，因此，如何使顾客首先购买药品、更多地消费药品是这种竞争的实质所在。

（2）普通竞争者　是指提供能够满足同一种需要的不同产品的竞争者。例如生产青霉素 G 的厂商可以将生产先锋霉素、头孢氨苄的厂商作为自己的竞争对手。

（3）产品形式竞争　是指生产同种产品但不同规格、型号、式样的竞争者，例如生产青霉素 G 的公司可能认为所有青霉素生产者都是自己的竞争者。

（4）品牌竞争者　是指生产相同产品，并且规格、型号、样式也相同的竞争者，例如，生产青霉素 G 的公司的主要竞争者是生产价格、规格、剂量、档次相似青霉素产品的一些企业。

2. 竞争环境分析的主要内容　医药企业进行竞争环境分析时需要了解竞争者的信息至少有下列五项：谁是我们的竞争者？他们的策略是什么？他们的目标是什么？他们的强势与弱点何在？他们对竞争的反应是什么？

（1）确认企业的竞争者

1）现有竞争者　是指医药行业内生产同类产品的企业。目前，我国大多数企业对竞争者的分析，主要是对现有竞争者的分析。一般来说，应根据各企业的经营特点和要求从竞争对手的数量、目标、战略、实力等四个方面进行分析。

2）潜在竞争者　是指由新建企业以及老企业转产后加入本行业的竞争者。在商品经济下，由于潜在竞争者的加入，必然会加剧行业内部的竞争，包括争夺市场和争夺原料。这样，也必然使原有企业对潜在竞争者作出必要的对策和反应。

（2）确认竞争者的策略　医药企业最接近的竞争者就是那些与本企业采用相同策略并且追逐相同目标市场的企业。对于竞争者策略的分析，主要包括竞争者的产品质量、特性及组合，顾客服务，价格政策，目标市场，销售策略，广告与销售促进计划，新产品开发与研究，财务以及其他功能性的战略和策略等内容。

（3）判定竞争者的目标　主要是搞清竞争者在目标市场上寻求什么？竞争者各项行为背后所隐藏的直接动机是什么？竞争者通常的目标是追求利润最大化。即使如此，还需要明确竞争者所追求的是短期还是长期利润，追求“满意的”利润还是“最大的”利润等。如果每一个竞争者有不同权数的目标组合，就需要去了解目前在获利力、市场占有率成长、现金流量、技术领导地位、服务领导地位等方面，竞争者所赋予各项目标的相对权数如何。了解竞争者之目标权数的组合后，便可知道竞争者是否满意于其目前的财务状况，它对各种不同的竞争会如何反应等。例如，一个以成本领导地位为主的公司，对于其他竞争者制造技术的突破，往往比遭受广告竞争，更令它难以忍受。此外，企业还要密切监视竞争者的扩张计划，以便掌握竞争者的动向，进而提前拟订相应策略。

（4）评估竞争者的优势与弱点　应该搜集竞争者的一些重要资料，特别是销售额、市场占有率、利润率、投资报酬率、回款额、呆坏账额、新投资计划、产能利用率等。此外还需围绕竞争对手的企业文化、团队精神、营销队伍与人员素质等进行定性的分析，以找出竞争对手的优劣势。

（5）了解竞争者的反应形态　竞争者的反应是指竞争者对于降价、促销活动或新产品上市等可能采取的行动及强度。通常竞争者反应的形态有沉默回避形、勇猛反击形、选择反击形和不定形四类。掌握主要竞争者的反应形态有助于企业在制定营销策略时充分地预见相关策略的直接后果。

3. 常用的营销竞争战略　所谓竞争战略，就是在竞争对手行动的市场上，分析和正确地确定本企业在竞争中的地位，形成有利的战略。一般地说，企业竞争的基本战略大致有3个方面。

（1）低成本战略　即通过科学的经营管理使企业的全部成本低于竞争对手的成本，从而取得价格竞争优势。只要成本低，企业即使面对强大的竞争对手，仍可获得高于平均水平的收益。原因是：①企业处于低成本地位上，可以抵挡现有竞争对手的对抗，使竞争对手在不能获得利润、只能保本的情况下，该企业仍可获益；②面对强有力的购买者要求降低产品价格的压力，处于低成本地位上的企业仍可以有较好的效益；③当强有力的供应者抬高企业所需资源的价格时，处于低成本地位上的企业可以有更多的灵活性来解决困境；④那些形成低成本地位的因素常常使企业在规模经济或成本优势方面形成其他企业进入的障碍；⑤在与代用品竞争时，低成本的企业往往比本行业中的其他企业处于更有利的地位。企业降低产品成本的途径是多方面的，应通过提高经营管理水平大力降低产品的生产成本、仓储费用、运输费用、资金占用、销售费用等。当然企业低成本竞争战略也有一定的风险和局限性，它不能随时适应市场的变化，也不利于促进技术进步和开发新产品。

（2）差别化战略　在企业之间的产品成本愈来愈接近的情况下，市场竞争的焦点就在于差别化。所谓差别化，就是企业要提供与竞争对手不同的产品和服务。具体地说，企业在品种、质量、价格、包装、服务、促销手段等方面具有独特的优势。产品差别化是一种使用越来越广泛的竞争战略，这一方面是由于市场需求的差异化越来越明显，另一方面是由于产品同质化现象越来越严重。实行差别化战略的主要条件是：①企业在产品的研究和开发上具有较强的创新能力；②企业在生产技术上具有较强的适应能力和应变能力；③企业在市场营销中能采取有效的经营手段和方法。

（3）重点战略　是指企业并不追求全方位的竞争优势，而是把竞争的重点放在某些特定产品或某些特定目标市场上，通过提供比竞争对手更为有效的产品或服务，取得这些重

点领域的绝对优势。重点战略在获得市场占有率方面常存在着某些局限性。所以，企业在制定这种战略时应在获利能力和销售量间进行权衡，有时还要在产品差异与成本状况间进行权衡。

（五）公众

公众是指对企业实现其目标的能力有兴趣或有影响力的各种团体或个人。公众对于医药营销具有十分重要乃至决定性的意义。一般来说，对医药营销有决定性的公众主要有以下几种。

1. **融资公众**　指关心和影响企业融通资金能力的各种金融组织和社会集团，如银行、投资公司、证券、保险业等。

2. **媒介公众**　指那些联系企业与外界的传播媒体，主要指报纸、杂志、广播、电视、网络等。

3. **政府公众**　指负责管理企业业务、经营活动的有关政府机构，如药品监督管理部门、环保部门、市场监管部门、物价部门、税务部门等政府机构。

4. **群众团体**　指各种保护消费者权益组织、环境保护组织及少数民族组织等，如消费者协会、绿色和平组织。

5. **地方公众**　指企业周围的居民和团体组织。他们对企业的态度会影响企业的营销活动。

6. **企业内部公众**　指企业内部从上到下的组织成员，包括股东、管理人员、职工等。处理好内部公众关系，增强凝聚力是建设和谐社会的前提。

社会公众对企业的存在和发展产生巨大的影响，对企业的各项营销活动既可能产生积极的推动作用，也可能出现消极的妨碍作用。因此，企业必须密切关注各类公众的态度，运用公共关系手段加强与各种公众的交流和沟通，主动处理好同公众的关系，树立企业的良好形象，打造优秀品牌。

（六）第三方服务

1. 物流

（1）中国医药物流现状　中国医药工业产值虽然逐年增加，但整个医药流通体制改革长期滞后，医药商品作为“特殊商品”迟迟未能建立完善的流通和竞争机制。面对新医药市场环境，国家相关行政部门准备在未来几年内改变目前国家、集体、四级站批发模式，向多种所有制企业并存的方向转变。倡导医药流通企业实行经营方式集团化，连锁制，代理配送制。大幅减少医药流通企业数量，降低经营成本，在“全面规范、总量控制、优化经营”的原则下，积极对外开放。

（2）医药物流基本趋势　随着中国医药市场新环境的形成，加入WTO后，国外医药分销企业必定对国内医药市场产生强大冲击。目前国内医药流通企业要想在市场上有所作为，就必须考虑自己的经营之路该怎样走。医药企业流通渠道必须从集团化、一体化、现代化、多元化、网络化五个方面来提高，以形成流通企业的核心竞争力。

1）规模集团化　实行规模经营才能带来规模效益。我国医药流通企业是“数量多、规模小”，随着国家政策的出台，GSP达标工作的深入，行业规范和市场竞争的结果使大部分流通企业将被兼并重组或者被淘汰。事实上，国内大型医药流通企业对此已作出反应，如上海医药公司与上海医药工业销售公司组建成立上海医药股份公司。国内医药流通企业加

快通过联合、购并、重组、实现超常规发展，提高自身实力，实现资本的快速增殖和扩张。但是企业在扩大规模同时，应注意药品流动方式的建立，推行产品区域总代理性和连锁制的经营，在批发上实行区域总代理制配送，在零售业务推行连锁经营，是医药流通企业从粗放型经营向集约化经营转变的必由之路。

2）纵横一体化　我国医药企业在新环境面临旧有营销渠道和交易方式巨大挑战，一体化经营模式势在必行。

横向一体化模式是指生产商、批发商、医院、药店等医药企业与零售终端之间结成紧密的战略伙伴关系，形成经营战略联盟，减少渠道间的摩擦内耗，提高渠道运作效率，以供应链和价值链来增加对市场控制能力和渠道规范能力。其优势在于：①药品生产企业与大型药品流通企业结成联盟，以利用商业流通企业强大的代销关系和网络资源。②医院、药店等医药零售终端与医药商业联盟，大批量采购，降低采购成本。③医药流通企业与生产企业和零售终端合作，通过稳定货源和畅通渠道，保证产品和资金的正常流动。

纵向一体化模式是指医药流通企业在以一种经营模式为主体，形成核心实力和竞争主体后，在优势互补的前提下实现代理、配送、批发、零售连锁一体化经营，形成企业整体实力，提高企业的综合竞争力。如“三九”企业集团，由过去药品生产企业向下向上延伸，发展流通、零售终端（三九药品连锁店、三九医院），在一体化经营模式上，形成具有竞争力的综合性集团。

3）企业现代化　随着信息化网络化时代的到来，医药企业应抓住机遇，在营销管理、商务活动中积极采取先进的交易手段和结算方式，以保证渠道、低成本、高效率的扩张。主要措施有：①大型流通企业应统一标准。对产品标识、进货、配送、价格管理、服务五个方面统一标准，确保总公司与下属分支机构经营同步。②实施数据信息化管理，实现企业各部门、企业与企业、企业与行业间的信息交换与共享。③大力推行电子商务交易。网上交易是一种高效率，低成本的交易方式，在药品购销中，利用电子信息技术提高效率，降低药品流通费用。

4）经营多元化　医药企业在保障生存发展，增强应变能力同时，向其他相关产业拓展。在突出核心产业的基础上，实施多元化经营以分散经营风险。目前国外很多大型医药流通企业的下属连锁药店都采取多元化经营，在以医药产品为主的同时，兼顾与健康有关产品和其他日用品经营，将连锁药店的平均毛利从28.3%提升到32%。国内医药企业应借鉴这种模式，以实现以医药产品经营为主，多种相关经营为辅的大型集团公司。

5）营销网络化　我国医药企业在产品、技术、管理等方面与国外企业有较大的差距。随着2003年我国开放药品分销市场，我国医药营销网络也同样面临竞争。目前国内企业必须树立危机意识，营造好自己的销售网络，用畅通的销售渠道，顺利完成产品的分销、资金的周转、信息的交换和服务的传递。主要措施有：①对目前拥有的传统营销网络进行人员素质提高，运输工具加强，保持传统营销模式的优势；②建立电子营销网，推广B2B和B2C网上交易模式，建立先进的营销方式，树立医药流通企业的全新形象；③补充物流配送，建立企业完善的物流网络，营造“千县万点”工程。营销人员走到哪里，物流配送就延伸到哪里，形成大的配送网络，实现规模经营，创造规模效益。

2. 金融

（1）金融在现代生活中作用　金融是资金融通的活动，如果将资金比喻为经济运行的血液，那么四通八达的金融体系就是经济运行的血管。在现代市场经济中，金融处于核心地位，金融市场是现代市场体系的重要构成。发达的市场经济通常具有功能强大的金融市场体系，如美国的华尔街，不仅是美国资金交易的中心，也是全球金融中心。金融市场也是创新最多、最具活力的市场，即市场交易主体不仅包括各类金融机构，企业、个人和政府都是市场参加者；交易工具和市场形态的创新层出不穷，金融衍生产品、资产证券化、金融机构多元化、金融市场一体化等成为政策制定者和投资者关注的焦点。金融市场可以从不同角度加以定义。从内在机制上分析，金融市场是指以金融资产为交易对象而形成的供求关系及其机制的总和。它包括如下三层含义：①它是金融资产进行交易的一个有形和无形场所；②它反映了金融资产的供应者和需求者之间所形成的供求关系；③它包含了金融资产交易过程中所产生的运行机制，其中最主要的是价格机制，具体表现形式为利率、汇率和各种证券的定价机制。

（2）企业经营离不开金融　从市场表现上看，金融市场是指资金供应者和资金需求者双方通过信用工具进行交易而融通资金的市场，广而言之，是实现货币借贷和资金融通、办理各种票据和有价证券交易活动的市场。所谓资金融通，是指在经济运行过程中，资金供求双方运用各种金融工具调节资金盈余的活动，是所有金融交易活动的总称。在金融市场上交易的是各种金融工具，如股票、债券、储蓄存单等。资金融通简称为融资，一般分为直接融资和间接融资两种。直接融资是资金供求双方直接进行资金融通的活动，也就是资金需求者直接通过金融市场向社会上有资金盈余的机构和个人筹资；间接融资则是指通过银行所进行的资金融通活动，也就是资金需求者采取向银行等金融中介机构申请贷款的方式筹资。金融市场对经济活动的各个方面都有着直接且深刻影响，如个人财富、企业的经营、经济运行的效率，都直接取决于金融市场的活动。

（3）金融市场的特点　现代市场经济中有三类重要的市场，分别为产品市场、要素市场和金融市场。产品市场是商品和服务进行交易的场所，如服装市场、水果市场、建材市场等；要素市场是分配土地、劳动与资本等生产要素的市场，如劳动力市场；金融市场是引导资金的流动，沟通资金由盈余部门向稀缺部门转移的市场。和要素市场、产品市场相比，金融市场有着鲜明的特色：①在金融市场上，市场参与者之间的关系不是单纯的买卖关系，而是一种借贷关系或委托代理关系，即以信用为基础的资金使用权和所有权的暂时分离或有条件让渡。如购买一部手机，一手交钱一手交货，交易完成后契约终止；但当购买股票、债券等金融资产时，意味着出让了资金的使用，所以交易虽然完成，但契约仍然存续，还要享有获取利息、股息和收回本金的权利。②交易对象是一种特殊的商品，即货币资金。交易者让渡货币资金的使用权是为了在将来获得更多的回报和收益。由于收益是在不确定的未来获得，所以让渡资金意味着承受风险。③市场交易的场所在大部分情况下是无形的，主要通过电信及计算机网络等进行交易，而且有越来越无形化之势。这是因为在无纸化货币形态下，金融市场交易的产品本身没有形态，所以无需库存、仓储、物流等交易场所，可以瞬间完成交易，交易成本低廉。

在现代市场经济中金融已经融入了人们生活的方方面面。个人想要购买房子、汽车等大额资产，需要到银行申请抵押贷款；而手中有了剩余资金的老百姓则要考虑是投资于股票、债券、期货、保险、理财产品，还是直接存放于银行。企业为了扩大再生产、购买机器设备、雇佣劳动力，就通过发行股票、债券、商业票据等方式向金融市场融资；政府通过在金融市场上发行债券来筹集资金，实施财政政策，并通过货币政策调控金融市场，以达到间接调控经济的目的。可见，金融市场带来的影响不仅仅局限于金融产业内部，而是

具有巨大的外部性，对整个经济生活产生影响。伴随着经济全球化一体化趋势的发展，经济金融化的进程日益加剧，且程度不断加深，呈现出社会资产日益金融资产化，融资日益非中介化、证券化。而金融市场又是极具有活力和弹性的市场，会对经济的运行迅速作出反应，有时也会放大影响（超调），对经济起到反作用。自20世纪90年代以来，由于很多国家和地区频繁爆发金融危机，对正常的经济发展和生活稳定产生了较大的冲击，特别是1998年的亚洲金融危机和2008年发生于美国的次贷危机，更是带来区域性和全球性的冲击。由于现代经济运行中的矛盾总是以金融动荡的形式体现，所以极大地引发了人们对金融市场的广泛关注。政策制定者、学者、投资者甚至普通老百姓都试图对当今金融市场的发展现状和趋势加以了解。而经济学家们更是对国际金融体制和秩序、传统金融理论的演进和发展进行了一系列的反思和探索。可见，在一个各种不同利益交织的、充满变换的全球一体化金融市场上，只有深刻地理解金融市场参与主体的行为规律和金融市场自身的运行机制，才能对当今世界复杂的经济金融现象作出客观的分析和合理的解释，并以此来指导自身的行动。

医药市场营销环境是指一切能够作用于医药企业营销活动的各种因素的集合，是影响医药企业生存和发展的各种内外部条件的总和。根据环境要素与企业营销活动的相关程度来分，医药市场营销环境可分为宏观环境和微观环境。宏观营销环境是指能够广泛影响企业营销活动的社会性因素，主要包括人口统计因素、经济因素、自然因素、科技因素、政治法律因素、社会文化等因素。微观营销环境是指能够直接影响企业营销活动的各种参与者，包括企业本身、供应商、营销中介、顾客、竞争者及公众等。一个企业能否成功地开展营销活动医药市场营销活动，不仅取决于能否适应宏观环境的变化，适应和影响微观环境的变化也是非常重要的。

扫码“练一练”

思考题

1. 什么是医药市场营销环境？医药市场营销环境分析的意义是什么？
2. 医药企业营销环境分析的主要方法有哪些？
3. 医药市场宏观营销环境包括哪些因素？
4. 医药市场微观营销环境包括哪些因素？
5. 简述SWOT分析法在医药市场营销环境分析中的作用。

第三章　医药市场营销战略

扫码“看一看”

学习目标

通过本章学习，需要全面掌握营销战略的内涵与组成；了解企业发展战略的规划与制定的方法与技巧；全面掌握医药企业营销计划的内涵与制定要求；熟悉企业营销战略重要组成之一的市场营销组合策略的基本要素。

从全世界角度来看，企业管理已开始全面进入以战略为中心的时代。这是因为当今企业所遭遇的环境比以往任何时候都要复杂得多。市场竞争之激烈，在时空上超越了国家、地区的界限而引申至地球的每个角落，在深度上超越了单纯的产品功能、质量、价格的范畴而引申至包装、商标、服务、销售渠道、市场促销、技术人才等全方位的对抗。企业不仅要有能力对企业外部的生存环境的瞬息变化作出反应，而且必须高瞻远瞩，在一个非常长的时间内审时度势，把握企业内部与外部环境的动态平衡，以取得长期生存与发展。

第一节　医药企业战略与市场营销战略

扫码“学一学”

随着市场经济的发展，医药企业面临着日益复杂多变的激烈的市场竞争，市场营销战略也越来越受到企业的高度重视。研究市场营销战略的目的就是要使企业面向市场，为消费者提供满意的产品。如何使企业适应市场环境的变化，寻找成功的机会，是市场营销战略管理的主要内容。一个企业的市场经营活动受制于、依赖于所处的市场环境，企业为了适应环境变化，完成市场经营活动，求得生存和发展，就必须预见环境的变化，调整企业的行为，就要求企业对市场经营活动有时间上、整体上的规划和管理，制定和实施企业营销战略。

一、医药市场营销战略的概念与意义

扫码“看一看”

医药市场营销战略（marketing strategy）是指医药企业在市场营销活动中，在通过对营销内外部环境客观分析研究基础上，对企业未来营销工作的总体规划与安排，以及所应采取的行动。它是企业经营战略中的重要组成部分，是在企业总体战略指导下生成的，又为企业总体战略的实现发挥重要作用。医药企业战略构成体系如图3-1所示。

1. 企业营销战略是企业生存和发展的根本保证　企业能否在激烈竞争的市场上求得长期的生存和发展，在很大的程度上取决于企业的经营活动是否能适应外部环境的变化。企业营销战略确定了企业经营活动的方向、中心、重点和发展模式，以及结合企业的资源情况，去适应环境的变化，是企业在竞争中求生存求发展的关键。就像当前在仿制药一致性评价的大环境下，企业就需要选择“过与不过”的营销战略，这种战略决定企业未来市场竞争力。

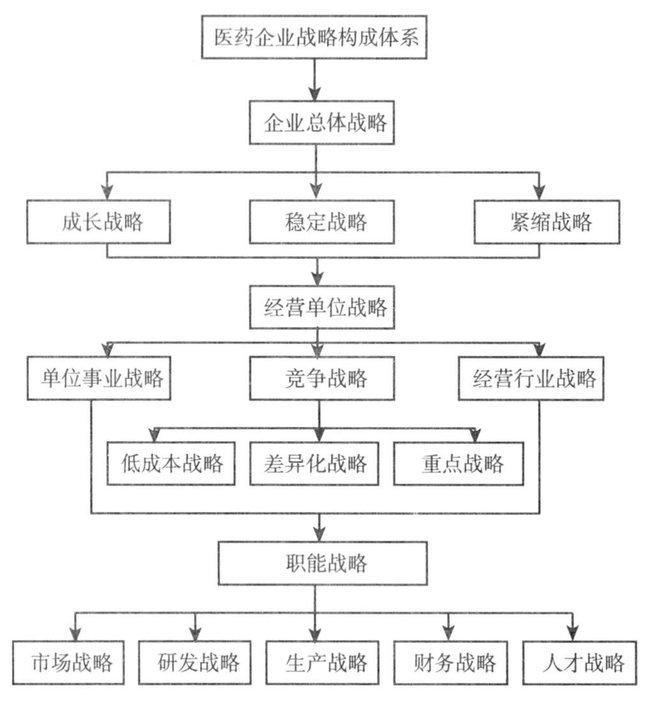

图 3－1　医药企业战略体系构成图

2. 企业营销战略使企业的市场经营活动有整体的规划和统一的安排　通过营销战略的总体规划，才能实现营销活动要求的企业活动目标一体化。也就是说，企业营销战略使企业的各部门、各环节都能按一个统一的目标来运行，得到一个协调性的运转机制，才会为企业的经营活动的有效性提供相应的保证。当前政府对制药企业进行严格的财税稽查，使得部分国内药企调整营销队伍，如将直营改为独立代理商，以化解风险。

3. 企业营销战略提高了企业对资源利用的效率　企业营销战略计划本身就是从诸多的可以达到既定目标的行动方案中选择一个对于企业来说最好的方案。因此，凡是制定得合理和正确的、并得到了正确执行的战略计划，就能够保证企业的资源得到最有效的配置和最充分的利用。

4. 企业营销战略增强了企业活动的稳定性　由于企业外部环境的不断变化，企业经营战术活动也需不断地变化和调整，任何调整都不应是盲目的、随心所欲的或仓促被动的。因此，只有在企业营销战略计划的规定下，企业才能主动地、有预见地、方向明确地按照营销环境的变化来调整自己的战术活动，主动适应环境变化，减少营销活动的盲目性，使企业始终能够在多变的环境中按既定的可行的目标稳步前进。

5. 企业营销战略是企业参加市场竞争的有力武器　在激烈的市场竞争中，企业与竞争对手的竞争，不仅是企业现有实力的较量，而且是经营企业的人的智慧或才能的较量。如同在军事上存在着无数的以少胜多、以弱胜强的战例一样，企业在市场竞争中主要还是同竞争对手比较谋略。要想在市场竞争中取得胜利，首先必须要有正确的、高人一筹的或能出奇制胜的战略谋划。因为市场竞争和军事上的敌我较量的原理是相通的，竞争双方的实力固然重要，但并不是决定性的因素，决定性的因素是人，是具有更高谋略和智慧的人。所以，制定正确的并得到有效贯彻的战略计划，才能使企业在竞争中取得预期的成功。

6. 企业营销战略是企业职工参与管理的重要途径　从管理原理来说，管理必须强调统

一意志、统一指挥。但是，管理工作同时也应该最大限度鼓励被管理者的创造性和积极性。在具体的管理工作中，对于全局性的谋划，对于战略的制定，需要集思广益，从而使企业人员上下同心，明确奋斗目标。因此，在战略计划工作中，吸引广大职工参与，不仅体现管理的民主性，也便于管理者汲取群众的智慧，使企业的所有职工都能明确企业的发展远景和奋斗目标，增强企业职工对企业的向心力和凝聚力。

二、医药企业营销战略的类型

医药企业营销战略是企业全部经营活动中最高层次的战略，对企业的生存发展具有明显的决定性，因此它与企业发展战略一样具有一些明显的特点，即长远性、全局性、对抗性、应变性和特殊性。企业营销战略的制定，包括两个不同的层次：企业总体营销战略和营销业务部门营销计划。

1. 医药企业总体营销战略　为企业的市场营销活动规定了战略方向。企业总体营销战略层面上的工作主要包括：①确定企业的营销战略任务，就是规定企业在一个比较长的时间内所要取得的发展结果，涉及企业全面发展所提出的要求和目标。一个组织的战略任务受到五个关键性要素的影响，他们是企业的发展历史、管理者和所有者的当前偏好、市场环境、资源及企业独有的能力。企业在制定营销战略任务时，应考虑这五个因素的影响。②建立必要的战略业务单位。企业还须进一步规定企业的业务范围，以便进行战略管理，使企业的战略任务更加具体。③企业建立战略业务单位后，还需围绕企业营销目标合理配置人力、物力、财力，将企业有限的资源在各个战略单位之间进行分配。④确定新业务发展计划。通常，预期的目标低于企业所希望达到的水平时，就需要制定一个新增业务的计划，开辟新的业务，扩大企业现有的经营领域。即由企业确定新的市场面或开发新的产品，为企业的发展作出新的贡献。如目前国内大多数仿制药企业面临继续做仿制药，还是仿制结合，或者转做中药等战略决策。

2. 业务部门营销计划　市场营销管理活动主要有三个步骤，即制定市场营销计划、营销计划的执行和营销计划执行的控制。市场营销计划的管理是整个市场营销活动的前提和基础，是企业市场营销活动成败的关键。企业的经营目标和方针都需要详细的营销计划相支持，而其他计划如发展计划、损益计划、资产负债计划也都需要以营销计划为基础。市场营销计划必须详尽地分析目前的营销状况，分析机会与问题，必须有目标、战略和具体的行动方案，还要预测财务开支和指明如何控制计划的执行。为了能够施行切实可行的市场营销计划，营销部门管理人员必须充分借鉴成功企业的管理经验，制定或完善本企业的市场营销计划管理制度。比如市场部要决定是否利用大数据技术制定4P策略还是依靠传统方法。

三、医药市场营销计划体系及内容

战略是有关未来的纲领性、指导性的安排，而战术是为实现战略目标所采用的具体措施。企业市场营销战略和战术安排的最终体现是各种长短期营销计划。因而营销计划是具体落实营销战略的行动计划，可以说是直接实现企业销售收入的一连串过程的安排。亦即依据销售预测、设定营销目标、编制产品销售量与回款计划。医药企业营销计划体系如图3－2所示。

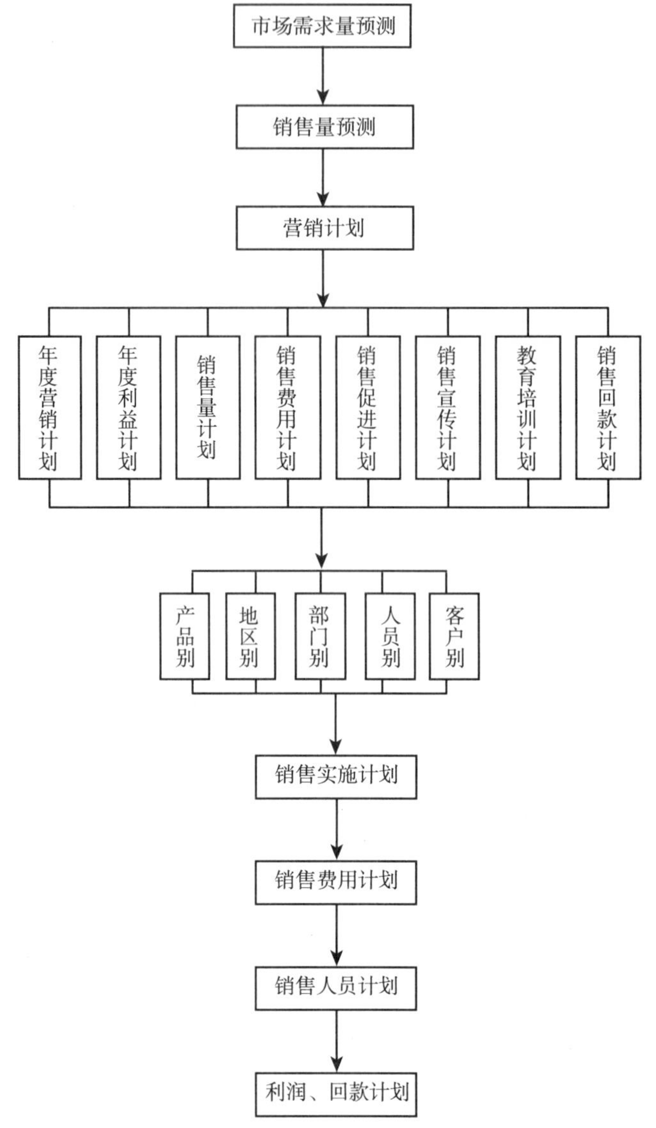

图 3－2　医药企业营销计划体系

四、医药营销计划的制定过程

企业营销计划的制定工作就是设计规划企业的营销战术安排，它包括设定正确的企业营销战略目标，选择正确的营销战略措施，通过营销战略的计划管理实现企业的营销战略目标。

营销计划的制定过程，是一个不断分析比较、权衡选优的动态过程。典型营销计划的制定过程如图 3－3 所示。现根据图 3－3 所示，将营销计划的制定过程中主要环节介绍如下。

（一）明确企业任务

一个组织的存在和发展是为了在一个更大的环境中完成某些任务，一个企业要明确和完成自己的使命，必须回答下述几个根本性问题：①我们的企业是干什么的？②我们的顾客是谁？③我们对顾客的价值是什么？④我们的业务将是什么？⑤我们的业务应该是什么？

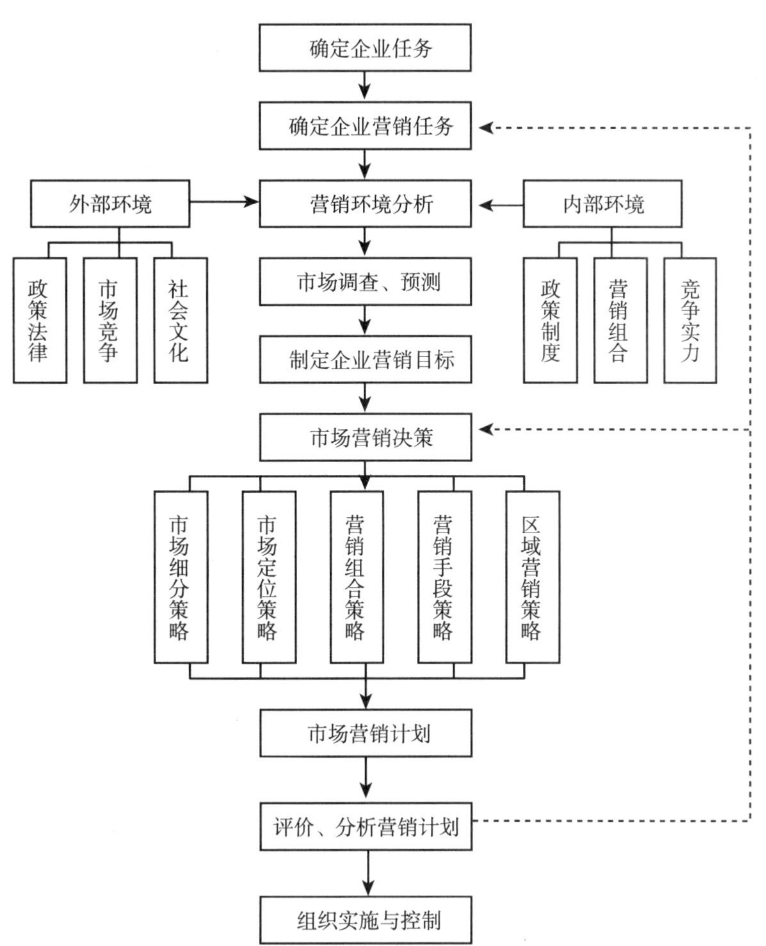

图 3－3　营销计划的制订步骤

这些听上去很简单的问题正是企业时时必须作出答复的根本性的营销战略问题。成功的企业经常向自己提出这类问题，并慎重而全面地作出回答。由于企业市场经营环境的不断变化，会使企业原来的发展轨迹或方向与已发生变化的环境发生冲突；由于企业的组织、产品、资源和人员的变更，也会使企业原定的任务变得模糊不清；或者，由于新的市场机会的出现，企业必须变更原来的经营方向和业务范围来充分利用有利的市场机会；或者创建一个新企业等。企业在面临这些情况时，都要审定或重新审定原来的战略方向或制定新的战略计划。此时，企业应该首先明确企业的战略任务，或者为企业在新的经营环境中选择更有利于企业发展的战略任务。确定企业的战略任务，就是规定企业在一个比较长的时间内所要取得的发展结果。营销战略任务涉及企业全面发展提出的要求或目标。因此，企业的战略任务就是企业的使命或宗旨，它是企业为其经营活动所下的定义，它是企业经营哲学的具体化。一个组织的战略任务由五个关键性要素的影响所形成，企业在制定营销战略任务时，应考虑这五个因素的影响：企业的发展历史、管理者和所有者的当前偏好、市场环境、资源、企业具体能力等。如在“4＋7”带量采购中，一些原研药失标，失去大部分市场而一些仿制药中标，扩大了市场份额，这些企业都要重新明确企业任务。

（二）明确企业营销任务

在企业总任务范围内，营销部门应明确自己的任务。必须在总任务的规定下，对本部门的业务范围作出更为详尽的界定，本部门准备满足哪些需求，提供什么产品，依靠的技

术、产品的性能、市场细分和目标市场、市场定位和地理范围等，以及作为独立业务部门要达到的特定目标。

（三）市场营销环境分析

企业营销环境包括企业的内外部环境，具体而言就是企业所处的外部环境（宏观、微观环境）和企业内部环境。营销环境的分析对外是要充分掌握外部制约因素对于企业而言是机会还是威胁、是有利还是不利；对内则是为了弄清企业现状，确定自己的优势、劣势、长处、短处和内部潜力，研究利用市场机会和避开威胁的可能性，从而制定经营战略。因此，制定可行的营销行动计划，需要对企业外部环境和企业内部条件等的相关内容进行综合分析，从而得到符合实际的真实结果。

1. 营销外部环境分析　企业外部市场营销的宏微观环境是指那些对企业营销造成生存障碍或提供市场机会的社会或个体力量，它对企业营销战略的制定和实施都有举足轻重的作用。能否把握外部环境的现状及未来的趋势，利用机会并避开威胁，是企业营销战略能否取得实效的关键。

外部环境分析最终要回答的问题是：有关环境因素将在何时发生何种变化？发生的可能性有多大？这种变化对企业而言是机会还是威胁？会带来多大影响？应当采取何种对策？

企业外部营销环境分析的主要内容如下。

（1）政治法律环境对企业营销的影响　包括国际国内政治局势对企业营销的影响；有关法律法规对企业营销活动的影响；政府有关方针政策对企业营销战略的影响；有关公众团体对企业营销的影响。

（2）市场竞争分析　辨别谁是竞争者；确认竞争者的目标、战略；研究竞争者的实力状况、优劣势所在；判断竞争者的反应模式从而选择对策——是进攻还是回避、是追随还是领先。

（3）企业经营合作者分析　既包括与企业关系密切各种生产经营的合作者、供应商与中间商；也包括企业生产经营的服务对象，包括消费者、政府、媒体、社会公众等。

（4）经济环境分析　主要是指影响企业营销工作开展的宏观经济政策或微观市场特征。宏观部分主要包括产业政策、税收制度、工商管理、外贸政策、金融政策等；微观部分包括消费者收入水平、购买力水平、消费倾向、地理分布、行为特征等。

（5）科学技术环境　与本企业产品、材料、生产工艺、技术装备等相关的国内外科技水平和发展趋势。

（6）社会文化环境　是指与医药企业市场营销有关联的目标市场的社会结构、风俗习惯、价值观念、生活方式、受教育程度、审美标准等。这些因素是市场营销特别是跨文化营销过程中必须充分掌握和满足其要求的环境。

2. 企业内部环境分析　企业营销内部环境是指企业拥有的组织结构、企业资源、企业文化等企业内部各种战略构成要素。作为企业营销总体环境的一部分，这些因素制约着企业营销战略的形成与实施。

要想把握外部环境提供的市场机会，还需要企业本身具备一定的内部条件。如果企业内部组织机构健全、运行正常、效率高，企业文化有特色，能够真正成为企业营销人员共同的价值观念并形成营销合力，企业资源卓越，能够对各种环境的变化作出及时的反应并采取合理的对策，则企业的营销工作就会顺利得多。相反如果企业内部信息不畅，各自为政，没有一个统一的经营思想，那么企业营销工作的难度就会很大。因而企业营销策略的制订者必须充分分析了解企业内部营销环境的优劣势，以便有效地对营销战略进行控制。

（1）企业经营管理体制及结构　它不仅关系着营销工作的正常开展，也是企业总体经营战略能否顺利实施的根本保证。主要内容包括：企业总体经营思想是否已经以市场为导向；内部机构的设置是否科学合理并符合现代化管理要求；各职能部门之间相互协调工作并围绕市场目标运作，而非各自为政以各自发挥部门原有职能；市场信息内部传送是否顺畅等。我国医药企业过去市场竞争力量不足的根本原因之一就是企业的经营管理体制及组织结构的设计不能及时对市场的变化作出反应，以至于经常错失良机。

（2）企业的使命、经营理念与目标　这属于企业文化范畴。企业文化是企业成员共有的信仰、期望和价值观念的总和。优秀的企业文化能为员工创造一种宽松、平和而又积极向上的经营氛围，使员工努力调整自己以适应企业文化，并且做到一致对外。如果一个企业内部员工间存在着非业务工作上的大量精力消耗，则员工的凝聚力向心力就会受到影响，这对于营销第一线的工作人员来说更是如此。

（3）企业能力（实力）　主要包括市场营销能力、财务能力、研发生产能力和营销组织能力等。

1）市场营销能力　包括企业知名度、市场占有率、产品质量、生产成本、销售力量、营销网络、客户关系、销售队伍素质、与当地有关政府部门之间的关系等。

2）财务能力　包括企业资金实力能否满足日益扩大的市场销售占用的要求，回款能力、盈利能力、财务分析、财务管理能力等。

3）生产研发能力　包括生产设备、科技能力、员工素质、按时交货能力、满足市场需要的能力、质量稳定与保证能力等。

4）组织能力　包括营销领导者的组织管理能力、协调能力、应变能力、敬业奉献精神等。

（4）企业现有及将来的销售业绩　在制定企业未来营销计划时，必须对现有的销售业绩进行科学详细的分析，寻找出成功的经验或失败的教训。需对每一个销售地区和产品进行计划与实绩间的分析对比，然后才能为新的营销计划找到突破口，才能使营销方案具有针对性和可操作性。

营销环境分析的程序一般是：收集企业环境的各种信息、准确预测企业环境的变化趋势、分析环境的机会和威胁、归纳环境分析的结果并确定应对措施。常见的营销环境分析工具为 SWOT 分析法。

在企业战略管理中，仅有上述分析内容还远远不够，还必须对企业的内外环境条件综合情况作深层次的分析，从所列关键要素中归纳出问题的实质，研究潜在的机会与威胁、优势与劣势，这是企业战略取得成功的重要环节。因此，有关专家在十字形图表的基础上开发出了潜在的机会与威胁、优势与劣势分析的检核表，又称 SWOT 分析（表 3－1）。

表 3－1　某医药企业 SWOT 分析表

<table>
<tr><td rowspan="2">外部环境</td><td>威胁（treat）</td><td>机会（opportunity）</td></tr>
<tr><td>1. 国家药品价格管制
2. 原材料价格涨幅 40% 以上
3. 医疗单位实行药品集中招标</td><td>1. 国家药品实行优质优价
2. 药品专利保护加强
3. 大众自我保健意识增强</td></tr>
<tr><td rowspan="2">内部条件</td><td>优势（superiority）</td><td>劣势（weakness）</td></tr>
<tr><td>1. 技术开发能力强
2. 产品质量稳步提高
3. 管理基础工作较好协作
4. 客户关系紧密</td><td>1. 产品专利保护即将到期
2. 营销人员知识结构不合理
3. 资金回款问题严重
4. 产品开发不及时</td></tr>
</table>

（四）市场调查与市场预测

国外有人把市场调查比喻为市场分析的显微镜，把市场预测比喻为市场规划的望远镜，可见市场调查与市场预测在市场经营中的重要地位。任何一项营销决策的科学性与准确性取决于营销决策者对营销环境的正确了解与对营销未来的准确把握，而这些基础工作必须完全建立在企业营销信息系统的健全与市场信息制度建设之上。市场调查是企业进行科学的市场预测，制定正确的营销决策和策略，提高经济效益的重要基础。这项工作开展得好坏取决于企业对其认识的程度及相关方法的正确与否。

（五）制定企业营销目标

在对外部和内部环境分析的基础上，企业需将各业务单位的战略任务转化为具体的目标，即制定业务单位在战略周期内要达到的目标。就总体上来讲，企业最常见的目标有赢利、销售增长、市场份额改进、风险的分散以及创新等几类。为了便于目标的执行，企业所确定的战略目标应符合以下的要求。

1. 重点突出 对于企业或业务单位来说，它想要实现的目标，有时往往不止一个，但在一个战略周期内，由于受各种条件的限制不可能都实现。而且在有些时候，有些目标放在一起实施还会发生冲突。因此，应该确定一个对企业当前更为重要、更为迫切需要实现的目标；或者是对实现企业战略任务更为有利的目标。

2. 层次化 企业在战略计划中制定的战略目标，往往是一个目标体系：不仅包括总目标，也包括许多子目标；不仅包括对不同的活动环节规定的目标，也包括对不同部门和人员规定的目标。因此，这些目标不仅应该按轻重缓急进行排序，而且应对总目标层层分解、逐步落实，使目标完成有可靠的保证。

3. 数量化 目标必须是具体的和明确的，即能够被执行者理解，而且此种理解应是唯一的。为此要求一般能够定量化的目标应定量化。对不能定量化的目标，也应清楚的加以说明。例如“增加投资报酬率”就不如“提高投资报酬率到15%”来得明确和可操作。

（六）确定市场营销决策

所谓市场营销决策是指在可执行的各种营销方案中按一定的标准进行选优的工作。企业营销决策内容一般包括目标市场的选择、营销组合策略制定、区域销售策略及人员配备、营销费用策略等。

1. 目标市场确定 在营销策略中首先要明确企业的目标市场，即企业准备服务于哪个市场或哪几个细分市场，以及具体的市场定位。

2. 确定营销组合因素 企业准备在各个细分市场采取哪些具体的营销策略，如产品、价格、渠道、促销等（详细内容见本章第四节）。

3. 营销费用测算 根据上述营销策略确定营销费用水平及分配使用方案。

4. 地区营销目标及营销方法的确定 将企业营销计划分解到每一个相关的销售区域，并进一步确定每一地区的销售措施。

（七）制定市场营销计划

基本的战略确定以后，就要根据这一战略的要求，考虑和采取相应的措施，制定执行战略的具体计划，以保证和支持经营战略的顺利实施。

（八）计划的执行与控制

战略计划的制定并不能保证市场营销一定成功。战略只是企业成功经营的要素之一，美国一流的咨询企业麦肯锡公司（McKinsey & Company）认为，企业要想经营成功仅有战略计划是不够的，还必须具备一个7S的结构模式，即战略（strategy）、结构（structure）、制度（systems）、作风（style）、人员（staff）、技能（skills）和共同的价值观（shared values）。战略、结构和制度被认为是企业成功的“硬件”，作风、人员、技能和共同的价值观被认为是企业经营成功的“软件”。“硬件”为这些软件的运行提供平台或架构，而只有使这些“软件”顺利成功运行起来，计划才能得到落实并实现预期目的。

在制定战略计划的过程中，企业要不断追踪计划执行的结果，并对环境中出现的变化进行监测。如果执行中出现了偏差，通过结果的反馈，可以对计划进行必要的调整，以保证目标的实现。如果环境中出现了重大的变化，企业就要重新进行战略评价，对计划、必要时甚至对战略目标进行修正。一旦一个企业因为没有适应环境的变化而失去了原有的市场地位，要想恢复是非常困难的。所以对任何企业来讲，生存和发展的关键是对环境的适应性，在环境动荡的年代，企业必须具有较强的适应能力和应变能力。

第二节　竞争性市场营销战略

扫码“学一学”

在市场经济条件下，任一企业会面对竞争，在很多情况下，只有打败竞争对手，才能够赢得市场，竞争者的营销策略和行为往往会影响到自身营销行为的调整，因此，医药企业只有认真研究竞争者的优势和劣势、战略和策略，明确自己在竞争中的地位，才能够有的放矢地制定竞争战略，才能在激烈的竞争中求得生存和发展。

一、竞争者分析

企业要制定正确的竞争战略和策略，就要深入地了解竞争者，主要应了解以下几个方面。

（一）识别竞争者

识别竞争者似乎是一件很容易的事，但是，公司的现实和潜在竞争者的范围是很广泛的，公司应当有长远的眼光，从行业结构和业务范围的角度识别竞争者。

1. 竞争者概念与层次

（1）竞争者概念　竞争者是那些提供的产品和面临的市场完全一致或颇为相似的组织或个人。如生产抗生素的两家企业，属于竞争者，抗生素需求企业可以在二者之间进行选择，在市场规模不变的条件下，一家企业市场份额的扩大，预示着另外一家企业市场份额的减少；距离较近的药店和医院也是竞争关系，在某种情况下，患者可以选择在医院药房取药，也可以到药店购药，这种现象被称为“处方外流”，在《处方药管理办法》出台之前，很多医院为了防止“处方外流”现象的发生，往往会采用一些离奇手段，如“天书处方”，即处方写得像天书，一般人看不懂，只有医院内部人员才能领会，因此，即使流入药店，药店人员也看不懂，从而医院可以避免处方药外流所带来的收入损失。

（2）竞争者层次　对于竞争者来说，由于产品具有一定的差异性，消费者的偏好不同，因此会产生不同的竞争关系，从竞争激烈程度上来看，可以分为以下4种竞争者类型。

1）品牌竞争者　是指满足同一需要的同种形式产品不同品牌之间的竞争。如六味地黄丸市场的竞争比较激烈，原因为六味地黄丸是一个具有千年古方的老药品，而且药效独特，很多企业都在生产，当前有一百多家制药企业在生产六味地黄产品，品牌有几十个，剂型多为蜡丸、糊丸、蜜丸等。

2）形式竞争者　是指生产同种产品、不同规格、剂型的竞争者。由于这些产品是属于同种产品，因此之间存在竞争关系，但又由于这些产品的形式不同，因此之间的竞争激烈程度低于品牌竞争者。如口服液与片剂之间的竞争，对于很多制药企业倾向于将儿童感冒药制成口服液，或者是能够冲服的颗粒，以获得儿童消费者的青睐，但是市场中的糖衣片剂由于口感不错，仍然拥有较大的市场。

3）属类竞争者　又称为一般竞争者，是指行业内提供不同产品以满足同一种需求的竞争者。如中医和西医之间的竞争，在非典时期，中药疗法是指将中成药与中药汤剂联合应用，主要涉及退热类、清热解毒类、活血化瘀、祛湿化痰类、扶正类等药物，而西医在治疗过程中，大量应用了多种药物，如糖皮质激素、抗病毒药物、抗菌药物、免疫调节剂等。

4）愿望竞争者　指提供不同产品以满足不同需求的竞争者。如药品与其他消费品之间存在一种竞争关系，在消费者收入一定的条件下，购买药品的花费增加了，就会减少其他消费品的购买。

2. 从市场结构识别竞争者　处于同一市场中的企业之间存在较大的竞争，而不同市场中的企业也会存在一定的竞争关系，属于潜在的竞争，因此，了解市场结构有助于分析企业之间的竞争关系。从经济学上看，可以将市场分为 4 种：完全垄断市场、寡头垄断市场、垄断竞争市场、完全竞争市场等。

（1）完全垄断市场　是指只有唯一一个供给者的市场类型。完全垄断市场的特征是：①整个市场的产品或服务都由一个供给者提供，而消费者众多；②没有任何替代品，消费者不可能购买到性能等方面相近的替代品；③市场存在较高的进入门槛，其他企业很难进入。在完全垄断市场中，由于缺乏竞争，因此，企业的产品定价是垄断价格。

（2）寡头垄断　是指少数企业控制整个市场，这几家企业供应的产品几乎覆盖整个市场。根据产品特征，寡头市场可以分为纯粹寡头行业和差别寡头行业两类。在纯粹寡头行业中，厂商生产无差别的产品；而在差别寡头行业中，厂商生产有差别产品。在寡头垄断市场，往往会形成企业合谋行为，因此，竞争不是很激烈。

（3）垄断竞争　是指一个市场中有许多厂商生产和销售有差别的同种产品。由于垄断竞争厂商销售的产品是存在某种差别的，因此，往往不会采用价格竞争方式进行竞争，而从其他方面进行竞争，如品质竞争、广告竞争。品质竞争包括品牌差异、包装差异、售前售后服务差异等，很多厂商会适当提高产品品质，以获得更多的边际收益，直到提高品质时的边际收益等于边际成本时，厂商达到最佳产品品质。另外，厂商还可以实现广告竞争，因为广告可以让顾客产生不同的偏好，这种偏好会带来更多的购买机会，因此，当广告的边际成本等于增加的销售利益时，企业的广告投入则实现了最优化。

（4）完全竞争市场　是指市场中存在无数的卖者和买者，产品是同质的，可互相替代而无差别化，生产要素在产业间可自由流动，不存在进入或退出障碍，卖者对市场都不具有某种支配力，在这种市场中，所有企业都是市场价格的接收者，企业之间的竞争不是很激烈，很多企业均会采用随行就市的策略。

由此可见，在垄断竞争市场中，竞争是比较激烈的，而其他三种市场结构中的竞争相对不是很激烈，但是市场结构是变化的，当条件改变时，会引起竞争的变化。

3. 业务导向与竞争者识别　企业导向与企业战略有关系，是其优势存在的基础，因此，企业的导向相同，势必会产生激烈的竞争，若企业导向不同，企业之间的竞争就会被削弱。企业导向一般分为 4 种：产品导向、技术导向、需求导向和顾客导向。

（1）产品导向

1）含义　产品导向是指企业业务范围限定为经营某种产品，产品种类较少，一般情况下中小企业往往会采用这种导向策略，中小企业不具有较大的资金实力、市场经验，因此也无力研发更多的产品，进行大范围的市场研究，因此往往会将投资集中在某种产品上，希望能够获得更多的竞争优势。

2）适用条件　市场竞争不是很激烈，企业实力较弱，无力从事产品更新。

（2）技术导向

1）含义　技术导向是指企业的主要精力是提高产品技术水平，希望能够取得技术优势。大型企业往往会把这种导向作为企业未来的市场战略，通过技术优势，来规避竞争。例如专利药物价格昂贵，其原因有二：一是知识产权保护的缘故，一般而言专利药物价格昂贵。二是新药研发的风险较大、周期长，经过临床试验，平均每5000种化合物中只有一种能最后投入市场，因此，为了弥补前期研发成本，很多专利药会制定较高的价格。

2）适用条件　企业技术研发实力较强，有能力研发科技含量较高的产品，市场对这种产品需求量较大。

（3）需求导向

1）含义　需求导向指企业的战略是为了满足市场需求。由于市场需求多样化的缘故，企业可以通过市场细分，确定不同的目标市场进行营销活动，如感冒药可以分为儿童感冒药和老年人感冒药。

2）适用条件　市场需求多样化，产品供过于求，市场竞争比较激烈，企业具有一定的研发实力。

（二）竞争者战略分析

1. 判定竞争者的战略和目标

（1）判定竞争者的战略　战略群体指在某特定行业或市场中推行相同战略的企业集合。企业在市场中面临的最直接的竞争者是那些处于同一战略群体的企业。战略群体具有以下几个特征。

第一，不同战略群体的进入与流动障碍不同。高技术、低成本的战略群体进入难度与低技术、低成本的进入难度不同，高技术意味着存在一定的技术壁垒，一般企业很难进入，即使克服了技术壁垒，也要付出高昂的成本，难以取得低成本的优势，也就是说，低技术、低成本的企业难以进入高技术、低成本的战略群体，而高技术、低成本的企业可以容易进入低技术、低成本的战略群体。

第二，同一战略群体内的竞争最为激烈。对于企业来说，如果是同一战略群体内部，如低技术、低成本战略群体，企业之间的竞争是非常激烈的，因为他们自身优势没有差别，往往会发生价格战或广告战，由此可见，要避免竞争，需要选择合适的战略群体。

第三，不同战略群体之间存在现实或潜在的竞争。对于不同战略群体之间的企业，也有可能存在竞争，这种竞争是一种潜在的竞争，如高技术、低成本的企业有可能会进入低技术、低成本的企业经营领域，专利药生产企业也有可能生产仿制药。

（2）判定竞争者的目标　由于战略、市场地位、产品生命周期等方面存在差异，企业所制定的目标是有差异的，具体的战略目标有：获利能力、市场占有率、现金流量、成本降低、技术领先、服务领先等，除此以外，每个企业还会有不同的竞争侧重点和目标组合。只有了解竞争对手的目标，才能够制定合适的竞争策略，进而避免直接竞争带来的损失。

2. 评估竞争者的实力和反应 评估竞争者的实力可以分为以下程序：收集信息、竞争情报研究、确定竞争对手的优势和劣势、评估竞争者的反应模式。

（1）收集信息 在导入期，收集信息的主要人员是销售人员，他们所需要的资源是互联网、自己的人脉关系、与顾客接触，收集的方式主要是网上查询和与相关人员的人际沟通，此阶段的收集方式较为简单，原因是竞争不是很激烈，市场需求不是很旺盛，营销方式还处于探索期。

进入成长期，收集信息的人员比较专业，可能会成立专门的信息收集组织，重点是搜集竞争对手的情报和其他市场信息，收集方式是市场调查、网上查询、人际沟通等。此阶段市场竞争比较激烈，企业应加强对竞争对手信息的收集与分析，才能作出有的放矢的营销策略。

进入成熟期，收集信息的人员比较固定，并且直属于市场总监，此时期的竞争相对比较缓和，收集信息的工作相对比较稳定，属于例行检查、监督工作。

（2）竞争情报研究

1）竞争情报概念 竞争情报是指关于竞争环境、竞争对手和竞争策略的信息总和。包含竞争信息和竞争战略两大部分，其核心是关于竞争对手信息的收集和分析，主要涉及环境监测、技术跟踪、竞争对手分析、策略制定、商业秘密保护等领域。

2）竞争情报的性质 竞争情报具有对抗性，通过公开的渠道了解、分析对手，其目的是取得相对竞争对手的竞争优势。竞争情报必须是通过正当的、合法的渠道所获取的各式各样的信息，并通过科学的方法分析、研究这些信息，最终发现、找到很有价值的竞争情报。根据统计，在企业得到的竞争情报中，约有95%都可以通过合法的、符合道德规范的途径获得。

3）竞争情报的价值 竞争情报已经成为企业经营过程中资金、技术、人才之后的第四大资源。据工业发达国家统计，一项科技成果的研究费用假设为1，则发展推广费用为10，生产费用就高达100，而情报费用只要0.05，而情报对于决策来说，其价值和意义则会超过1。

4）确定情报来源 在收集情报的过程中，主要有两种来源，一是来自企业外部，二是来自企业内部。企业外部来源主要包括顾客或消费者、批发商、政府人员、竞争对手相关人员、亲戚朋友、其他利益相关者。企业内部来源主要包括内部销售人员、公司互联网、资料库等。

5）情报具体内容 ①供应、客户、新进入者、替代者等情报信息；②竞争者信息：竞争对手的市场定位、市场覆盖率、市场占有率、产品动态、研发动态、生产动态、营销动态、管理动态、人力资源动态、资产动态、战略动态等。

（3）确定竞争对手的优势和劣势 对竞争对手的信息进行广泛搜集后，要了解竞争对手的优势与劣势，特别是要对主要竞争对手的优势劣势进行重点分析，以便做到避实击虚，避免与竞争对手的优势进行竞争。这种分析也可以从SWOT分析中得到启发，分析的目的是为后面的竞争策略提供支持。

（4）评估竞争者的反应模式 对竞争者的优势与劣势进行全面分析后，要找到竞争者的薄弱环节，然后以自己的优势来攻击对方的劣势，以赢得竞争的成功。阿瑟D. 利特尔咨询公司曾把竞争者类型分为以下6种。

1）主宰型 这类企业在市场中起到领导作用，能够主宰产品价格、市场销量、市场需求等，其他竞争对手只能唯马首是瞻，缺乏对抗能力。

2）强壮型 这类企业往往会拥有较强实力，如资金充足、强大的生产能力和销售量，在市场中属于强悍的竞争对手，其他竞争对手很难短期内与之竞争，或者不具有竞争的资格。

3）优势型　这类企业在往往在某些方面具有一定的优势，如价格、技术、服务、渠道等方面，在这些方面比其他竞争对手具有优势。

4）防守型　这类企业的市场地位不高，针对竞争对手的竞争，只有招架之功，没有还手之力，或者说只是疲于奔命，处于防守状态，经营中存在一定的问题。

5）虚弱型　这类企业的经营状况更加不能令人满意，一旦竞争对手发起进攻，这种企业往往会陷入经营困境。

6）难以生存型　这类企业经营状况很差，难以生存，或者是马上要退出市场。

（三）确定竞争者

1. 竞争者地位分析　根据企业在市场中的竞争地位，可将参与竞争的企业划分为：市场领导者、市场挑战者、市场跟随者与市场补缺者等四种竞争者类型。

（1）市场领导者　指本行业或本地区市场占有率最高，对产品技术、质量、价格、渠道等因素起领导作用的企业。一般来说，大多数行业都存在一家或几家市场领导者，他们的市场占有率、技术水平、规模等都居行业前列，他们的营销策略都会对其他竞争者产生一定的影响。如国药控股、九州通等医药流通企业，在医药流通行业属于市场领导者，他们的行为会对其他医药流通企业带来深远的影响。

（2）市场挑战者　指在本行业或某市场上处于次要地位，但又具备向市场领导者发动全面或局部攻击的企业。市场挑战者往往具有一定的优势和实力，具有一定的竞争能力，他们并不甘心居于第二位，一旦条件、时机成熟，就向市场领导者发起进攻，追求市场占有率的扩大，并试图成为领导者。如上海医药公司、南京医药公司等医药流通企业都已经成长为本地区实力较强的挑战者，并进一步实现扩张。

（3）市场跟随者　指在市场上实力弱，自身不具备领导市场和向市场领导者挑战的资格，只能跟随市场领导者或挑战者的营销策略，进而保证自身的市场占有率。

（4）市场补缺者　是指实力更弱，只能进入一些不为领导者或挑战者注意的市场，利用企业自身优势，从而占领这些空白市场。对于整个市场来说，这些企业往往能够起到拾遗补阙的作用，或者是在市场“缝隙”中求生存。

2. 竞争者竞争战略

（1）创新战略　即竞争者会根据市场需求不断开发出新产品，通过创新以赢得市场竞争的胜利。

（2）优质战略　即竞争者向市场提供的产品在质量上应当优于其他竞争对手，以赢得市场的青睐，很多顾客对优质的产品拥有较大的偏好，因此，优质战略会吸引这些顾客的购买欲望。

（3）廉价战略　即竞争者制定低于竞争对手的价格，赢得市场竞争，理智的购买者会优先选择“物美价廉”的产品，因此，价格低廉对于这部分顾客来说是一种最好的吸引手段。

（4）技术战略　即竞争者通过提高技术水平，实现技术领先，以赢得市场竞争的胜利。

（5）服务战略　即竞争者提供比竞争者更完善的售前、售中和售后服务，从而吸引消费者，提高顾客忠诚度。

（6）速度战略　即竞争者以比竞争对手更快的速度推出新产品和新的营销战略，抢先占领市场，很多消费者一旦购买某种产品，就有可能对其他产品失去购买欲望，因此，抢得市场先机是一种不错的竞争手段。

（7）促销战略　即竞争者应当运用广告、公共关系等促销手段大力宣传企业和产品，

提高知名度和美誉度，而顾客往往对知名度和美誉度较高的产品更感兴趣，因此，加强促销会有效提高销售量。

二、市场竞争者策略分析

根据竞争者在目标市场中的市场占有率、地位、影响力等因素，可以将竞争者分为市场领导者、市场挑战者、市场追随者和市场补缺者。

对于很多顾客来说，由于精力和时间有限，在选购产品的时候往往只会在几种产品中作出选择，而非将各种产品进行综合排序，因此，对于市场中的竞争者来说，最好的竞争策略是“要么第一，要么唯一”，即第一种竞争策略是在同类产品中要做到第一，要在顾客心目中做到排名第一位才能拥有市场，这也是很多竞争者要争夺市场领导者的原因之一，排名第三位以后的产品，很少有顾客能够记住，因此，其市场影响力是有限的，销量是不稳定的；第二种竞争策略是做到唯一，即“人无我有”，若是市场中只有一种产品，消费者别无选择，那么这种产品基本不用担心市场销路问题，可以制定垄断价格，顾客别无选择，也会接受这种价格，保持一定的购买量。

（一）市场领导者的竞争策略

1. 积极竞争策略 市场领导者通常在价格、新产品开发、市场覆盖和促销等方面均能够影响其他竞争者。市场领导者往往成为其他竞争者的众矢之的，竞争者或者向其发出挑战，或者模仿之。一些最著名的医药市场领导者是：强生、辉瑞、诺华、国药控股、东北制药等，这些公司在某市场领域内占据市场领导者的地位。市场领导者要保持其市场占有率第一的地位，会采用相应的策略，一般情况下会采用以下三种策略。①扩大整个市场需求；②公司必须采取有效的防守措施和攻击战术，保持现有的市场占有率；③积极拓展市场空间，趁机兼并其他竞争者的市场份额。

（1）扩大市场 一般来说，如果整个市场容量扩大，则市场占有率第一的市场领导者则收益最大。具体策略可以通过寻找新使用者、发现新用途或者是扩大现有顾客的使用量等策略来扩大市场，扩大市场是一种积极的竞争策略，由于扩大市场并没有侵占其他竞争者的市场份额，并且能够带动其他竞争者的销量，因此，不会引起其他竞争者的抵制或者反对，不会引发激烈的竞争。

1）新使用者 市场领导者可以通过寻找新使用者来扩大市场，具体策略是市场开发策略，如跨国公司通过进入中国等发展中国家市场，来提高国际市场中的市场份额。

2）新用途 可通过发现并推广产品和新用途来扩大市场。如在比利时、英国、荷兰等国家，多潘立酮曾被当作止吐药，但是市场反应并不理想。而在德国、法国、意大利、加拿大等国家，多潘立酮定位于治疗消化不良的药物，市场销量较大。

3）扩大使用量 市场领导者扩大市场的第三种策略就是要说服人们每次使用产品时要增加用量。具体方法可以提高顾客的产品消耗数量和使用频率。如可以通过改变包装或者重新设计产品来增加顾客的产品消耗量。曾经有一个故事，牙膏销售经理在为如何提高牙膏销量而发愁，并让手下通过头脑风暴法提出好主意，这时一个聪明的销售人员提出一个建议，即将牙膏口直径扩大0.5毫米，可以增加牙膏销量。事实证明，此建议确实提高了牙膏使用量，对于这种品牌的牙膏，很多消费者都已经习惯了每天挤出的牙膏长度，在不改变挤出牙膏长度的情况下而改变牙膏口直径，意味着会加大牙膏使用量，因此，会让顾客买的更多。另外，可以从提醒消费者使用的角度增加使用频率，如药企可以针对部分患

者用药不及时的问题，进行提醒式宣传，告诫患者要按时用药、及时康复。

（2）确保市场占有率　市场领导者在努力扩大整个市场规模时，也要保护自己现有市场份额，以免受到竞争对手的攻击而损失市场占有率。这种策略是一种积极的进攻策略，即在与竞争对手的积极竞争中，保持市场占有率不变，而非消极地保证市场占有率不变，俗话说，“取法其上，得乎其中，取法其中，得乎其下”，如果企业要保证市场占有率第一的地位，则必须积极拓展市场，否则，仅仅保证市场占有率，可能会导致市场占有率的下降。

（3）兼并其他竞争者　为确保市场占有率第一的地位，市场领导者还可以通过兼并其他竞争者的手段来实现。

2. 防御策略　除了积极的竞争策略，市场领导者面对市场挑战者的进攻，还有可能采用防御策略，防御策略分为两类，一类是积极的防御策略，另一类是消极的防御策略。积极的防御策略有先攻防御、侧翼防御、反攻防御；消极的防御策略有阵地防御、撤退防御。

（1）积极防御策略

1）先攻防御　一种积极的防御战术是在竞争者对自己发动进攻之前，先发制人抢先攻击竞争者。

2）侧翼防御　除了先攻防御之外，市场领导者还可以实施侧翼防御，即改善经营不善的地区、不断满足未满足的需求等。

3）反攻防御　市场领导者还可以通过攻击竞争对手，来实现防御。

（2）消极防御策略

1）阵地防御　市场领导者的阵地防御策略的核心是维持市场现状，事实上，维持市场现状是一种消极的防御策略。

2）撤退防御　有时，市场领导者认为某些市场已经无法占据有利的地位，因此，会退出这些市场，这种策略比固守市场可能更有意义，目的是减少损失。

（二）市场挑战者竞争策略

1. 进攻策略　市场挑战者指在行业中占据二、三位次的竞争者，具有一定的实力对市场领导者和其他竞争者采取攻击行动，希望夺取市场领导者地位。市场挑战者策略可以分为三种，一种是正面进攻，与市场领导者进行正面的竞争，从销量上获得第一，从而打败市场领导者，这种策略损失较大，往往会导致两败俱伤，是一种下策；第二种策略是采用迂回策略，即另辟战场，在新的战场上获得先入为主的优势，从而逐渐发展壮大，成为市场领导者，这种策略是上策；第三种策略是蚕食策略，即逐步蚕食其他竞争对手的市场份额，壮大自己，从而逐渐成为市场领导者。

（1）正面进攻策略　即正面直接攻击市场领导者，以获得市场第一的地位，如市场挑战者可以通过价格战、广告战，向市场领导者发起进攻，正面争夺市场，这一策略风险较大，往往会引起领导者的强烈反击。

（2）迂回策略　市场挑战者的迂回策略是指进入竞争对手薄弱环节，可以进入其他竞争对手，特别是市场领导者未进入的领域，从而积累更多的实力。

（3）兼并策略　市场挑战者可以选择兼并或收购其他小企业，逐渐壮大实力，从而赢得与市场挑战者竞争的实力。

2. 模仿超越策略

（1）概念　作为市场挑战者，具有一定的实力，但是这种实力还不足以与市场领导者进行正面的对抗，即使对抗成功，往往也会带来更大的损失，因此，他们会选择另外一种

策略，即模仿超越策略，这种策略的要点是在模仿中实现超越，因为市场领导者往往是市场的先行者，作为先行者，最大的好处是先入为主，在市场中影响力较大，但也会存在缺点，作为先行者，往往是在摸索市场规律，如如何设计产品，才能让顾客满意；广告宣传侧重点有哪些；如何培养顾客忠诚度等问题，如果对这些问题处理不当，则会遇到一定的市场阻碍或困难，而作为后进者，也会拥有一种后发优势，即可以避免这些困难，这就是模仿超越策略。

（2）仿制药的创新之路　由于我国医药行业的历史原因和企业自身实力问题，导致国内制药企业97.5%的化学药均属于仿制药，虽然销售额较大，但是利润水平较低，因此，作为国内制药企业要赢得竞争优势，必然要执行模仿超越策略，但是如何超越却成为很多国内企业难以逾越的难题之一，其突破点是速度、质量、低价与创新。速度是要尽快入市，以赢得市场份额；质量是要尽可能达到专利药的疗效；低价是指以低于专利药的价格进行销售，降低患者负担，从而赢得市场；创新是要突破专利药的剂型、包装等限制，进行市场细分，开发患者服用方便、副作用较小的创新仿制药。

（三）市场追随者的策略

在市场中，更多的竞争者可能缺乏市场挑战者的条件和资源，因此无法与市场领导者和挑战者进行竞争，因此，这些企业往往只能采用其他策略，有一类策略是追随策略。追随策略是指追随市场领导者或挑战者的营销策略，这种策略优点是避免与市场领导者或市场挑战者正面进行竞争和对抗，从而减少竞争压力，试想，对于实力较弱的竞争者，若要采取挑战者的策略，必然会导致市场领导者的强烈反击，损失较大，因此，采用跟随策略则有效减缓这种反击，毕竟与强大的竞争对手有段距离，也不会引起他们的注意。

1. 紧随其后　市场追随者采用紧随其后的策略是指尽可能在市场模仿领导者，而且尽可能与市场领导者保持一致，这些市场追随者有点类似挑战者，这种追随者往往实力较强，具有较强的模仿能力，通过紧随市场领导者或挑战者的营销策略，从而获得更多的市场份额和竞争力，但是，这种策略也具有一定的风险，若是跟得太近，容易引起市场领导者或挑战者的警惕，从而导致这些竞争者的反击。

2. 有距离追随　对于一些实力较小的追随者可以采用有距离的跟随策略，这种策略是指在产品营销策略上，与市场领导者和挑战者保持一定的差距，即存在一定的差异性。从而避免引起竞争对手的强烈反应，从而使得竞争变得温和，其实这种策略是一种“温水煮青蛙”的竞争策略，让一只青蛙放在锅里面，在没有加热时，青蛙感觉不到危险，随着时间推移水温越来越热，当青蛙感觉到水温较热时，为时已晚，再往锅外面跳，已经没有机会了。即一开始有距离的跟随领导者，往往不会引起市场领导者的注意，如产品质量、包装、品牌或价格等存在一定的差距，竞争对手会认为自己超越他们还会存在一定的困难，但是随着时间的推移，自己的产品虽然比不上市场领导者，但是也会赢得一部分市场，从而壮大自己的实力，当市场份额达到一定的程度，再加上合适的市场机会，就会有超越市场领导者可能，此时，市场领导者再采取反击措施，为时已晚。

3. 有选择追随　有距离的跟随策略对公司的实力要求还是比较高，与竞争对手虽有差距，但不是很大，在市场中还是有大量的中小企业，他们的实力更弱，从自身角度来看，难以实现有距离的跟随，但是有利的一面是自身还存在某些方面的优势，所以，可以采用有选择的跟随，即在自己优势的方面进行跟随，而不是全面跟随。

（四）市场补缺者的策略

很多中小企业，为了在市场中生存与发展，还有一种策略是补缺市场空间，即进入那些大企业不愿意进入的细分市场。当然要进入这些市场，必须具备一定的条件，从而能够降低经营风险，基本条件如下。

1. 细分市场应具备的特征

（1）具有相当的规模和购买力而足以盈利，太小的市场不足以支撑企业的销量，即使进入这样的市场，也会无利可图，因此在选择市场时，应了解这些市场的规模。

（2）市场有发展潜力，具有一定发展潜力的市场才能够为企业未来的发展提供支持，发展潜力还不能太大，太大会引起强大竞争对手的兴趣，从而引来较大的竞争。

（3）强大的竞争者对这些市场不感兴趣，要了解为什么强大的竞争对手对这些市场不感兴趣，其原因有哪些。

（4）企业具有满足这个市场的能力和资源，从而保证进入这个市场后，能够获得足够大的市场占有率和顾客忠诚度，从而能够盈利。

（5）公司能够在市场中建立良好的信誉与品牌忠诚度，从而能够有效抵御强大竞争者的攻击。

因此，市场补缺者最有效的竞争策略是专业化，专业化策略可以分为市场专业化、产品专业化、服务专业化、渠道专业化等。

2. 市场补缺者的专业化策略

（1）市场专业化　是指企业可以集中全部财力、物力、人力，为某一市场进行集中性营销，从而能够获得较好的营销效果。

（2）产品专业化　是指企业可以集中力量研发一种产品，并努力推广这种产品，当然这种策略也会存在一种风险，即“把所有鸡蛋都放在一个篮子里”，但是对于资金实力较小的企业来说，这是一种别无选择的策略。

（3）服务专业化　对于很多中小企业来说，对于那些技术、质量拥有较大实力的竞争对手来说，可以采取在产品方面与竞争对手差别较小，适当提高自身的服务水平，从而赢得那些喜欢服务的消费者。

（4）渠道专业化　是指采用特殊的渠道销售产品，目的是避免竞争，如将护肤、养颜产品在药店中销售，特别是具有药品背景的日用品或化妆品，在药店中销售，可以避免更多的竞品竞争。

扫码“学一学”

第三节　医药市场营销计划与营销组合

一、医药市场营销计划概述

营销计划管理是一个企业进行市场营销活动的前提和出发点。对于处于激烈竞争中的企业而言，营销计划的制定与实施需要科学的分析与合理的规划。在确定市场营销计划的基本内容时，要以明确可行的营销目标为依据，并要主次分明，充分考虑到各内容之间的关系。在制定具体的市场营销计划时，需在分析对比现在与将来、需要与可能的基础上进行。

市场营销计划是企业营销战略管理过程最重要的产出和结果。企业产品市场营销计划的内容如表 3 - 2 所示，下面接着对计划的各个部分进行简要的说明。

表 3-2　市场营销计划的内容

计划步骤	目的
1. 计划概要	对拟制定的计划进行扼要的综述
2. 目前的营销状况	提供有关市场、产品、竞争、分销以及环境的相关资料
3. 机会与问题分析	确定主要的机会、威胁、优势、劣势和产品面临的问题
4. 目标	确定销售量、市场份额和利润等要完成的目标
5. 市场营销战略	提供实现计划目标的主要营销手段
6. 行动方案	要做什么？谁去做？什么时候做？费用是多少
7. 预测损益表	预测期望的财务收支
8. 控制	如何监测计划的执行

（一）计划概要

营销计划的开始应对计划的主要内容进行一个简明扼要的概括，以便企业的决策者能迅速了解本营销计划的主要内容，如年度产品销售量、成本与利润总额等。好的营销计划必须做到概要精练得体、一目了然。

（二）目前的营销状况

这一部分包括市场、产品、竞争、分销和宏观环境等的背景资料。

1. 市场状况　这里提供的是有关目标市场的主要数据，包括需求总量、地区分布、消费者特征、购买决策过程、使用场合、关注要点等。其数据要反映顾客的需求、观念和购买行为的发展趋势。通常市场的规模和成长，可按过去几年的总销量、各细分市场、区域市场来分别表示。

2. 产品状况　提供过去时间内本企业产品的销售情况，如销售量、价格、毛利、净利润、市场占有率等。此外还应包括产品销售过程中出现的一些需要调整的内容，如包装、说明书的改进要求等。

3. 竞争状况　描述市场竞争者的详细情况，如竞争对手的数量、地理位置、经营规模、市场份额、产品质量、经营战略、优劣势对比、未来营销策略的可能性预测等。

4. 分销状况　要对企业的销售渠道规模和现状进行描述。

5. 宏观环境　这一部分要对影响企业产品市场前途的各种宏观因素进行分析，包括人口的、经济的、技术的、政治的、法律的、社会的和文化的等内容。

对产品的营销状况分析目的是发现市场机会或问题。

（三）机会和问题分析

营销经理需对企业面临的主要机会与威胁、优势和劣势进行详细的分析对比，从而明确企业产品市场销售所面临主要的问题是什么。

（四）目标

企业必须对计划的目标作出决策，包括财务目标和营销目标。

1. 财务目标　包括投资收益率、利润和现金流量等财务指标。

2. 营销目标　财务目标必须转化为营销目标，才具有可操作性。如销售收入目标、产品价格、产品销量目标、市场份额目标，以及产品知名度、分销范围等，营销目标要尽量具体化和数量化。

（五）营销战略

营销战略是一个企业用以达到目标的基本方法，因此它包括目标市场、营销定位和营销组合、营销费用水平等主要决策内容。

企业或营销经理要制定的营销战略可以用下述结构表示（以 OTC 药品为例）。

（1）目标市场 沿海地区及中等收入的患者。

（2）定位 最好的质量，最可靠的疗效。

（3）价格 以高于竞争品牌的价格出售。

（4）分销 进入当地所有零售药店。

（5）销售人员 增加 10%。

（6）广告 选定当地电视台黄金时间做广告，增加 20% 的广告预算。

（7）销售促进 促销预算增加 15%，主要增加 POP 广告。

在制定营销战略时营销经理要与企业其他部门进行充分沟通协商，才能保证计划的可行性。此处的战略必须量化指标，使得在执行中有依有据。

（六）行动方案

为了实现业务目标所采取的主要营销行动，包括将要做什么、什么时候做、谁来做、成本是多少等内容。

（七）预测损益表

在营销计划中，还要编制计划的预算，如费用投入量、销售量、销售收入、利润等。既要有总量指标，也应有反映成本的构成和成本的细目等分类指标。

（八）控制

营销计划的最后一个内容是控制，主要用来监测计划的进度。通常目标和预算是按月或季度来制定的，企业要对计划的执行结果进行核查，出现问题要及时弥补和改进。对预先难以作出预测的因素，制定相应的应急计划。

二、市场营销组合的概念与特点

（一）概念

市场营销组合（marketing mix）是市场营销学中一个十分重要的概念，最先是由美国哈佛大学商学院教授鲍敦（N · H · borden）于 1964 年提出来的。

所谓市场营销组合，就是企业可以控制的、用来影响市场需求的各种市场营销因素和手段的综合运用与最佳组合。影响市场需求的因素很多，大体可分为可控因素和不可控因素两大类。不可控因素是指企业不能完全控制或完全不能控制的外部环境，如社会文化环境、竞争环境、科技环境和政治法律环境、经济等。而可控因素指的是企业为达到市场营销目标，针对不同的市场环境所采取的能满足目标市场需求的市场营销因素。

市场营销因素多种多样，鲍敦在其“市场营销组合的概念”一文中，将企业市场营销因素划分为十二种：产品计划、定价、品牌、分销路线、人员销售、广告、促进销售、包装、陈列、服务、实体分配、市场调查和分析。其他市场营销学者各有不同的分类。为了便于分析相运用，麦卡锡（Y · J · Mecarthy）把市场营销因素概括为四大类，即产品（product）、价格（price）、分销地点（place）和促进销售（promotion）。由于这四个单词的字头都是 P，所以简称为“4P”。这种分类方法得到大多数市场营销学家和企业界人士的认可，因此市场营销组合也称“$4P_S$”组合。企业产品能否满足消费者的需求，能否保证企业得到较好的经济效益，取决于这四个营销因素综合运用的结果。例如，有的企业所生产的

药品，疗效虽然较好，但由于不能正确选择分销渠道或价格过高、宣传推广不力等，结果变为滞销商品；有的药品性能稳定，但包装、服务等较差，也不能使消费者感到满意。

（二）市场营销组合的特点

1. 市场营销组合是指企业可控因素的组合 市场营销组合作为市场营销手段，企业可以自由选择不同的方案，进行最佳组合，使它们互相协调。企业可以根据市场分析，针对消费者的需求，调整产品结构和服务，不断研制开发新产品，剔除疲软滞销产品，改进和革新包装、商标等；企业也可以根据产品特点选择最有效和最经济的渠道类型，加速商品流通过程；企业可以根据市场竞争状况，制定本企业的定价目标、定价方法和定价策略；企业还可以针对不同消费者，展开立体的、不同层次的促销活动，迅速提高产品知名度，以影响消费者的购买行为和消费方式。企业要善于发挥自身优势，制定出最佳的市场营销组合策略。

但是，在实际的市场营销活动过程中，企业不是在真空中生存，市场营销组合还要受到外部营销环境因素的影响和制约。对这些环境因素企业难以控制，它们既影响消费者，也影响市场营销组合。一方面，市场营销环境影响消费者的生活方式、生活标准以及对商品的需求和爱好。由于市场营销的职责在于不断发展和调整市场营销组合，以满足消费者不断变化的需求，所以，外部环境因素对消费者的影响也必然影响市场营销组合。另一方面，市场营销环境也会直接影响企业的某些营销活动。

虽然外部环境会给营销工作带来一定困难，但也会给企业创造新的市场机会。因此，市场营销人员必须经常监测市场营销环境的变动，既要善于利用新出现的市场机会，又要及时调整市场营销组合策略，以适应新的市场环境，这是企业能否在市场占据主动、能否成功发展的关键。

2. 市场营销组合是多层次的组合 市场营销组合是产品策略、价格策略、渠道策略、促销策略四大营销因素的组合，而每一种策略内部又包括许多具体的营销因素，如产品策略又可分为产品设计、质量、商标、包装、专利、服务等具体因素。这些具体因素形成每一营销因素的次级组合，如图3－4所示。围绕目标市场，市场营销活动就形成了多层次的大系统。医药企业进行市场营销活动，可以用图中4P各个子因素组成多层次、多维向、多角度的市场营销组合，然后从中选择最佳组合，以适应目标市场的需求和企业外部环境的要求。

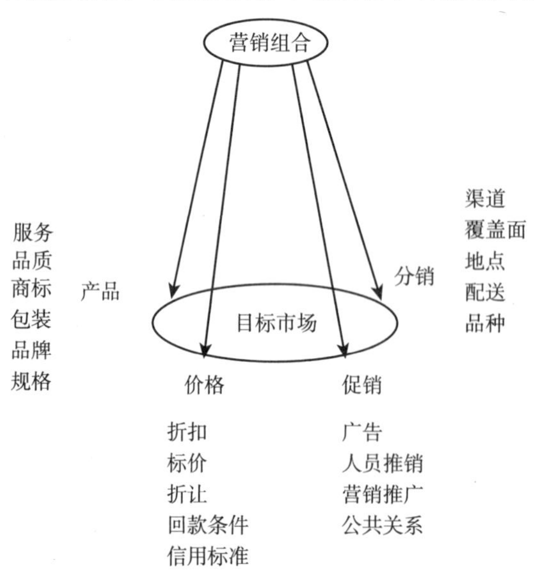

图3－4　营销组合4P_S及各子因素

3. 市场营销组合是动态的组合　企业所面临的营销环境不是固定不变的，因此市场营销组合应是一个变化多端的动态组合，而且营销组合中某一因素发生变动，也会带动其他因素的变化，从而出现新的营销组合。

例如，某一生物制药公司，根据其处方药品的特点，通常采用的市场营销组合如下。①产品方面：质量过硬、疗效明显、GMP车间生产，提供促销方面的服务；②价格方面：实行优质优价，根据回款时间给予经销商一定的优惠；③渠道方面：直接进入医院销售；④促销方面：利用适当媒体做广告。这是一个完整可行的市场营销组合。现在，该企业需根据国家有关规定的其中一些因素进行改进，例如分销方式由“直接进医院”改为“经医药商业部门进入医院”，这就会使其他因素也发生变化而形成一个新的营销组合：产品——只需保证产品供应，不需提供特别服务；价格——实行价格折扣优惠；渠道——走商业；促销——在专业媒体上做适量的广告，主要通过学术报告会、座谈会、单独拜访等形式向医护人员介绍产品，为商业部门的销售工作奠定基础。

三、研究市场营销组合的意义

市场营销组合具有特别重要的意义，从某种程度上说，现代市场营销学就是以市场营销组合中的产品策略、价格策略、分销策略、促进销售策略及其构成的整体市场营销战略决策作为其主要研究内容的。

（一）市场营销组合是制定营销战略的基础

制定市场营销组合是为了完成企业的战术（短期）目标，而完成战术目标则是为完成企业的战略（长期）目标打下良好基础。对于贯彻市场营销观念的企业，营销战略本质上就是企业经营管理的战略，它主要是由企业目标和市场营销组合的各因素协调而成。市场营销组合的制定过程和组合状况，在很大程度上决定了企业营销活动的效果。在激烈的市场竞争中，企业充分评估自己的优势与劣势，合理运用市场营销组合，可以更有效地扬长避短，夺得优势地位。

市场营销组合作为企业营销战略的基础，既可以将四个因素综合运用，也可以根据产品和市场的特点，分别侧重使用一两个因素。如一般的普药，因消费者往往希望能较方便地购买和使用，可侧重于方便型包装（改百片瓶装为10～20片的泡眼包装）、购买方式、销售网点和服务等方面；而对于新特药品，则应侧重于产品的品牌、质量、价格等方面。

总之，运用市场营销组合制定营销策略，是一件细致而复杂的工作。市场营销部门设计并选择一个最佳的市场营销组合，应当像一个技艺高超的烹调大师，善于将各种原料和调料，巧妙地配制成美味佳肴，而不能只是把各种原料拼凑在一起成为一个拼盘。也就是说，在应用市场营销组合时，必须十分注意各因素之间的协同作用。

（二）市场营销组合是应付竞争的有力手段

在市场经济中，竞争是无所不在的。在千变万化的市场竞争中，一家企业具有全面的优势是极为罕见的，通常情况是竞争企业之间各有其优势与劣势。企业在运用市场营销组合时，要善于分析自己的优势与劣势，扬长避短，出而战之，战而胜之。过去，企业之间的竞争一般着眼于价格因素，其实价格竞争是最不利的竞争方式。因为改变价格是任何竞争者最容易采用和效仿的手段，而且价格竞争的结果必然是众败俱伤，对企业的盈利极为不利。特别是随着市场需求的日益多样化，消费者并不一定十分重视产品价格的差异。因

此，在市场营销组合中，除价格以外的其他因素的竞争，即非价格竞争，显得越来越重要。

医药产品因素的竞争在非价格竞争中居于十分重要的地位。生产经营什么产品和在什么细分市场进行销售，是制定市场营销组合的两个重要决策，市场的需求是确定产品特点和质量的出发点。此外药品的类型对其他市场营销组合因素的影响也很大：如医药工业产品一般不通过销售渠道投放市场，而绝大多数药品则常常通过中间商如批发商和零售商、医疗单位进行销售；处方药品只能在药品监管与卫生部门指定的媒体上做广告，而OTC药品广告则可使用电视、电台、报纸、杂志等大众广告媒体。

改变销售渠道类型，或者改变营销人员组织结构、工作方式，也是药品营销中非价格竞争的重要方面。

此外，改变广告和其他促销方式也是非价格竞争的必要手段。因为尽管竞争企业之间花费同样的广告费用，但是由于选择的广告媒体不同，潜在消费者对信息知晓率不同，宣传推广的效果就会大不相同。企业必须研究市场营销组合决定的效果和水平，例如，当企业决定支出5万元广告费，就应考虑这笔广告费对企业战略目标的贡献。假如把这5万元用在增加新的销售人员上，可增加200个新用户，而花费在广告上则只能增加150个新用户的话，那么分配给广告的5万元费用支出的经济效果就小于把这些费用用在增加新的销售人员上。

在使用市场营销组合作为竞争手段时，要特别注意以下问题：①医药行业的产品与其他行业的产品不同，有其特殊性，因而侧重使用的营销因素应当有所不同，应主要考虑产品因素；②必须了解竞争企业市场营销组合的能力及其效率。市场营销组合中能力水平（销售人员数量、广告费用支出、可使用的运货车辆数等）越高，这种能力的效率越高（选择正确的广告媒体、雇用效率较高的销售人员、购买损坏率低而效能高的运输车等），企业完成战略目标的可能性就越大。反之，与竞争企业的能力水平及其效率相比较，企业的能力及其效率越低，则完成战略目标的可能性也就越低；③企业在侧重使用某一营销因素时，要重视其他因素的协同配合作用。例如，企业在推出一种新药产品时，要同时根据产品的特点，选择适当的分销渠道，制定合理的价格，才能取得理想的效果。

（三）市场营销组合是协调企业内部各部门工作的纽带

运用市场营销组合，不只是市场营销部门的职责，还要涉及企业的生产、管理、财务、人事等各个部门。例如，市场营销部门根据市场需求的变化，要研制某种新产品，或者改变现有产品，生产技术部门就必须考虑企业现有技术开发力量和资源设备的能力；如果需要增加研究人员，人事部门就要负责招聘引进工作；如果需要添置新机器设备，财务部门就要考虑企业的财务能力。因此，企业各部门的管理人员不仅要精通本部门的业务，而且要熟悉其他部门的业务。

为全面贯彻市场营销观念，企业内部各部门工作要统一协调成为一个整体，彼此分工协作，共同满足目标市场的需求，实现企业的战略目标。通常消费者对一种商品的需求是整体的或多方面的，企业必须以适当的产品、适当的价格，在适当的时间和地点，通过适当的促销方式，进行整体营销活动。而联结并协调企业内部各部门工作的纽带，就是市场营销组合。

（四）市场营销组合有助于合理分配营销费用

企业的营销费用预算，通常是以一定营销战略目标下的预期利润为根据的。总的营销费用预算确定以后，如何对影响营销的各因素进行预算分配，是一个十分复杂的问题。通常企业内部各部门都强调自己工作的重要性，要求分配较多的预算。例如，生产部门会多争取预算，以改进产品质量和包装；市场研究部门愿意为市场调查多花钱；广告部门愿意多做广告；销售部门则希望聘用更多的推销人员。这时各部门往往会出现意见分歧，难以协调，如果矛盾不能很好解决，将影响到企业总体目标的实现。有效的方法之一就是利用市场营销组合，围绕市场营销目标整合企业相关部门的工作，并作为合理分配或调整营销费用预算的依据。

四、正确运用营销组合策略

在企业营销战略管理中，营销组合具有特别重要的意义。制定营销组合的过程和组合状况，在很大程度上决定了企业营销活动的结果，它是企业制定营销战略的基础，是企业应付竞争的有力手段。在激烈的市场竞争中，合理运用营销组合，可以更有效地扬长避短、夺得优势地位。正确运用营销组合策略就必须注意以下几个方面的问题。

1. 重视各层次营销因素的分析　如前所述，营销组合因素中每一个因素具有许多次组合，这些次要因素可能还有更低层次的各种因素存在。各种因素在市场竞争中的作用是不同的，企业只有逐一地加以研究，才能规划出适当的营销因素组合战略，才能借以战胜对手。可见对各层次的营销因素的分析是正确运用营销组合战略的基础。为此我们将在以后各章节着重分析主要的营销因素。

2. 重视各营销因素的综合效果　营销组合的本质是各营销因素的综合运用。这好比一个交响乐队，如果没有好的配合，单件乐器演奏得再好，也不可能取得理想效果。

3. 重视各营销因素的交互作用　很明显，各营销因素有时彼此间具有替代性，在有经验的营销经理头脑中，对于特定的营销因素之间的交互作用往往存在其固定的观念。下面介绍一些普遍的观念。

（1）较高的广告支出会降低购买者的价格敏感性，如果企业想取得高价的话，必须支出更高的广告费用。

（2）广告支出对低价格产品的影响力比高价格产品的影响力来得大。

（3）较佳的广告方案的定位，能降低购买者的价格敏感性。

（4）较高的广告支出可降低总推销成本。因广告支出能预先向顾客推销，所以可节省销售代表的访问时间，而能专注于回答异议并进而达成销售。

（5）较高的产品品质允许企业索取不成比例的高价格。

（6）较高的价格会使顾客认为有较高的品质。

（7）削价或增加销售努力会给配送系统带来某些影响，因此销售系统会要求扩大或修正。

（8）若以更严格的信用条件来交易，则需更多的推销与广告的努力，才能取得等量的销售目标。

需指出的是在一定条件下，以上的某些交替观念可进一步用定量来分析。

4. 灵活使用各种营销因素　不同的企业、不同的药品、不同的目标市场，应侧重使用不同的营销因素。如处方药品与OTC药品在销售渠道与促销方法上就有很大不同，消费者在对待普药与新特药品的态度和要求上也有本质区别，城市药品市场与农村药品市场其所需药品及对广告宣传的敏感程度也大不相同。因此，医药企业在使用营销组合策略时，必

须针对具体的产品和具体的目标市场灵活采用，方能产生预期效果。

企业发展战略是关于企业未来发展的总体安排与打算，关乎企业的生存与发展。医药企业的营销战略是关于药品营销在较长时期内的战略安排，它关系企业未来的营销工作安排，也关系整个企业未来的发展。在全方位考虑影响企业发展的机会与障碍的基础上，企业可行的营销战略将体现在相关的营销计划任务之中。每一个可行有效的营销计划，也必将围绕产品、价格、渠道、促销这 4 个最基本的营销要素展开。抓住了市场营销组合要素的要求，也就抓住了企业在市场经济活动中生存的命脉。

扫码“练一练”

思考题

1. 市场营销战略的概念与组成是什么?
2. 医药营销战略转移策划中需要考虑的因素有哪些?
3. 市场营销计划的主要内容是什么?
4. 市场营销组合的内涵是什么?
5. 制定市场营销组合策略的意义有哪些?

第四章　医药消费者市场与购买行为

学习目标

与一般商品的生产者或经营者一样，医药市场消费者的需要同样是医药企业营销工作的出发点与依据。通过本章学习全面掌握医药市场的构成与特征，掌握对医药市场中各类消费者购买行为的分析方法，为后续营销战术的制定与评价打下良好基础。

市场营销学分析市场，是以消费者的需求和动机为基础的，而不是以产品特点为基础。如果从购买者的需求和动机来看，医药市场主要由消费者市场、生产者市场、中间商市场和政府市场等构成。在现代市场营销学中，消费者市场是主要的研究对象，因为满足消费者的需求是企业市场营销的宗旨，也是实现医药企业自身生存发展目标的必由之路。一切企业，无论是生产企业还是流通企业，也无论是否直接为消费者服务，都必须研究消费者市场，因为只有消费者市场才是商品的最终归宿，即最终市场。从这个意义上，可以说，消费者市场是一切市场的基础，是最终起决定作用的市场。

扫码“学一学”

第一节　医药消费者市场分析

一、医药消费者市场概述

1. 医药消费者市场的含义　医药消费者市场是指个人或家庭为了满足其防病治病、健身强体等生活需要而购买药品和服务所形成的市场。随着社会经济的不断发展，整体文化素质和自我保健意识的提高，人们越来越讲究生命质量，不仅从总量扩大了医药市场的规模，而且对不同品种、质量、疗效都提出了更新的要求。我国已参照国际通行的管理办法实施药品分类管理。根据药品的安全性、有效性原则，依其品种、规格、适应证、剂量及给药途径等的不同，将药品分为处方药（prescription drug，Rx）和非处方药（over the counter，OTC）并作出相应的管理规定。其中，OTC 药品市场是医药消费者市场的重要构成部分。这既让广大医药企业看到了希望，但又提出了新的挑战：只有动态地研究分析消费者市场的全面情况，提供适销对路的医药产品，并采取正确的营销策略，才能把握住这样的市场机会。

2. 医药消费者市场的主要特征

（1）医药消费者市场规模大，但人均消费水平较低。这是由我国人口基数庞大、经济水平较低、医疗卫生条件和水平较差等原因造成的。这个特点说明，在目前我国经济水平的条件下，人们还是比较偏重于疗效确切、价格低廉的药品，同时也预示着一旦提高了我国人均用药水平，市场前景是无比巨大的，这也是国外所有的大型跨国医药制药企业纷纷进入中国市场的一个重要原因。

（2）经济发展不平衡，地区、城乡市场差别较大。由于历史的和现代的一些原因，我国城乡差别依然存在，表现在药品的使用上也是如此。农村市场在药品品种、质量价格档次、用药知识、观念与习惯等方面都与城市有相当大的区别，并且在短时间内不会有太大的改变。但由于城市市场竞争激烈，努力开发农村市场将逐步成为医药经济中新的增长点。此外，由于地区之间存在着地形地貌、气候条件等区别，因而在不同地区的居民，所要求的药品品种也不相同，如北方寒冷地区对一些驱寒药物、抗感冒药物的需求量较大；在江南或江河边缘地区，血吸虫和真菌感染发病率比较高，因而预防和治疗这方面疾病的药品需求量较其他地区要大得多。

（3）非专家性。由于医药产品在使用过程中需要相对多的专业知识，而大部分消费者是无法达到这一要求的，一般消费者（患者）缺乏鉴别药品质量的能力，仅凭外观根本无法衡量药物的价值，所以其非专家性的特点可谓特别突出。人们或者习惯于听从医生的“命令”，由医生来决定用药的品种、数量和方式；或者容易受到药品广告、宣传和他人的影响。但这并不意味着医药企业可以无视消费者基本权利（如知情权），相反应该采用合适的方法，开展消费者相关消费教育，科学合理指导消费者用药。

（4）消费上单一性和多样性并存。药品不同于其他商品，潜在消费者要变为显在消费者条件是唯一的，那就是只有当一个人生病后，才会产生购买欲望，其诱导性相对于一般商品而言比较小。而且消费的直接目的只有一个，那就是身体的康复，它不像一般商品那样，人们使用它不仅在于其使用价值，而且在于它的精神价值或其他方面（如劳力士手表），这就是药品消费上的目的单一性。因而药品促销过程中的“诉求点”就不像一般商品那样丰富。

同时，由于存在消费者个体上的差异，如民族传统、宗教、经济收入、文化程度、风俗习惯、兴趣爱好、性别、年龄、职业等，使其在药品的购买行为方面产生一定的区别，如有的关注价格、有的关注品牌、有的自己能够简单诊断、有的完全听别人的。所以要求医药企业特别是生产经营 OTC 药品的企业，充分认识到消费者方面的差异，针对不同市场采取相应的营销策略，更好地满足消费者的需求。

二、研究医药消费者市场的意义

近年来，由于人们生活水平的不断提高及人们对生活质量的高标准要求，人们对医药的需求越来越多。WHO 提出的“人们有权利也有责任以个体和集体的方式参与他们的卫生保健的计划和实施”的观念日益得到认同，现代卫生保健的概念已经发生了根本改变，由被动转为主动积极参与，自我保健一方面可以防病治病，另一方面能提高生活质量。分析和研究消费者的需求及其影响因素，研究消费者的购买行为及其自身特有的规律，才能有效地开展市场营销活动，实现其营销目标。在市场经济条件下，分析研究消费者市场情况，对于医药企业来说有如下重要意义。

1. 研究消费者市场是企业进行生产经营活动的必要条件。按照现代营销理念的要求，医药企业要开展生产经营活动，首先必须对其所处环境进行科学的分析研究，除了国家政策、法律法规、生产技术与生产能力外，药品市场情况特别是消费者的需求及其变化趋势，并结合企业自身的资源条件，决定生产经营的品种和规模，采取有力的营销策略，企业的再生产才能顺利进行。否则，就有可能发生生产经营的盲目性，导致竞争力的下降，最终影响企业的生存。

2. 研究分析消费者市场情况，是企业制定正确的营销规划，进行营销决策的重要依据。医药企业的生产经营可以说是一个复杂的体系。市场营销规划是其中心一环，占有举足轻重的地位，它又包含许多重要的营销决策内容，如产品研发、品牌包装、定价促销、地区分布、时间安排等。这些营销决策的正确与否，对企业经营乃至于生存都至关重要。而要保证做到这一点，就无法离开详细周密的消费者市场分析。只有建立在对消费者市场现状与动态、消费者心理及变化、消费者行为特点等完全把握基础上的营销决策才有生命力，才会有利于医药企业成功地进行市场营销工作。

3. 分析研究消费者市场可以帮助医药企业提高市场竞争力，改善服务质量，指导消费者合理用药，获得良好的企业和社会效益。医药企业市场竞争力包括多方面的因素，除了产品、技术之外，其内涵随着市场竞争的加剧则越来越丰富，其中服务日益成为市场关注的焦点。服务也是广义的概念，除了一般人们理解意义上的在销售过程中的服务（如态度、优惠政策等）外，现代市场营销进一步要求企业树立社会责任意识，如实地向消费者宣传药品及相关卫生知识，指导消费者科学合理地选药用药。这不仅可以帮助企业树立良好的社会形象、增加大众的亲和力，扩大企业产品的市场占有率，而且可以大大地节约社会资源的闲置和浪费（有专家估计，如果改善或提高我国现有药品的使用效果，就可减少现有药品生产总量的1/3左右），这样的社会效益也是非常惊人的。

总之，在市场经济条件下，市场是企业的衣食父母、生命之源，医药企业千方百计迎合消费者的要求是天经地义之举，而了解它、掌握它则是其重中之重的要诀。

三、医药消费者市场分析的内容

由于市场具有错综复杂的内涵，其涉及的内容十分复杂。通常的分析方法是围绕“6W1H”展开消费者市场的分析工作。这6个W是指：购买者和购买决策者是谁和谁（两个who）、他（或她）为何购买（why）、在市场上要购买什么（what）、什么时候购买（when）、在哪里购买（where）、如何购买（how）等。

这六项内容可以说涵盖了市场营销人员在进行消费者市场分析时所需掌握的完全情况，也是搞好医药企业市场营销的前提和基础。例如，一家医药企业要生产一种新药，它事先必须经过分析研究，回答以下几个问题：目前市场上最需要什么药品？顾客为什么要购买这种药品？哪一类顾客会选用这种药品？他们在什么情况下（何时、何地、如何）进行购买？如果对这几个问题的分析是正确的，那么对这种药品的市场需求就形成了，消费者的消费心理和购买行为也就清楚了。下面我们就按这个思路展开阐述。

（一）购买者和决策者

1. 谁是产品的购买者　了解谁是购买者，主要是要求医药企业了解特定药品的购买者情况，如需求总量、消费者年龄构成、收入情况、职业、地区分布、受教育程度等。这是企业研究消费者市场的基础和开始，找准消费者后才能展开有关的进一步研究工作。例如，OTC药品市场的购买者一般是：成人；有一些医学常识，具备一定的药品使用经验；在经济上有一定的来源，可以自主支配药品费用；文化程度较高、医疗保健意识较强的人或工作节奏快的人。

2. 购买过程中的决策者是谁　在消费者市场中，消费者的购买活动一般以消费者个人或以家庭为单位，但是购买的决策者，通常不是家庭这个集体，而是家庭中的某一个或几个成员。因此，企业就必须进一步了解各家庭成员在购买决策中所起的作用和影响。掌握这方面的情况，有助于确定营销组合因素的调整，从而有助于进行有效的营销活动。家庭各成员或有关人员对购买决策的影响力，是个非常微妙的问题。有时候，购买药品的决策

者似乎是患者本人，但实际上有可能是其家庭成员中的一员施加了决定性的影响，也更有可能是医生。这时，医药企业的产品特性和各种促销方法，就必须尽量符合那些真正具有决定或影响力的顾客的需求。

在消费者的实际购买活动中，人们可能以不同的身份出现。

（1）倡议者（initiator）　首先想到并提出要购买某种药品的人，一般是患者，包括儿童、老人、男性、女性患者在内。

（2）影响者（influencer）　对最终的购买决定有直接或间接影响的人，包括家人、朋友、医生、药店店员、广告代言人等。

（3）决策者（decider）　最后决定整个购买意向的人，如买不买、买什么、买多少、怎么买、什么时候买或到哪里买。

（4）购买者（purchaser）　购买行动的实际执行人。

（5）使用者（consumer）　所购药品的最终使用者。

儿童药品的消费者是儿童，决策者和购买者一般是父母。家庭中，妻子可能帮助丈夫购买保健品和药品。

既然不同的家庭成员对购买商品具有不同的影响力，因此研究不同的家庭特点，了解家庭各成员对购买决策影响力的差异，对市场营销活动是十分必要的。为了研究这些差异，就必须从家庭的不同特性来着手。

第一个特性是家庭权威中心所在。由于各种家庭的情况不同，家庭权威就可能不同，赫伯斯特（Herbst）把家庭分成四种不同的类型。①家庭 AA 制型：每个家庭成员相对独立地作出各自的购买决定；②丈夫至上型：丈夫支配一切，包括购买决定；③妻子至上型：家庭购买决策权掌握在妻子手中；④共同支配型：大部分购买决定由家庭各成员共同协商作出。虽然各种社会里这四种类型的家庭所占比重各不相同，但都会同时存在。随着受教育程度和收入的增加，越来越多的家庭由丈夫支配型转变为共同支配型，这种转变对市场营销有着很深刻的意义。

第二个特性是家庭的文化和社会阶层背景。一个家庭的社会地位或主要成员的职业不同，家庭成员的分工和形成的“自我观念”就不同，这也会影响不同家庭成员在购买决策中的地位。

第三个特性是家庭生命周期。在家庭生命周期的不同阶段，家庭对商品的兴趣和需求会有明显的差别；家庭处于不同阶段，家庭各成员对购买决策的影响力也有明显的区别。

总之，对于消费品购买者的研究，其根本宗旨在于准确地吸引消费者。

（二）为何购买

即消费者的购买目的。消费者自行购买药品的原因有以下几点：治疗不严重的疾病、缓解轻微伤痛、方便、省时、节约费用等。

大量消费者表示：自己去药店最主要的原因是得了小毛病，自身能够察觉症状并且判断缓解的程度。所以乐于自我保健、自我药疗，治疗日常小病。

患者对自身一些常见的、轻微的小病症进行自我药疗，大大节省了他们去医院排队看病、等待治疗的时间。同时，非处方药的市场销售价格比处方药便宜，因此消费者可以节约费用。

（三）购买什么

药品的包装、外观、说明书、使用方便性、口感、疗效、毒副反应、起效速度、安全性、品牌等，是消费者选择药品时比较注重的内容。在研究消费者购买什么时，除了要回答企业目标顾客最想得到的产品和服务以确定企业的市场营销定位外，更重要的是市场营销人员要掌握企业目标市场中的消费者在购买药品时所关心的是什么、考虑的是什么、担心的又是什么等内容。由于消费者的差异，使同一类药品的不同消费者在购买药品时所关心考虑的内容不可能一样，有人关注疗效、有人关心价格、有人关心品牌，也有人注重广告宣传或完全听从医生的建议。这样就可使医药企业在市场营销中很好地把药品的利益与消费者的需要结合起来，解决其根本问题，使需要得到充分满足。

（四）何时购买

由于药品作用的特殊性，使消费者购买药品的时间似乎是毫无疑问的，那就是什么时候生病什么时候吃药（购买），要预测某一个消费者何时购买药品是不容易和不现实的。但从医药市场总体上考察，与其他商品相比，药品更具有季节性。有时在药品营销过程中会因为某些疾病的发生具有时间上或季节上的规律性而产生旺淡季之分。如一年中冬春季节就是病症的高发期，例如感冒咳嗽，因而感冒类药品的销售就会比夏季高出许多。掌握消费者在购买药品时可能存在的时间性规律后，就可以在生产和经营上有一定的提前量，以把握最佳的销售时机，扩大药品销售。

一些预防药、常用药消费者习惯方便时购买、顺便购买，因而医药企业加强流通渠道管理，使其更贴近消费者、更方便消费者购买显得至关重要。

（五）何处购买

在我国药品消费中最基本的购买地点是两个：一是医院（医疗单位），二是药店。这不仅是传统习惯，而且这是由处方药与非处方药分类管理的要求所决定的。表面上看是因为药品销售场所的不同，其实是因为药品种类的不同、国家的政策不同从而导致营销策略也各异，因而企业必须根据所生产经营药品的种类进行相应的调整。

在医院销售的药品一般以处方药为主，由于需要专业知识作后盾，消费者自主消费的情况很少发生，所以以服从型消费为主。消费者在购买时品种、数量等除了由医生决定外，还要受当地《基本医疗保险目录》的限制。因此，医药企业所要做的工作是一方面力争使本产品进入医保目录中，另一方面做好药品对医院和医生的推广宣传工作，从而达到扩大药品销售的目的。

OTC 药品通常在零售药店出售。由于 OTC 药品是消费者可以完全自主消费的药品，而且可以利用大众媒体做广告宣传（处方药则不能在大众媒体，只可在药监与卫生部门指定的专业媒体上宣传），所以药品品牌、知名度及广告效应对药品的销售作用就非常大。医药企业在做 OTC 市场时，可以多采用一些普通消费品做市场时的方法，通过广告宣传和企业公关行为，努力提高企业和产品的知名度和美誉度。同时还需要注意药品的外观、颜色、包装等是否具有很强的吸引力和冲击力。此外，药店所处位置、药品柜台的布置、主要客源的状况、药店销售人员的服务态度和服务质量等，均对药品的销售产生直接的影响。

（六）消费者如何购买

消费者的购买行为，是指其在具体购买药品时表现出来的心理和行为特征。受购买者的经济收入、受教育程度、专业知识、个性、地点、时间等因素的影响，药品消费者在购买药品时的行为并不是完全一致的。根据购买者的特性，药品购买行为一般可分为 6 种类型。

1. 服从型购买 这类消费者由于缺乏相应的医学和药学专业知识，在医药商品消费过程中基本上听众医生的意见或药品导购人员的推荐。前者常见于医院诊疗过程中，后者则发生在社会零售药店为多。

2. 盲目型购买 这类消费者由于缺乏应有的医药学知识，因而不能理智地决定购买计划，往往容易受药品广告、外观、包装、说明书或促销人员的诱导，盲目冲动地购买某种药品。这样的情况经常发生在减肥药品市场和保健品市场中。

3. 理智型购买 这类消费者在实际购买以前，对于自己所要购买的商品，持十分慎重的态度。事先都经过较周密的考虑和反复的比较，所以在购买时早已胸有成竹，或者具备相应的医学和药学专业知识，因而不会贸然作出购买行动。

4. 习惯型购买 这类消费者要么具备一定的药品知识，要么属于久病成医者，因而往往忠诚于一种或数种老牌、名牌产品，习惯于购买自己熟知的常用药品，不轻易购买别种同类产品。他们对新产品不敢贸然作出购买决定，属于保守型的购买者。

5. 经济型购买 这类消费者由于经济条件的限制，因而特别重视价格，对药品价格非常敏感，廉价药品对于他们最有吸引力。

6. 方便型购买 可以用于自我诊疗 OTC 药品通常在日常生活中消费者会采用方便型购买方式，如就近的零售药房或者网上药店。

扫码“学一学”

第二节　影响医药消费者购买行为的因素

消费者购买行为，是指消费者为了满足自己的某种需求，在寻找、购买、使用以及评估药品营销或服务时所表现出的行为。医药消费者需求实际上是指人们想要在市场上获得所需要的药品并具有实际购买能力的欲望。这种特定欲望的实现过程，就具体表现为各种各样的购买行为。研究消费者购买行为，就是要了解消费者购买药品或服务的原因，凭以预测他们可能的购买行为，从而使企业可能通过各种营销活动，影响和控制未来消费者的购买行为，使其向有利于企业经营的方向发展。消费者用药过程中虽然目的动机比较单一，但由于收入水平、生活水准和消费习惯等的不同，其购买行为也就会有很大的差异。

扫码“看一看”

医药消费者购买行为的形成也是一个相对复杂的、受一系列相关因素影响的连续行为。一般地说，是由于消费者首先受到了某种刺激（内在的或外部的）产生某种需求，由于需求而产生了购买某种商品的动机，最后产生某种购买行为。

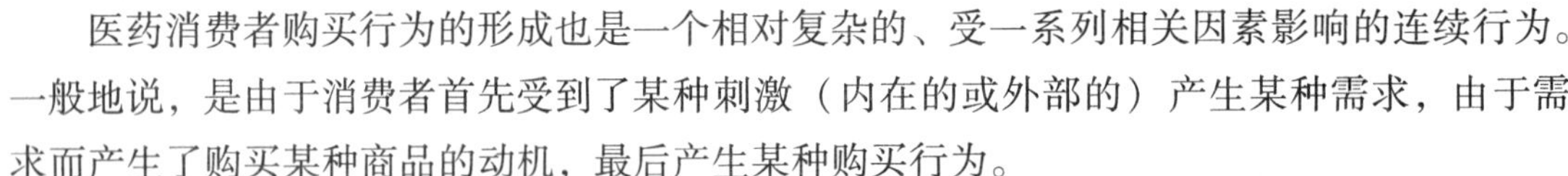

一、影响购买行为的个人因素分析

影响消费者购买行为的因素很多。通常，人们认为决定消费者购买行为的因素，主要是病情和经济因素。现代市场营销学除了十分重视经济因素外，还日益强调社会因素和消费者心理因素的作用。因为消费者一旦生病后的购药行为，更多是经济因素、社会因素和个人心理因素综合作用的结果。

影响消费者购买行为的个人因素也称为消费者生物的或内在的因素，具体可细分为以下 4 类。

1. 个人需求 心理学家认为，消费者的购买行为和任何其他行为一样，都产生于某种尚未得到满足的需求（needs），但是需求要被强烈地诱导与刺激才能形成动机（motives）。心理学家虽然不同意把人的需求机械地归纳为若干层次，但是美国心理学家马斯洛（Abraham · Maslaw）在 1954 年发表的《动机与人》一书中提出的“人类需求层次论”（hierarchy of needs），在西方还是被公认为是有用的理论，在市场营销学中占有很重要的地位。他的理论是基于以下两种前提。

第一，人类是有欲望的动物，需求什么，要看已有了什么。只是尚未满足的需要才影响人行为，已得到满足的需求不是一种动力。

第二，人类的需求按重要性被划分成几个层次，当某种低层次的需求获得满足时，另一种较高层次的需要才会出现并要求获得满足（图 4 - 1）。

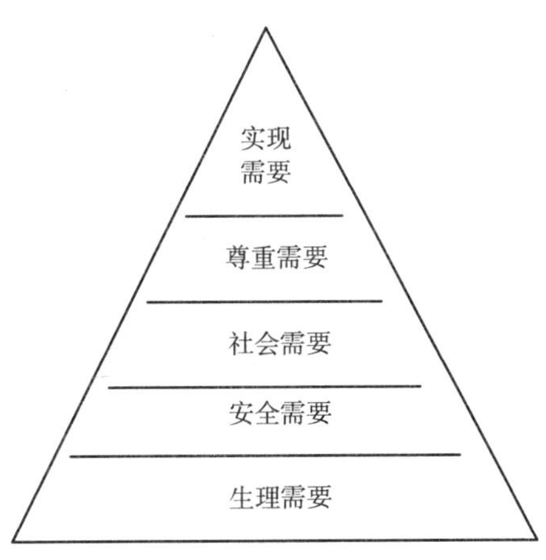

图 4 - 1　马斯洛需求层次理论

（1）生理因素（physiological needs）　是人们为了求得延续生命的基本需求，是最低层次的需求，例如满足其解饥、御寒和睡眠等所需的食、衣、住等方面的需求。

（2）安全需求（safety needs）　是保障人身安全，以免遭受危险和威胁，如保险、保健、药品等的需求。

（3）社会需求（social needs）　是指人的一种归属感。人类在社会中生活，往往很重视人与人之间的交往，希望成为某一团体或组织有形或无形的成员，得到人们的重视和友谊等。

（4）尊重需求（esteem needs）　人类具有自尊心和荣誉感，希望得到别人的尊重，希望在才能、品德及成就等方面得到他人的好评，受到公众的承认。

（5）自我实现需求（self - actualization needs）　是指人本身的潜力、才智与能力能得到充分发挥的需求，这是最高层次的需求。马斯洛对这一需求是这样解释的：“一个健康的人总是被要充分发挥自己的才能的需求所鼓舞，别人能干什么，他就要干什么。”

人们行为的推动力，是没有得到满足的需求。当低层次需求得到满足后，人们就开始追求更高一级的需求；当一种需求得到满足以后，它就失去对行为的刺激作用。需求层次理论对市场营销学产生了巨大的影响。后来，有的市场营销学家把上述五个需求层次简化为四个层次。即生理需求、安全需求、社会需求和个人需求（personal needs），称为“PSSP 需求”，它对于分析购买行为，促进商品销售，提供了一个有效的方法。例如，根据购买者不同的需求层次，可以将市场细分为若干市场，生产和出售不同品种的产品。在生产力水平很低的地方，大部分消费者为获得基本的生存条件而劳动，因此他们的主要需求是基本的食物、衣着、住房和其他与生存有关的商品。在这种市场上，消费者对商品的选择不很复杂，因而需要的销售技术也比较简单。随着生产力的提高和生活条件的改善，消费者的需求会不断变化，市场也会越来越复杂。在发达国家，支配人们购买行为的心理需求往往占重要地位。这样，许多商品销售的成败关键，就取决于产品的象征性意义以及能不能满

足消费者的心理需求。

药品是特殊商品，按上述需求理论来分析，其购买行为的背后是消费者身体康复的欲望未被满足。因此可以说消费者购买药品行为的根本原因是因为生了病。然而，从现代市场营销理论来看，生病后需吃药是无疑的，但具体吃什么药、吃多少药、如何吃药等问题就不是仅由“生病”这一点来决定的了。这比其他的决定或影响因素作用更直接，也是市场研究人员最感兴趣的东西。同时，相对于其他可以刺激或诱导的需要而言，服药治病的需要就不是随便可以刺激的，因而医药企业更需要在其他方面做文章。

2. 心理感受

（1）心理感受过程　心理学认为，感受是人们通过感觉器官接受外界环境的刺激后在大脑中留下的评价与反映。

潜在消费者产生了购买动机以后，其购买行为还要取决于对刺激物的感觉。任何消费者购买商品，都要对通过用自己的五官感觉（视觉、听觉、嗅觉、味觉或触觉）得到的印象，进行综合分析，才能决定是否购买。所以，一切产品和广告宣传，只有通过人的感觉，才能影响消费者的购买行为，这个作用过程如图 4－2 所示。

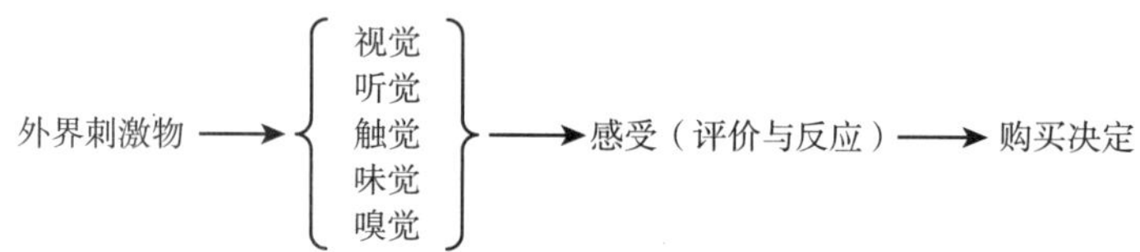

图 4－2　心理感受对购买行为的影响

由于任何外界事物都会通过每一个人的感觉器官在心中留下印象，而由于个体的差异，每一个人的感觉器官的感觉能力是不同的，因而即使是完全同样的事物作用在不同的人身上时，各人心中的所得到的感受是绝对不可能一样的。

但是正如前述，从市场营销学的观点来看，消费者的感觉，并不是完全由外界刺激物的特点决定的，它还受到消费者固有的文化、社会和心理评判标准、价值观念等主观因素的影响。例如，同样的一种药品，其产品名称、包装外观、广告方式和用语、价格等，有人会得出好的评价，而另一部分人却认为不好，从而直接影响其买与不买行为的发生。

（2）过滤效应　特别值得注意的是，并不是每一件事物都能在所有人的心里产生感觉效应。因为每一个人从感觉器官接受外界刺激后到形成感受的过程里，会发生过滤效应（心理学上称知觉的选择性），即所谓的选择性注意、选择性理解、选择性记忆。

1）选择性注意　心理学家发现，由于兴趣、精力等原因，人们在五彩缤纷的世界中往往注意预期的刺激物和变化较大的刺激物。一个想买保健品的消费者，会十分注意相关保健品的广告和商店、生产厂家，并留下各类保健品的印象；尽管他也同时接触到许多洗涤剂和杀虫剂的广告，但大脑里不会留下什么印象。

2）选择性理解　人们对感觉到的外界刺激物进行理解时，往往按自己的想象（如个人经历、偏好及当时的情绪）去解释。如一则药品广告宣传某药品同时具有的助消化功能和助睡眠功能时，消化不良者会注意其助消化功能，而失眠症患者则会根据其助睡眠功效来判断其疗效的好坏。

3）选择性记忆　人们每日接触到的信息可谓是不计其数，但真正在大脑中留下印象、产生记忆的东西不会太多，能记住的往往是与个人的兴趣、爱好、态度、信念相一致的事物，这也得益于大脑的过滤功能，否则我们的大脑里真要乱成一锅粥了。

根据消费者这样的心理特点，医药企业为了使药品能在潜在消费者心中形成预期的感觉，提高其在消费者心中的形象，从而刺激消费需求，就有必要采取多种方式，把商品的形状、颜色、功效、味道、剂型、成分、包装等特性，通过有别于其他药品的方式全部展示给消费者。另外，为增加对消费者的刺激作用，还要增加广告宣传的频率或实际接触的次数，如此反复宣传、“强化”作用，才能加深消费者的印象。这也是现实生活中要想扩大销售产品广告必须经常做，甚至于天天做的理由。

（3）自我形象　每个人都有多方面的精神面貌，心理学家称之为“自我概念”（self concept），它影响着人的具体行为。“自我”由四部分组成：①“真实的自我”（real self）是一种客观存在；②“自我形象”是指消费者心目中首先把自己看成什么样的人，或者使别人把自己看成什么样的人；③“别人眼中的自我”（looking glass self），是指每个人估计别人怎么看他（她），他怎么看自己和别人怎么看他，存在着一些差距；④“理想的自我”（ideal self），是指一个人希望能达到的一种形象，也就是理想中想追求的一种形象。在实际生活中可以看到，许多消费者的购买行为，是由于期望保持或美化“自我形象”，达到“理想的自我”而采取的购买决策。他们选购商品时，如果认为某种商品与自己的“形象”相一致就会购买；与自己的“形象”不相称就会拒绝购买。

消费者的“自我形象”越来越成为企业市场营销重要的因素，了解消费者的自我形象类型，将有助于医药企业正确地确定药品的市场定位策略。

3. 学习能力　是指人们从实践经验中获得知识的能力。心理学家认为，人类除本能驱使力（如饥、渴等）支配的行为外，其他所有的行为皆属学习行为。与市场营销密切相关的概念有保留、强化和选择等。

（1）保留　是指人们在实践中会把与自己爱好、兴趣相关的内容记忆在大脑中。前面我们讨论过，当人们通过感觉器官接受外界（刺激物或提示物）的刺激后，会对其作出相应的感受，无论是好的感受还是坏的感受，人们都会产生一定的记忆。

（2）强化　如果上述感受反应带来的结果是令人满意的，下次再遇到类似的刺激物或提示物时，他就可能再次作出相似的反应，这就是反应的进一步“强化”。相反，如果反应的结果令人失望，下次作出类似反应的可能性就缩小，甚至不存在。

（3）选择　是指好的并经过若干次“强化”的感受反应会支配人们以后消费者行为。即当类似的需要再产生时，消费者就会在相同的药品中挑选那些自己感觉好的产品。

例如，一个不小心将手划破的人，初次使用强生公司的“邦迪牌”创可贴后，如果其止血护创、伤口痊愈等效果令其十分满意（会自动保留感受），几次使用后良好的效果会进一步“强化”其对创可贴的良好印象。当以后再遇到类似情况，他就会不假思索地去购买使用（选择功能）本产品。

4. 消费者态度　态度是人们对某一事物的喜爱或厌恶的情绪表现，态度的形成是经验累积的结果，而且具有持久性和行动性特点。消费者对于一种商品的态度，常由三个相互联系的要素组成，即信念、感性和意向。人们对商品的信念可以建立在不同的基础上：有的信念是建立在“知识”基础上，例如对于缓释剂可以减少服药次数的信念；有的信念是建立在“见解”的基础上，例如认为长期服用滋补保健品可以延年益寿；有的信念是建立在“信任”的基础上，例如对某种品牌的药品的信赖。大多数消费者往往并非根据“知识”，而是根据自己的“见解”和“信任”决定购买。

消费者的态度来源：①实际使用药品后的亲身体验，如感冒患者服用几种感冒药后，

哪些有效、哪些作用不明显就一清二楚了；②相关群体的介绍与推荐，除了医生的作用外，日常生活中关系密切的普通人也会对当事人产生影响；③媒体、广告的宣传作用，它对药品消费者的影响也越来越大。

态度的持久性是指人们一旦对某产品形成态度后，很长时间内不会改变，要想使其转变具有相当大的难度。态度的行动性是指态度对消费者行为的指挥作用，喜爱的就会合作，厌恶的就会排斥。因而医药企业营销工作的重点就是通过各种方式影响、促使消费者建立对本产品的固定喜爱态度以及对本企业的信任，争取消费者的好感。在产品日益丰富、市场竞争日趋激烈的今天，这可谓是医药企业销售工作取得成功的先决条件。

医药企业如何使得购买者的态度倾向于其产品，做法有两种：一种是保持或改变消费者对其产品的原有态度，使其转向对企业有利的方面；另一种是先摸清消费者对某些产品的倾向性后再生产出投其所好的产品。前者是非常困难的，企业应倾向于后一种做法，改变产品款式、包装，改进剂型，使其符合消费者的需求。

二、影响消费者购买行为的社会因素分析

人既是自然人，更是社会人，这是人的两重性体现。一个人的消费习惯和爱好，并不是天生就有的，往往是在一定的社会里受别人的影响而逐渐形成的。这种直接或间接影响他人消费行为的个人或集团的作用，就是这个人行为的社会影响。每一个人的行为在很大程度上要受社会背景和社会环境的影响，人类的需求、欲望与行为，决定于他所处的社会地位、文化素养和相关群体的影响。社会因素的影响主要反映在以下方面。

1. 家庭　是以婚姻为基础、以血缘为纽带的社会组织的基本细胞，也是消费行为中的最基本的群体。家庭是每一个消费者接受影响最早最多的外部环境，消费者的一些基本的价值观念、消费爱好与模式、风俗习惯都直接来自于家庭。市场营销学者研究家庭对个人购买行为的影响时，最感兴趣的是家庭结构与规模、家庭经济收入与支出、家庭成员之间的关系与影响等内容。

（1）家庭结构　是指家庭的组成模式与规模。家庭结构和规模会影响那些直接以家庭为基本消费单位的商品营销，如电视机、电冰箱、空调器等，其尺寸、容量、功率等都受家庭规模、住宅条件等的限制。我国的家庭规模有小型化的发展趋势，三口之家越来越多。另外，在家庭中谁来作购买决策也很重要，日本、韩国等家长制家庭，较偏重长辈意见，而欧美等民主型家庭则偏重子女的意见。由于这两种家庭中决策者的价值观念不同，从而导致购买决策有所不同或完全不同。

（2）家庭生命周期　营销学研究家庭影响时，会根据家庭的生命周期（不同状态）来分析其购买力的高低和需求商品的差异，因为一个家庭的收入变化和需要商品的重点，会随家庭生命周期的变化而变化。

西方营销学者一般将家庭划分成七个不同阶段：①独身阶段；②新婚阶段；③满巢期一——年轻夫妻且有6岁以下孩子；④满巢期二——年轻夫妻且有6岁或6岁以上孩子；⑤满巢期三——年纪较大夫妻且有已能自立的孩子；⑥空巢阶段——年纪较大的夫妻，没有孩子与他们住在一起；⑦寡居阶段——单身老人。我们结合医药市场的特点，也可将家庭简单地划分为以下几个对市场营销有意义的阶段。

1）新婚阶段　此阶段包括从刚结婚开始一直到生育后代之前，基本属于青年型家庭。由于没有其他经济负担，加上双方父母会给予一定的经济资助，因此购买力旺盛。因为是

成立一个全新家庭，所以需要商品基本是家庭生活中的必需品。根据我国的传统习惯，逢年过节和一些有特殊意义的日子里结婚的人特别多，这是商家销售的黄金时间。此阶段对药品企业而言不存在太多的特殊商机，因此只能按常规的营销策略从事。

2）哺养子女分阶段　此阶段包括从生育、哺育后代开始到子女工作、结婚独立为止，属于中青型家庭。自从有了小孩，家庭生活的重心由此转移到了后代身上，望子成龙心态使得孩子的成长、教育成为家庭的最大支出项目。整体购买力相对下降，而且需要的商品比较集中在小孩的用品上，从刚开始的衣、食、玩到后来的文化、体育，无一不是父母们乐意购买的商品。等到孩子长大工作，父母又要为其筹措婚姻大事。总之，在这一阶段里，父母的精力透支到了极限、经济压力最大，在消费行为上根本无暇顾及自己太多的需要。这一阶段中，对医药企业有利的是儿童药品市场，总体上说每年出生的新生儿越多，其药品市场规模就越大。而且出于年轻父母对独生子女的爱护，加上经济条件普遍改善，因此只要药品效果好、作用快、副作用小、易于小孩服用，销路绝对看好，价格再高都不是问题。此时，生产经营儿童药品的企业的营销战略可以走名牌、高档次、精包装、高价格的路子。

3）子女独立阶段　此阶段包括所有子女结婚另立门户开始，一直到原来家庭消失的过程，国外称为空巢期和寡居期。这一阶段的特征是，夫妇经济负担减轻，收入达到一生的顶峰，住房条件达到最好，也有时间来满足自己的消费需要（如外出旅游等）。但随着年龄的增大，各种疾病也随之而生，看病吃药成为常事，与年轻家庭相比整体消费趋于保守并有很强的针对性。这一阶段对于医药企业来说是最具吸引力的时期：各种形式的疾病的存在，为其提供许多商机；经济收入的提高、经济条件的改善，消费者能够承受较多的医疗开支；追求生活质量和保健意识的增强，使消费者愿意朝这方面投资（虽然大部分人或大部分情况下是无奈的）。这种不得不买、买得起、愿意买的市场特征，往往使得相应的营销工作要容易得多。当然具体到企业和产品，还是要深入研究中老年消费者的心理、爱好、观念等，制定有效的营销策略，才能谈得上占领这个市场。

（3）家庭成员间的关系　是亲密还是疏远，是独立还是依赖，是支配还是从属等都会在消费行为中得以体现。营销学中特别注意家庭成员中的影响者和决策者角色，因为他们对消费行为的影响是最直接和彻底的。因而营销人员要结合产品特点和家庭成员的关系，特别是药品促销工作，采用一些能引起消费者联想或情感的方法或词语，以促进产品的销售。常见的方法有利用年轻人要给老年人送礼的习俗、“其实男人或（女人）更需要照顾”、子女回报父母等。

2. 相关群体　也称咨询群体，指的是消费者在日常的学习、工作、生活、社交中建立起来的相对稳定的各种社会联系，如同学、老乡、同事、邻居等。人们在生活中的各种行为，无时无刻不受到各种相关群体的影响。不过，由于关系不同，其影响程度也不同。研究相关群体对消费行为的影响，对于企业的营销活动是十分重要的。因为人们在需求上有很强的模仿性和可诱导性，在购买上经常体现为从众行为。某些明星的消费行为常常成为普通消费者竞相模仿的对象就是一个最好的例证。

按照与消费者关系的密切程度，相关群体可分为直接相关群体和间接相关群体两大类。直接相关群体又称成员群体，是指个人所从属的群体或与其有直接联系的群体。直接相关群体又可分为首要群体和次要群体。首要群体是指与某人直接接触、经常交往的一群人，如家庭成员、亲戚朋友、同事同学、邻居等。首要群体对消费者的购买行为影响最大，消

费者在购买商品前，往往要征求首要群体的意见；购买商品后，往往又要听取首要群体对其购买决定的评价。次要群体是指与某人有关的各种社会团体、职业性协会等。次要群体与消费者个人的接触不频繁，影响也是不经常的。间接相关群体又可分为向往群体和厌恶群体。向往群体是指以受消费者推崇的（一般为文艺、体育明星）为核心所组成的集团，可以是正式的（如影迷会、歌迷会、球迷会），也可以是非正式的，明星们的言谈举止会影响他们崇拜者的消费模式。厌恶群体是指某人讨厌或反感的一群人，在各方面都希望与其保持距离，甚至反其道而行之并不愿意他人将自己归为这一类。

研究分析在药品消费行为中的群体影响，最直接可能还要数以下两类：首先是医患关系，这种关系在一定程度上也可算作是影响消费者行为的一种群体关系，其影响力是众所周知的。其次，一些重慢症患者自发组成的类似“哮喘之家”“糖尿病、慢阻肺俱乐部”“肾友会”等患者组织更是影响他们行为的群体因素。这些组织会定期举行活动，让那些既受病症痛苦折磨煎熬又受世俗偏见困扰的人们有机会在一起互相鼓励，以提高战胜病魔的勇气、互相交流用药体会、购买特殊药品或器械。这种组织对成员之间行为影响是绝对不可小视的。一些精明的药品经营者已经在利用这样的组织进行促销活动。他们出资组织、举办活动，宣传有关医学、药学的最新动态，同时进行相关药品、器械的销售。这种更具人性化的营销方式非常受这些患者的欢迎，促销效果非常明显。另外，随着传媒科技的飞速发展，拉近了人们之间的距离，因而间接相关群体的作用会越来越大。

医药企业在市场营销过程中必须充分重视消费者的相关群体对其购买行为的影响力。在制定生产和营销策略时，要选择同目标市场（顾客）关系最密切、传递信息最迅速、影响力最大的相关群体，了解其消费心理与爱好，做好产品促销工作，以便提高企业和产品的知名度，扩大产品销售。应注意避免由于相关群体定位不当（如用消费者普遍反感的人物类型做广告、用“义诊”方式强力推销药品等）而造成负面效果的产生。

3. 社会阶层 是指按照一定的社会标准（如收入、财产、文化教育水平、职业和社会地位等），将社会成员划分为不同的社会等级。同一社会阶层的成员通常具有相类似的价值观念、生活方式、物质文化基础和相似的购买行为。社会阶层的存在与差别，会因社会制度、经济发展水平和历史文化因素的不同而各有其特点。2009 年中国社会科学院《当代中国社会阶层研究报告》中将中国社会群体划分为十个阶层：国家与社会管理阶层；经理阶层；私营企业主阶层；专业技术人员阶层；办事人员阶层；个体工商户阶层；商业服务人员阶层；产业工人阶层；农业劳动者阶层；城乡无业、失业和半失业人员阶层。这些不同的阶层在其生活方式、价值观念、消费结构、消费观念和需要商品等方面都有许多明显的差异，他们的购买行为也就显著不同。因此在任何社会中，各种阶层都有其代表性的商品，各种档次、各种类型的产品也均有其相应的市场。

从市场营销学的观点来看，社会阶层是影响消费者购买行为的重要因素之一，特别是涉及一些代表性产品。企业营销的关键是要找准自己的目标市场，确定合理的市场定位，有针对性地提供适销对路产品，制定合适的产品档次和价格，通过合适的分销途径和促销方式，企业的产品真正被市场的消费者所接受。

企业研究社会阶层的购买行为，对细分市场具有特别重要的意义。企业的营销活动应从各方面去适应不同社会阶层的需求和爱好，才能获得较好的销售效果。

4. 社会文化 文化是一个社会精神财富的结晶，其内容包括价值观念、伦理道德、风俗习惯、宗教信仰、语言文字等，它是决定人们需求和行为的基本因素之一。低级动物的

需求受本能的支配，原始人的需求也十分简单。而现代人由于文化发展的程度和特点不同，需求就显得纷繁复杂。任何人都在一定的社会文化环境中生活，其认识事物的方式、行为准则和价值观念都会区别于不同社会文化环境中的人们。如我国北方人与南方人、沿海人与内地人、城里人与农村人，他们的审美观、爱好、需要产品都有很大的差别。

另从市场营销学的角度来看，每个社会的文化又可分为若干亚文化群。①民族亚文化群：不同的民族如汉族、回族、维吾尔族等，有其独特的风俗习惯和文化传统；②宗教亚文化群：不同的宗教信仰如佛教、基督教、伊斯兰教等，有着不同的文化倾向和戒规；③种族亚文化群：不同种族如黄种人、白种人、黑种人等，各有不同的文化特点和生活习惯；④地理亚文化群：各地因自然地理环境、地形气候等的不同，其地方特色和生活方式有很大不同。

研究社会文化对人们生活方式的影响，目的在于了解不同文化群的消费者的购买行为，从而确定和制定相应的营销策略。这一点对于国际市场营销显得更为重要。

扫码“学一学”

第三节　医药消费者购买决策过程

一、医药消费者购买行为类型

消费者在购买不同商品时，其购买行为的复杂程度差异很大。有些购买行动非常简单，有些购买行为则极其复杂，不仅参与购买决策的人员多，而且决策过程也长。因此，在研究消费者购买决策之前，有必要先对消费者购买行为类型进行划分。根据购买参与程度和产品品牌差异程度，可以把消费者购买行为划分为四种类型，如表4－1 所示。

表4－1　消费者购买行为类型

品牌差异程度/购买参与程度	高	低
大	复杂型	多样型
小	寻求和谐型	习惯型

1. 复杂型购买行为　指消费者购买参与程度和品牌差异程度都高的商品。由于消费者缺乏专业知识，在首次购买价值大、品牌差异也大的医药产品时，消费者往往需要经历一个完整的决策过程。在被唤起需求以后，他们经常会花大量时间收集有关产品的信息，对可供选择的品牌的各种特性进行评价，然后凭借以往消费对一些品牌形成态度和信念，最后再作出谨慎的购买决策，购买参与程度非常高。而积累了一些消费经验，再次购买同类产品时，购买行为和决策过程就会大大简化。对于复杂型购买，医药企业应注重对新药的宣传推广，分别以医生和患者为对象，展开双向的、不同层次的立体宣传。针对患者的广告应以提高产品的知名度和宣传品牌，达到家喻户晓为目的，以期对消费者的购买行为产生有利的影响，促使其简化决策过程。

2. 寻求和谐型购买行为　指消费者购买品牌差异程度小但购买参与程度较高的商品。由于品牌差异不明显，消费者一般不会花很多的时间收集信息并对品牌进行全面评价，他往往更关心价格、购买时间和便利性等因素。因此，这类商品的购买过程迅速而简单。但也正因为购买决策过于迅速，消费者在购买以后更容易出现因发现所购商品的缺点或其他商品的优点后的不协调感，从而对其购买决策的正确性产生怀疑。为追求心理平衡，消费者这时才注意寻找他所购买产品的相关信息，以期消除其心理的不和谐感，证明自己决策

的正确性。对此类购买行为，营销者一方面要通过价格、渠道、人员推销等手段引导消费者的品牌选择；另一方面，还要通过完善的售后服务与购买者保持联系，及时提供信息，使消费者相信自己的购买决策正确无误。

3. 多样型购买行为 指消费者购买价值量小但品牌差异大的商品。在购买一些安全性高、疗效确定、质量稳定、使用方便等特点的药品时，购买决策过程相对简单，消费者购买参与程度低度，显示出与其他日常消费品类似的购买特征。但因为同一治疗类别的药品品牌众多，差异较大，表现在功效、价格、包装、品牌声誉上的不同，因此消费者寻求多样化的购买行为。由于价格不高、品种规格多样，即便购买不慎所承担的风险也很小，消费者在购买时往往经常更换品牌。他们一般不会主动寻找信息并评价品牌，而是在消费时才加以评价，但下次购买时又可能转换其他品牌。转换品牌并不是因为对以前购买的品牌不满意，只是为了尝试一下新品牌。对多样型购买行为，大型医药企业的营销策略是通过占领更多货架、避免脱销以及提醒式广告来留住消费者；而中小型医药企业一般的营销策略是通过有吸引力的各种促销手段来鼓励消费者尝试新品牌。

4. 习惯型购买行为 指消费者购买价值量小、品牌差异也小的商品。消费者不需要深入收集信息和评价品牌，而是根据经验或习惯购买。对习惯型购买行为，医药企业可以通过各种营销手段吸引消费者试用，或开展连续性的广告宣传强化消费者的记忆，或通过增强产品的差异性来引起消费者的注意，从而引发消费者的购买欲望。

二、医药消费者购买决策过程

消费者的购买决策，从表面上看，似乎就是“买”与“不买”，非常简单，而事实上，这是一个复杂的过程。消费者的购买，实际上在购买行为发生以前就已经开始，并且在购买商品以后并没有完结。购买决策过程一般可分为一个连续的不同阶段，如图 4－3 所示。

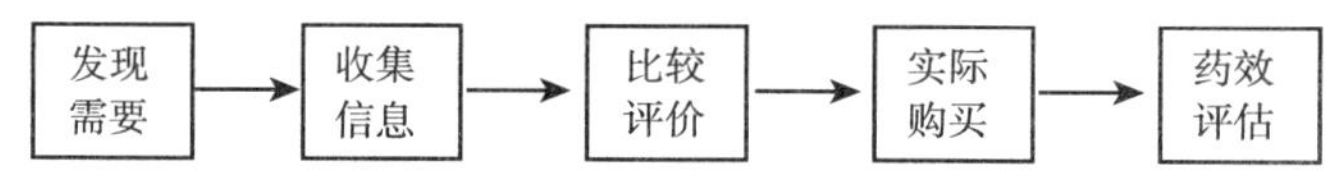

图 4－3 药品购买行为过程

（一）发现需要

消费者首先要认识到有待满足的需求，如身体有了疾病，才能产生购买药物动机。引起消费者自行购买药品的因素有：可能是疾病发作，身体产生不适的症状；或者疾病多发季节即将到来，提前预备药品；或者受购药环境影响，比如设在超市、药店的产品展示，医药企业促销活动也会引起非计划购买行为发生。

医药消费者购买药品，都是为了满足某种需求或解决某种问题，购买行为的发生常缘于以下情况。

1. 突发性需要 这是医药市场中最常发生的购买行为。对于一个具体的消费者而言，由于疾病的发生一般情况下都是没有规律的，所以对药品的需要不具备预见性和预期性。只有当有了病后，才会产生购买某种药品的需要。

2. 经常性需要 这种购买行为如发生在个体身上，则是由于患了某种慢性病所以会经常购买某种药品。消费者对这类药品的品牌、效能、价格都非常熟悉，一般不需花时间考虑。对于这种购买行为，医药企业的主要营销工作是：①保持产品质量、价格和一定的存货水平，对现有顾客进行“强化”工作；②利用适当的提示物，例如通过广告宣传、营业

推广等，吸引潜在顾客对本产品的注意，改变他们原来的购买习惯。

3. 无意识需要　①指患者本身已经存在某种病症，但由于一些原因没有引起注意，所以也没有用药的需要；②某种新药的宣传力度不够，消费者不知道这种药品的存在，所以也就没有购买药品的需要。针对这类情况，医药企业首先需要做的工作就是提高消费者的健康卫生意识，珍惜生命；其次是进行合理的广告宣传，提高产品知名度，使无意识的需要变成现实的需要。

（二）收集信息

当医药消费者进行经常性购买时，其需求能很快得到满足。但如果是因突发性需要而购买药品时，由于消费者不具备相应的专业知识，不能完全自我作出用药的判断。这时消费者常见的做法要么去医院、诊所，要么去零售药店，由医生或专业药师对疾病作出诊断并决定用药品种和数量。也有就是向一些有经验的人咨询，着手收集有关产品、品牌、价格、性能、规格等的信息资料，这种情况在 OTC 药品市场较为常见。医药企业营销人员最重要的工作之一是要根据药品种类并结合研究消费者的行为以及影响消费者判断，选择各种信息来源。医药消费信息来源有下列 4 类：①个体的来源（家庭、朋友、推销员、邻居、同事等）；②商业来源（医院、诊所、零售药店零售商、药品包装、说明书等）；③大众来源（广告宣传、科普教育、药品展览、义诊服务等）；④经验来源（以前用药经验、已有的健康卫生知识等）。

每一种信息来源因所患病情不同和药品种类的不同，在影响消费者购买决定时的作用也不同。一般而言，商业和大众来源的信息起宣传和告知的作用，个体和经验来源的信息发挥权衡和抉择的作用。医生在消费者用药方面有绝对的权威和指挥权，零售药店和广告宣传对 OTC 市场影响较大。

（三）比较评价

医药消费者需对已经获得的药品信息进行比较、评价、判断和选择后，才能最后作出购买什么（品牌）、购买多少（数量）的决定。比较评价是一个复杂的过程，在 OTC 药品市场上，除了消费者本身因素如病情、经济条件、知识水平、身体状态等外，影响判断选择的因素还有以下几方面。

1. 药品方面　影响医药消费者判断和选择的内容有药品质量、品牌形象、适应证、药品的疗效、价格、毒副作用、广告宣传等；对药品选择主要看其是否能快速解除痛苦，其可靠性、副作用和价格等。

2. 服务方面　药品零售网点的数量、所处位置、零售药店的形象、知名度、店堂布置、POP 广告、销售人员的服务态度和质量等也会影响消费者对药品的需要。

3. 政策制度方面　主要指消费者在医院看病时除由医生影响用药的品种和数量外，国家或地区的医药保险目录也直接影响（限制了）消费者用药的品种和数量。

（四）实际购买

医药消费者经过上述几方面的权衡比较后，才能最后作出购买决定并发生购买行为。购买决定的确定和购买行为的最后发生，除了消费者自己的判断选择外，还受其他因素的影响。

1. 他人态度　这是影响购买决定与实际购买的因素之一，消费者行为受很多因素影响，他人的影响是不能忽视的。这些人包括家庭成员、直接相关群体、医生、药品零售人员等，如果他们的否定态度愈强烈，且与该消费者的关系愈密切，那么消费者的购买意向

就愈低或直接取消购买决定和购买行为。

2. 风险因素 也可称未知因素，是指消费者的预期与实际之间可能存在的差异。消费者仅有购买意向并不能导致实际购买，购买行为是购买意向与未知因素相互作用的结果。这些风险因素是消费者在购买前竭力想得到证实或解决的，如财务风险、功能风险、生理风险、社会风险、服务风险等。

市场营销人员应该了解那些有可能使消费者改变购买决定与行为的因素，并提供降低风险的资料和进行购买帮助的尝试。

（五）药效评估

市场营销学非常重视消费者的购后感觉与再购行为之间的关系，因为消费者的购后评价具有巨大的“反馈”作用，关系到这个产品在市场上的命运。西方许多企业信奉一句名言：“最好的广告是满意的顾客”。判断消费者的购后行为有三种理论。

1. 预期满意理论 即认为消费者对产品的满意程度，取决于预期希望得到实现的程度。如产品符合消费者的期望，购买后就会比较满意；反之，期望与现实距离越远，消费者的不满就越大。因此，企业对药品的广告宣传要实事求是，不能夸大其词，否则消费者的期望不能兑现，就会产生强烈的不满，进而影响产品和企业的信誉。

2. 认识差距理论 即认为消费者购买商品后都会引起程度不同的不满意感。原因是任何产品总有其优点和缺点，消费者购买后往往较多地看到产品的缺点。而别的同类产品越是有吸引力，对所购产品的不满意感就越大。企业除了要向消费者提供货真价实的一流产品外，还要采取积极措施，消除顾客认识上差距和不满意感。

3. 实际差距理论 药品使用后的实际效果受很多具体因素的影响。前面我们已经分析，药效既受药品本身又受患者个体的制约，它不可能与理论上的或统计上的有效率完全一致。医药企业市场营销人员的任务是要指导消费者（有时甚至是专业医生）合理正确地评估药效，从而帮助其合理用药。

任何商品消费者的消费心理与购买行为是相关企业确定营销战略战术的基础，否则就无法真正满足市场需要，特别是商品大量过剩的商品经济中。因此，认真研究医药消费者的心理与购买行为，找出其典型的特征特点，才能在同类产品的竞争中实现营销方法的差异性，而这恰恰是有效营销的真谛。

扫码“练一练”

思考题

1. 医药消费者市场分析的内容有哪些？
2. 研究消费者购买行为的类型有何现实意义？
3. 影响消费者购买行为的内外部因素是什么？
4. 消费者购买决策过程是什么？
5. 研究医药消费者购买行为的意义何在？

第五章　医药组织市场与购买行为

学习目标

本章主要学习医药产业市场、医药中间商市场、医药政府和非营利组织市场等有组织市场的购买行为。掌握医药组织市场的定义和构成、医药组织市场的特征、医药组织市场购买行为的决策过程等内容。

医药市场与其他商品市场一样，其需求也由两大部分构成：一部分是药品直接消费者组成的市场，另一部分是由医药生产企业、医药商业企业、药品零售企业、各级各类医院和诊所、政府机构等所组成的组织者市场。根据国家有关规定，药品生产企业不能够进行药品的直销活动，其产品大部分需经过医药商业公司、医院或零售药店才能到达消费者手里。另外，生产原料药的企业面对的客户则是医药生产企业。与医药消费者市场相比，医药组织市场的购买者是组织而非个人，其购买目的是为了进一步生产或销售，而不是为了个人使用。它们都具有组织购买、团体决策的共同特点，因而组织市场与消费者市场的购买行为存在着显著的差异。研究医药组织市场的特征、特点，掌握其购买规律，无疑对医药企业的市场营销有重要意义。

扫码“学一学”

第一节　医药组织市场类型及特征

一、医药组织市场的定义和构成

医药组织市场指由所有这样的个体和组织构成，它们采购医药产品或劳务的目的或是为了进一步加工生产成其他产品然后出售，或是直接销售，从而获得经济利益。换言之，这种市场购买行为的直接目的不是为了自我个人的使用，而是为获利。由于医药商品的特殊性，一些需求还来自各级政府机构和非营利组织市场等。在这个市场上，因为购买者主体是组织，所以其购买也称为集团性购买。医药组织市场一般由医药产业市场、医药中间商市场、各级各类医院和诊所市场、政府机构和非营利组织市场等组成。

（一）医药产业市场

指购买医药产品、医药中间体、原辅材料和服务用于进一步加工、制造其他医药产品或服务，并用以销售或租赁以获取利润的企业和个人所组成的市场。

作为朝阳产业，我国医药产业市场发展迅猛，市场规模正在不断扩大。医药产业与生命、健康、生活质量等密切相关，是永远成长和发展的产业，医药产品的需求弹性较小，医药产业与宏观经济的相关度较低，在经济萧条时期也能保持较高的增长速度。

化学制药是我国医药产业的支柱，但目前主要以仿制非专利药品为主。在化学原料药方面，我国由于生产规模大、成本低而具有国际竞争力，是世界上化学原料药主要出口国之一。但我国的药物制剂技术开发研究不够，制剂水平偏低，许多制剂产品剂型少，质量稳定性不高。目前我国药品生产所用的辅助材料品种规格偏少，质量也不稳定。药用制造

机械、包装材料的发展也较落后。随着竞争的日趋激烈，新药和新技术的开发和创新成为医药企业的发展动力，这些都为我国医药产业的进一步发展提供了广阔的空间。

（二）医药中间商市场

指购买医药产品直接用于转卖或租赁以获取利润的企业、机构和个人，由各种医药批发商和零售商、各级各类医院和医疗诊所等组成。

医药批发商和零售商介于医药生产企业和医药消费者之间，专门从事药品流通活动。患者是药品直接的、最终的消费者，但是，医院和医生是药品的中转站，也就是间接消费者，我国80%以上的药品都要通过医生处方开给患者。药品毕竟是用来治病救人的，并且药品知识的专业性较强，还不是一种普及性知识，没有的医生处方，消费者不能买到处方药。消费者在购买和使用OTC药品时，也十分关注专业人士如医生、药剂师等人的意见。据美国Scott - Levin医疗保健咨询公司的一份调查，约有50%的患者根据医生的建议使用OTC药品。医生给患者的OTC样品也起着重要作用，有35%的患者在过去接受过样品，并且约50%的患者称他们自己将会购买同样的药品。这就造成了药品消费者（患者）行为的依赖性，使医生在药物消费过程中处于一种控制、支配消费的地位。另外，我国公费医疗制度规定，患者应在指定的医院看病和取药，用药的决策权和药费的控制权均掌握在医生手中，所以，医生对药品的消费者有巨大的影响，在整个药品市场中的导向作用是任何人不能替代的。

（三）医药政府市场和非营利组织市场

指为行使政府职能和履行非营利组织职能而购买医药产品和服务所构成的市场。政府的医疗卫生保健制度、我国的计划生育政策、应对战争和突发性公共卫生事件的要求等，使各级政府部门成为医药产品和服务的购买者。红十字会、慈善机构、救助机构等非营利组织既不同于企业，也不同于政府机构，它们具有稳定的组织形式和固定的成员，独立运作，发挥特定社会功能，以推进社会公益而不以营利为宗旨，也是医药产品和服务的购买者。

二、医药组织市场的特征

扫码“看一看”

与医药消费者市场相比，医药组织市场具有以下一些特征。

（一）市场需求方面

1. 购买者数量少，但购买数量大　一方面，医药组织市场上购买者的数量远比医药消费者的数量少得多，组织市场营销人员比消费者市场营销人员接触的顾客要少得多。截至2018年11月底，我国共有原料药和制剂生产企业4441家，有《药品经营许可证》持证企业50.8万家，医院数达3.2万个，但与我国由十三亿人口组成的潜在医药消费者市场相比，其数量还是显得微不足道。另一方面，组织市场单个用户的购买量却比消费者市场单个购买者的需要量大得多，医药市场上所有药品都要经过它们的手才能形成或销售，每个购买者购买的数量之大，是任何个人消费者所不可比拟和不可想象的。2018年11月中央全面深化改革委员会通过《国家组织药品集中采购试点方案》，2018年12月由国家医疗保障局主导的“4 + 7”城市药品带量集中采购在上海正式开标，试点城市分别为北京、天津、上海、重庆4个直辖市和沈阳、大连、厦门、广州、深圳、成都、西安7个省会城市或计划单列市（简称“4 + 7”城市）。本次“4 + 7”城市药品带量采购中，中标企业将会占有当地60%~70%的市场份额。

2. 购买者地理位置相对集中　购买者所处位置与国家的经济政策、经济布局、经济条件、自然资源、投资环境等因素密切相关。组织市场购买者往往集中在一定的地理区域，

从而导致这些区域的采购量占据整个市场的比重很大。例如我国的医药企业密集的地区以东部沿海经济发达的地区为主，如江苏、浙江、天津、山东、广东等。大型医药商业企业、零售企业和大型医院都集中在大中城市里。

3. 购买者的需求是派生需求，但需求价格弹性小 派生需求也称衍生需求，医药组织市场的需求是从消费者对医药最终产品和服务的需求中派生出来的。医药组织市场购买者的需求最终取决于医药商品市场对最终产品的需求，如对原料药、中间体、化工原料、中药材等的需要，直接来自于药品市场对这些产品的制剂产品的需求。并且其需求对其中间产品价格的波动敏感性不大，在短期内更是如此。不像医药消费者，会因为价格的变化而改变需求，但由于经济学上的加速原理，受经济前景和医药科技发展影响较大。

（二）购买单位方面

1. 更多的购买参与者 医药组织市场的购买决策受更多机构和人的影响。大多数企业和医院有正式的采购组织，即采购中心，重要的购买决策一般要由技术专家和高级管理人员共同作出，审批程序复杂、审查严谨。这就要求营销人员也具备良好的专业素质，掌握相应的营销技巧。

2. 组织购买属于理性购买，专业性较强 与医药消费者市场不同，医药组织市场购买的理性程度极高，面对的采购人员都是专业人士，对所要采购产品的性能、质量、规格和技术要求了如指掌，不像消费者市场有那么多的冲动购买。对营销人员的要求极高，既要具备专业医学、药学知识，又要具备必需的市场营销知识，为了应对受过良好训练的采购人员，供应商必须对其销售人员进行严格培训。

3. 购买具有连续性，业务关系相对稳定 由于医药组织购买技术性强、产品替代性差、质量要求严、需求具有连续性和稳定性，因此组织购买经常需从供应厂家直接购买，并且一旦合作成功，其关系会长久维持下去。

（三）购买决策行为方面

医药组织市场的购买决策类型可以分为 3 种。

1. 直接采购 医药组织市场的购买者往往直接向供应商采购，不经过中间环节，特别是在采购价格昂贵或技术复杂的产品和服务时。

2. 购买过程复杂但规范化 医药组织市场购买常常涉及大量的资金、复杂的技术、准确的药价成本 - 效益评估，以及采购中心中不同层次人士之间的人际关系。因此，医药组织市场购买往往要经历较长时间。调查显示，产品销售从报价到产品发送通常以年为单位。另一方面，组织购买过程比较程式化，大宗药品购买通常要求提供详尽的产品说明书、书面采购订单等，对供应商有严格筛选和正式批准的过程。

3. 互惠购买 医药产业市场中的医药原辅材料购买者之间往往相互依存，在采购过程中经常互换角色，即在采购过程中经常互惠采购，即“你买我的产品，我就买你的服务”，有时这种互惠体现在三方甚至更多。

三、医药组织购买行为的影响因素

医药组织购买行为根据其需要不同，大致分为两大类：一是新任务采购，指为了适应制造新产品或扩大销售品种而增加的需要；二是连续型采购，指由组织正常的生产经营计划所产生的采购需要。

医药组织市场的购买行为与医药消费者市场购买行为截然不同。例如个人消费者经常会

因受到众多非技术性的干扰和影响而改变需要，比如医生和药店店员的建议，但医药组织市场则不然。医药组织购买行为的动机比较单纯，表面的目的是为了生产或经营的连续，降低生产经营成本，但根本的目的还是为了获得经济利益。当然绝不是说经济因素是影响其行为的唯一因素，环境因素、社会因素、心理因素等都会对组织购买行为产生影响。按其影响范围可分类四类：环境因素、组织内部因素、人际关系因素及购买参与者个人因素（图5－1）。

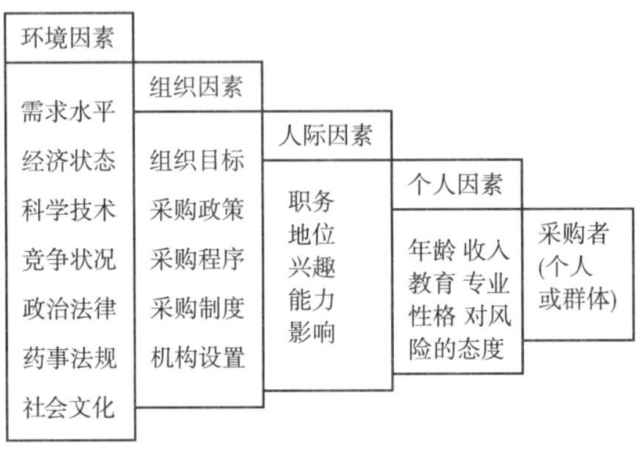

图5－1　影响组织市场购买的主要因素

1. **环境因素**　是指影响医药组织市场购买者生产经营的外部环境因素，它包括政治法律、医药科技、市场竞争、经济、人口、社会文化等。在正常情况下，这些外部因素既可以为它们提供市场机会，也可能制造生存障碍，它直接制约着医药组织购买者的经营内容、市场规模，规范着它们的生产经营行为，并用经济的、行政的、法律的、舆论的等手段对他们的市场行为作出公平的评判与选择，只有适者才能生存。因为药品的特殊性，国家的监督管理非常严格，如药事法规对医院进药环节制定有明确而具体的要求。由于医药企业生产经营者与组织购买者存在着一荣俱荣、一损俱损的相生相克的依存关系，所以营销人员必须密切注意这些环境因素的发展变化，对这些影响因素可能对组织购买者的作用方向和力度作出正确的判断，并及时调整营销策略，力求将问题转变成机会。

2. **组织因素**　是指医药组织市场购买者内部状况对购买行为的影响。组织市场购买者本身也都是一个一个按照国家有关法律要求组建而成的生产经营企业或机构，就其采购工作而言，它的经营目标、采购政策、业务程序、机构设置、采购制度等都一应俱全。企业营销人员与这些组织客户打交道时，也必须对这些内容进行充分的了解，如医院的进药程序、药事委员会的构成、参与采购工作的所有人员及对供货时间、产品质量、付款时限具体规定等，从而规范自我的营销行为并尽量与这些具体的要求相吻合。

3. **人际因素**　是指组织市场购买者内部的人事关系等，这些也可能影响其采购活动。在这些组织内部，由于参与购买过程的部门和人员较多，所承担的角色和作用各不相同。他们相互之间的关系和影响程度，经常是市场营销人员费尽心机想了解的内容，但往往也是最难掌握的东西。因为变化太大，且没有太多的规律性。例如组织与组织不一样，并且每一个人的影响程度也会随他所处的环境条件（如心情、职位、需要等）的变化而变化。对于这些人际因素切不可盲目猜测，而是要深入了解，仔细辨析。

市场营销学者提醒营销人员：寻找并满足决策者的需要，是营销成功的关键要素之一。

4. **个人因素**　医药组织市场购买经常被认为是“理智的”行为，如医院采购药品。但当供应药品的质量、疗效、价格、服务等相类似时，医院采购人员的个人因素就会产生较大的作用。这些因素通常指采购人员的年龄、收入、教育程度、职位、性格、兴趣、爱好

及职业道德、敬业程度、与医药代表的关系等。人是感情动物，在其决策过程中不可能不掺入感情色彩。所以医药企业营销工作不仅要在药品质量、价格、服务等“硬件”上下功夫，也要在与采购人员经常沟通、建立良好稳固的私人关系等的“软件”上做文章。这也验证了“做生意先做人，成功的生意人也是成功做人的人”这一现代营销哲学。

四、医药组织市场购买行为的参与者

医药组织购买行为以专业性强、参与人员多、机构稳定（医院里只有药剂科专门负责药品的采购工作）等为其特色。研究分析每一个组织购买过程中参与者及担当的不同角色，有助于医药企业在营销过程中采用正确促销策略，这对于专门做医院推广工作的医药（厂家）代表而言就显得尤为重要。从采购行为中参与者所承担的任务不同来分析，有以下几种角色。

1. 使用者 是实际使用某种药品或服务的人员，或例行采购行为中的药品仓库有关管理人员。在大多数情况下，由他们首先提出采购要求，并具体提出药品的品种、规格等。

2. 影响者 是影响采购决策的人员，如相关科室主任，他们通常对新特药品进行审查把关，协助采购工作正常进行。

3. 决策者 指有权决定药品数量、规格、品种、价格及供货厂家的人，例如药剂科主任、院长。

4. 采购者 指实际完成采购任务的人员。

5. 批准者 指那些有权批准决策者或采购者所提购买方案的人员，如医院药事委员会成员或医院院长。

需要指出的是，在实际采购工作中这些人员的组成或担当的角色经常会变动。首先是不同单位（医院）情况不同，因此营销人员必须具体问题具体分析；其次是医院基本目录药品采购与医院新特药品的采购又有很大区别。肯定地说，在医药营销过程中做新特药品的“进医院、上量”等工作难度最大。

五、医药组织购买行为的决策过程

药品的采购工作是保证医药公司、零售药店、医药正常经营和杜绝假冒伪劣药品、保证药品质量和患者用药安全的重要环节，因此无论是国家药事法规还是每个医院、医药公司、零售企业都对采购工作制定有严格的规章制度。一般所需采购的药品在数千种左右，其特征是品种多、数量大、周转快。采购工作总的要求首先是保证全部采购药品的优质和安全有效；其次是根据经营的需要保持一定数量的药品品种和数量，保证“基本药品目录”中的常用药和主要品种不断货，以供医生和患者选用；第三是按国家有关规定认真做好毒、麻、精神、贵重药品和有效期药品的管理工作。

药品采购工作要经过什么样的环节，主要依据采购药品的不同或政策规定的不同而定。现以医院为例介绍说明各类药品的采购、进药过程。

（一）基本目录药品的采购

1. 提出采购计划 根据有关规定，医疗单位药品采购由药剂科统一管理，其他科室不得自购、自制、自销药品。采购的药品以本院基本用药目录为依据，不得购销与医疗无关的各种生活用品或化妆用品。为保证药品质量，严禁从个人手中或未取得《药品经营许可证》的非法药品经营单位采购药品。

药品采购计划，首先由药品仓库有关人员根据库内药品的使用消耗情况及临床需求等，

掌握所需药品的品种、规格、数量等，按管理规定制订药品进购计划，填写药品计划申购单（表5－1），最后由药剂科主任审定签字。

表5－1　×××医院药品计划申购单

品名	规格	现有库存量	计划数量	进货价	批发价	金额

院长：　　　　科（室）主任：　　　　制表人：

2. **采购调研**　接到采购任务后到具体洽谈前，药品采购人员需进行较为详细的情报调研工作，对有关货源、质量、价格等进行多方的比较对比。由于医疗单位比较重视当地医药经营部门这个货源主渠道，药品生产企业应事先与医药公司签订营销合同，采取合法的促销措施，力争使医药公司把本企业药品作为主打产品。同时，本企业的营销人员（医药代表）也应采用上门推销的方法做好推广工作，帮助医药公司做好医院工作。当然，详细的印刷精美的企业资料和产品资料（说明书、报价表、有关证明材料）在任何时候都是药品推销中不可缺少的东西。因为它既能提供采购人员所想知道的各种信息，又是企业形象和实力的一种体现与拓展。

3. **采购洽谈**　医院采购人员在掌握供应厂商和产品情况的基础上，根据医院采购计划，就药品品种规格、数量质量、价格、供货方式、供货时间、结算方式、违约责任等内容进行谈判。

4. **签订合同**　即以法律文书的方式确定供需双方的权利与义务。

5. **评估履约情况**　即药品采购合同履行情况的追踪与评价。一方面监督医药公司或厂商按合同规定按质按量按时供货，同时根据合作情况确定以后是否继续合作。所以医药企业要增强法律意识，既严格履行合同，如果必要也应学会用法律武器维护自己的利益。

（二）常规用药的集中招标采购

药品集中招标采购工作的程序如下。

1. **医疗机构提出采购要求**　医疗机构依据临床需要和减轻患者药品费用负担原则，组织有关部门或人员编制本期拟集中采购的药品品种（规格）和数量计划，经单位药事管理机构集体审核后提交药品招标采购经办机构（可以是医疗机构联合组织的招标采购机，也可以是依法设立、从事药品集中采购代理业务并提供相关服务的社会中介组织）。

2. **药品招标采购经办机构按国家有关规定组织招标活动**

（1）认真汇总各医疗机构药品的采购计划。

（2）依法组织专家委员会审核各医疗机构提出的采购品种、规格，确认集中采购的药品品种、规格、数量，并反馈给相关医疗机构。

（3）确定采购方式，编制和发送招标采购工作文件。

（4）审核药品供应企业（投标人）的合法性及其信誉和实力，确认供应企业（投标人）资格。

（5）审核投标药品的批准文件和近期质检合格证明文件。

（6）组织开标、评标或谈判，确定中标企业和药品品种品牌、规格、数量、价格、供应（配送）方式以及其他约定。

（7）决标或洽谈商定后，组织医疗机构直接与中标企业按招标（洽谈）结果签订购销合同。购销合同应符合国家有关法规规定，明确购销双方的权利和义务。

（8）监督中标企业（或经购销双方同意由中标企业依法委托的代理机构）和有关医疗机构依据招标文件规定和双方购销合同做好药品配送工作。

（三）新特药品的采购

以上采购过程适用于医院必须的、常用的、“医院基本药品目录”品种范围内药品的采购工作，医院新特药品的采购工作不在此列。

医院新特药品，是指不属于“医院基本药品目录”品种范围内的，虽然国家已有生产或进口，但本院临床使用极少或国内上市不久，临床使用经验不多，或本院尚无使用先例，或虽有先例但使用经验不足以推广于临床的药品及制剂。

1. 申购计划的提出　由于医院新特药品不属于基本用药，故一般不列入常规性计划申购。只有当个别医生或科室因医疗、教学或科研需要，指定使用某一新特药品时，才给予计划申购。医院新特药的计划申购必须先由申请医生或科室填写“新特药品计划申购单”（表5－2），经有关领导和部门（新特药品必须经药事委员会的审批，无药事委员会的县以下医疗单位由院长负责审批）签署意见、审核批准后，才能正式列入申购计划。

表5－2　×××医院新特药品计划申购单

年　　　月　　　日　　　　　　　　　　　　　　　　NO：

药品名称：	企业名称或产地：
规格：	数量：
参考资料：	
申购理由：	
申购人：	科室负责人：
药剂科领导意见：	药事管理委员会或院长意见：
药品采办记录	

2. 医院新特药计划申购审批程序　具体程序如图5－2所示。

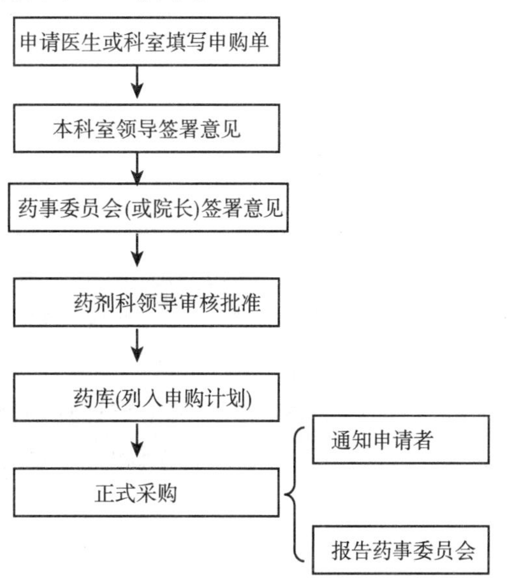

图5－2　新特药品计划申购审批程序

3. 采购使用　药品仓库接到经批准的“新特药品计划申购单”后，将所申购药品的名称、规格、数量填入药品计划申购单，交采办人员采办。

药品采购后通知申请医师或科室使用，同时让其填写“新特药品使用情况报告单”（表5－3）。在药品使用完毕后，回收报告单，并之与原“新特药品计划申购单”一并归档，作为日后筛选基本药品目录的依据。

对于大多数医药企业而言，开发新特药品不仅仅是因为药品具有生命周期的特征，更是企业不断增加市场竞争能力、促进其经营管理上台阶的必由之路。然而，想使新特药品顺利走向市场、走进医院，医药企业及医药营销人

员只有全面熟悉医院的进药程序与要求，提供必需的资料与证明，才能在药品销售过程中少走弯路，提高成功率。

表 5-3　医院新特药品使用情况报告单

承用科室（医生）＿＿＿＿＿＿药品名称＿＿＿＿＿＿启用日期＿＿＿＿＿＿＿＿NO：

使用一般情况	申购数：	实购数：
	实用数：	剩余数：
	使用病例数：	
	统计病例数：	
临床疗效情况	有效：	治愈：
	与其他药物联用情况：	
不良反应情况	毒性反应：	
	过敏反应：	
	其他副作用：	
药动学情况		
评价意见	使用医师意见：	
	使用科室意见：	
	药剂科主任意见：	
	药事管理委员会意见及其他：	

本单一式二份，一份药库申购办理人员归档备查，一份交药事委员会。

2015 年 2 月，国务院办公厅印发《关于完善公立医院药品集中采购工作的指导意见》（国办发〔2015〕7 号），标志着药品集中采购工作进入深化改革阶段。

该文件指出：实行药品分类采购。

1. 对临床用量大、采购金额高、多家企业生产的基本药物和非专利药品，发挥省级集中批量采购优势，由省级药品采购机构采取双信封制公开招标采购，医院作为采购主体，按中标价格采购药品。

2. 对部分专利药品、独家生产药品，建立公开透明、多方参与的价格谈判机制。谈判结果在国家药品供应保障综合管理信息平台上公布，医院按谈判结果采购药品。

3. 对妇儿专科非专利药品、急（抢）救药品、基础输液、临床用量小的药品（上述药品的具体范围由各省区市确定）和常用低价药品，实行集中挂网，由医院直接采购。

4. 对临床必需、用量小、市场供应短缺的药品，由国家招标，定点生产、议价采购。

5. 对麻醉药品、精神药品、防治传染病和寄生虫病的免费用药、国家免疫规划疫苗、计划生育药品及中药饮片，按国家现行规定采购，确保公开透明。

医院使用的所有药品（不含中药饮片）均应通过省级药品集中采购平台采购。省级药品采购机构应汇总医院上报的采购计划和预算，依据国家基本药物目录、医疗保险药品报销目录、基本药物临床应用指南和处方集等，按照上述原则合理编制本行政区域医院药品采购目录，分类列明招标采购药品、谈判采购药品、医院直接采购药品、定点生产药品等。鼓励省际跨区域、专科医院等联合采购。采购周期原则上一年一次。对采购周期内新批准上市的药品，各地可根据疾病防治需要，经过药物经济学和循证医学评价，另行组织以省（区、市）为单位的集中采购。

扫码“学一学”

第二节　医药产业市场的购买行为

一、医药产业市场购买行为模式

医药产业市场购买行为模式也是一种“刺激 – 反应”模式。在该模式中，营销活动和其他环境刺激对医药产业市场购买者产生影响，并引起购买者作出某些反应。医药产业市场购买者所受到的刺激与医药消费者一样，都来自两个方面：营销刺激和外界环境刺激。这种刺激进入医药产业组织后产生的反应，表现为对产品或服务的选择、对供应商的选择、订单的数量、配送和服务、付款条件等。刺激如何转化为反应，则要看医药产业市场购买组织是怎样活动的。在购买组织内部，购买活动由两部分组成：一是采购中心，二是购买决策过程。采购中心由涉及购买决策过程的所有人组成；购买决策过程则受到医药产业组织内部因素、人际关系和个人因素的综合影响。

研究医药产业市场的购买行为，需要逐项回答以下问题：医药产业市场的购买对象、参与购买过程的人员、产业购买行为的主要类型、影响产业购买的主要因素、产业购买者的购买决策等。

二、医药产业市场的购买对象

1. **生产装置**　包括医药生产企业的主要生产设备、厂房建筑和价值昂贵的装备，如发酵反应器、动态提取设备、生产线、包装成套设备等。这类产品大都价值昂贵、技术性能要求高，对采购方的生产效率及产品质量至关重要。它是采购企业的一项重大决策，往往多人参与采购，过程复杂且相当程式化。

2. **原辅材料、中间体及零部件**　化学制药工业属精细化工，有有机合成、无机合成、生物合成以及物理处理等工艺。其中合成又分为全合成、半合成两种方法。所以制药工艺是很复杂的，所用原料也较多，有的产品用料达三四十种，每道工序对中间体的质量要求也很高。在实际生产过程中，有的原材料并不参加某一化学反应过程，而只是为化学反应创造条件，例如溶媒和触媒等，有利于真正参加化学反应的原料和别的原料去反应，或是起到促进和加速化学反应的作用。还有一些起到保护反应过程良好条件的作用，如直接控制反应液的温度的材料，二氧化碳吸收热量变成气体溢出，它并不参加反应，只起到保护成品不受高温破坏的作用。这些产品大多有规定的标准、等级和规格，企业需要定时、定点重复采购。采购方对供应商的供应时间、供货能力、价格、数量折扣以及运距等比较关注。

3. **附属设备和消耗品**　附属设备主要是一些价值较低，在医药生产过程中不起关键作用的设备，如运输工具、办公设备等，这些产品在采购时一般会有规格标准方面的要求，采购行为比较简单。消耗品是那些单价低、消耗快、需要经常购买的产品，如办公用品、清洁用品、润滑油等，通常这些属常规购买，购买决策过程简单。

4. **服务**　在很多情况下，服务与实体产品一起被购买，如维修服务、广告、运输、人员培训、市场调研、审计及各项咨询服务等。服务产品的无形特征使得服务销售和采购比较复杂。服务质量是服务采购中非常重要的因素，但它不仅表现为技术质量，还表现为职能质量。因此，对医药服务的提供者来说，要从多方面构建服务质量体系。

三、医药产业市场的购买类型

医药企业购买决策的复杂性取决于其决策类型。医药企业主要有三种决策类型：直接重购、修正重购和新购。

1. 直接重购 即用户按过去的订货目录继续订购。需要重复购买产品时，采购方通常选择熟悉并满意的供应商，持续采购，而且不变更购买方式和订货条款，甚至建立自动订货系统。直接重购行为对原有供应商和新的供应商的影响有很大不同。对原有供应商来说，他们应当努力保证产品和服务的质量，并尽量简化买卖手续，争取稳定供应关系。对新的供应商来说，他们几乎没有什么机会。当然，可以通过提供一些新产品或消除不满意来争取下一次获取订单的机会，也可以通过接受小订单来打开业务。

2. 修正重购 当医药组织市场的购买决策者认为选择替代品能带来很大的益处时，往往发生修正重购。修正重购即用户为了更好地完成采购任务，部分调整采购方案，如改变需采购产品的规格、型号、价格等，或重新选择新的供应商。

修正重购通常比直接重购涉及更多的决策参与者。与直接重购相比，修正重购在对原供应商增加了压力的同时却给新供应商提供了机会。修正重购对原有供应商提出了更高的要求，供应商需要做好市场调查和预测，根据医药生产者需求的变化，努力提高产品的质量，降低成本，并不断开发新产品，从而迎合采购商变化的需求。对新的供应商而言，修正重购则意味着一个获得新业务的机会，需认真对待。

3. 新购 即第一次购买某种医药原料、中间体、辅助产品或服务，这是最复杂的购买行为。在决策过程中，采购的成本或风险越大，参与决策的人数就越多，他们收集信息的工作量也越大。这种购买行为为所有潜在供应商提供了平等竞争的机会，同时也意味着最大的挑战，他们在设法对采购方施加尽可能多的影响的同时，还需为他们提供尽可能多的帮助。

四、医药产业市场的购买决策过程

最复杂的医药产业市场购买需要经历八个阶段，当然，直接重购和修正重购可以省略其中的某些环节，下面分析典型的新购过程。

1. 认识需求 当医药产业出现新的变革，产生新技术、新工艺，或研制出新产品或某些专利药品保护期已满，医药生产企业很快就会认识需求，并寻找到解决问题和实现需求的方法。需求的产生可能是内部刺激所致，如消费者对产品剂型有了新的要求、生产新产品需要新设备和原料、原有设备发生故障需要更新等。需求也可能由外部刺激引发，如采购人员参观展览会、浏览广告或接受供应商推销人员的访问后发现了更好的产品。因此，尽多地了解医药产业市场的发展趋势，可以使营销人员对产业市场的需求有更好的了解，从而也更有机会获得订单。此外，加强推销和宣传也不失为一种激发潜在需求的好办法。

2. 确定需要 就是确定所需医药产品和服务的种类和数量。如果是简单的重复采购，这个过程很简单。如果是复杂的新购项目，购买者需要和技术人员、操作人员甚至高层管理者共同确定项目的条件。供应商此时应设法向采购者介绍产品特性，协助他们确定需要。

3. 说明产品规格 说明所购医药产品的品种、性能、规格、特征、数量、质量和服务等。这常常需要采购中心作价值分析，价值分析的目的是降低成本。通过价值分析，确定能否对它进行重新设计或实行标准化，从而将生产成本降到最低。随后，专业人员将确定最佳产品的特征并确定详细的说明书，作为采购人员的采购依据。对医药产业市场的营销

人员来说这是一个非常关键的阶段，认识这些购买影响者并认清他们之间的相对关系和重要程度是最好的竞争优势。此外，供应商也可以将价值分析作为工具，帮助寻找新客户。

4. 寻找供应商　医药产业市场采购人员通常利用工商名录或其他资料查询供应商。如今，越来越多的公司通过国际互联网来寻找供应商。为此，供应商应充分重视"工商企业名录"和计算机网络系统，为自己入选采购商名单打下基础。

5. 征求供应建议书　医药产业市场购买者向合格的供应商发函，请他们提交供应建议书。对于复杂、贵重产品的新购，采购方往往要求每一潜在供应商提出详细的书面建议，经选择淘汰后，请初选合格的供应商提出正式的供应建议书。为了提高自己的入选概率，医药产业市场的营销人员必须熟悉供应建议书的书写要点和提交程序。提交的文件不能只是包含技术内容，还要能使采购方产生购买信心。

6. 选择供应商　医药产品采购中心的人员对供应商提供的有关资料进行具体分析和评价，最后作出决策。他们主要考虑供应商产品的质量、规格、价格、信誉、服务、交货能力、地理位置等属性。采购人员在不同情况下，对上述条件的重视程度会有所不同。过去，为了保证充分的供应和获得优惠的价格，很多公司乐意选择多一些的供应商，现在，由于供应链理论和技术的推广使这种情况发生了变化，许多公司都在大量缩减供应商的数量，并期望他们选中的供应商在产品开发阶段就能和自己密切配合，共同工作。作为供应商，必须了解这一变化，以便更充分地作好准备。

7. 签订合约　医药产业市场购买者根据所购产品的技术说明书、订购数量、交货时间、退货办法、产品保证条款等内容与供应商签订最后的订单。为了设备的维修、修理或操作，采购者常常签订一揽子合同。一揽子合同能建立一种长期关系，不仅可以节约订货洽谈的时间和金钱，还可以减少采购者的订货成本和仓储成本。

8. 绩效评价　医药产业市场购买者对各个供应商的供货状况进行检查，通过询问使用者，按照一定的标准对供应商的履约情况进行评估，以决定维持、修正还是中止供货关系。供应商需要关注采购者的评估标准，以保证自己能让客户满意。有关研究表明产业供应商对于顾客意见或投诉的处理速度至关重要。迅速处理、解决问题和纠正错误会提高获得新订单的概率；如果反应迟缓，则会降低顾客的满意度。

扫码"学一学"

第三节　医药中间商市场的购买行为

医药中间商介于生产者和消费者之间，专门从事医药商品流通活动。从根本上来说，它承担着医药产品采购代理人的职能。医药中间商在地理位置上比医药产业市场购买者分散，比医药消费者集中。他们比较关心产品的价格、折扣、交货，以及供应商的市场支持如广告合作等。中间商的购买行为与购买决策同样受到环境因素、组织因素、人际因素和个人因素的影响，其复杂的购买决策过程与产业市场中的新购十分接近。尽管如此，医药中间商市场的购买行为及决策，与医药产业市场购买行为有一定的差异。

一、医药中间商市场的购买类型

1. 新产品采购　即医药中间商采购以前从未购买过的某类新产品。此类决策首先要决定是否采购，其后再决定向谁采购。医药中间商往往综合分析市场需求、毛利、市场风险等因素后再作决策，其购买决策过程的主要步骤与医药产业市场的购买大致相同。

2. 选择最佳供应商 即医药中间商已经确定了采购的产品，只是在寻找最合适的供应商。选择最佳供应商往往基于两个原因：一是受制于经营场地，中间商只能选择经营若干品牌；二是中间商（特别是大型零售商）为自有品牌选择供应商。

3. 改善交易条件的采购 即医药中间商希望现有供应商在原有交易条件上有所让步，从中获得更多的利益。医药中间商会在同类产品供应商增多或其他供应商提供更优惠的交易条件时向现有供应商提出此类要求。

4. 直接重购 即医药中间商的采购部门按照过去的订货目录和交易条件，继续向原先的供应商购买产品。只要中间商对原来的供应商并无不满，在其存货水平低于订购点时就会要求续购。

二、医药中间商市场购买过程的参与者

医药中间商市场的购买参与者会由于其规模的不同而有所差异，其采购组织也有正式和非正式之分。有些情况下，中间商（小型零售商）把采购任务交由外部专业人员（采购代理）承担，以期获得更合适的商品，或更低的价格实惠。国家规定凡具有《药品经营企业许可证》的单位，可以经营处方药与非处方药（包括甲、乙两类）；经省级药品监督管理部门或其授权的药品监督管理部门批准的其他商业企业可以零售乙类非处方药。以连锁药店为例，参与购买过程的人员主要如下。

1. 商品经理 他们是总部的专职采购人员，分别负责各类商品的采购任务，收集不同品牌的信息，最终选择适当的品种和品牌采购。当然，有些情况下商品经理不具有采购的最终决策权，而要由采购委员会决定。

2. 采购委员会 由医药公司总部的各部门经理和商品经理组成，负责审查商品经理提出的新产品采购建议，并最终作出决策。一般情况下，商品经理对决策起到关键性作用，采购委员会则起着平衡各种意见的作用，对新产品评估和购买决策的影响重大，并负责向供应商说明拒绝购买的理由。

3. 门店经理 掌握着门店一级的采购权。由门店经理掌控医药产品采购能提高企业对不同地区市场环境的适应性和快速反应性，也便于提高门店经理的积极性，并有利于对其业绩进行考核。但在今天强调集中管理的背景下，门店经理即便掌握一部分商品采购权，比例通常也很有限。

三、医药中间商市场的购买决策过程

医药中间商对新产品的采购也需经历八个阶段，这与医药产业市场的购买是一致的。而最佳供应商选择、改善交易条件的采购及直接重购则会跳过某些阶段。

1. 认识需求 当医药中间商通过销售分析发现现有产品不适销对路，或通过广告、展销会、供货企业的推销和消费者的询问等多种渠道了解到有更适销对路的新产品时，就产生了购买欲望。

2. 确定需求 指医药中间商根据其配货策略决定其产品经营范围的广度、深度和相关性。医药中间商的配货策略主要有以下 4 种。

（1）独家配货 即在同类产品中只销售同一品牌或同一厂家的产品。

（2）专深配货 即销售不同品牌不同厂家的不同花色品种的同类产品。

（3）广泛配货 即经营某一行业的多系列、多品种的产品，它比专深配货的产品组合要宽。

（4）混合配货　即经营跨行业、没有关联性的多种产品。与广泛配货相比，其产品组合的关联性弱。

3. 说明需求　指医药中间商写出采购说明书，详细说明所要购买产品的品种、规格、质量、价格、数量和购进时间。医药中间商对采购的时间非常关注，因为销售时机将直接影响产品的销路。医药中间商对购买数量的确定则要考虑消费需求、存货水平以及药品成本/效益的比较。

4. 寻找供应商　指医药中间商市场的购买人员根据购买说明书的要求寻找合适的货源。只要不是直接重购，这个过程都可能存在，差异只是复杂程度有所不同。

5. 征求供应建议　指医药中间商市场的购买人员邀请合格的供应商提交供应建议书，中间商进行初步筛选。

6. 选择供应商　医药中间商的职能是为卖为买，因此它最关心的是商品采购能否让其实现快速销售以及毛利率。一般来说，医药中间商在选择供应商时，比较关心以下问题：供应商的合作欲望和合作态度、产品质量及与其目标顾客的吻合程度、价格及折扣和信用条件、交货时间、促销支持、售后服务、退货制度等。

7. 签订合约　与医药产业市场购买者相似，医药中间商也倾向于签订长期合同，以保证稳定的货源，并降低存货成本。

8. 绩效评价　指医药中间商对各个供应商的绩效、信誉、合作态度等进行评价，以决定是否继续交易。

第四节　医药政府市场和非营利组织市场购买行为

扫码“学一学”

一、医药政府市场购买行为分析

由于各国政府的医疗卫生保健制度的需要，在许多国家，各级政府的相关部门都是医药商品和服务的购买者，他们的采购带给很多医药企业机会。政府采购和医药产业市场的购买有许多相似之处，但也有不少差异。政府采购往往按照年度预算进行，在购买中，通常提出详细的要求，通过竞争性的招标，经过反复谈判，考察投标者的实力，经过认真评估才作出选择。因此，企业营销人员必须找出政府采购中关键的决策者，掌握影响其购买行为的各种因素，了解他们的购买决策过程。

政府采购的根本目的是为了行使政府的职能、维护国家安全和社会公众的利益、稳定医药市场、对国外进行商业性、政治性或人道性的援助等。政府采购的主体有两类：卫生行政部门的购买组织和军事部门的购买组织。

1. 影响政府购买行为的主要因素　在医药市场，政府部门的购买行为也要受到环境因素、组织因素、人际因素和个人因素的影响，此外还受以下因素的制约。

（1）社会公众的监督　政府采购花费的是纳税人的钱财，必然受到广大社会公众的关注。从国家权力机关、政治协商会议、行政管理和预算办公室，到媒体公众以及公民和社会团体，都是政府采购的监督者。一般而言，政府的重要预算项目必须提交国家权力机关审议通过，并在经费使用上接受它们的监督。为此，政府采购部门常常要求供应商提供全面详尽的书面材料。

（2）受到国际国内政治形势的影响　政府采购的医药商品门类众多，治疗用药、预防

用药、突发性社会公共卫生事件的应急用药，还有药用机械装备、原辅材料、包装材料和其他服务需求等。其采购投向和数量则受国内外政治形势的影响。如果国际政治形势紧张导致国内安全受到威胁甚至引发战争，政府采购的需求就会增大；如果政局稳定，政府采购中用于建设和社会公众福利的支出必然较大。

（3）受到国际国内经济形势的影响　一方面，国际国内的经济波动，会导致一国的财政收入增加或减少，从而影响政府支出；另一方面，一国经济形势不同，政府用于调控经济的支出也会随之增减，总的趋势是国家在医疗保健方面、医疗保险方面的开支会随着经济的增长而不断增加。同时，各国政府的政策对医药市场的影响很大。

（4）受到自然环境和因素的影响　一国在遇到自然灾害时，政府采购中用于抗灾的医疗支出必然会增加，例如为应对禽流感，我国政府专门采购了“达菲”等药品。

（5）受到医药卫生政策的影响　一个国家的医药卫生政策会深刻影响着政府购买行为。例如，随着我国医药卫生体制改革的不断深入，药品“零差率”政策的全面实施，各地在实行“省级药品采购平台统一招标采购”的模式下，对药品集中采购模式进行了不断探索创新，相继衍生出集团采购模式、跨区域联合采购等模式。各采购模式交互运行局面的出现，不仅有助于合理管控药品价格，解决药价“虚高”问题，而且将为医疗机构和生产企业提供更大的选择空间，对药品交易市场格局产生深远影响。

2. 政府采购方式　政府采购方式主要有公开招标选购、议价合约选购和日常性采购。

（1）公开招标选购　是政府采购人或其委托的招标机构通过传播媒体发布公告或发出信函，说明拟采购商品的名称、规格、数量和有关要求，邀请供应商在规定的期限内投标。有意投标的企业在规定的时间内填写标书，密封后送交发标机构。招标机构在规定的日期开标，选择报价最低且其他方面符合要求的供应商为中标单位。在公开招标选购中，政府招标文件中会说明对所需产品的要求和对供应商能力与信誉的要求。因此，供应商在投标之前，必须考虑：①本企业的产品品种、规格是否符合招标单位的要求；②能否符合招标单位的特殊要求，如长期的维修服务等。

（2）议价合约选购　是政府采购人同时和若干供应商就某一采购项目的价格和有关交易条件开展谈判，最后与符合要求的供应商签订合同达成交易。这种方式通常发生在复杂的购买项目中，它往往涉及巨大的研究开发费用和风险。

（3）日常性采购　是政府采购人为了维持日常办公和组织运行的需要而进行的采购。这类采购金额较少，一般是即期付款即期交货，其购买行为与产业用户市场的直接重购或中间商市场的最佳供应商选择类似。

政府采购更要遵循公开、公平、公正和效益原则，因此政府采购部门常常要求供应商提供全面的书面材料。这引起供应商对政府采购中公文繁琐、决策滞后以及采购人员经常变动等诸多抱怨。政府经常也会采取改革措施简化采购过程，并把与采购相关的各种信息提供给供应商。供应商必须了解政府采购运行系统，从而确保自己制定的标书具有竞争力。政府采购比较重视价格，但有时非经济标准也起着重要的作用。供应商需要把精力用在技术上，力求降低成本。政府采购的支出主要由其决策者而非企业营销人员决定，因此，供应商需要预测政府的需求和可能实施的工程，以期在产品选型阶段就参与其中，并通过加强沟通来展示和提升企业形象，为日后的中标奠定基础。

国际经验表明，药品采购的过程仍然是一个市场化的过程，其目的在于一方面降低成本，一方面确保采购数量，不论政府管制在其中扮演怎样的角色，集中采购总是首选，而采购行

为本身需要充分尊重市场规律。近年来，我国各地开始进行药品集中采购的探索与创新，例如福建模式：2017年年初，福建省医保办开展了以医保支付结算价为基础的药品联合限价阳光采购工作，本次采购的最大亮点在于“医保支付结算价”和“最高销售价”的引入，促使医疗机构不再将药品作为利润来源，而是将其作为成本进行管理，充分调动医疗机构议价的积极性。

二、非营利组织购买行为

汉斯曼根据组织收入的来源方式和管理方式对非营利组织进行的分类得到了普遍的认可。按照收入来源，非营利组织分成“赞助型”和“商业型”。前者指组织收入的大部分来自外界的捐赠，如红十字会、慈善机构、敬老院等；后者指通过销售产品或服务为自己筹集绝大部分资金，如医院。按照组织管理方式，非营利组织则可分成“自理型”和“企业型”。“自理型”指组织是由自己的服务对象管理，如乡村俱乐部；“企业型”指组织成立专门的董事会，由其聘请总经理进行管理。当然，它们之间也会出现交叉的情况。

非营利组织和政府的购买活动往往由采购委员会担纲。采购委员会实际上就是一种正式的购买中心。这样做的目的在于：①征求不同的观点和广泛的经验运用到购买决策过程当中；②更为科学地决策；③减轻买卖双方关系的压力。非营利组织的购买具有以下特点。

1. 预算低　许多非营利组织的资金来自于外界捐款，相对于无限的福利需求来说，其采购经费总是低的，也不能突破。

2. 价格低廉且保证质量　非营利组织由于经费有限，在采购中必然要求商品价格低廉。同时，它购买商品并不是为了利润，也不是使成本最低化，而是为了维护组织运行和履行组织职能。因此，它们要求采购的商品必须保证一定的质量和性能。

3. 控制严格　为了更好地发挥资金的效用，非营利组织在采购上往往控制严格，采购人员只能按照规定的条件进行采购，不得自行更改。

4. 程序复杂　与政府采购一样，非营利组织的采购也烦琐复杂，参与者众多，它的许多决策由集体作出，常常由管理者、专业人员甚至外部咨询顾问一起参与供应商的评估。

非营利组织的购买方式与政府采购的方式相同，也有公开招标选购、议价合约选购和直接重购三种主要方式。

医药组织市场由医药产业市场、医药中间商市场、医药政府和非营利组织市场等构成，其购买行为比医药消费者市场复杂得多，影响购买决策的机构和人员更多，而且是专家采购。应区分并掌握组织市场不同购买行为的决策过程。

思考题

1. 医药组织市场的特征有哪些？
2. 医药组织市场购买行为的影响因素有哪些？
3. 试述医药中间商市场的购买类型和购买决策过程。
4. 政府采购方式主要有哪些？非营利组织的购买具有哪些特点？
5. 医药市场中影响政府购买行为的主要因素有哪些？

扫码“练一练”

第六章　医药市场调研

学习目标

通过本章学习，掌握医药市场营销工作正常所需相关信息类型与内涵、收集方法与途径；了解医药市场信息系统的含义和构成；熟悉和掌握医药市场调查的内容、分析、方法和程序；熟悉医药市场预测的概念、分类、方法。

扫码“学一学”

第一节　医药市场信息

自从步入21世纪，人类社会就开启了信息时代。信息的种类、数量、内容和范围都远远超过以往任何时代，并以前所未有的速度不断地迅速生成、集聚、发展和膨胀，对人类社会的各个领域都发挥着深刻而巨大的影响。在经济领域，信息同资本、劳动力、原材料等生产要素一样，已成为社会再生产过程不可或缺的基本要素。特别是当代市场经济条件下，与市场运行有关的各种信息，更是宏观经济和微观经济活动得以进行的重要条件。

一、医药市场信息的类别与功能

（一）医药市场信息的概念与类别

1. 医药市场信息的概念与特征　信息就是事物的存在方式、运动状态及其对接收者的效用的综合反映。它既不同于消息，也不同于知识和情报。

知识是信息的一部分，是人们在社会实践中，通过思维活动，对普遍存在的大量信息进行选择、处理，组成系统化的知识。

情报是一种特定的信息，是一种传递着的、能为接收者理解并对接收者有用的、反映人类社会某项事物发展变化的信息。它是人类社会所特有的、为人类社会服务的信息。

市场信息属于社会经济信息范畴。市场信息，是一定时间和条件下，同市场商品交换以及与之相联系的多功能服务有关的各种信息、情报、数据资料的总称。就性质而言，市场信息是对市场运行过程与状况的客观描述，是各种经济事物运动变化状态及其相互联系的现实表现。在形式上，市场信息一般通过商情、广告、报表、凭证、合同、货单、文件、书信、语言、图像和网络等表现出来。

医药市场信息是指一定时间和条件下，医药市场交易活动的各种信息、情报、数据资料的总称，亦即反映医药市场经营活动的信息、情报、数据资料。

医药市场信息有着与其他市场信息不同的特点，具体表现为以下4点。

（1）医药市场信息具有明确的来源和目的性　医药市场信息直接产生于医药市场经济活动和与此有关事物的动态变化之中。参与医药市场经营活动的各类医药企业和医疗机构、各种交易行为、医药商品供求关系及其变化、国家政策、行业法律法规对医药市场主体行

为及活动的影响等，都构成医药市场信息的直接来源。同时，医药市场信息从收集、加工、传递到存储，都是围绕医药市场进行的，直接为提高市场活动的有效性、维持市场的正常活动服务的。

（2）医药市场信息具有复杂性和多样性　信息时代的信息具有种类繁多、数量大、内容复杂和范围广泛等特征。并以前所未有的速度不断地迅速生成、集聚、发展和膨胀，对人类社会的各个领域都发挥着深刻而巨大的影响。医药市场信息在数量急剧膨胀的同时，内容和形式上也呈现出复杂性和多样性。主要包括医药商品市场的信息，资金、技术、劳务和房地产等生产要素市场的信息，生产者、经销商、消费者等医药市场活动主体的信息，政府、新闻媒介、市场管理机构、广告商、咨询业等医药市场服务者的信息；信息的内容不仅包括与交易活动直接相关的商品供应量、需求量、销售额、品种、质量和价格等，还包括间接影响交易行为的市场需求潜力、销售前景、市场占有率、竞争状况、产品信誉、企业知名度、广告效果、消费趋势以及消费者的需要、动机、偏好等。

（3）医药市场信息还具有较强的可传递性　市场上各种经济活动的信息只有经过传递，才能为接受者接收，成为对经济活动现象及其内在联系的认识，因此，市场信息一经生成就要进行传递。

（4）医药市场信息具有效用性　市场信息是为经济活动服务的，其结果必须有利于经济效益的提高。医药市场信息亦如此，信息的收集、整理、传递及使用等过程同样要讲求效用。

2. 医药市场信息的类别

（1）按照信息产生过程可以分为原始信息和加工信息　原始信息也称为初级信息，主要指医药企业生产经营活动的原始记录，如产量、销售额、利润和费用等。原始信息是最广泛、最大量的信息，也是加工信息的基础，当它按照既定的管理目标和要求进行加工处理后，就形成加工信息，也称二级信息或三级信息，如医药企业内部报表分析、医药商情动态报告等。

（2）按照信息来源可以分为内部信息和外部信息　内部信息是来自医药企业内部生产经营过程及管理活动的信息。外部信息指来自医药企业经营管理系统以外的市场环境系统的信息，它包括国家计划、政策、法规条例、药价、市场供求变化、同行业竞争情况和消费趋向等信息，通常由政府部门、金融机构、经济信息机构、行业组织及新闻媒介机构等进行传输。

（3）按照信息的时间属性可以分为历史信息、现时信息和未来信息　历史信息反映已经发生的医药市场运行现象与过程的信息。现时信息反映正在进行的市场经济活动的信息，其时效性较强。未来信息指预测市场未来发展动向，揭示市场未来变动趋势的信息。

（4）按照信息来源的稳定程度可以分为固定信息和流动信息　固定信息是系统化的信息资料，如统计资料、法律文件、广告专题节目和各种标准定额等。这类信息具有相对稳定性，是医药企业制定常规性决策的重要依据。流动信息是随时反映市场经济活动进程及变化动态的信息，如市场供求变动、价格涨落、利率变化、商品结构调整和消费流行趋势等。这类信息是不断变化的，时效性强，流动性大，通常只有一次性使用价值，是对生产经营活动及市场运行过程进行监督控制的重要依据。

（5）按照信息内容可以分为市场情报信息、企业经营管理信息、营销环境信息等　医药市场情报信息包括企业向市场搜集所需的反映市场动态的情报资料，以及企业向市场发

出的有关本企业营销情况的信息。医药市场情报信息一般通过广告、商情动态、销售分析等图像或文字资料反映出来。医药企业经营管理信息是对企业生产经营过程进行计划、组织、指挥和控制时所需的信息，包括计划与合同信息、定额信息、价格信息及统计信息等。医药营销环境信息指影响企业营销活动的外部环境因素形成的信息，包括市场环境信息、经济环境信息、政治环境信息、科技信息等。

（二）医药市场信息的功能

医药市场信息是医药企业营销的重要资源，是企业取得成功的必要因素。市场营销信息对于企业的营销活动具有以下功能。

1. 医药市场信息是企业经营决策的前提和基础 医药企业经营过程中，无论是对于企业的战略目标、发展方向等战略问题的决策，还是对于企业的产品、定价、销售渠道、促销措施等战术问题的决策，都必须在准确地获取市场信息的基础上，才可能作出正确决策。

2. 医药市场信息是制订企业营销计划的依据 企业在市场营销中，必须根据市场需求的变化，在营销决策的基础上，制订具体的营销计划，以确定实现营销目标的具体措施和途径。医药市场信息是企业制订营销计划的重要依据，不了解市场信息，就无法制订出符合实际需要的营销计划。

3. 医药市场信息是实现营销控制的必需条件 营销控制，是指按照既定的营销目标，对企业的营销活动进行监督、检查，以保证营销目标的实现的管理活动。由于市场环境是动态的，对于随时出现变化的情况，医药企业在营销中必须随时注意市场客观环境的变化，以便据此来修订或调整营销计划，从而有效地控制企业的营销活动，使营销活动能按企业预期目标进行。

4. 医药市场信息是进行内外协调的依据 企业营销活动中，就是要不断地收集市场信息，根据市场的变化和内部条件的变化，来协调外部环境、内部条件和企业目标之间的关系，使企业内部因素与外部环境之间，内部因素与各生产要素之间都能保持动态平衡和发展，以实现企业经营目标。

二、医药市场信息的收集与处理

（一）医药市场信息的收集

1. 医药市场信息的来源 医药市场信息具有复杂性和多样性的特征，所以，医药市场信息资料的来源也表现为复杂性和多样性。

（1）按获取信息资料的过程分类

1）第一手信息资料　简称第一手资料，是指市场调查和预测人员通过对市场实地调查，直接向有关调研与预测对象收集的资料。

2）第二手信息资料　是指经过他人收集、记录、整理所积累的各种数据和资料的总称。

（2）按信息资料采自于企业内外划分

1）内部资料　指来自于企业内部的各种相关的信息资料。它包括以前的相关调研与预测资料和企业档案，即企业内部的有关的记录、报表、账册、总结，用户来函、订货单，合同、生产计划、客户名录、商品介绍、宣传材料等。

2）外部资料　是指来自于企业外部的各种相关信息资料。它主要包括公告、统计、年

鉴、报纸、杂志、图书、报告、会议资料、学术论文、广告等。

2. 医药市场信息收集的基本要求

（1）全面具体　医药市场信息要能够反映医药市场各个时期、各个方面和各个经营环节的系统的信息；收集的医药市场信息力求做到时间、地点、条件、内容都明确。

（2）真实可靠　真实可靠的医药市场信息对医药企业是非常有意义的，因此，收集的医药市场信息要客观地、如实地反映医药市场的真实情况。

（3）灵敏迅速　对医药市场营销活动中各种信息要反应灵敏，在错综复杂的市场信息中善于迅速捕捉信息，并及时加工、整理、传递信息。

（4）经济适用　医药市场信息的收集、加工、整理、传递要符合经济的原则；所提供的信息有针对性，能够适合医药市场营销及企业经营管理的需要。

3. 医药市场信息收集的基本程序

（1）明确信息收集的主题。

（2）确定收集信息的内容　围绕信息收集主题确定信息的内容，因此，与信息主题相关内容，就是信息收集工作所要收集信息的内容。

（3）选择信息来源　根据所要收集信息的内容，来选择信息的来源渠道。

（4）选择信息收集方法　信息收集的方法很多，如通过市场调查收集信息、向咨询机构购买信息、通过阅读报刊剪贴信息、通过互联网下载信息等方法。医药企业可以根据需要，选择信息收集的方法。

（二）医药市场信息的处理

1. 医药市场信息处理的含义　医药市场信息处理，或称为市场信息加工，是指将收集到的各类医药信息资料，按照一定的程序和方法，进行分类、计算、分析和选择等，使之成为适用的市场信息资料的活动和过程。

2. 医药市场信息的加工处理程序　医药市场信息的加工处理常常经过现场管理→逻辑分析→数学分析→系统研究→编写等五部分内容组成，每部分又可分为不同的环节（图6－1）。

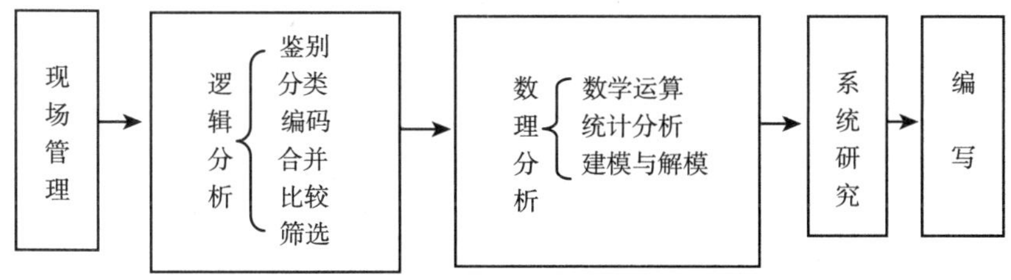

图6－1　市场信息处理的一般程序

三、医药市场信息系统

（一）医药市场信息系统的概念和意义

1. 医药市场信息系统的概念　医药市场信息系统是基于人员、计算机设备及程序构成的相互作用的人机结合的信息处理系统，它通过对信息的收集、整理、分析、评价和分配，最终为医药企业整体的管理和决策提供服务。

医药市场信息系统一方面提供计划所需的信息，作为设定企业目标和拟订市场计划的基础；另一方面提供市场反馈的信息，作为评估市场计划执行情况的基础，并以此结果作

为拟订下期计划的基础。

菲利普·科特勒在《市场营销管理》一书中，对市场信息系统所下的定义是："市场营销信息系统是由人、设备和程序所构成的持续与相互作用的结构，其任务在于收集、分类、分析、评估与分配那些合适、及时且准确的信息，以供市场营销决策者用来改善市场营销规划、执行与控制的工作。"这一定义强调营销信息系统的目的在于满足营销决策者的信息需要，提高营销决策的效能与效率，同时也指出营销信息系统的资料整合功能，它不是给营销决策者提供一堆杂乱、无关的信息，而是要把各种相关的信息结合起来，提供给决策者在整合处理后，提出整体报告。

2. 医药市场信息系统的意义

（1）从地区市场营销发展到全国乃至国际市场营销　随着企业市场区域的扩大，企业管理部门更需在有限时间内获得更多信息，以利于提高管理效率。

（2）从满足顾客的需求发展到满足顾客的欲求　随着消费者生活水平的提高，消费欲求层次提高，购买动机受心理性欲求的影响越来越大，对商品的选择也越来越挑剔。企业营销者很难预测顾客对不同特色、款式和其他产品属性的需求，因此，需求助于对市场信息系统的研究。

（3）从价格竞争发展到非价格竞争　随着企业形象设计策略、产品差异化策略、广告多媒体运用以及各种产品促销活动的增加，企业管理者就相应地需要有关这些市场销售工具效果的信息。

（4）企业从集中的、单一的经营发展到分权化的多种经营　许多大企业出现分权化经营趋势，如连锁店、分公司等，为使分散各处的信息能及时迅速收集起来，并能及早注意警告信号，有效地控制营销计划，必然更多地依据信息系统所能发生的作用。

总之，企业规模愈大，信息越分散，对市场信息系统的需要越迫切，市场信息系统所能发挥的功效也愈大。但这不是说，中小企业就不必建立市场信息系统，不同企业规模对信息系统的要求有所不同。

3. 医药市场信息系统的功能

（1）数据的收集和录入　是信息系统的首要任务与基本功能，也是整个企业信息系统的基础。它大体上由三个环节来实施这一功能：①数据的收集，将分散各种数据收集并记录下来，将其整理成信息系统所要求的格式和形式；②数据的录入，将整理过的数据录入到数据存储设备（如磁带、磁盘和光盘等），以便存放起来；③对录入的数据校验，以便确认所录入的数据准确无误后，方可输入到系统内进行正式处理。

信息系统对这一功能的基本要求是：收集手段要方便、易行和完善；要有正确的校验功能；获得的数据要确保正确、及时；还得有足够的抵制破坏和抗外界干扰的能力等。

（2）数据的存贮　数据的存贮功能是信息系统进行数据处理的前提。目前往往以文件系统或数据库系统的方式将数据存放起来，对信息系统的数据存贮功能的基本要求是能够快速"存""取"和检索，存放的信息既要保证其使用方便，又要保证信息的安全性。

（3）数据传输　就是数据通信。它的任务是将信息从一个部门传送到另一个部门或者从一个子系统传送到另一个子系统，以实现信息系统对信息的收集和使用。

（4）数据处理（或数据加工）　是信息系统最基本的功能。只有经过数据处理或加工之后的信息才能提供给各级管理人员使用。

（5）数据输出　经过加工处理后的数据可以根据不同的部门需要，采用不同的形式和模式进行输出。为了方便管理人员，要求信息系统的数据输出应该是易读、易懂、直观醒目。

总之，在市场营销管理中，通过市场信息系统的基本功能，实现了对企业内部各种资源和系统高效运行的有效管理和控制，为企业的各级管理人士提供了正确、全面、及时的信息数据。

（二）医药市场信息系统的构成

医药市场信息系统由医药企业内部报告系统、医药市场情报系统、医药市场研究系统和医药市场分析系统等子系统构成（图6－2）。

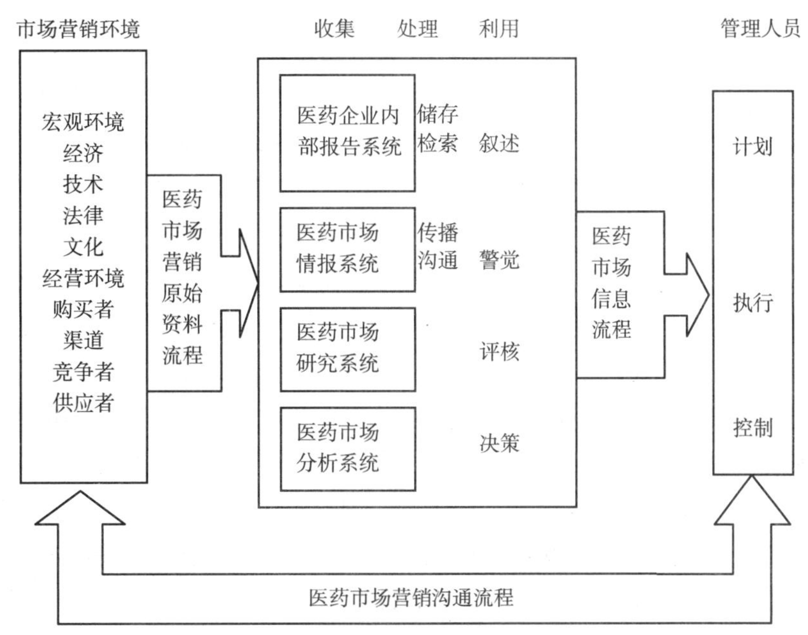

图6－2　医药市场信息系统的构成要素

1. 医药企业内部报告系统　反映企业内部目前市场营销活动状况的信息源，是市场营销信息系统中最基本的子系统。该系统主要提供和处理企业各类产品的开发、订货、销售额、存货量、现金流动、应收应付账款等方面的瞬时信息和动态信息。通过这些信息的分析，营销管理人员可以发现重要的市场机会与问题。

（1）订单－发货－账款循环　这是内部报告系统的核心。这一循环的信息传递，可分若干步骤，然其实质是订货处理、发货处理与账务处理，其工作好坏，对企业所提供的服务、销售成本和时效都有很大影响。

（2）提高销售报告的及时性　在激烈市场竞争中，时间是非常重要的因素。内部报告系统的设计目的就是要加快销售信息的处理循环，从企业角度来说，如果能及时掌握销售情况，就能在销售活动中捷足先登，掌握销售时机，就能获得比别人更多的收益。可是，目前许多企业的市场营销管理人员常常在销售已发生后相当一段时间才收到销售报告。许多先进公司的事例说明，凡是能及时掌握销售信息的企业，就能更好地处理好销售、库存、进货、运送等关系，在日益激烈的市场竞争中处于有利地位。

（3）设计适应使用者导向的报告系统　市场信息系统的建立，首先应符合使用者的需要，为企业决策提供一切所需的资料。市场营销部门在接获订单后，便能马上从内部报告

系统中确定顾客、价格、产品、销售人员、地区和数量等营销数据。

建立先进而适用的市场信息系统，并不是统计数字越多越好，如果统计资料过于庞杂、零散，就会被市场营销管理人员搁置一旁，或者他们需花费大量时间去处理；同时，对信息资料还应有系统性追踪，防止因一时一地出现的情况而作出过度的反应。因此，企业的市场信息系统，应提供介于下列三种情况之间的资料：①市场营销管理者们认为需要的资料；②他们实际需要的资料；③经济可行的资料。

2. 医药市场情报系统 是指向企业最高决策者和营销管理人员提供市场环境中日常发生的影响发展的信息来源和程序。它与医药市场内部报告系统的区别在于医药市场情报系统提供的是正在变动中的、环境变化方面的市场信息；而医药市场内部报告系统提供的是事件发生后的结果资料。

医药市场营销管理人员借助该系统了解有关医药市场最新发展趋势的各种信息，并将医药市场最新发展的各种信息传递给有关的管理人员。医药市场情报系统对市场营销决策的重要性，已为多数市场营销管理者所认同，问题在于采取何种措施来提高信息的质量与数量。

（1）提高市场营销人员的市场信息观念　营销人员接触面广，信息灵通，实为公司的“眼睛与耳朵”，他们最适于收集一些其他方法可能遗漏的信息。然而，由于营销人员业务工作繁忙，把信息的搜集与传递看成次要工作，往往忽视信息的重要性，因而企业必须加强营销人员的信息观念，通过学习、训练等方式，改变营销人员的信息观念。

（2）通过多种渠道搜集市场信息情报　鼓励有业务往来的经销商、零售商等中间商把重要信息报告给企业。通过多种渠道、多种形式获取竞争对手的市场营销活动情况，如购买竞争对手的产品，参加贸易展销会、展示会，阅读竞争者发行的出版物和专业性报刊，收集竞争者的广告，参加各种类型的有关协会、学会，还可以与竞争者的离职人员、在职人员、经销商等交谈，从而发掘各种信息源。另外，可以向外界有关部门购买信息，包括向各类咨询公司、研究公司、顾问公司等购买有关信息资料。可以通过互联网络来获取最新的市场信息。

（3）建立内部信息中心　医药企业可以建立内部信息中心，搜集医药市场信息，并向内部各管理部门传递和交流。主要负责阅读、剪贴有关报刊资料，市场营销情报数据库的建立和管理，医药市场信息资料的归类整理和存档等工作。

3. 医药市场研究系统 该系统的主要任务是搜集、评估、传递市场营销管理人员，在制定市场营销计划和决策时所必需的各种信息。企业市场营销管理人员在制定市场营销计划和决策前，要求市场研究部门进行市场调查、消费者偏好测验、销售研究、广告评估等工作，以便为他们制定市场营销计划和决策服务。市场研究系统的工作主要侧重于特定问题的解决，即针对某一特定市场现象或特定的营销问题进行收集原始数据，加以分析、研究，写成报告供企业最高管理层参考。

4. 医药市场分析系统 是指企业用来分析市场营销资料和问题的一些先进技术。该系统的任务是从改善经营或取得最佳经营效益的目的出发，运用先进的科学技术，通过分析各种模型，帮助市场营销管理人员分析复杂的市场营销问题。包括一些先进的统计程序和模型，借助这些程序和模型，从信息中发掘出更精确的资料。

一个完善的市场分析系统应由资料库、统计库、模式库三部分组成。

（1）资料库　有组织地收集外部环境资料和企业内部记录的有关营销的资料，使企业市场营销管理人员能随时得以研究分析。外部环境资料包括政府资料、行业资料、市场研究资料等；企业内部资料包括销售资料、订货资料、存货资料、推销访问资料和财务信用资料等。

（2）统计库　指一组具有意义的、随时可以用于汇总分析的特定资料统计程序。统计库的必要性在于：①有些原始资料固然可以直接展示和运用，但在多数情况下，资料须经过统计方法的分析，方可供管理人员作决策之用；②管理人员有时还需要测量各变数之间的关系，这就需要多种多变数分析技术；③统计库分析的结果，除展示给管理人员利用及储存于资料库外，还可以提供给模式库作为重要投入资料。

统计库可视营销决策的需要，提供多种统计分析方法，如回归分析、相关分析、因素分析、区别分析、分组分析、变异分析和时间序列分析等。

（3）模式库　是由管理科学家们运用科学方法为对某一管理问题达到理解、预测和控制而建立的。模式本身是一组设计出来的、代表某种真正系统和变数的关系式。模式库收集和储存能帮助市场营销管理人员在制订计划和决策时的各种模式。因为资料库与统计库只能为研究人员提供有关实际状况的信息。而回答“在某种情况下应采用何种方案”“什么是最佳方案”等问题时，只能求助于模式库解决。当然，模式库与资料库、统计库密切有关，模式库的投入资料来源有：一是资料库提供的原始资料；二是统计库的结果。

扫码“学一学”

第二节　医药市场调研

在现代市场经济条件下，医药企业的每一步营销决策都需要市场信息。医药企业能否有效地运用市场调研手段，汇集市场信息，并对市场未来的走势作出正确的判断，都将决定企业能否在激烈的市场竞争中保持稳步的发展态势。古军事家孙子云“知己知彼，百战不殆”，没有全面、及时的市场调研，企业就无法掌握和适应不断变化的动态市场。可以说，市场调研已成为医药企业参与市场竞争不可缺少的重要手段。

一、医药市场调研概述

扫码“看一看”

（一）医药市场调研的含义

医药市场调查和研究，简称医药市场调研。它指运用科学的方法和手段，系统地、客观地、有目的地收集、记录、整理、分析和研究与医药市场有关的信息，提出方案和建议，为企业制订市场营销战略提供参考依据。

市场调研是企业营销活动的首要环节，是科学预测和正确决策的基础和前提。

（二）医药市场调研的内容

市场调研是为医药营销决策服务的，医药企业的市场调查包括一切与医药企业营销活动有关的经济、社会、文化、政策法规以及医生和患者用药需求、用药习惯等内容。因此，医药市场营销的有关内容均在调研之列，将医药市场调研的内容归类如下。

1. 对市场需求的调研　市场需求情况决定着企业的生产供给情况，弄清市场需求情况是医药市场调研的核心内容。它包括对市场需求量、需求结构和需求时间的调研。

（1）市场需求量调研　包括医药产品总体市场需求的变化以及某种产品的市场需求，市场需求是企业营销人员最关心的信息，企业只有在确定和捕捉到市场需求和了解竞争对

手状况后，才能有针对性地制定竞争战略，从而争取到市场主动。

（2）需求结构调研　一般按照消费者收入水平、职业类型、居住地区等标准分类，然后预测每类消费者的购买投向。需求结构调研不仅要了解医药商品的需求总量结构，而且还必须了解每类医药商品的品种、规格、质量、价格、数量等具体结构；同时，还需要了解市场和商品细分的动向、引起需求变化的因素及其影响的程度和方向、城乡需求变化的特点、开拓新消费领域的可能性等。

（3）需求时间调研　主要是了解消费者需求的季节、月份、具体购买时间，以及需求时间内的品种和数量结构等。

市场需求总量及结构的调研是综合性调研，通常有国家相应的经济管理部门组织进行，企业则利用间接资料。而各类具体商品数量、质量、品种、规格、需求时间等方面的需求情况及其满足程度的调研，是企业市场调研的重要内容。

2. 对医药市场环境的调研

（1）医药宏观市场环境发展状况调研　包括政治法律环境、经济环境、竞争环境、科学技术环境和社会文化环境等。

（2）医药市场需求调研　包括医药产品总体市场需求的变化以及某种产品的市场需求，市场需求是企业营销人员最关心的信息。因为需求是营销管理的核心，企业只有在确定和捕捉到市场需求之后，才有可能采取适当的营销组合，满足需求，最终实现企业目标。

（3）医药市场销售潜力调研　包括总体医药市场销售潜力的分析和地区性医药市场销售潜力的分析。

（4）医药消费构成变化及消费需求变动调研　包括总需要、相对需要、市场饱和点及消费率的调查研究。

（5）医药行业发展趋势调研　包括医药行业在国民经济中的地位、生产值、进出口量和发展趋势的调研。

3. 对医药消费者的调研　药品有双重的消费者，即直接消费者（患者）和间接消费者（医生）。对医药消费者的调研包括分析医生和患者的具体特征以及发展变化趋势；患者的用药动机、用药心理、用药习惯；医生的处方习惯；影响医生处方习惯的因素分析；医生和患者对处方药与非处方药的要求和反应有哪些等。

（1）消费者类别调研　包括购买者是个人还是集团，消费者的数量、性别、收入、年龄和职业等的调研。

（2）消费者的购买行为与购买习惯调研　包括消费者需要购买什么？谁是购买决策者、购买者和使用者？购买时间、地点、数量和厂牌商标的偏爱等的调研。

（3）消费者购买能力、意向和计划调研。

（4）消费者购买动机调研。

（5）消费者个人平均收入及家庭平均收入的调研。

4. 对医药产品的调研

（1）该产品的需求情况、市场潜量及销售潜量的调研　国内现有生产能力、世界生产能力和打入国际市场的前景调研。

（2）该产品的性质和用途、所治疗疾病的发病情况调研　该产品是治疗用药，是预防用药还是防治结合的或滋补营养保健的食品。

（3）现有产品的使用情况，临床上又没有发现新用途，今后的发展趋势调研。

（4）该产品过去的销售量、销售额和价格变动情况的调研。

（5）同类产品的生产和竞争情况的调研。

（6）该产品的寿命周期位置、淘汰转产和新产品投入情况的调研。

（7）消费者对本企业及竞争产品的质量、价格、性能和服务方面的要求和意见调研。

5. 对销售活动的调研

（1）消费政策调研　包括对消费政策的执行情况与出现的新问题的调研。

（2）销售方法调研　包括市场营销组合策略、市场促销组合策略等方法与效果的调研。

（3）销售渠道、销售网点与销售效果调研　包括对中间商的信誉、实力、能力、销售量及利润率的调研；对现有销售渠道、中间商数量、储藏手段和费用的调研；对销售量增减原因的调研。

（4）广告及其他促销手段效果调研　包括对广告媒体选择及其效果的分析调研；本企业与竞争者广告费用支出情况的调研；人员推销规模与结果的调研；各竞争企业的知名度、信誉及其促销绩效的对比调研。

以上所列的医药市场调研内容，是从整个市场调研工作来说的。至于某个企业在某一时期的市场调研应有所侧重。

二、医药市场调研的设计与实施

（一）医药市场信息资料的获取

医药市场信息的分布很广泛，获取资料信息大体可分为以下三种途径。

1. 一般的搜集途径

（1）订购各种公开的出版物　订购各种与本企业产品营销有关的各种图书、报纸、杂志，例如，《中国医药报》《医药经济报》《医药经济》《中国药业》《医药经济信息》《Scrip》《Market Letter》《WHO Drug Information》《中华人民共和国药典》《英国药典》《英国药典补注》《美国药方集》《日本药局方》《国际药典》等。

（2）向专业机构咨询　向国家发改委、统计局以及其他经济综合管理部门的调研处、研究室和情报所，国家中医药管理局科学技术情报研究所，医药经济情报中心站，各级医药行业协会等获取资料。

（3）政策文献检索　通过本企业办公室、秘书室获取有关国家和上级主管机构发布的各种政策、文件、通知、计划等。

（4）向同行收集　通过与有关单位进行资料交换，以获取所需的资料和信息。

（5）向有关职能部门收集　如银行、税收、物价、市场监管、审计、外贸等部门，他们往往是市场动态的耳目，掌握着众多的市场信息资料，对市场动向反应灵敏，能为企业提供许多重要的信息。

（6）利用专业会议　通过各种信息发布会、展销会、订货会、学术报告会、经验交流会等收集信息资料；也可以通过电视、广播等大众媒体，各种户外广告等信息传播媒介来收集。

（7）通过企业公共关系途径收集　可以通过微妙的人际关系信息网来获取这些信息和资料。

2. 从竞争对手处获取信息资料

（1）从竞争对手的离职或现职人员处搜集信息。

（2）从竞争企业的客户或顾客处获取信息。

（3）从公开出版物和文件中取得的信息资料。

（4）运用技巧观察和分析对方。

3. 利用有偿途径获得信息资料

（1）聘请业余市场调研人员。

（2）向一些收费的信息部门、咨询部门和统计部门购买所需数据资料。

（3）加入信息网络，交纳一些费用，定期获得丰富的信息资料，如成为医药经济咨询服务部门的会员单位。

（4）购买、复制、翻印所需信息资料。

（5）通过有奖征集取得所需的信息和资料。

（二）医药市场调研的类型

不同的调研项目要求采用不同类型的调研。

1. 探索性调研 又称非正式调研，即在企业对出现的问题性质不明，无法确定要调查哪些内容的情况下，可以采用探索性调研，以便尽早、尽快地发现问题和提出问题，进而确定调研的重点。例如，为了解某种新药被信任程度，不妨任意挑选几家医院和几十位顾客（医师和患者），安排推销员进行探索性调研，然后再分析被采访者的要求，以便进行更深入的调研。

2. 描述性调研 当对企业问题已有了初步了解的情况下，应采用调查法或观察法了解问题的详细情况，以便统计和分析一些问题的基本特征，为解决问题提供依据。描述性调研一般并不细究问题的起因结果，而是着重于现象的描述，这将有助于对问题的研究。这大致包括市场潜力调研、市场占有率调研、销售分析、销售策略和产品研究。在描述性调研中，要提出所有的因素，为以后的因果性调研和预测性调研提供资料。描述性调研多采用询问法和观察法收集资料，没有描述性调研所提供的资料，就无法进行统计推论。

3. 因果性调研 主要用于弄清问题的原因与结果之间的关系。一般在描述性调研的基础上，将收集的各种影响因素进一步鉴别，判断各因素的主从关系，找出哪些因素是因变量，哪些因素是自变量。即解决市场营销活动中的为什么的问题。例如，顾客为什么喜爱某一产品？销售量为什么增加？是不是由于价格变动或广告支出增加带来的。因果关系调研可以使调研人员了解问题的起因或了解解决问题主要从何处入手。因果关系调研强调调研方法的科学性。

因果性调研又分定性调研和定量调研。定性调研就是在各种因素之间分析各种因素的相互作用，定量调研则是要研究各原因与结果之间的函数关系。因果性调研可采用实验法收集资料。

4. 预测性调研 在取得过去和现在的各种信息资料的基础上，经过分析研究，运用科学的方法和手段估计潜在需求，把握销售机会，以便制定切实可靠、适合市场情况的营销计划，实现企业的目标。

市场营销是企业的生命线，市场需求是组织生产的前提，企业应特别重视对潜在需求量及其发展趋势估计。如果不进行市场调研而任意制订企业经营计划，盲目生产，将承担由于供过于求、产销不对路而造成商品积压、资金积压的可怕风险。所以，在商品经济空前发展、市场竞争空前激烈的今天，预测性的调研具有特别重要的意义。

（三）市场调研的步骤

市场调研是针对特定的营销问题进行信息的收集、记录、分析、评价活动，其目的是为营销管理决策提供依据。市场调研人员必须掌握科学合理的市场调研方法以及医药市场调研的程序。有效的市场调研包括以下 4 个步骤（图 6－3）。

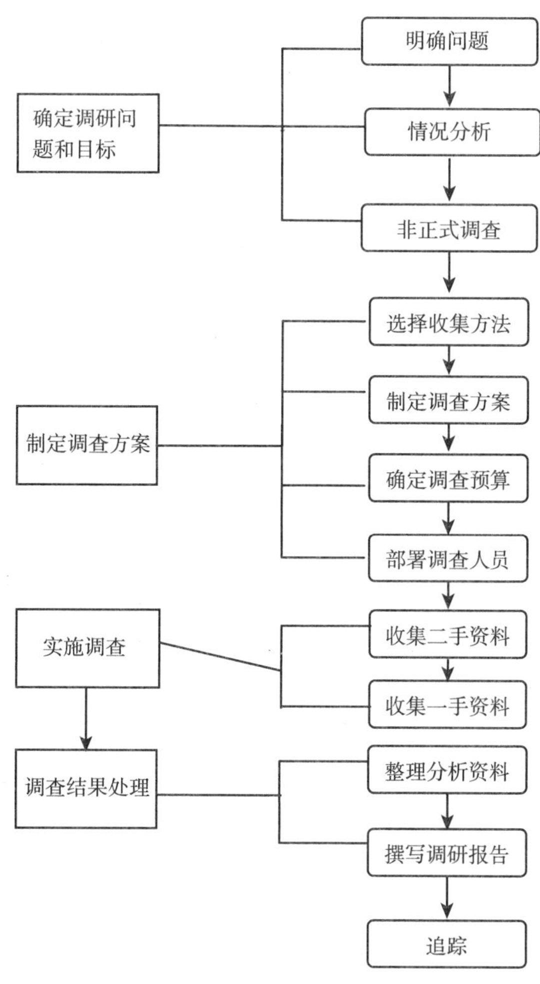

图 6－3　市场调研的阶段和步骤

1. 确定调研的问题和目标　市场调查的第一步是确定具体研究的问题。问题的选择应该符合有用性、合理性原则。

（1）明确调查问题　市场调查的主要目的是通过收集、分析资料，研究解决企业在市场营销中所存在的问题，针对问题寻求正确可行的改进措施，因此，市场调查首先要确定问题及其调查范围。

（2）初步情况分析　调查人员收集企业内、外部有关情报资料，进行初步分析，有助于初步掌握和发现各影响因素之间的相互关系，探索问题之所在。

（3）非正式调查　也称试探性调查。假设调查人员根据初步情况分析，推测近几个月销售量下降的原因是价格太高。但这种认识是否正确？调查人员可以进行非正式调查，向本企业内部有关人员（如销售经理、医药代表）、精通本问题的专家和人员（代理商）以及个别有代表性的医生和患者，主动征求意见，听取他们对这个问题的看法和意见。

经过初步情况分析和非正式调查，使调查的问题进一步明朗化，缩小调查范围，便于

调查人员确定调查的主题。

2. 制定调查方案 需要对以下内容作出选择。

(1) 选择资料收集的方法 第一手资料是指通过调研者本人直接实地调查所获得的原始资料。比如通过实地采访，与医生和患者交谈，参加医药产品的交易会等。第二手资料是指通过他人搜集并整理的现成资料，一般是通过文献检索和委托咨询获取的。一般企业进行市场调查活动时，往往把收集的二手资料与一手资料结合起来，尽量使用二手资料，以节约时间和成本。

(2) 选择调查方法 医药市场调查的主要方法有访问法、观察法和实验法。下面一节将详细介绍各方法。

(3) 制定调查方案 选择调查方法后，下一步是制定具体的调查方案。调查方案就是确定设计调查问卷和抽样方法。调查问卷的设计及抽样技术随后另述。

(4) 确定调查预算 调查预算是调查活动的资金安排。为保证调查的顺利进行实施，做好合理的预算安排是必要的。调研预算按可能支出的项目逐一列表估算。为防止意外情况发生，预算应留有一定的余地和弹性。

(5) 部署调查人员，安排调查进度 首先组织调查人员的培训，帮助他们达到所需的能力水平；其次将调查工作明细化，明确各调查人员的工作职责，明确人员间的相互协调配合方法；安排调查进度，制定详细的进度时间表。

3. 实施调查 这是市场调查实质性的工作阶段，主要有以下两方面的内容。

(1) 收集二手资料 由于收集一手资料花费较大，调研通常通过各种渠道收集内部和外部的二手资料，然后对资料进行整理、评估、处理和加工。为了节约时间和成本，现在企业进行市场调研活动时往往尽量使用二手资料，并有条件地把收集的二手资料与一手资料结合起来。

(2) 收集一手资料 调查人员按调查计划中确定的调查对象、调查方法进行实地调查，收集一手资料。

4. 调查结果处理

(1) 整理分析资料 这一步骤是将调查收集到的零散的、杂乱的资料和数据，进行编辑整理，剔除因抽样设计误差、问卷内容不合理、被调查者的回答前后矛盾等因素造成的错误，保证资料的系统、完整和真实可靠；将整理后的资料分类编号，便于归档查找和利用。

(2) 撰写调研报告 调研报告是通过文字的表达形式，对调研成果的总结，它反映了调研的内容、质量，决定调研结果的有效程度。撰写调研报告时，应注意报告内容要紧扣调查主题，突出重点，并力求客观扼要；文字要简练、观点明确、分析透彻，尽可能使用图表说明，便于企业决策者在最短时间内对整个报告有一个概括的了解。

(3) 跟踪调研效果 提出报告后，调研人员还应追踪了解调查报告是否已被采纳，采纳的程度和实际效果如何，以便总结调查工作的经验教训，进一步提高市场调研的水平。

三、医药市场调查方法

(一) 按照调查方式划分

市场调查方法按照调查方式可分为访问法、观察法和实验法。

1. 访问法 即调研人员通过各种询问方式向被调查者了解情况、收集信息的方法。在进行询问之前须事先做好调查问卷或提纲。根据询问方式访问法又可分为以下几种形式。

（1）邮寄访问　调查人员把事先设计好的调查问卷邮寄给被调查者，请他们按要求填好后再寄回的方式。使用该方法要特别注意调查问卷的设计。

（2）电话访问　调查人员通过电话联络方式访问被调查者。由于通话时间和人的记忆力的限制，用于电话访问的调查问卷不能问太多的问题，而且问题的选项应采用两项选择题或打分题的形式。

（3）面谈访问　调查人员按事先准备的调查问卷或提纲当面询问被调查者以获取信息。面谈具有直接性和灵活性的特点，能够根据被调研者的具体情况进行深入的询问，从而获得较多的第一手资料。由于面谈访问的局限性，在实践中，只有当需要通过深入面谈才能了解到消费者的需求，或者调研询问的内容多而复杂时，才较适于采取面谈访问的形式。

（4）留置调查　是由调研人员将调查问卷当面交给被调研者，说明填写要求，并留下问卷，让被调研者自行填写，再由调研人员按照约定的时间收回的一种调研方法。

2. 观察法　是指调查人员在调查现场进行实地观察，以获取所需信息的方法。比如，某药店想了解一周客流的变化情况，可以安排调查人员在药店的入口处和停车场观察不同时间顾客人数变化情况。想了解顾客进入药店后的行进方向，可以在店内天花板上安装摄像机，记录顾客行进路线。

3. 实验法　起源于自然科学的实践法，它是指在给定的实验条件下，在一定的市场范围内观察经济现象中自变量与因变量之间的变动关系，并作出相应的分析判断，为预测和决策提供依据。实验法在市场调查中应用范围很广，比如医药产品在改良包装、价格、广告、陈列方法等因素时，都可应用这种方法。

（二）按照选择调查的对象划分

市场调查按照选择调查的对象可分为：普查法、抽样调查法、典型调查法和重点调查法。

1. 普查法　是对调查对象的总体所进行的全面的调查，例如人口普查、医药商品库普查、某种疾病的检查和预防等。

2. 抽样调查法　是从全体调查对象（称为总体）中抽取部分对象（称样本）进行研究，根据所得样本的分析结果推断总体情况的调查方法。根据抽样方式它又可分为随机抽样和非随机抽样两大类。

（1）随机抽样　是按随机原则抽取样本，即在总体中，每一个个体被抽取到的机会是相等的，它完全排除了抽样者主观地选择样本单位的可能性，因而样本具有很好的代表性。随机抽样主要有以下几种具体做法。

1）简单随机抽样　即在总体单位中不进行任何有目的的选择，完全按随机原则抽取样本单位，抽样是完全偶然的，每一个样本单位都有被抽中的可能，而且机会均等。简单随机抽样法可通过抽签法、乱数表法等获取样本。

2）系统抽样　即从总体中每隔一定的距离抽取一个样本单位，如要从1000户家庭中抽出10户进行调查，可每隔100户抽取1户。

3）分层抽样　先将总体按一定特性划分为不同的层，然后在每一层中随机抽取部分个体组成样本。

分层随机抽样法关键在于首先要正确地选择分层标志，然后再计算各层抽取的样本数。

各层抽取的样本数按下列公式计算：

$$n_i = n \times \frac{N_i}{N}$$

式中，n_i 为第 i 层应抽取的样本数；N 为总体单位数；N_i 为第 i 层单位数；n 为样本总数。

其次，再按随机抽样的方法，从各层中抽样，以确定最终的调查对象。

4）分群随机抽样　即先将调查总体分成若干群，使每个群内具有相似比例的各种个体，即各群的调查对象构成相同，各种个体的特性保持差异，然后在所有群中随机抽取部分群体单位进行普查，并以此推测整个总体情况的方法。

（2）非随机抽样　是按照调查的目的和要求，根据一定的标准来选取样本，总体中每一个体被抽取的机会是不相等的。一般是当总体太大、太复杂，无法采用随机抽样时才用。非随机抽样法主要有以几种做法。

1）任意抽样法　即样本的选择根据调查人员方便与否来确定。在进行探测性调研和调研阶段，常采用这种抽样方法。

2）配额抽样法　又称定额抽样法。依据调研总体中的某些属性特征（控制特性）将总体划分成若干类型，再按分类控制特性将各类总体分成若干子体，依据各子体在总体中的比重分配样本数额，然后由抽样者主观选定样本单位。

3）判断抽样法　即根据专业调查人员的判断来决定如何抽取样本。采用判断抽样，要求调查人员必须对总体的特征有充分的了解。主要适用于总体的构成单位极不相同而样本数很小的情况。判断抽样有两种做法：一种由专家判断选取样本，一般选取“多数型”或“平均型”的样本为调研单位。“多数型”是在调研总体占多数的单位中挑选出来的样本，“平均型”是在调研总体中挑选代表水平的样本。另一种是利用统计判断选取样本。判断抽样的样本代表性大小如何，完全凭调研者本身的知识、经验和判断能力而定。

（3）样本容量　抽样调查除要选择抽样方法外，还需要确定样本容量的大小。一般来说，样本容量越大，抽样调查结果的正确性越高，但调查所需要的人力、物力、财力以及时间也越多。因此，在确定样本数量时，一方面要考虑一定程度的正确性，另一方面又要考虑费用节省和时间适宜。

样本容量的大小与总体的被调查特性有关。当总体的被调查特性差异不太大时，样本的数目可小一些；反之，当总体的被调查特征差异很大时，样本的数量就要大些，否则误差会太大。

3. 典型调查法　是在全体调查对象中有意识地选择一些具有典型意义或有代表性的单位进行非全面的专门调查，以达到推算总体调查情况的方法。典型调查法是解剖麻雀式的调查，所选取的典型是凭借调查者的主观判断标准确定的，是一种非随机抽样调查。它适用于调查总体庞大，调查人员对总体情况非常了解，能准确地选择典型单位或个人作为调查对象的情况。

4. 重点调查法　是在全体调查对象中选择一部分重点单位进行的一种非全面调查方法。所谓重点调查单位是指所要调查的这些单位在总体中占重要地位或者在总体某项标志总量占绝对比重的单位。重点调查法能以较少的人力和费用开支，较快地掌握调查单位的基本情况。

四、调查问卷的设计

调查问卷的设计是市场调查的一个重要环节。调查问卷要从所要了解的情况出发，明确反映调查的目的，问题要具体，重点要突出，促使被调查者愿意合作，协助达到调查的目的；问卷要能正确记录和反映被调查者回答的问题，提供正确的信息；问卷的设计还要有利于资料的整理加工。

（一）调查问卷的类型

根据市场调查中问卷填写者的不同，可将调查问卷分为自填式问卷和代填式问卷。

1. 自填式问卷　是指由调查者发给被调查者，由被调查者根据实际情况自己填写的问卷。

2. 代填式问卷　则是由调查者按照事先设计好的问卷或问卷提纲向被调查者提问，然后根据被调查者的回答进行填写的问卷。

（二）调查问卷的结构

问卷的基本结构一般包括三个部分，即说明信、调查内容和结束语。其中调查内容是核心部分，而其他部分则可根据设计者的需要进行取舍。

1. 说明信　是调查者向被调查者写的一封短信，主要用于介绍调查的目的、意义以及填写说明等，一般放在问卷的开头。

2. 调查内容　是调查问卷的最主要部分，也叫正文部分，主要包括各类问题、回答方式、问题的编码等。归纳起来问题可以分为两大类型，即开放式问题和封闭式问题。

（1）开放式问题　也称自由问答题，只提问题或要求，不给具体答案，要求被调查者根据自身实际情况自由作答。如：您认为药品价格居高不下的原因是什么？您认为大多数保健品生命周期短的主要原因是什么？

（2）封闭式问题　一般给定备选答案，要求被调查者从中作出选择。封闭式问题的形式主要有以下几种。

1）两项选择题　也称是非题，一般只设两个选项，如“是”或“否”、“有”或“无”、“喜欢”或“不喜欢”、“同意”或“不同意”等。

2）多项选择题　是从两个以上的备选答案中择一或择几。这是各种调查问卷中最常见的一种问题类型。

例如：您服用蜂王浆的主要原因是：

A 增加食欲　B 延缓衰老　C 增加抵抗力　D 改善睡眠　E 朋友推荐　F 其他

3）顺序题　即由被调查者根据自己的观点和看法，对所列出的选项定出先后顺序。

例如：您选择妇科药时，下列因素对您来说重要程度如何？请根据您的重视程度作出评价，从高到低，在□中填上序号 1、2、3…

□治疗效果好　□价格合理　□使用或服用方便　□厂家信誉好　□包装好

4）评判题　即要求被调查者表明对某个问题的态度，一般应用于对同质问题的程度研究。

例如：您认为新康泰克的价格如何？

□偏高　□略高　□适中　□偏低　□太低

3. 结束语　一般放在问卷的最后面，用来简短地对被调查者的合作表示感谢，也可征询一下被调查者对问卷设计和问卷调查本身的看法和感受。

（三）设计调查问卷应注意的事项

设计问卷时，在问题的措辞、问题的排序等方面要格外加以注意。

1. 要注意问题的措辞

（1）问题的陈述应尽量简洁，避免模糊信息，避免使用专业名词。

例如："对于目前市场上出现的各式各样的药妆产品，您更偏爱哪种品牌？"

"您的月收入是多少？"

"请评价罕见病患者服务的可及性。"

（2）避免提带有双重或多重含义的问题　双重或多重含义问题意味着一个问题问了两件或两件以上的事情，往往令人无法进行选择。比如，"您对药店售货员的服务态度和效率满意吗？"

（3）避免使用引导性问题　如果问题的措辞不能保持中立，则有可能向被调查者暗示答案。例如："现在警匪片很流行，您也喜欢看吗？"，提示了流行趋势，进而暗示回答者如答案不符合流行趋势，则有可能被看作异类。

（4）避免使用断定性语句　断定性语句是前提已经被断定的语句。例如："您喜欢喝什么酒？"，问这个问题的前提是"您是喝酒的"，对于那些不喝酒的人来说无法直接回答该问题。

2. 要注意问题的排序　问题的排序应遵循以下原则。

（1）按问题的难易程度排列次序　一般来说，先问事实、行为方面的问题，然后再问观念、态度方面的问题；开放式问题尽量安排在问卷的后面。

（2）按照一定的时间顺序对问题进行排序　可以考虑先问当前的情况，再问过去的情况；或者先问过去的情况，再问当前的情况。总之不宜远近交错，这样容易打乱被调查者的思路。

（3）同类问题和关联问题应尽量集中排列　这样便于被调查者作答时，其思路不会被不同性质的问题所隔断，从而有利于避免因此带来的疲劳情绪和厌烦情绪，提高问卷的作答质量。

3. 调查问卷的排版　问卷的排版和布局总的要求是整齐、美观，便于阅读、作答和统计。

扫码"学一学"

第三节　医药市场预测

一、医药市场预测的作用与分类

（一）医药市场预测的概念与作用

1. 医药市场预测的概念　医药市场预测就是在市场调查和市场分析的基础上，运用逻辑、数学和统计等科学的预测方法，预先对医药市场未来的发展变化趋势作出描述和量的估计。医药市场预测和医药市场调查之间具有既互相区别，又互相联系的密切关系。

（1）医药市场预测和医药市场调查的联系　医药市场预测是建立在医药市场调查的基础上。进行医药市场预测，必须先做好医药市场调查，收集大量可靠的医药市场信息，才能作出切合实际的预测。

（2）医药市场预测和医药市场调查的区别　医药市场调查的对象是医药市场过去和现在已经发生和存在的现象和事件，目的是了解过去、认识现实，掌握医药市场发展变化的轨迹、特点和规律。医药市场预测是依据对医药市场历史和现状的认识，了解、认识医药

市场未来，掌握医药市场的未来发展趋势，其对象是尚未形成的医药市场经济现象。另外，医药市场调查重点是资料收集和处理方法的运用；医药市场预测则主要运用定性分析和定量分析方法对未来进行估计。

2. 医药市场预测的作用

（1）有利于企业进行市场定位　企业内部条件和外部条件的分析，均需要运用市场预测分析，掌握市场发展变化的趋势。因此，离开了市场预测，对企业的内外部条件的分析只能是盲目的主观现象。

（2）有利于企业制定与实施正确的医药市场营销战略　医药市场营销战略是医药企业为实现既定的目标，在复杂的营销环境中，对市场营销中较长期的、重大的、全局性的问题所作出的筹划和采取的对策。制定医药营销战略必须要了解和掌握医药市场及其营销环境的基本状况和未来的发展变化趋势，使医药企业的资源和营销目标在可以接受的风险限度内与医药市场营销环境提供的各种机会相协调。因此，确定正确的医药市场营销战略要以医药市场预测为基本前提。

（3）有利于企业实行正确的医药产品开发与医药产品策略　实行正确的产品开发和产品策略，关键是把握医药市场消费的发展趋势，认知医药产品的生命周期。通过医药市场预测，医药企业能有效地获取和把握医药市场消费的变化，同时为企业正确的产品开发和产品策略提供可靠的市场依据。

（4）有利于企业实行正确的产品定价与价格策略　实行正确的产品定价和价格策略，既要考虑企业的定价目标、成本因素，也必须充分考虑医药商品的供求关系、医药市场消费需求趋势、医药消费者的消费偏好等因素。医药企业通过市场预测，能充分占有上述各类信息，为医药产品定价和选择价格策略提供保证。

（5）有利于企业正确选择营销渠道　选择销售渠道和渠道策略，既要考虑企业产品因素，同时还要考虑消费者特点、市场区域、市场竞争、渠道成员、国家政策和法律等多种因素。因此，通过市场预测，医药企业可以获得上述各种信息，正确作出销售渠道和销售策略选择的决策。

（6）有利于企业有效开展促销　促销是企业向目标市场传递各种信息，改善企业经营环境的综合性策略。促销的基本类型和途径包括广告宣传、营业推广、人员推销和公共关系。企业无论运用何种促销手段，都必须以掌握充分的市场信息为条件。医药市场预测能够为企业提供开展促销活动的各类信息，促进促销活动的有效开展。

（二）医药市场预测的分类及内容

1. 医药市场预测的分类

（1）根据预测的范围　可分为宏观市场预测和微观市场预测。

1）宏观市场预测　是指在广泛的市场调查基础上，对影响市场营销的总体市场状况的预测。主要包括对购买力水平、市场需求总量及构成、经济政策对市场供求的影响等方面的预测。从宏观经济效果出发，为整个国民经济的发展规划提供决策依据。

2）微观市场预测（又称销售预测）　是从一个局部、一个企业或某种商品的角度来预测供需发展前景。其主要任务要掌握企业供应范围内商情的变化情况，为企业制定营销计划和决策提供依据。

（2）根据预测时期的长短　可分为长期预测、中期预测、短期预测。

1）长期预测（long – term forecast）　指五年以上的预测，主要是为企业制定长远战略

规划提供依据。

2）中期预测（medium－term forecast） 指一年以上五年以下的预测，为企业中期经营发展战略决策提供参考依据。

3）短期预测（short－term forecast） 指一年以内的预测，主要预测季度、半年度或年度的市场需求量，为企业适时调整产销结构，制定季度和年度营销计划提供决策依据。

（3）根据预测时所用方法的性质 可分为定性预测和定量预测。

1）定性预测 是根据调查资料和主观经验，通过分析和推断，估计未来一定时期内市场的变化。

2）定量预测 是根据市场变化的数据资料，运用数学和统计方法进行推算，对预测对象的变化及趋势作出数量上的推测。

（4）根据预测的空间区域 可分为国际市场预测、全国性市场预测、区域性市场预测。

1）国际市场预测 是以世界范围内国际市场的发展趋势为对象的市场预测。

2）全国性市场预测 是以全国范围的医药市场状况为预测对象的市场预测。

3）区域性市场预测 是指以某一个市场区域为对象的市场预测。比较而言，区域市场预测的预测面较小，收集资料相对容易，预测的难度相对小些，是最为普及的一类市场预测。

2. 医药市场预测的内容 市场预测是为计划、决策、战略规划服务。企业所处行业不同，企业的计划、决策、战略规划的具体要求不同，它们对市场预测内容的侧重点也有所不同。医药市场预测包括宏观市场预测和微观市场预测两个方面。宏观方面包括预测医药生产及其发展变化、医药市场需求、医药市场价格、消费需求及其变化、医药产业对外贸易等内容。微观方面在宏观市场预测指导下，根据已有（或市场调查获得）资料预测企业目标市场未来发展趋势，预测企业的市场占有率变化等。因此，至少应包括以下主要内容。

（1）市场需求预测 市场需求是指在一定的市场范围内、一定时期、一定的市场环境下，特定的消费群体可能消费某种产品的总量。市场需求预测是预测消费者、用户在一定市场范围内、一定时期、一定的市场环境下，有货币支付能力的对某种产品的需求。医药商品市场需求的预测要根据不同市场营销环境下的药品功能、用法、剂量和人口发病率等统计数据来进行。

（2）市场占有率预测 是对一定市场范围未来时期内，企业产品市场占有趋势的分析和估计，这是企业产品销售预测的重要内容。

（3）商品资源预测 是对进入市场的商品资源总量及其构成和各种具体商品市场可供量的变动趋势的预测。商品资源预测同市场需求预测结合起来，可以预见未来市场供需状况的变化趋势。此外，还有产品寿命周期预测、消费结构和消费倾向预测、消费结构等。

二、医药市场预测的程序

市场预测涉及面较广，为了提高预测工作的效率和质量，必须按照一定的工作程序进行。医药市场预测程序大致包括三个阶段6个步骤。

（一）医药市场预测的准备

1. 确定预测目标及方案 确定预测目标，并根据预测的目标拟定预测项目和实施方案调配预测人员，编造费用预算，是进行市场预测的第一步骤。在确定预测项目、制定工作计划时，要从实际出发，分主次缓急，抓住决策计划中所需解决的主要问题，并根据主观

力量，量力而行。

2. 收集整理市场信息资料　收集资料是市场预测的基础。任何市场预测都是从历史的和现有的资料来进行，所以，收集资料要以预测目标和要求为核心，力求做到收集的资料具有广泛性、适用性。不全面、不系统的资料，将影响预测的质量。市场预测的资料，包括历史资料和现实资料两大类。

（1）历史资料　即事物过去发展变化的资料，它能反应事物过去发展变化的客观规律，主要包括各级政府、综合管理部门公布的以及企业内部积累的历史资料和市场信息资料。

（2）现实资料　即直接对预测对象进行实地调查所得到的资料，又称直接资料或第一手资料。

经过市场调查，获得的历史资料和现实资料，必须按照拟定的预测目标和要求对资料进行分类、统计、加工、整理，使之系统化，以便在预测中得到充分的利用。

（二）医药市场预测的实施

1. 选择预测方法　预测方法很多，既有定性分析的预测方法，又有定量分析的预测方法。在选择预测方法时，应根据预测的具体要求而定。

2. 建立预测模型　一个合理的预测，首先应该建立适合预测目标和要求的预测模型。确定采用定量分析方法时，无论是时间序列分析方法、相关分析方法，还是长期趋势分析方法，都可以建立数学预测模型。选择定性分析方法时，无论采用哪种判断分析方法，应该将分析判断的预测逻辑思路（亦称逻辑思维模型）表达清楚，如果可能，尽量转化为数量概念。

（三）医药市场预测的报告

1. 报告预测结果　通过书面等报告形式，对预测分析结果作出系统的分析说明，提出结论性的意见。预测报告主要有专业性报告，即供市场营销专业人员阅读，其内容要求详尽，介绍预测分析的全过程、采用的分析方法等。另一种是非专业性报告，内容简明扼要，专业术语较少，主要供经济管理、职能等部门的管理人员阅读。

2. 评估预测　提交预测结果的报告，并非预测活动的结束，还应对预测结果进行评估，以便确定预测的准确性。

三、定性预测方法

（一）定性预测方法的概念

定性预测方法，也称判断分析方法，是指凭借预测人员在市场活动实践中积累的经验、知识以及综合分析能力，通过对有关资料的分析推断，对预测对象未来发展趋势作出估计和推断的预测方法。它属于经验性质的预测。

定性预测方法是一类常用的预测方法，它的优点是可以充分考虑政治、经济、社会等各种因素对预测对象未来发展趋势的影响，简便易行，不需要复杂的计算公式和预测模型等预测工具，使用面较广，且有一定的科学性。

定性预测方法的不足之处是对预测对象未来变化趋势难以作出精确的说明，对各项预测目标之间相互影响的程度难以作出量的说明，对预测结果难以估计其误差和评价它的可信程度。

（二）定性预测的方法

1. 类推法

（1）对比类推法　就是利用事物之间的相似性，通过先行事物发展变化过程的规律类推后继事物，从而达到预测后继事物未来发展前景的目的。对比类推法可分为产品类推法、区域市场类推法、行业类推法等。

（2）相关类推法　即从已知相关的各种市场因素之间的发展变化，来推测预测对象的未来发展趋势。如国家政治法律因素、科学技术动向和经济发展趋势对市场的影响。

2. 经验判断法　是依靠与预测对象相关的各类人员的知识和经验，对预测对象的未来发展变化趋势进行判断，得出有关结论的一种预测方法。主要有经理人员意见评判法、销售人员综合判断法等。

（1）经理人员意见法　由熟悉市场情况的经理人员根据已收集的信息资料和个人积累的经验，对未来市场作出主观判断和预测，最后由组织者把预测方案、意见集中起来，采用简单的算术平均法或加权平均法进行综合，最终取得预测结果的预测方法。

（2）销售人员综合判断法　企业经理人员召集与销售业务有关的本企业各部门销售人员和与本企业有联系的外企业销售人员，就预测项目进行广泛交换意见，最后由经理人员把销售人员的意见综合起来进行判断，得出预测结果的方法。

3. 消费倾向调查法　是指预测者在调查潜在购买者未来购买某种产品倾向的基础上，对产品销售量作出量的推断的方法。消费倾向调查法常用于消费品购买者，产业用品购买者的调查，并采用抽样调查及典型调查，然后再推断总体。

用消费者意向调查法预测产业用品的未来需求，其准确性比用在消费品方面要高；预测非耐用消费品需求的可靠性较低，用在耐用消费品方面稍高。

4. 专家意见法　是一种应用广泛的预测方法，它是依靠专家的学识、经验和分析判断能力，对过去发生的事件和历史数据进行综合分析，对未来的发展变化趋势作出判断预测。专家意见法包括两种基本方法，即专家会议法和德尔菲法。

（1）专家会议法　就是预测者邀请有关方面的专家，通过召开会议的形式，对预测目标的未来发展前景作出判断，在此基础上，综合专家们的意见，对预测目标作出量的估计。

（2）德尔菲法　它是以匿名的方式，逐轮征询各自专家意见，最后由组织预测者进行综合分析，得出预测结果的预测方法。具有匿名性、反馈性和收敛性的特点。德尔菲法是一种集科学性、适用性、可操作性于一身的预测方法，在定性预测中占有重要位置，因此，被广泛用于产品市场供求变化预测、产品价格走势预测、产品销售预测、市场占有率预测等。特别是因缺乏必要的数据资料，而应用定量分析方法有困难时，德尔菲法是最佳预测方法。

四、定量预测方法

（一）定量预测方法的概念及应用

1. 定量预测方法的概念　定量预测方法是依据大量的数据资料，利用统计和数学方法建立预测模型，对预测对象的未来发展变化趋势进行量的分析和描述的方法。定量预测法的特点是：数据资料齐全是条件；统计方法和数学模型是工具；量和质的分析相结合。其长处是预测结果精确度较高，并能在一定条件下指出误差的发生范围，比较科学地说明预

测目标未来发展的量度及其结构关系。不足之处是对市场现象中非量化的因素，如政治、法律、社会文化无法用数学模式表达；应用定量分析进行预测，对数据资料要求较高，即需要系统、完整、可靠的数据，同时需要现代化数据处理手段等条件。

2. 定量预测方法的应用 定量预测方法主要用于具有时间序列特征的事件，如产品的年产量、季度产量，产品的年销售额（量）、季度销售额（量）等。其次用于具有因果关系特征的事件，如国民经济发展对市场供求关系的影响，居民收入变化对消费的影响等；企业生产过程材料、能源消耗的增多，必然导致产品成本的增加，从而产品销售价格不具竞争力等因果关系。

（二）定量预测的方法

1. 时间序列预测方法 是将同一变数的一组观察值（如销售额），按时间顺序加以排列，运用数学方法进行分析其变动规律，预测未来的发展变化趋势的方法。时间序列预测的具体方法很多，下面介绍几种常用的方法。

（1）简单算术平均法 是依时间序列数据求平均数，并作为预测值的方法。其预测模型：

$$\overline{X}=\frac{\sum_{i=1}^{n}X_i}{n}\quad(i=1,\ 2,\ 3,\ \cdots,\ n)$$

式中，$\overline{X}$ 为平均数（即预测值）；X_i为第 i 期的数值；n 为期数。

（2）加权平均法 是根据预测期各资料重要性不同，分别给予不同权数，并以加权算术平均数作为预测值的方法。其预测模型为：

$$\overline{X}=\frac{W_1X_1+W_2X_2+\cdots\cdots+W_nX_n}{W_1+W_2+\cdots\cdots+W_n}=\frac{\sum_{i=1}^{n}W_iX_i}{\sum_{i=1}^{n}W_i}\quad(i=1,\ 2,\ 3,\%\cdots,\ n)$$

式中，$\overline{X}$ 为简单算术平均数（即预测值）；X_i为第 i 期的数值；W_i为第 i 期对应的权数，n 为期数。

如果 $\sum_{i=1}^{n}W_i=1$，即各期所对应权数 i 和等于，则加权平均数的公式可简写为：

$$\overline{X}=\sum_{i=1}^{n}W_iX_i$$

（3）移动平均法 是将观察期的数据由远而近按一定跨越期求跨越期内观察期数据平均数；然后，随着观察期的推移，按一定跨越期的观察期数据也相应向前移动，每向前移动一步，去掉最前面一个数据，增添原来观察期之后期的一个新数据，并逐一求得移动平均值；最后将接近预测期的最后一个移动平均值，作为确定预测值的依据。

（4）指数平滑法 是市场预测中常用的方法。它是移动平均法的发展，实际上是一种特殊的加权移动平均法，加权的特点是对离预测期较近的数据给予较大的权数，对离预测期越远的数据给予较小的权数，权数由近到远按指数规律递减，所以这种预测方法被称为指数平滑法。它一般用于观察值有长期趋势变动和季节变动的预测。指数平滑法，可分为一次指数平滑法和多次指数平滑法。

2. 长期趋势预测方法 又称趋势延伸法，它是根据已知历史资料数据的发展趋势，寻求市场发展与时间之间的长期趋势变动规律，用数理统计方法找出长期变动趋势增长规律

的函数表达式，据此预测市场未来发展的可能水平。商品的销售（或需求）增长规律、耐用产品的发展和更新换代过程等，均可用其趋势增长线来描述，进行预测。

长期趋势预测法研究的是事物发展与时间的长期变化关系。它不仅要假设市场发展过程存在着某种长期趋势变动样式，而且要假设这种长期趋势变动样式所表现出的增长趋势线规律，在未来发展过程中按此增长趋势线渐进变化，不会出现跳跃变化。市场预测中以大量经济指标的历史数据编制的时间序列，长期趋势预测法常用的有直线趋势法、曲线趋势法、指数趋势法等趋势延伸法。

正确识别时间序列长期趋势发展的规律性增长线，是正确选择模型的关键。简捷的方法是画时间序列的直角坐标的散点图，通过目视估计判断据此勾画出数据变动趋势线。此外，从数学分析角度，可利用时间序列的差分变化情况作出判断。判断认识预测目标时间序列趋势线后，就以相应函数表达式为预测模型，再设法确定数学模型中的参数，便能进行趋势预测。

3. 相关分析预测方法

（1）相关分析的含义和内容

1）相关分析的含义　相关分析研究的对象是相关关系。相关关系，亦称非确定性关系，它是指社会现象之间客观存在的数值不确定的依存关系，即变量之间相互关系中不存在数值对应关系的非确定性的依存关系。一个变量的确定值为 X，与其有相关关系的另一个变量的对应值 Y 并不确定。例如，某种药品价格与该种药品的需求量之间的关系就是一种相关关系，即该种药品价格（X）变动，其需求量（Y）怎样变动并不确定。从不同角度出发，可以将相关关系分成不同的类别。①按照涉及变量的多少，可分为单相关和复相关；②按照表现形态，可分为线性相关和非线性相关；③按照相关的方向，可分为正相关和负相关。

2）相关分析的主要内容　相关分析就是对客观现象之间具有的相关关系进行分析和研究。进行相关分析的目的，就是帮助我们对现象之间关系的密切程度和变化规律有个具体的、数量上的认识，以便于作出某种判断、推算和预测。相关分析主要有以下几方面内容：①确定现象之间有无依存关系，其表现形式如何；②确定相关关系的密切程度；③测定变量之间的一般关系值；④测定因变量估计值与实际值的差异。

（2）相关分析与回归分析　相关分析是对变量间的相关关系进行分析和研究的方法。主要包括两个方面：①确定事物之间有无相关关系；②确定相关关系的密切程度。相关关系的密切程度用相关系数或相关指数来衡量。回归分析是对具有相关关系的变量，在固定一个变量数值的基础上，利用回归方程测算另一个变量的取值的平均数。它是在相关分析的基础上，建立相当于函数关系式的回归方程，用以反映或预测相关关系变量的数量关系及数值。所以，相关分析与回归分析都是研究变量之间相互关系的分析方法。

（3）相关分析预测的一般步骤　应用回归分析方法进行市场预测，应遵循以下四大步骤：

第一步，确定相关关系。

第二步，建立回归方程。建立回归方程，是根据变量之间的相关关系，用数学表达式给予表示。由于变量之间的数量关系不同，回归方程分为线性回归和非线性回归两种。线性回归方程的一般表达式是：

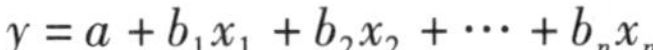

$$y = a + b_1x_1 + b_2x_2 + \cdots + b_nx_n$$

当线性回归是一个因变量与一个自变量之间的回归时，称为简单线性回归，即直线回

归，其表达式为：

$$y = a + bx$$

其他都称为多元线性回归。

第三步，求解方程，确定预测值。求解方程，首先要计算方程式中的各项参数，如方程 $y = a + bx$ 中的参数 a 和 b。

第四步，评价预测结果。评价预测结果，常用的方法有方差分析、相关分析，以及运用正态分布原理测算置信区间等。

重点小结

现代经济生活中，信息代表着机会、代表着财富、代表着市场竞争力等，因此受到广泛重视。医药产品营销工作因为药品本身的第一属性还是商品，因此相关信息同样关系到其市场前景。无论其内涵及来源，信息现象有着本身的规律与特征，加之医药产品的特殊性，使得医药市场信息更具专业性、科技性、政策性，作为医药企业的营销工作必需对其加以充分的重视与关注。

本章在第一节介绍了医药市场调研的概念及医药市场调研的具体研究内容；第二节在介绍了医药市场调研的4种研究类型的基础上，详细叙述了市场调研的基本程序；第三节首先介绍了常见的三种调查方法，即访问法、观察法和实验法，随后着重探讨了抽样方法，针对常见的随机抽样方法和非随机抽样方法展开进行了讲解；第四节的内容涉及调查问卷的设计，着重介绍了问卷的基本结构、问卷中的问题的类型；此外还针对问题的措辞、问题的排序、问卷版面的设计提出了一些基本原则。

本章首先介绍了医药市场预测的概念、研究分类；然后介绍了医药市场预测的六个基本步骤；最后系统介绍了最常见、最基本的定性预测方法和定量预测方法。常见的定性预测方法有类推法、经验判断法、消费倾向调查法、德尔菲法等方法；而基本的定量预测方法则包括时间序列预测法、长期趋势预测法、相关分析预测法。

思考题

1. 医药市场信息具有哪些特点？
2. 医药信息系统一般由哪些部分构成？
3. 医药市场调研的内容有哪些？
4. 医药市场调研的方法有哪些？
5. 医药市场预测的方法有哪些

扫码“练一练”

第七章　医药市场细分与目标市场选择

学习目标

本章主要学习现代市场营销的核心战略——STP营销战略。学习并掌握医药市场细分的概念和意义；医药市场细分的方法、步骤和标准；目标市场的概念、选择与策略及目标市场选择应考虑的主要因素；医药产品定位的概念、方法与定位策略等。

我国的药品市场是比较开放的市场，进口药、合资药、国产药都已竞争了多年。因此，任何医药企业，无论其规模如何，都难以满足整个医药市场的不同需求，而只能根据企业的内部条件和能力，为自己选定一定的市场经营范围，满足一部分消费者和用户某些方面的需求，这就要选择企业的目标市场。只有目标市场选得准确，企业才能更好地满足市场的现实的和潜在的需求，从而不断地挖掘和寻找有利的市场机会。在营销理论中，市场细分（segmentation）、目标市场选择（targeting）与定位（positioning）都是企业营销战略的要素，被统称为STP营销战略。

扫码"学一学"

第一节　医药市场细分

一、医药市场细分的概念及意义

（一）医药市场细分的概念及内涵

1. 概念　医药市场细分（market segments），又称医药市场细分化、医药市场分割、医药市场面划分或医药市场区隔，它是指医药企业把某一整体市场的消费者，按一种或几种因素加以区分，使区分后的消费者的需求在一个或几个方面具有相同特征，以便企业相应地用特定的市场营销组合去满足这些不同消费者群体的需要。

市场细分是由美国的市场营销学家温德尔·斯密（Wendell·R·Smith）于1956年提出的一个概念，它既是市场营销学中的一个重要的原则，又是一项非常有价值的技术。市场细分一经提出，就受到企业界和学术界的重视，并被广泛采用。

2. 内涵　过去，企业在生产观念的指导下，从企业自身和产品出发，把消费者看作是具有同样需求的整体市场，生产大量单一品种的产品，并采用普遍而广泛的分销渠道，采用同样的广告宣传方式。这样虽然可以降低成本，但因品种单调，消费者无挑选余地，需求得不到真正的满足，市场也无法拓展。这时候，不同企业之间的竞争主要是价格竞争，市场也只区分成高价商品市场和低价商品市场。

到了20世纪50年代，随着市场营销观念的形成和发展，一些企业相信营销已进入更大的和更加丰富的细分市场的时代，逐渐意识到开发市场的最有效方法之一，就是要确定和满足消费者需求，以消费者为中心。但要做到这一点，营销人员就应认识到不同消费者有不同的需求，由于他们的支付能力、消费心理和消费行为不同，对不同类型广告的反应

不同，有些是被信息性很强的长篇广告所说服，有些则是被产品形象广告所推动……因此，不同的顾客有不同的需求。这些似乎给营销人员出了难题，其实这正是进行成功营销的机会。只要能识别具有类似需求的购买者，有针对性地提供相应的产品，并且运用恰当的分销渠道和广告宣传方式，企业就能在这部分市场经营的过程中获利。温德尔·斯密正是在总结这些企业的成功实践经验的基础上，提出了“市场细分”这一概念的。

因此，市场细分不是通过产品分类来细分市场，而是划分不同的消费者群体来细分市场。所谓医药市场细分就是辨别具有不同欲望和需求的医药消费者群体，将大的综合市场按不同标准进行分类，并用自己的产品服务于这些子市场的过程。我国医药企业普遍存在产品科技含量不高、产品结构老化，且缺乏自己的产品特色和企业特色。在医药产品普遍产大于销、生存压力增大的情况下，由于营销手段单一，致使市场份额下降，严重影响企业的经济效益。在药品的广告宣传中，往往给人以“包治百病”的印象，这恰恰是没有对医药市场进行深入研究和细分，没有找准目标市场的表现。因而，医药企业应树立市场营销观念，运用市场细分原则，针对消费者的不同需求，开发新品种、新剂型，更好地拓展医药市场，积极参与国际竞争，使消费者的需求得到真正的满足。

（二）医药市场细分的意义

在市场营销学中，市场细分是一个十分新颖且具有革命性的观念，它改变了企业以为通过大量生产、推销、宣传单一产品，成本与价格降到最低就可创造最大的潜在市场来获得最大利润的旧观念，使企业意识到应该从挖掘市场上尚未得到满足的消费需求，并开发研制出新的产品来满足这些消费需求，从中获得生存与发展的机会。市场细分对企业正确制订营销计划和策略，顺利实现营销目标有着极其重要的意义。

1. 有利于企业发掘新的市场机会　企业在市场营销中，可以根据市场竞争现状和已经上市的产品在满足社会需求方面不足的情况，发掘新的市场机会，开拓新市场。市场机会是指市场上客观存在的未被满足或未被充分满足的消费需求。例如，市场上通常以一种廉价快速的普通胶片来满足放射性医疗的需要。但是柯达照相器材公司经过调查发现这种需求并没有充分得到满足，许多医院和医疗单位需要更加节省时间的产品。柯达公司研制了两种新产品，一种是特制相机，一种是立即感光胶片，它们能够在病理检查中立刻显影，不必到暗室冲洗，而且可以避免误差。这些新产品很快畅销，为柯达公司带来新的市场机会，赢得厚利。

2. 有利于中小企业提高竞争能力　中小企业一般人、财、物力资源有限，在整体市场或较大的细分市场上，缺乏竞争能力。如果中小企业善于发现易被大企业忽视的一部分特定消费者未被满足的需求，推出相应的产品，往往能变整体市场上的相对劣势为局部市场上的相对优势，取得较好的经济效益。

3. 有利于企业提高经济效益　一方面，企业可以根据细分市场的特点，集中使用人、财、物等资源，避免力量分散，从而取得理想的经济效益；另一方面，在实施市场细分之后，企业可以专门为自己的目标顾客，生产出适销对路的产品，加速商品周转，有效地利用企业资源和发挥企业特长，提高产品质量，从而降低企业的生产和经营成本，既使消费者需求得到更好满足，又可提高企业的经济效益。

4. 有利于企业及时调整营销策略　一般来说，企业为整体市场提供单一产品，制定统一的营销策略，实施起来相对容易，但是信息反馈比较迟钝，对市场需求发生变化的反应较慢。而进行市场细分后，由于企业同时为不同消费者群体提供不同的产品，因而比较容

易察觉和估计消费者需求的变化，市场信息反馈迅速及时，有利于企业及时调整营销策略，发展新产品，满足消费者不断变化的需求。

二、医药市场细分的理论依据与细分条件

（一）医药市场细分的理论依据

1. 整体市场消费需求的差异性 按商品类别，市场可分为同质市场和异质市场。所谓同质市场，就是消费者对商品的要求和对营销策略的反应具有一致性的商品市场。例如食盐市场，所有的消费者对这一生活必需品的需求基本相同，定期购买量、购买频率也大致相同。只要价格合适，包装便于使用即可，没有更多可挑选之处。在同质市场上，不同的生产者向市场提供的商品和使用的营销策略大致相同，无需采用更多的促销手段，竞争的焦点主要集中在价格上。现实生活中只有很少一部分商品市场属同质市场，而大部分商品市场，消费者对商品的质量、特性要求各不相同。例如，药品市场中患者使用的制剂药品，其剂型、用法、用量、疗效、适应证各有不同，这就是异质市场。在异质市场上，消费者购买商品，总是抱着不同的意图和目的，寻找自己适用的产品，这样就产生了不同的购买动机和购买行为。即使同一种商品，由于购买者的病因、病情乃至收入、文化素养、专业知识、价值观念、享受医疗保障的不同，对商品的价格、规格、型号、剂型、包装等也会提出不同的要求。因此，无论是医药消费者市场、生产者市场、中间商市场，还是政府市场、国际市场，消费需求的差异性都是客观存在的。有差异就能进行分类，从而区分出不同的具有个性特点的细分市场。

2. 消费需求的相似性 在社会经济生活中，人们的基本消费需求既有差异的一面，也有相似的一面。人们受居住环境的影响、民族文化传统的熏陶，在生活习惯、需求爱好等方面表现为一定的相似性。这种相似性又使划分出来的不同消费需求再次进行聚集，形成相似的消费者群体，每个相似的消费者群体，就构成了具有一定个性特点的细分市场。

每个细分的市场，其消费需求都是相似的，但不可能达到纯粹的同类，而且细分市场也不是一成不变的。随着市场的变化，细分市场相似的内容、消费者重视的商品属性也在不断发生变化，需要再次细分。

（二）医药市场细分的条件

为了保证经过细分后的市场能为企业制定有效的战略和策略奠定良好的基础，医药企业在市场细分时，必须对细分后的市场进行考察。作为一个有效的细分市场，除了必须有实际意义外，还必须同时具备以下三个条件。

1. 可测量性 市场细分的标准和细分后市场的范围、容量、潜力是可以测量的。各细分市场要有明显的区别，具有自己的特征，表现出自己这一群体独特的购买行为，并且获得能够反映该群消费者购买特征的信息资料。

2. 可达到性 医药企业的人、财、物力和市场营销组合必须足以达到被选中的细分市场，能够有效地进入并占领。一方面细分后的市场范围不能太小，必须有一定的人口和购买力，否则就没有开发的价值；另一方面如果细分后的市场是企业现有能力所达不到的，也不能贸然去开拓，否则会造成不应有的损失。同时，目标市场上的消费者要了解企业的产品，并且能通过销售渠道购买到企业的产品。

3. 实际性 即可盈利性，医药企业能在细分后的市场上取得良好的经济效益。细分市

场的规模必须足以使企业有利可图，而且有一定的发展潜力，使企业生产和经营规模在选定的目标市场上能得到扩充，从而不断提高企业竞争能力；细分市场应有一定的稳定性，企业在占领市场后的相当一段时期内，不需要改变自己的目标市场，这样有利于企业制订长期的市场营销战略。

三、医药市场细分的标准

根据市场细分的三大条件，企业就可以着手有效地细分市场了。市场细分有着不同的标准和方法。市场细分的作用能否得到充分发挥，往往取决于企业采取什么方法对整体市场进行划分，划分的标准是否合理有效。市场细分的标准也就是影响消费需求差异性的因素，掌握好市场细分的标准才能有效进行市场细分。消费者市场与生产者市场由于其影响需求的因素不同，市场细分的标准也不一样。

（一）医药消费者市场的标准

消费者需求的差异性，是市场细分的基础。消费者的生理特征、健康意识、医药知识、社会经济地位、心理性格都各不相同，他们对产品的信赖、品牌偏好、追求的利益、广告感受度、价格的承受能力和对销售渠道的信任程度也各不相同，因而消费需求存在很大的差异，这些都可以作为市场细分的标准。具体而言细分消费者市场的标准有下列内容。

1. 地理因素　按照消费者所处的地理位置、气候条件等来细分市场。这是一种传统的划分市场的方法，但是市场营销学中把地理因素作为细分市场的标准是从消费需求的角度出发的。这是因为地理分布不同对药品需求会产生极大的影响。因为各地的水土风情各异，人们的体质、饮食习惯不同，流行病学方面的特点也不同，致使各地的患病者人数差异较多（表7－1）。较为重要的地理因素如下。

表7－1　按地理因素细分市场

细分标准	具体因素
地理因素	地区：沿海、内地；华东、华南、华北、东北、西北、西南、中原、城市或乡村 城市规模：少于10万人，10万～50万，50万～100万，100万以上，200万以上，…500万以上…1000万以上 地形：高原、平原、森林、山地、盆地、丘陵…… 人口密度：稠密、稀少 气候条件：热带、亚热带、温带、寒带

（1）地区　在我国，生活在南方和北方的消费者，东部与西部的消费者对许多产品的要求有极大的差别。

（2）城市或乡村　城乡居民对医药商品的需求差别很大，受到收入和基本医疗保险制度的影响。一般来说，城市居民对营养保健滋补类用品、新药特药、进口药的需求多，而广大的农村对普药、中草药、中成药的需求相对较高。目前全国各地农村医药市场除了少数经济发达地区以外，几乎都存在一个普遍的规律，即从用药总量、用药的数量、用药品种、用药档次、单位药品价格、新品种普及率等几个方面，都按照逐级递减的方式发展。

（3）气候条件　对医药商品需求的影响不容忽视。由于气候、环境、生活方式等因素的影响，心脑血管病及肿瘤病成为我国的高发病之一。因此，心脑血管类药、抗肿瘤

药和抗生素类药物应是医药行业研究、开发和生产经营的重点。我国东南部地区炎热潮湿，而北部地区气候严寒干燥，这就使人群的疾病具有地域性特征；而高原、平原、森林、盆地地区的居民，也有不同的生活方式和发病特点。一些地方病、传染病及突发性疾病与气候条件密切相关，这些都应引起医药企业足够的重视，以生产出适销对路的产品。

地理因素相对来说是一种静态因素，比较容易辨别和区分。由于同一地区的消费者需求还有很大的差异，市场还要按照其他因素进一步细分。

2. **人口因素** 就是按照人口统计资料所反映的内容，如年龄、性别、家庭规模、家庭生命周期、收入、职业、文化水平、宗教信仰、民族、国籍、社会阶层等因素来细分市场。消费者对商品的需求、爱好和使用频率，常常与人口因素有着密切的关系（表7－2）。

表7－2 按人口因素细分市场

细分标准	具体因素
人口因素	年龄：3岁以下、学龄前、儿童、少年、青年、中年、老年 性别：男、女 家庭规模：1～2人小家庭，3～4人，5人以上的复合型大家庭 家庭生命周期：单身、新婚、满巢期一、满巢期二、满巢期三、空巢期、鳏寡期 收入：高、中、低 职业：专业技术人员、管理人员、公务人员、教师、科研人员、普通职员、工人、农民、文艺工作者、离退休人员、学生、待业…… 文化水平：小学以下、初中、高中、中专、大专、本科、硕士、博士 民族：汉、满、回、壮、藏、蒙古族…… 宗教：佛教、基督教、伊斯兰教 国籍：中、日、美、英、法、德…… 社会阶层：低、中、高

根据消费者的年龄结构，可以细分成许多各具特色的医药市场，如老年人市场、成人医药市场、青少年医药市场和儿童医药市场等。不同年龄层次的人群，对药品有着不同的需求。

经济发展水平的高低影响人们的收入和用药结构、用药习惯和消费观念。高收入阶层的消费水平较高，选择药物时，较多考虑疗效，接受新特药的观念较强；而低收入阶层则用药水平较低，选用药时多考虑价格因素。追求疗效是患者的共同目标，但收入高的患者更多地考虑副作用和复发等因素，而收入较低的则较偏重近期的治疗效果，所以在用药选择上也有较大的区别。

男性和女性的生理特点和社会角色不同，对于药品的需求以及购买行为有着明显的差别。

在人口因素中，还有文化程度、家庭规模大小、民族等多种因素可以分析。文化程度的高低，直接影响消费构成。在一般情况下，受教育程度愈高，购买时的理性程度也愈高，喜欢格调和品质较高的产品。现代家庭是社会的基本“细胞”，也是商品采购的单位。一个国家或地区家庭单位的多少及家庭规模的大小，对于市场影响很大。我国是个多民族国家，各民族有着各自独特的风俗习惯和生活方式，与传统的中医药一样，蒙、藏等医药也有着一些独特的医治疑难病症的方式和用药，这些都是祖国源远流长、博大精深的宝贵医药财富。

3. **心理因素** 人们常常发现，在人口因素相同的不同消费者当中，对商品的需求和爱好也不尽相同，因为消费者对商品的购买不一定完全取决于人口因素，它同其他因素特别

是心理因素也有密切的关系。心理因素比较复杂，主要包括消费者的生活方式、个性、价值观念等因素（表7－3）。

表7－3　按心理因素细分市场

细分标准	具体因素
心理因素	生活方式：简朴型、赶时髦型、浪漫型、追求地位型…… 性格：内向、外向、被动型、主动型、自信、乐观、自卑、悲观、独立、依赖、开放、保守、孤僻、野心勃勃…… 价值观念：实惠、经济、求实、求美、求新、求奇

（1）生活方式　是指一个人或群体对工作、生活、消费和娱乐活动的特定习惯和方式。人们的生活方式不同，对商品的爱好与要求就有差异。生活朴素型的消费者更看重商品的内在价值，崇尚时髦的消费者追求包装新颖独特的商品。企业从事市场营销活动，应注意消费者中的不同购买者的生活方式，善于细分出某些追求相同生活方式的购买者，为他们专门设计、开发能更好满足其需求的产品。

（2）消费者的个性和价值观念　消费者的个性和价值观念不同，其购买动机也就不一样。有些消费者追求商品的实际效用，重视商品的内在质量、讲究实惠；有些消费者追求新颖、时尚商品，讲究商品的个性特点和象征意义；有些消费者对价格特别敏感，专门选择价格低廉的商品，而有些消费者专门选择高价商品，以示其具有与众不同的消费水平。根据消费者的个性和多种多样的价值观，所追求的利益就有明显的差别。因此，心理因素是重要的消费者细分市场的标准。

4. 购买行为因素　消费者由于生活、经济状况不同，民族风俗习惯、消费心理的差异，购买行为也就各不相同。因此，可以根据消费者的购买行为细分市场（表7－4）。

表7－4　按购买行为细分市场

细分标准	具体因素
购买行为	购买状态：无知、知晓、有兴趣、愿尝试、试用及常用 购买动机：经济实惠、显示地位、方便耐用、对产品偏爱 购买频率：不用、偶尔购买、一般、常用 购买习惯：购买时间、地点 对价格、服务、广告的敏感程度（各分三级） 对商标、产品、分销渠道的信任程度（各分三级）

（1）购买状态　消费者对某种商品或某个品牌的商品处于不同的认识阶段。例如，有的根本不知道有这种商品，有的对这种商品详细了解而且有兴趣，有的正打算购买等。企业对于处于不同购买状态的消费者要进行细分，采取不同的营销策略。如对毫无了解的消费者，做广告时要内容简要，但必须增加广告频率，广告用语力求切中消费者心理，以引起他们的注意；对已经了解的消费者，广告中要突出商品带给他们的利益；对于打算购买者，要告诉他们销售地点及服务项目。

（2）购买动机　有些市场可以根据使用者的购买动机进行细分，可以分成经济实惠、显示地位、方便耐用、对产品偏爱等。企业掌握消费者的购买动机，便于发展和强调产品特色。

（3）购买频率　消费者对某种商品的使用数量和购买频率，也可以作为细分市场的标准。可以把某种市场按经常购买、一般购买和不常购买来细分。经常购买且大量使用某种商品的人数，可能在市场总人数中所占比重很小，但他们购买的商品数量比重却很大。掌

握这些信息，有助于企业恰当地制订商品价格和选择销售形式和广告宣传促销的方式。

（4）购买习惯　消费者购买商品往往在购买地点和时间上有不同的习惯。消费者购买商品往往是根据商品在家庭消费中的地位、重要性来作出购买决策的。耐用品、价值高的商品，要经过在家庭中反复商量作好决策才去购买，而对大量的常用品则是即兴购买，随时随地作出购买决策。消费者购买商品的时间习惯有时受商品特性所影响，如有的商品是季节性消费的，消费者购买时间有一定的规律性。企业应根据消费者的购买习惯来细分出子市场，采取不同的营销策略。如对OTC药品要加强售前售后服务，提供购买方便，包括送货上门、用药指导，在宣传上应借助电台、电视等大众媒体广为宣传，提高产品知名度，以促进销售。

（5）购买偏好　是指消费者对价格、服务、广告等的敏感程度以及对品牌、分销渠道的信任程度。企业应根据消费者不同的购买偏好，从商品形式、品牌设计、价格制定、销售方法和广告宣传等各方面，去满足消费者的需求。

总之，购买行为因素是市场细分中的一个比较复杂的动态因素。医药企业必须根据消费者购买行为的变化，随时进行调查研究，才能获得可靠的衡量数据，用以确定企业的目标市场。

5. 医药企业进行消费者市场细分应注意的问题

（1）市场细分标准不是一成不变的，企业应根据市场的变化，树立动态观念。消费者的年龄、收入、家庭规模等会随着时间的推移而不断地变化，他们的习惯与爱好也会随年龄的增长和阅历的积累而有所变化。因此，按人口因素、心理因素、购买行为因素细分市场，就要树立动态观念，随时研究其变化，以便及时调整营销策略。即使是相对静态的地理因素，从长期看也是不断变化着的，城市的大小、人口密度甚至气候条件都会随着社会经济的发展而有所变化。

（2）消费者市场细分的四种因素往往相互影响，不能截然分开。在进行市场细分时，可以按一个标准细分市场，但大多数情况下是以多种标准结合起来细分。例如，一家企业研制开发高单位配方的复合维生素制品，用于治疗各种神经疾患，复活神经机能和消除疲劳，强调能缩短治愈时间，是把中老年城市脑力劳动者作为主要销售对象。这种划分就是把地理、职业、收入、年龄、心理、行为等因素综合起来进行的。

（3）市场细分不仅是一种重要理论，更是一门综合性的技艺。它是以市场调查研究和市场预测为基础，对市场进行分析研究，从而找出市场的不同特性，以便更好地满足消费者需求，给企业带来生存发展机会的一门综合技巧与艺术。不同企业在进行市场细分时，不仅要掌握市场细分的条件和标准，而且要善于和本企业的内部条件、机器设备、资源情况、研究开发能力销售能力以及市场竞争产品的情况联系起来综合考查，以便在细分市场的基础上选择好企业的目标市场。

（二）医药产业市场细分的标准

产业市场与消费者市场有很大的区别，产业市场与中间商市场、政府市场一样，都是有组织的市场，属于集团性购买。医药产业市场细分的标准如下。

1. 最终用户的要求　这是产业市场细分最通用的标准。产业市场的购买活动是为了不同的生产需要或为了再出售，最终用户往往有不同的要求，追求不同的利益，从而对产品提出不同的质量标准和使用要求。有时，最终用户的直接要求就是一个细分市场。

2. 用户规模与购买力大小　用户规模是产业市场细分的重要标准。用户的经营规模决

定了其购买力大小，一些大用户，数量虽少，但其生产和经营规模大，购买的数量和金额就多；小的用户数量多，分散面广，购买数量和金额有限。企业应针对大、小用户的特点，分别采取不同的营销策略。工业用户规模和购买力的大小，可以通过用户的财务支出或营业额来衡量，也可通过对用户内部情况进行相应的分而得出。例如，可通过分析用户的职工人数、销售对象户数、销售规模、市场占有率等因素，得出用户的规模和购买力大小。在掌握用户规模的基础上，可对用户进行 A、B、C 分类。A 类为规模大、市场占有率高、销售面广的用户。这类用户购买力高，是企业销售商品的重要目标，必须采用相应的营销策略，以便建立和保持长期稳定的购销关系。B 类为规模中等的用户，企业要争取尽可能多的 B 类用户为自己的目标顾客，有必要派出销售人员访问联络、沟通信息和感情。C 类用户一般经营规模小、资金薄弱，对这类用户可通过加强促销策略，取得联系。

3. 用户的地理位置 每个国家或地区，大多根据资源、气候和历史传统形成若干产业集中地区。因此，生产者市场比消费者市场在地理位置上更加集中。按地理位置来细分市场，方法简便，易于细分，同时又会给企业带来经济效益的提高。因此，按用户的地理位置来细分市场，可使企业把一个地区的目标用户作为一个整体考虑。这样，企业的促销和广告宣传由于针对性强而可大大节约促销费用和广告成本，可以大大节省推销人员往返于不同用户之间的时间，还可以有效地规划运输路线，从而节省运输费用和提高效益。

4. 用户的行业特点 某类行业市场往往具有同类性质的需求，因此可以作为产业市场的细分标准。例如，我国零售药品销售结构与医院用药结构差异较大。大多数高价进口、合资药品主要通过医院药房消耗。按用户的行业特点细分市场，使得目标市场更加集中，容易分析研究市场的变化，及时掌握市场动态，有助于节省企业的研制和开发支出以及节省促销宣传费用。

对于上述产业市场的细分标准，同消费者市场的细分标准一样，企业并不只用一种单一的标准来进行细分，而是有层次地交错使用一系列因素来细分。

四、市场细分的步骤

美国市场营销学家麦卡锡（Y. J. Mecarthy）提出了一套简便易行的七步细分法，很有实用价值，其步骤如下。

1. 选定产品市场范围，确定经营方向 即在明确企业任务和战略目标的前提下，对市场环境充分调查分析之后，首先从市场需求出发选定一个可能的产品市场范围。购买者的需求和爱好，理所当然是细分市场的基础。选择目标市场范围既是企业成功的关键，又是一项复杂的任务。说它是成功的关键，是因为任何市场营销计划的成功，都取决于企业是否善于鉴别顾客需求并选择那些为这些需求服务的特定的极其有利的产品种类。说它复杂，是因为市场存在于变化的环境中，影响市场重要特征的因素十分复杂而且往往不易判断。

2. 估计潜在购买者的基本需求 即由企业决策者从地理因素、心理因素和购买行为因素等不同方面估计潜在购买者对产品的基本需求，为市场细分提供可靠依据。

3. 分析潜在购买者的不同需求 企业根据人口因素做抽样调查，向不同的潜在购买者了解上述需求哪些对他们更重要，初步形成几个消费需求相近的细分市场。

4. 剔除潜在购买者的共同需求 即对初步形成的几个细分市场之间的共同需求加以剔除，以它们之间需求的差异性作为细分市场的基础，筛选出最能发挥企业优势的细分市场。

5. 确定细分市场的名称 为细分市场命名要富有创造性和个性，要能抓住潜在购买者

的心理。

6. 进一步认识各细分市场的特点，作进一步细分或合并 企业必须避免创造过多各种不同的产品或没有足够顾客需要的、过分的、毫无意义的产品。

7. 测量各细分市场的规模，从而估算可能的获利水平 市场细分使企业与市场更加协调一致，它还促使企业更加有效地利用企业资源，带来较高的销售额和较高的利润。

在具体运用时，企业可以根据实际情况对这七个步骤进行简化或拓展。

扫码“学一学”

第二节 医药目标市场的选择与策略

医药企业在对整体市场作出必要的细分之后，总要选择某一个或几个细分市场作为自己的目标市场。市场细分和目标市场的选择是既有联系又有区别的。市场细分是目标市场选择的基础和前提。那么，怎样去评价细分市场的潜在价值？选择什么样的营销策略才能获得较好的经济效益？这些对于目标市场的选择，都是至关重要的。

一、医药目标市场的概念及条件

（一）医药目标市场的概念

所谓医药目标市场（target market），是指医药企业在市场细分化的基础上，依据企业资源和经营条件所选定的、准备以相应的医药产品或服务去满足其需要的那一个或几个细分市场。具体要选择医药目标市场的原因如下。

扫码“看一看”

（1）并非所有的医药细分市场对本企业都有吸引力，必须是能发挥本企业现有的人力、物力资源等优势的细分市场，才能作为企业的目标市场。

（2）企业没有足够的人力、资源、资金来追求过分大的目标。没有任何企业能孤军作战，独立满足整个医药市场的需求。

（3）各个细分市场和各个目标之间存在着矛盾，同时去满足它们，将造成企业效益的下降，人力、物力、财力等资源的浪费。

因此，经过医药市场细分，结合本企业的特点，扬长避短，才能为企业找到最为有利的医药目标市场，从而实现企业的计划与任务。

（二）医药目标市场选择的条件

医药企业目标市场选择是否适当，直接关系到企业的市场占有率和盈利。

1. 有足够大的市场容量 有一定的购买力，有足够的潜在需求量。从理论上讲，有两个以上的购买者，就可以进行市场的细分。但从实际和企业经济效益来看，由于细分市场的开发通常需要支付大量的资金，所以细分市场应该足够大，能提供效益。

2. 有充分发展的潜力 即该市场的需求尚未满足，企业能获得较多的销售机会，并有不断发展壮大的余地。反之，如果市场十分狭小，发展潜力小，那么企业的前景就十分暗淡，企业经营的风险就大。我国医药企业应走创新之路，以免低水平重复，相互压价竞争，影响企业的生存和发展。

3. 目标市场尚未被竞争企业控制或竞争尚不激烈 企业选择目标市场，在一般情况下，应选择竞争者比较少，或竞争者在实力、经营管理水平和营销能力等方面都比较弱小的细分市场。这样，有利于企业开拓市场，在竞争中取得优势。

4. 能发挥医药企业内部的相对优势　医药企业内部的相对优势一般指原材料、机器设备、技术水平、职工素质、企业规模、资金、研究开发能力、经营管理水平、交通运输条件、地理位置、气候条件等所表现出来的综合发展能力。只有企业内部的相对优势与目标市场上未被很好满足的消费需求相适应，医药企业与目标市场才能呈现平衡状况。

二、选择医药目标市场应考虑的因素及选择策略

（一）选择目标市场营销策略应考虑的因素

1. 企业规模和原材料供应　如果企业规模较大，技术力量和设备能力较强，资金雄厚，原材料供应条件好，则可采用差别营销策略或无差别营销策略。我国许多大型医药企业，基本上均采用这两种策略。反之，规模小、实力差、资源缺乏的中小企业宜采用集中市场营销策略。我国医药产业的整体水平相对落后，即使是国内一流的大型医药企业也难以与国外大医药公司相抗衡。采用集中营销策略，重点开发一些新剂型和国际市场紧缺品种，利用劳动力优势，建立自己的相对品种优势，不失为一条积极参与国际竞争，提高医药工业整体水平的捷径。

2. 产品特性　对于具有不同特性的产品，应采取不同的策略。对于同质性商品，虽然由于原材料和加工不同而使产品质量存在差别，但这些差别并不明显，只要价格适宜，消费者一般无特别的选择，无过分的要求，因而可以采用无差别营销策略。而异质性商品，如药品的剂型、晶型、复方等对其疗效影响很大，特别是滋补类药品其成分、配方、含量差别很大，价格也有显著差别，消费者对产品的质量、价格、包装等，常常要反复评价比较，然后决定购买，这类产品就必须采用差别营销策略。

3. 市场特性　当消费者对产品的需求欲望、偏爱等较为接近，购买数量和使用频率大致相同，对销售渠道或促销方式也没有大的差异，就显示出市场的类似性，可以采用无差别营销策略。如果各消费者群体的需求、偏好相差甚远，则必须采用差别营销策略或集中营销策略，使不同消费者群体的需求得到更好的满足。

4. 产品生命周期　产品所处的生命周期不同，采用的营销策略也是不同的。若产品处于介绍期和成长期，通常采用无差别营销策略，去探测市场需求和潜在顾客；当产品进入成熟期或衰退期，无差别营销策略就完全无效，须采用差别营销策略，才能延长成熟期，开拓市场，维持和扩大销售量，或者采用集中营销策略来实现上述目的。

5. 竞争企业的营销策略　企业生存于竞争的市场环境中，对营销策略的选用也要受到竞争者的制约。竞争者采用了差别营销策略，如本企业采用无差别营销策略，就往往无法有效地参与竞争，很难占有有利的地位，除非企业本身有极强的实力和较大的市场占有率。如果竞争者采用的是无差别营销策略，则无论企业本身的实力大于或小于对方，采用差别营销策略，特别是采用集中营销策略，都是有利可图、有优势可占的。

（二）医药目标市场选择策略

企业确定细分市场作为生产和经营目标的决策，称为目标市场选择策略。可供医药企业有效地选择目标市场的策略有三种，即无差别营销策略、差别性营销策略和集中营销策略。

1. 无差异市场营销策略　把整体医药市场看作一个大的目标市场。医药企业对构成市场的各个部分一视同仁，只顾及人们需求的共性，而不计其差异性，以单一的医药市场营销组合，推出一种医药产品，去试图吸引所有的购买者。

无差别营销策略是生产观念的一种体现，企业的经营哲学是“生产好产品，自然有人买。”采用无差别营销策略的目的，是力求成本节约，视医药市场中顾客需求相同，因而营销方法也相同，套用医药工业生产的标准化、批量化。生产、储运、推销的平均成本比较低廉；同时，由于不需要细分市场，可以相应地节约市场调查研究费用和广告宣传、促销等开支。

然而，愈来愈多的市场营销人员对这一策略是否为最佳，表示了强烈的怀疑。今天，绝大多数医药企业都在寻找一种把市场加以细分的策略。事实上，市场细分化是社会进步最明显的特征之一。随着人们财富的增加以及有更多的休闲时间，他们追求更加丰富多样的生活，健康保健意识更强，对药品的疗效、稳定性、方便服用的要求更高。因而一种药品长期被所有消费者接受，是十分罕见的事情，人们需求的多样化即差异性正日益扩大。而且，当几家生产同类医药产品的企业，都采用无差别营销策略时，就会形成大的医药市场竞争异常激烈；而小的细分市场无人问津，消费需求得不到满足的状况。

2. 差异性市场营销策略 企业把整体医药市场划分成若干细分市场，针对不同的医药细分市场，设计制造性能及包装等各不相同的医药产品，采用不同的市场营销组合，去分别满足不同消费者的需要，完成销售目标，力争销售机会的极大化，即小批量、多品种生产。对医药行业来说，就是要在一种原料药多种剂型、复方制剂、缓释剂、控释剂、透皮给药等方面大做文章。

3. 集中市场营销策略 医药企业以一个或几个细分市场作为目标市场。企业可以集中力量进行专业化生产和销售。采取集中营销策略的企业，追求的不是在较大的医药市场上占有较小的份额，而是在较小的市场范围内占有较大份额。这样，既可以扩大市场占有率，又可以减少生产和促销方面的费用。因为品种较单一，可以集中力量于设计、研制、工艺设备改进等方面，便于产品的精益求精，提高产品的知名度，便于创名牌优质产品，树立企业的信誉。结果由于市场占有率大，成本相对下降，企业的投资收益率就高，积累就快，企业就能发展壮大。

总之，选择适合于本企业的目标市场营销策略，是一项复杂的、随时间变化的、有高度艺术性的工作。企业本身的内部环境，如研究开发能力、技术力量、设备能力、产品的组合、资金是在逐步变化的；影响企业的外部环境因素也是千变万化的。企业要不断通过市场调查和预测，掌握和分析这些变化的趋势，与竞争者各项条件之对比，扬长避短，把握时机，采用恰当的、灵活的策略，去争取较大的利益。

扫码“学一学”

第三节 医药产品的市场定位策略

一、医药产品市场定位的概念及策略

（一）概念

市场定位（positioning），又称为产品定位，是市场营销学和现代广告学中十分重要的概念，是由莱斯（A. Ries）和屈特（J. Trout）于 1972 年提出的。他们在《广告时代》发表名为“定位纪元”的系列文章，之后又写了成名作《头脑中的战争》，明确地提出了市场定位问题。

所谓医药市场定位，就是确定医药产品在市场之中的位置，即根据顾客对某种产品属

性的重视程度，给本企业的产品创造并培养一定的特性，树立一定的市场形象。在为数众多的产品概念中，发现或形成有竞争力的、差别化的产品特色及重要因素。医药市场定位，就是在顾客的心中为医药企业的产品和服务找到合适的位置，所以又称为“争取顾客心智的战略”。

市场定位，是关系到医药企业生死存亡的大事。因此，企业在制定市场定位策略时，一定要从实际出发，必须把产品定位建立在摸清、摸准国情、行情（市场情况）、厂情（企业情况）、心情（消费者心理）的基础之上。也就是说，必须先对环境、市场和产品进行调查研究，经过系统分析和综合之后才能确定产品在市场上的位置。

（二）市场定位策略

医药企业的产品特色，有的可以从产品实体上表现出来，如形状、成分、性能、结构等；有的可以从消费者心理上反映出来，如高档、经济、实惠等；有的要通过与竞争者产品或本企业其他产品相对比体现出来。市场定位策略，对于企业发展新产品，开拓新市场，充分发挥企业人、财、物力是一种相当有效的方法，市场定位策略还有助于医药企业树立在消费者心目中的形象。市场定位的策略主要如下。

1. 抢占市场空位策略　即医药企业通过对市场和现有产品的认真分析研究，发现消费者实际需求未能很好满足的部分，即市场缝隙，开发研制相应产品填补市场空白。采用抢占市场空位的策略，由于目标市场没有竞争者，企业产品可以长驱直入，易于被顾客接受，取得优势地位。

2. 匹敌策略　如果医药企业经过仔细调研也难以发现市场空隙，只要该市场需求潜力很大，而企业又能赋予产品新的特色和创意，不妨采用此策略，与竞争者一争高低。例如，市场上虽已有近百种感冒药品，但感冒有多种类型，是多发病、高发病。按中医理论，感冒可分为风寒感冒、风热感冒、感寒湿滞、表里双感、气虚感冒等；按西医又可分为普通型感冒、病毒型感冒、胃肠型感冒、肺炎型感冒等。病因不同，用药和治疗也有不同，因而其市场潜力巨大。某制药公司开发的“白加黑”感冒片，在国内首次采用日夜分开的给药方法，白天服用的白色片剂，由对乙酰氨基等几种药物组成，能迅速消除感冒症状，且无嗜睡副作用，可以正常坚持工作和学习；夜晚服用的黑色片剂，在白日制剂的基础上加入另一药物成分，抗过敏作用更强，能使患者更好地休息。其独特的品牌、包装和产品形象以及“清除感冒，黑白分明”的广告语，不仅获得专家的认可，也旋风般地渗透到全国市场，成为广大消费者青睐的感冒良药，在拥挤的感冒药市场上占得重要一席。

3. 取代策略　目标市场被竞争者占领，企业难以插足，如果医药企业实力雄厚，且产品比竞争者具有明显的优势，有把握将大多数消费者从竞争者那里争取过来，企业不妨取而代之。

值得强调的是，医药企业在进行市场定位的过程中，要避免三种定位错误：定位不足（under positioning）、定位过头（over positioning）和定位混乱（confused positioning）。定位不足就是不能有效与竞争企业的产品相区分；定位过头就是吹嘘自己的产品“包治百病”；定位混乱就是在市场上左右摇摆，不愿真正定位。

二、医药产品市场定位的方法

（一）医药产品市场定位的常规方法

市场定位的方法可以归纳为以下几种。

1. 根据产品的利益定位 即由产品本身能使消费者体会到的利益来定位。例如，一般消费者认为新药特药、进口药、合资企业药品剂型先进、疗效稳定，因而对这些药品的需求日增，导致我国医药市场新特药所占比重越来越大，谁能创出一个市场需要的新产品，谁就在市场上占有优势。

2. 根据价格和质量定位 价格与质量一般是一致的。例如控释、缓释制剂，由于工艺的改进、技术的提高、生物利用度更高、药效作用更显著，给消费者带来很大方便，即使价格稍高，而消费者也可从高水平的生产技术和产品所具有的特性方面得到平衡。

3. 根据用途定位 这是进行市场定位的好方法，例如同样是石膏产品，建材企业用来作为装饰材料，日用化工企业用来作化妆品原料，食品行业用来作添加剂，医疗单位则用来作治疗骨折的夹板。

如果为老产品找到一种新用途，也是为该产品定位的好方法。许多药品在临床应用中又逐渐发现一些新用途，从而为该产品开辟新的市场。例如，阿司匹林除解热镇痛的老用途外，还有抗癌防癌的作用，还有抗血栓形成的作用，可用作预防心脑血管疾病。泛酸钙，即维生素 B_5，是用了几十年的老药了，后来发现其有广泛的药理作用，可用于白内障、类风湿关节炎及某些皮肤病变等许多中老年常见病的防治，临床应用随之增多。

4. 根据使用者习惯看法定位 即由产品使用者对产品的看法确定产品的形象。例如，维生素 C 和含有维生素 C 的产品已进入大众的日常生活中，人们已逐渐不再把维生素 C 看成是药品；而是将其看作营养品、添加剂、抗应激甚至是保持好身材的助手。西方许多企业在奶及奶制品、水果和蔬菜、粮食、化妆品、牙膏、饮料、点心和动物饲料中添加维生素 C 成分。世界不少地区的大商店或超级市场开始出售单一或复合维生素 C 产品，药店对维生素 C 的垄断地位受到了动摇。

5. 根据产品特征定位 这种定位可以强调产品区别于同类产品的某一特征。例如，目前国内用于治疗感冒的药品数以百计，但绝大部分药品含有抑制中枢神经系统作用的药物成分，致使患者服药后精神萎靡不振、嗜睡，直接影响工作和学习。某制药公司推出的供工作人群白天服用的“感冒白片”，即强调该产品无明显嗜睡作用的特点。

6. 根据竞争定位 即针对竞争产品，宣传本企业产品的属性或利益来定位。所谓“山不在高，有仙则名，水不在深，有龙则灵”。

7. 组合定位 即医药企业综合运用上述多种方法来给产品定位。

（二）重新定位方法

如果医药企业的产品不再处于市场最佳位置，就应该考虑重新定位问题。当企业遇到下列情形时，就必须做重新定位的考虑。

（1）竞争者推出的新产品，定位于本企业产品附近，使本企业在该目标市场的占有率大幅度下降。

（2）顾客偏好发生转移，使企业产品与消费者需求发生偏离。

（3）新的顾客偏好已经形成，为企业带来新的市场机会。

在作重新定位的决策时，企业必须权衡两项因素。第一是重新定位的成本，它包括改变产品的品质、包装、广告等的成本。一般来说，重新定位距离原来的市场位置越远，则成本越高，产品形象改动的幅度越大，为改变人们印象所需的投资花费也越高。第二是将产品重新定位的预期收益。收益多少决定于：①新市场位置中消费者的人数；②平均购买率；③已经在目标市场范围内或准备进入该目标市场的竞争企业数目与实力；④该目标市

场的一般价格水准。

总之，目标市场的定位策略，是医药企业在选择目标市场的基础上，研制开发并推出适合目标市场需求的产品，使企业的产品与目标市场取得最佳配合，并确立有利的销售地位的有效手段。

STP 营销战略是现代市场营销的核心战略，本章应重点掌握医药市场细分、医药目标市场选择、医药市场定位等概念，掌握市场细分的理论依据、意义和细分标准；目标市场选择的三大策略、选择目标市场营销策略应考虑的因素；市场定位的方法和策略。

思考题

扫码“练一练”

1. 医药市场细分的条件是什么？消费者市场和生产者市场的细分标准各有哪些？
2. 什么是医药目标市场？选择目标市场营销策略应考虑的主要因素有哪些？
3. 试比较无差异营销策略、差异性营销策略和集中市场营销策略各自的优缺点。
4. 试述医药市场定位的概念、归纳并举例说明市场定位的主要方法。
5. 市场定位的策略有哪些？医药企业遇到哪些情形时，应重新定位？

第八章　医药产品策略

学习目标

通过学习全面了解医药产品等相关等概念，掌握医药产品生命周期各阶段的特点及相应营销策略；了解医药产品品牌及商标的含义、医药产品的商标策略；熟悉医药产品的品牌策略及包装策略。

扫码“学一学”

第一节　医药产品的整体概念和产品组合

一、医药产品的整体概念

现代市场营销学中，产品的概念具有极其宽广的外延和深刻的内涵。产品是指向市场提供的能满足人们某种需要的一切物品和劳务，包括各种有形的和无形的形式，如实物、劳务、场所、服务等。这一概念就是现代市场营销学的“产品整体概念”。医药营销者向市场提供的应是整体产品。

产品整体概念由三个层次组成：核心产品、形式产品、附加产品（图 8－1）。

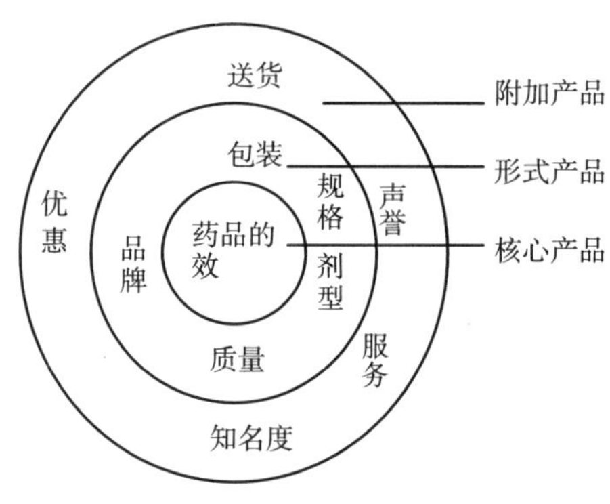

图 8－1　营销学中整体产品的内涵

（一）核心产品

这是产品最基本的层次，是满足消费者需要的核心内容，亦即消费者所购买的最本质的东西。例如，食品的核心是满足充饥和营养的需要，化妆品的需要是满足护肤和美容的需要。而医药产品的核心是满足预防、治疗、诊断疾病，有目的地调节人的生理机能的需要。核心产品向人们说明了产品的实质。医药企业营销人员的任务就是把安全有效、疗效可靠的医药产品推荐给消费者，以保证消费者的核心利益得到满足。

（二）形式产品

所谓的形式产品，是指核心产品借以实现的形式，由 5 个特征构成即品质、式样、特征、品牌与包装。即使是纯粹的劳务产品，也具有相关的特征。医药产品的形式部分由质量、规格、剂型 、品牌与包装构成。形式产品向人们展示的是产品的外部特征，它能满足同类消费者的不同需求，也能满足不同消费者的同一需求。例如，同一保健品的不同包装可以满足自用和送礼的需求；同种药品因剂型的差异，可以使成人和儿童的同一治疗需求都得到较大程度的满足。

（三）附加产品

附加产品也称外延产品，是指产品的各种附加利益的总和。即除了形式产品所产生的基本利益外，消费者还可得到随同形式产品所提供的各项服务所产生的利益。附加产品的观念来源于消费者对产品需要的深入认识。一位消费者购买产品是为了满足某种需要，所以在其购买时，希望能得到和满足于该项需要有关的利益。因而企业向消费者提供的不只是一件产品，而是与产品和服务组成的一个整体，即产品体系，这就是“系统销售的概念”。在竞争日益激烈的环境中，产品给消费者带来的附加利益已成为竞争的重要手段。许多情况表明产品的竞争并非在其工厂中生产的部分而在于其服务、广告、咨询、融资、声誉、优惠、送货、保管或消费者认为其他有价值的东西。只有向消费者提供具有更多实际利益，能更完美地满足其需要的附加产品才能在竞争中获胜。

产品的整体概念是建立在“需求 = 产品”这一等式基础上的，这一概念的内涵和外延都是以消费者的需求为标准，以消费者的需求来决定的。随着生活水平的提高，消费的升级，企业市场营销的重点逐渐由产品整体概念的内涵转向外层。过去人们购买产品主要看重其使用价值，今天消费者购买产品已不仅仅满足于产品品质优良，款式新颖，而是看重这件产品的使用所带给人的心灵愉悦。可以预料，产品概念的延伸部分将会随着社会进步，消费需求的发展而进一步扩展。企业所提供的附加服务与利益在现代竞争中的地位也愈加重要。

按照“需求 = 产品”的思路，医药产品的整体概念是构成满足防病治病需要的系统，这个系统中既有有形的物质产品，又有无形的服务产品，也是由核心产品、形式产品、附加产品构成。医药产品的核心产品是疗效与质量；形式产品是指满足用药需求的不同形式，包括剂型、商标、包装、特色、说明书；医药产品的剂型、商标、包装不同，满足消费者需求的程度就有很大的差异。如儿童消费成人剂型，需求满足程度就很低。医药产品的附加产品表现为给医生和患者提供的一系列附加价值，包括指导用药的说明书，方便用药的各种器具以及为医院、医生提供的售前、售中、售后服务。

二、产品组合策略

（一）产品组合、产品线和产品项目

1. 产品组合　是指一个企业所生产或经营的全部产品线和产品项目的结构，即企业的业务经营范围。优化的产品组合对于一个企业实现营销目标是至关重要的。产品组合是由若干产品线和产品项目组成。

2. 产品线　又称产品系列，指产品组合中的某一产品大类。由一组在功能、顾客、渠道、价格等方面有一定的类似性的产品项目构成。

3. 产品项目　是产品线中各种不同型号、规格、质量、档次和价格的产品。企业产品目录表所列产品都是一个产品项目。

（二）产品组合的维度

医药企业为了满足目标市场的需求，扩大市场，就必须生产或者经营多种产品。企业必须根据自身资源和核心能力状况，确定最佳产品组合。企业的产品组合包括四个重要的维度：宽度、长度、深度和关联度。

1. 产品组合的宽度　是企业经营的不同产品线的数量，其多少反映企业经营范围的宽

广程度。医药产品组合的宽度能够反映一个企业市场服务的范围和承担风险的能力。

2. **产品线的长度** 是指其经营的产品线中所包含的产品项目的总数量。有时也用产品线平均长度衡量产品组合长度，即产品项目总和除以产品线数量。产品线长度可扩展和增补以使产品线更加丰富，为消费者提供更多选择。

3. **产品组合的深度** 是指产品线中每项产品所提供的型号的数量。如某企业的创可贴产品，分有轻巧透气、轻巧护翼、经济便携、防水、大伤口专用等六种类型。深度越深，可以占领同类产品更多的细分市场，满足更多消费者需求。

4. **产品组合的关联度** 是指不同产品线在最终用途、生产条件、分销渠道等方面的关联程度。关键程度越密切，说明各产品线之间的一致性越强。关联度越强，越有利于企业充分发挥某一方面的优势，提高企业在某一地区或某一行业的声誉；关联度越弱，越有利于企业在更广泛的市场范围内发挥影响力，但是企业必须拥有更丰富的资源，更雄厚的技术力量，更完善的组织结构和管理体系。

（三）产品组合策略

产品组合策略是指企业生产经营的全部产品结构组成策略，是对产品组合的广度、深度、长度和关联度进行优化组合及适时调整的决策。产品组合应考虑企业资源、市场需求状况、竞争条件等因素。一般来说产品组合策略主要有以下几种。

1. **全线全面型产品组合** 是指企业着眼于所有细分市场，提供企业所需要的一切产品和服务。狭义的是指提供某一行业所需的全部产品，产品组合关联度很强。广义是指尽可能增加产品组合的广度和深度，而不受产品间关联度的约束。

2. **市场专业型产品组合** 是指企业向某个专业市场即某类顾客群体提供其所需的各种产品的产品组合策略。采用这种策略是强调产品组合的宽度和关联度，而产品组合的深度一般较浅，如医疗器械公司专门生产的各种医疗器械。

3. **产品专业型组合** 是指企业专注于生产和经营某一类产品，并将其推销给各类顾客的产品组合策略。此种策略强调产品的深度和关联度，其宽度较小。

4. **有限产品组合** 是指企业根据自己专长集中生产和经营有限的甚至是单一的产品线，以适应有线的和单一的消费者需求的产品组合策略。如医疗器械公司专门生产各种轮椅来满足残疾人和老年人的需求。

5. **特殊产品专业型组合** 是指企业根据某些顾客的特殊需要专门生产经营某一特殊产品的组合策略，有利于企业利用自己的专长树立产品形象，长期占领市场，但难以扩大经营，一般适合于小型企业。如某企业专门为有听力障碍的人生产各种助听器。

6. **特别专业型组合** 是指企业凭借其特殊条件，如凭借其拥有的知识产权和特许经营权，排斥竞争者涉足，独霸市场的组合策略，如专利药。

（四）产品组合优化策略

医药企业根据市场需求和竞争态势，考虑企业经营目标和企业实力，对现有的产品线和产品组合进行分析评价后，可以采取相应措施，对现有的产品组合的宽度、长度、深度和关联度方面作出决定和调整，力争达到最佳组合。

1. **扩大产品组合策略** 是指拓宽和增加产品组合的宽度、长度和深度。可以在原产品组合中新增产品线或者在原有产品线中新增产品项目和花色品种。扩大产品组合可以增加产品特色，为更多的细分市场提供产品。当企业发展较好或者现有产品销售额和盈利率可能下降时，企业就有必要采取这种策略，这样医药企业可以充分利用人力、财力、物力，分散风险，增强竞争力。

2. 缩减产品组合策略 是指剔除获利小和不获利的产品线和产品项目。市场繁荣时，较长较宽的产品组合会带来更多盈利机会。然而，当市场不景气、原材料供应紧张、能源短缺、政策导向不利时，缩减策略能够起到集中资源，突出优势的作用。例如某医药行业果断剔除市场份额小，不良反应多发的某种药注射剂产品，集中优势力量发展缓控释制剂品种，最终提升总利润。

3. 产品延伸策略 是指企业超出现有档次，增加产品线长度和深度。每个企业的产品线都是该行业整个市场的一部分，都有其特定的市场定位，产品的延伸有向下、向上、双向三种方式。

（1）向下延伸 是指在原定位于高档市场的产品线内新增中低档产品项目，向低端市场拓展的决策。

（2）向上延伸 是指原定位于低档的产品线内新增高档产品项目，向高端市场拓展的决策。

（3）双向延伸 是指原定位于中档市场的产品线内同时新增高档和低档产品，向上向下双向拓展市场的决策。企业应在掌握市场优势后逐步推进该策略，以达到扩大市场阵容、提高销售增长率的目的。

扫码“学一学”

第二节 医药产品生命周期策略

一、产品生命周期的基本概念

产品的生命周期（product life cycle，简称“PLC”）是指产品从试制成功投放市场开始，直到最后被市场淘汰为止的全部过程所经历的时间。可见，产品的生命周期是指一个产品的市场生命周期。一个完整的产品生命周期包括5个阶段：开发期、导入期、成长期、成熟期、衰退期（图8-3）。1988年娃哈哈儿童营养液投入生产，销量逐年上升，1993年最高销量达10亿支，随后销量逐渐下降，1994年退出娃哈哈益智营养液，但仍无法阻止下滑趋势，到1998年娃哈哈儿童营养液系列生产基本停止。这一系列过程就构成了一个完整的产品生命周期。

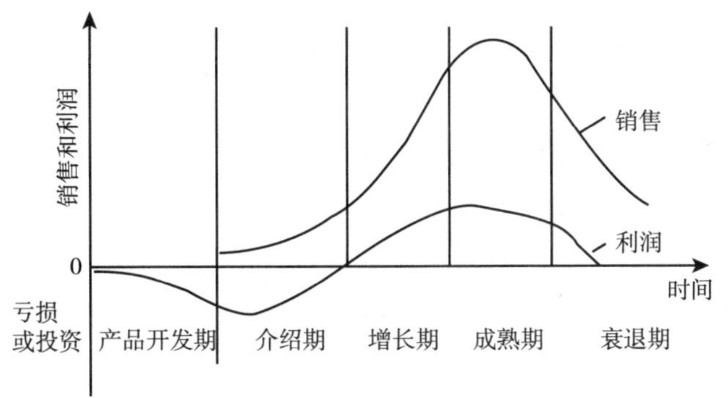

图8-3 产品生命周期各阶段的销售和利润

扫码“看一看”

二、医药产品生命周期各阶段的特点与营销策略

医药产品生命周期的不同阶段具有不同的特点，掌握这些特点，对于医药企业有针对性地采取营销策略，具有一定的现实意义。

（一）开发期的特点与营销策略

医药产品是高科技产品，产品开发的周期长、投入多、风险大。开发期销售额为零，无利可言，只有资金的投入。这一阶段的营销活动就是根据市场需求加快新产品开发步伐，进行有关新产品的商业前景分析预测。

（二）导入期的特点与营销策略

1. 导入期阶段的特点　导入期是指新产品首次上市的最初销售时期，这个阶段的主要特点如下。

（1）销售量低　由于产品刚刚问世，顾客不大了解，大多数顾客不愿放弃或改变自己以往的消费行为，只有少数求新心理强的顾客试用性购买，因而销售量低。

（2）生产量小　产品尚未定型，产品的技术、性能、质量等，需根据顾客要求不断改进，只能小批量生产。

（3）成本高　生产批量小，设备利用率低，购买原材料的数量少，价格高，试制费用、开辟营销渠道的费用、宣传费用高，所以成本高。

（4）利润低　由于生产成本高，费用又高，销售量小，所以一般利润较低，甚至亏损。

（5）竞争者少　产品的前途莫测，市场内无论消费者或中间商都存在戒心，风险较大，许多新产品在这个阶段夭折，竞争者处于观望状态，尚未加入。

2. 导入期阶段的营销策略　企业应建立有效的营销系统，为每一个营销组合变量制定有效策略，将新产品快速推进导入期，进入市场发展阶段。就价格与促销而论，一般有四种策略可供选择（图8－2）。

图8－2　导入期的营销策略

（1）快速－掠取策略　即高价高促销策略，也称双高战略。这是以高价配合高促销费用推出新产品的方法。产品定价高，获利大，可尽快收回开发时的投资。高促销活动是为了引起目标市场消费者的注意，加快市场渗透过程，尽快占领市场。实施这一策略须具备以下条件：市场上有较大的需求潜力；产品需求弹性小，消费者求购心切；产品有特色，技术含量高，不易仿制，如专利药品。

（2）缓慢－掠取策略　即高价低促销策略，也称高低策略。是指产品以高价格，低促销费用上市销售。高价格与低促销的结合，主要目的是获取更多的利润；对于医药企业而言这当然是最理想的销售模式。实施本策略的条件是：该产品市场规模小，竞争规模不太

激烈；产品的市场知晓率高，大多数消费者对该产品没有疑虑，能接受适当的高价。

（3）快速－渗透策略　即低价高促销策略，也称低高战略。是指用较低的产品价格和较高的促销费用推出新产品，以求迅速打入市场，争取尽可能多的市场份额。高促销是为了集中力量以最快的速度将产品打入市场，而低价本身就是一种促销手段。本策略可以给企业带来最快的市场渗透率和最高的市场占有率。但须具备的条件是：市场规模大，消费者对产品不了解且对价格十分敏感；产品易仿制，潜在竞争激烈；产品的单位成本会在促销活动的配合下，随着销量增加而下降。

（4）缓慢－渗透策略　即低价低促销策略，也称双低战略。是指企业用低价格低促销费用推出新产品。低价是为了促使市场迅速接受产品，低促销节约费用，以获得更多的利润。实施这一策略的基本条件是：市场容量大，价格弹性高，有相当多的竞争者准备加入竞争行列。

在导入期要突出一个"短"字和"准"字。"短"即尽可能缩短导入期的时间，使产品在短期内迅速进入市场。"准"即看准市场机会，正确选择新产品投入市场的时机，确定适宜的产品价格。

（三）成长期的特点与营销策略

1. 成长期阶段的特点　成长期是指产品试制成功后批量生产，销售扩大的阶段。这一阶段的主要特征如下。

（1）销售量迅速增加　产品被消费者普遍接受，销售量迅速增加。

（2）生产量扩大　经过导入期的产品不断改进，已经基本完善、定型，进入大批量生产时期（满足销售量迅速增长的需要）。

（3）成本降低　由于批量生产，成本和销售费用下降，产品价格下降（折旧费与营销费用分摊到单位产品上，原材料价格折扣等），但单位产品成本的下降快于价格下降。

（4）利润上升迅速　随着销售额增大，成本下降，利润增长速度加快。

（5）竞争加剧　竞争者看到新产品试销成功，有利可图，相继加入，仿制品出现，竞争日趋激烈。

2. 成长期阶段的营销策略　这一阶段企业营销对策的核心是尽可能延长产品的成长阶段，应采取下述营销策略。

（1）产品策略　根据消费者的需求和其他市场信息，开发出新剂型、新品种、新包装，并通过建立完善的产品质量保证体系，进一步提高产品质量。

（2）品牌策略　加强促销环节，品牌宣传的重点由导入期的树立产品的知名度逐渐转向成长期的以树立产品形象为主，培养消费者的品牌偏好，增加其依赖程度。

（3）渠道策略　巩固原有渠道，开辟新的销售渠道，扩大商业网点，以扩展产品的销售面，不断增加销售量。

（4）价格策略　应选择适当的时机根据营销战略的要求，对价格进行适当的调整，以争取更多的消费者。

成长期是企业销售的黄金阶段，营销策略总体应突出一个"好"字，即保持良好的产品质量和服务质量，切勿因产品畅销而急功近利，片面追求产量和利润；同时要加强品牌宣传，力争创名牌，树立良好的产品声誉和企业信誉。

（四）成熟期的特点与营销策略

1. 成熟期阶段的特点　成熟期是市场已达到饱和的阶段，这一阶段的特征如下。

（1）销售量大　这一阶段销售量达到最高阶段，即达到顶峰，但市场也达到饱和程度，销售量呈相对稳定状态，增长速度放慢，并逐渐出现缓慢下降趋势，少数用户的兴趣开始转向其他产品和替代品。

（2）生产量大　产量达到最高点，设备利用率高。

（3）成本低　因大批量生产，大批量销售，渠道畅通，营销费用相对下降（宣传费等），成本降至最低点，但改革产品需要增加投资，应付竞争也会导致成本有所上升。

（4）利润高　利润在成熟期升至最高点，但为了应对竞争，降低价格，因而利润可能开始下降。

（5）竞争激烈　这一阶段竞争最激烈，但到后期，有些能力不足的竞争者因无力与强大竞争者抗衡开始退出。竞争者各有自己特定的目标顾客，市场份额变动不大，突破比较困难。

2. 成熟期阶段的营销策略　这一阶段企业一方面要努力延长成熟期，另一方面要采取措施，确保市场占有率，应采取的营销策略如下。

（1）市场改良策略　即开发新的细分市场，寻求新客户，重新为产品定位，或创造和挖掘新的消费方式，从广度和深度上开拓新市场。

（2）产品改良策略　也称产品再推出。医药产品整体概念中的任何一个层次的改革都可视为产品再推出，包括开发新剂型、改变包装、为消费者提供新的服务等。如20世纪70年代初，美国某药品公司所生产的“珀克”溴盐不再是治疗昏厥的主打产品，就在逐步走向衰退之时，公司并没有轻易地淘汰掉这种药品，而是采用了减少药品含量的新配方，同时配合一种时髦而又迷人的包装，于是此种药品在那些晕车的人们中，为“珀克”溴盐开辟了一片新的广阔的市场。仅此一项，1977年就为该公司带来了350万美元的销售收入。

（3）营销组合改良策略　即通过改变定价，销售渠道及促销方式等来延长产品的成熟期。一般是通过改变一个或几个因素的配套关系来促进或扩大消费者的购买。

在成熟期往往还涉及一个令企业比较棘手的问题：如何确定新药品的推出时机？如果推出太早可能会影响老药品的销量；反之，则可能会造成该产品一定时期的市场空缺。这个两难的选择，我们将在下面的章节中详细介绍。

（五）衰退期的特点与营销策略

1. 衰退期阶段的特点　衰退期是产品已经老化，逐渐被市场淘汰的阶段，这一阶段的主要特征如下。

（1）销售量迅速下降　顾客的兴趣已经转移，销售量迅速下降。

（2）生产量减少　由于销售量下降，企业原有的生产能力不能充分发挥作用，必须压缩生产规模。

（3）成本上升　由于销售量下降，固定费用不变，原材料购买量减少，折扣让价比例下降，因而成本上升。

（4）利润迅速下降　由于销售量下降，而成本上升，致使利润下降。

（5）竞争淡化　竞争成败已成定局，而成本上升，利润下降，不少企业出现无利经营甚至亏损经营，竞争者纷纷退出市场，竞争者数量大大减少。

2. 衰退期阶段的营销策略

（1）集中策略　产品处于衰退期时，由于企业的销售量迅速下降，如果经营规模和各项投资水平仍保持不变，必将造成企业利润的急剧下降。此时企业应缩短产品营销战线，采用集中战略。即把企业的人力、财力、物力等资源集中使用在最有利的细分市场，最有效的销售渠道和最易销售的品种、款式上。由于经营规模的缩小，企业仍可从该市场上获取较多的利润。

（2）持续策略　即保持原有细分市场，在一段时间内继续沿用过去的营销策略，以适应新老产品的交替，为新产品上市创造有利条件。

（3）转移策略　即转移市场，把目标市场从这一地区转移到另一地区，从这个国家转移到另一个国家。由于地区间的差异，客观上存在着产品消费上的层次性、时间性上的区别，如外国市场与中国市场，我国城市市场和农村市场，所以本策略经常被一些外国医药公司采用。

（4）更新策略　即开发新产品，取代老产品。

三、延长医药产品市场生命周期的途径

产品生命周期理论告诉我们，企业要想延长其产品的市场生命周期，可以从以下四个方面着手。

1. 采用新的科学技术　利用新技术，不断提高产品质量，使药品的疗效更好，安全性更高。

2. 增加剂型　增加药品新的剂型，以满足消费者的不同需求。

3. 市场改良　调整产品市场，把已经进入衰退期的药品转移到尚没有开发的市场。

4. 开发药品新作用　不断地发现药品新的适应证，从而使其生命周期得以不断地延长。

第三节　医药产品品牌策略

扫码“学一学”

品牌是企业一种重要的无形资产，是产品整体概念的重要组成部分。医药企业应努力争创名牌，保护名牌，这是企业市场营销策略中的一项重要内容。

一、品牌的相关概念

美国市场营销协会（AMA）给品牌下的定义为：“品牌是一个名称、名词、符号、象征、设计或其组合，用以识别一个或一群出售者之产品或劳务，使之与其他竞争者相区别。”

营销学者菲利普·科特勒所下的定义：“品牌就是一个名字、称谓、符号或设计，或是上述的总和，其目的是使自己的产品或服务有别于竞争者。”

由上可以理解为，品牌就是俗称的牌子，是制造商或经销商加在商品上的标志，其目的是为了把不同生产者或经销商的产品区别开来。品牌一般是由品牌名称、品牌标志、商标等组成。

（一）品牌名称

品牌名称是指品牌中可以用语言称呼的部分，即品牌中的可读部分，如“三九感冒灵”“感康”“金施尔康”“黄金搭档”“脑白金”“斯达舒”“九芝堂”等。药品的品牌名称通常由药品商品名构成。

药品的商品名须经国家药品监督管理局批准后方可在包装、标签上使用。商品名不得与通用名连写，应分行。商品名经商标注册后，仍须符合商品名管理原则，字体大小比例

为：通用名：商品名≥2：1。通用名字体大小应一致，不加括号。未经国家药品监督管理局批准作为商品名使用的注册商标，可印刷在包装标签的左上角或右上角，其字体不得大于通用名的用字。

（二）品牌标志

品牌标志是指品牌中可以被认识，但不能用语言称谓的部分。品牌标志常为某种符号、象征、图案以及其他特殊的设计，如西安古城墙的变形与兵马俑组成的西安杨森的品牌标志；京都念慈庵川贝枇杷膏上的孝亲图；葵花药业小儿清肺化痰颗粒上的葵花图案等。品牌标志是一种视觉语言。

（三）商标

商标是商品的标记。这种标记通常是用文字、图形或二者组合来表示。通常它是注明在商品、商品包装、广告的上面。商标通常要向国家的商标管理机关注册或登记，并取得专用权。也就是说，凡是经过国家有关部门注册、受法律保护的品牌都是商标。商标具有地域性、时间性、专用性的特点。

二、品牌的含义

品牌代表着卖方交付给买方的产品特征、利益和服务等一贯性的承诺，品牌还有很多更复杂的象征意义，它包括以下六层含义。

1. 属性 品牌代表特定的产品属性。例如，“太极”藿香正气液，意味着不苦、不辣（不含乙醇、不含糖），突出了产品特点。

2. 利益 顾客买的不仅是属性，还包括功能性或情感性的利益。如“康泰克”缓释胶囊的“缓释”属性体现了功能性的利益：“一天仅需一粒”。

3. 价值 品牌也体现了产品的某些价值。例如，“同仁堂”始终坚持“炮制虽繁必不敢省人工，品味虽贵必不敢减物力”，产品以质量和疗效享誉海内外。

4. 文化 品牌也象征着一定的企业文化。例如，河南宛西的“仲景”品牌，本身就代表和传承着浓郁的中医药文化。

5. 个性 品牌还代表着一定的个性。例如，葵花药业“小葵花”品牌，体现了健康、乐观、积极向上的个性，对年轻妈妈和活泼儿童都有很好的亲和力。

6. 使用者 品牌还可以暗示一定的购买者或使用者。例如，“小葵花”的购买者多是年轻妈妈，使用者则是儿童。

一个成功的品牌往往同时具备上述六层含义。实际上消费者会更重视品牌利益而不是品牌属性，现有属性会被其他生产者模仿，也会随着时间的推移等因素而失去价值。企业在塑造品牌时，应该更加关注品牌背后所承载的价值、文化和个性，它们构成了品牌的基础，揭示了品牌间的差异，揭示了更深层的内涵。

三、品牌的作用

（一）品牌对营销者的重要作用

首先，品牌有助于促进医药产品销售，树立企业形象，有助于扩大产品组合；其次，品牌有利于保护品牌所有者的合法权利，注册后获得商标专用权，其他医药企业未经许可不得仿冒；最后，品牌有利于约束企业的不良行为，规范企业的营销行为。

（二）品牌给消费者带来的益处

首先，品牌便于消费者辨认、识别所需医药产品，有助于消费者选购产品；其次，品牌有助于维护消费者利益，督促医药企业恪守对消费者的利益承诺，并保持产品质量的同一性、稳定性；最后，品牌有利于促进医药企业产品改良，不断更新或创造新的产品以适应市场需要，也更有益于满足消费者的需求。

（三）品牌有助于提升国家竞争力和医药产业竞争力

企业是社会经济发展的主体，而一个国家的经济发展水平和行业整体竞争能力很大程度上取决于其拥有强势品牌企业的数量。品牌强则企业强，企业强则推动国家强。国家经济的发展，国家竞争力和医药产业竞争力的提升，都需要一大批有行业影响力的品牌。

四、品牌策略

企业在制定品牌策略时要参考外部市场、产品特点、自身资源等方面的实际情况，通常可选择以下几种方式。

（一）品牌有无策略

品牌有无策略就是医药生产企业是否给产品使用品牌：可以使用品牌，也可以不使用品牌，这就要根据产品特点而定。医药商品是一种特殊商品，大多企业都使用品牌，仅有少数中药材、中药饮片、药用辅料不设品牌。不设品牌可以节省设计、申报、广告、包装等费用，主要目的是降低成本。

（二）品牌归属策略

医药企业一旦决定使用品牌，就必须要明确品牌的归属，即该品牌归谁所有。品牌归属有三种情况：①是生产者品牌策略，即企业使用自主品牌，故生产者获得其品牌收益；②是中间商品牌策略，即中间商购进商品后用其品牌上市销售，无力建立自主品牌的生产企业可采取该策略；③是混合策略，生产企业对部分产品使用自主品牌，部分产品使用中间商品牌。

我国医药行业一直都是以生产者品牌为主，产品的设计、质量、特色都是由厂家决定。然而，品牌的收益越来越受到人们的重视，实力雄厚的中间商对品牌的兴趣也越发浓厚。我国医药行业的中间商品牌也呈增长态势，据报道，一些医药企业的传统中药品种被日本等国家低价购买，而后冠以其品牌返销国内。

（三）品牌统分策略

医药企业的所有产品都使用一个品牌，还是不同的产品使用不同品牌，这就是品牌统分策略，可有以下 5 种选择。

1. 统一品牌策略　即企业所有产品共用一个品牌。例如，“云南白药酊”“云南白药气雾剂”“云南白药创可贴”“云南白药牙膏”都是云南白药集团的产品。价格和目标市场大致相同的产品可以使用统一品牌策略，但产品间差异太大时则容易混淆品牌形象。譬如，一个企业同时生产药品和农药，则不宜使用同一品牌。

采用这一策略，可以建立统一品牌的广告传播体系，减少广告推广成本，而且可以进一步利用已成功的品牌推广新产品，提高新产品的接受度。但其缺点是：当统一品牌中的任一商品出现问题时，会对整个企业信誉产生不良影响。因此，适宜采用统一品牌策略的

条件是：①品牌已经获得一定的信誉度；②保证每种产品相同的内在品质。企业需对所有产品的质量严加把控，参差不齐的产品质量会影响高质量产品的信誉，乃至整个品牌。

2. 分类品牌策略 即不同类别产品使用不同品牌。这种策略可区分不同用途的产品，有利于体现产品差异，突出产品特色，还可避免“城门失火，殃及池鱼”的情况出现。

3. 个别品牌策略 即每种产品分别使用不同品牌。优点是：每种新产品都有独立的最佳名称，突出了该种产品的特色；企业整体信誉不易受某一品牌信誉影响，牵连效应小；有利于企业内部各产品间的良性竞争；有利于发展多种产品线和产品项目，扩大产品阵容。但过多的品牌也会加大促销推广成本，不利于创立名牌。该策略适合产品线较多、关联度不强、生产技术差异性大的企业。

4. 企业名称与个别品牌并用策略 即在每一个个别品牌前冠以企业名称。例如，“哈药六牌·钙加锌”，企业名称“哈药六牌”，个别品牌“钙加锌”显示产品个性。这样，既可使新产品享受企业已有声誉，节省广告推广费用；又可体现个别品牌的特点和独立性，强化了产品个性。

5. 多品牌策略 即在同一种产品上设立两个或两个以上相互竞争的品牌。多品牌可能会影响原有单一品牌的销售量，但可以满足不同消费者的需求，占据较大的市场份额。例如，解热镇痛的“安瑞克”“小安瑞克”等。多品牌策略可以增加企业产品展示面，占领更多的细分市场。缺点是：每一品牌的市场份额都很小，缺乏市场主导品牌；企业资源多方配置，导致自身品牌间的竞争。

（四）品牌延伸策略

品牌延伸策略是指企业利用已有市场影响力的成功品牌来推出改良产品或新产品。例如，江中制药利用“江中健胃消食片”的品牌效应，又推出了保健品“江中亮嗓”“江中猴菇饼干”等新产品。这种策略的优点在于：有利于减少新产品的市场风险；降低新产品的推广成本；强化品牌效应，扩大原有品牌影响力。但在品牌延伸过程中应把握好度，否则会淡化品牌特色，损害原有品牌形象，造成品牌认知模糊。

（五）品牌重新定位策略

品牌重新定位策略是指企业全部或局部矫正或改变品牌在市场上的最初定位。再定位原因很多，譬如，顾客偏好转移，需求状况改变；或者竞争者推出同款新品，导致市场份额下降等。再定位的意义在于使产品与竞争者产品体现差异、差距或特色。

综上所述，品牌是企业营销手段的重要内容，创造名牌更是企业应该追求的目标之一。创立一个名牌，必须要了解顾客需求，开发高品质的特色产品，多渠道加强推广宣传，进而在激烈的市场竞争中占据一席之地。

扫码“学一学”

第四节　医药产品包装策略

商品包装是整体产品的重要组成部分，是产品的外在质量，是消费者购买选择的重要依据。实践证明，优质产品配合精美的包装，能起到美化产品，增强吸引力和感染力，唤起广大消费者的购买兴趣并及时作出购买决策的作用。因此，优化产品包装是企业不断拓展市场营销的重要决策。有一些包装是闻名于世的：如“可口可乐”的瓶子，“雷格”女用连裤袜，蛋形容器，许多营销人员把包装化（packaging）称为第五个P，前面四个P分别为价格（price）、产品（product）、地点（place）和促销（promotion）。

一、包装的概念和作用

（一）包装的概念

包装是指保护产品质量和便于流通的容器或包扎物。包装的作用是多方面的，使用包装的最直接的目的是便于运输、陈列、销售和消费。包装是产品实体的一个重要组成部分，一般包括三个层次：①内包装，是产品的直接容器；②中层包装，其作用是保护产品和促进销售；③储运包装，其作用是便于储存、搬运。现代市场营销观念对包装赋予了新的内容，即好包装能给消费者带来特殊的好感，成为刺激消费者购买的一个十分重要的因素。因此，企业对产品的包装必须给予高度的重视。

《中华人民共和国药品管理法》和《中华人民共和国药品管理法实施条例》中都有药品包装的相应法律规定。例如，直接接触药品的包装材料和容器，必须符合药用要求，符合保障人体健康、安全的标准，并有药品监督管理部门在审批药品时一并审批。生产企业不得使用未经批准的材料和容器。药品包装必须适合药品质量要求，便于储存、运输和医疗使用。药品包装必须按规定印有或贴有标签并附说明书。医药生产企业在选择和设计产品包装时必须要遵循相关法律法规。

（二）包装的作用

目前，包装已成为强有力的营销手段。设计良好的包装能为消费者创造方便价值，为生产者创造促销价值。由于越来越多的产品在超级市场上和折扣商店里以自助的形式出售。因此，包装必须执行许多推销任务。包装具有多方面的意义，保护商品质量的完好无损、促进销售、方便运输等是商品包装的重要目的。对于医药商品而言，包装的作用有以下几项。

1. 保护医药商品　这是商品包装的基本作用。医药商品从生产领域向消费领域转移的过程中，要经过运输、装卸、储存、销售等一系列环节，良好的包装可以使商品在空间转移和时间转移过程中避免碰撞、风吹、日晒、雨淋、挤压而受损，保证药品的使用价值完好。否则，产品包装不善，就会造成很大损失。

2. 便于运输、携带和贮存　医药商品有气态、固态、液态等不同形态，它们的理化性质也各异，有的有毒，有的有腐蚀性，有的有挥发、易燃、易爆等特性，这些都只有加以合适的包装，才能运输、携带和存放。绝大多数医药商品在贮存中需要防潮、避光、防热，一些特殊药品在运输过程中需要防震、防爆。特殊药品中的有毒品、危险品更需要有特殊的包装。良好的包装可以使药品的质量在整个流通过程中不发生变化，从而保证其使用价值的实现。

3. 指导消费，便于使用　药品包装上都附有文字说明，具体介绍产品性能和注意事项，可以起到便于使用和指导消费的作用。此外根据药品在正常使用时的用量加以包装，如药片1000片装（适用于医院）、10片装（适用于个人）等；包装容器采用拉环式、嵌扭式易开罐，拉链式包装盒，喷射式包装容器等，并在包装上说明用法、用量及禁忌等，也是为了便于使用。

4. 美化商品，促进销售　商品采用包装后，首先进入消费者视线的往往不是商品本身而是商品的包装。独具个性、精致美观的包装可以增强商品的美感，刺激消费者的购买欲望，起到无声推销的作用。据英国市场调查公司调查认为，一般到超级市场购物的妇女，

由于受包装装潢的吸引，在现场购买的东西通常超过购买前计划购买数量的45%。所以包装的功能更集中于增强产品的吸引力，促进销售，尤其是OTC药品，包装就显得更加重要。

5. **增加利润** 包装是产品的一个组成部分，优良精美的包装有利于提高产品的档次，从而提高产品的身价，消费者愿意付出较高的价格来购买，超出的价格往往高于包装的附加成本。同时，由于包装的完善，产品损耗减少，从而使企业的盈利相对增多。

二、包装的设计原则

商品包装是整体产品的重要组成部分，许多营销人员把包装化（packaging）称为第五个P，前面四个P，分别为价格（price）、产品（product）、地点（place）和促销（promotion）。

药品的包装设计应以包装要求为依据，是一项技术性很强的工作。储运包装要着眼于保护药品和便于运输；中层包装与内包装又称销售包装，应着眼于美化商品，便于使用，促进销售。总之，药品的包装应符合在一定的贮存条件下和在一定的时间内保持药品质量的要求。其总的原则是美观、实用、经济，具体应符合以下要求。

（一）准确传递商品信息

药品包装必须能准确传递药品信息。药品的性能、使用方法和使用效果不是直观所能显示的，需要用文字来表达，在包装上要有针对性的说明。如药品的成分、功能、主治、服用量、禁忌、注意事项、不良反应等，这些文字说明必须和药品的性质一致，并有可靠的科学实验数据或使用效果的证明。

（二）显示产品属性与特色

包装上的文字、图案、色彩等应该反映产品特色。如宝鼎、葫芦、古人头像、太极图等富于中华传统特色的图案特别适合用在中成药的包装上；红色使人感到喜庆、兴奋，因此适合作为补气、养血、壮阳等产品的外包装色调。

（三）与药品价值水平相配合

药品只有合格与不合格之分，能够上市销售的只能是取得批准文号的合格品，药品包装应与其价值相符。如一些贵重药品（人参、鹿茸等）的包装要烘托出其高贵；一些百年老店生产的药品的包装应与众不同。

（四）实用性

药品包装的形状、结构、大小应为运输、携带、保管和使用提供方便。非处方药品的广泛使用对包装的要求主要体现在便于使用，携带和贮存的功能上（如成人装、儿童装、一次性给药、单剂量包装等）。药品的剂型有片剂、针剂、水剂、软膏、粉剂等多种形式，其性质千差万别，有需要低温的，有需要避光的，有需要防潮的等。因此在包装上应采取相应防护措施，以保证药品质量。特殊管理的药品及危险品，包装上应有国家规定的明显标志。

（五）包装设计应美观大方

包装设计既应美观大方、形象生动，同时又应力求避免在消费者中产生不好的含义和联想。包装上文句的设计要求能增加消费者的信任感，并能指导消费。不搞模仿避免雷同，尽量采用新材料、新图案、新形状，使人耳目一新，一目了然。

（六）宗教信仰与风俗习惯

包装装潢所采用的色彩、图案要符合目标消费者的心理要求，尊重其宗教信仰、风俗习惯。色彩、图案的含意对具有不同心理爱好的消费者可能是截然不同，甚至是完全相反的。如白色，日本人视之为喜庆，而中国人视之为丧葬；信奉伊斯兰教的国家和地区的人们忌黄色；埃及人喜欢绿色，忌用蓝色；法国人最讨厌墨绿色，偏爱蓝色。罗马尼亚人喜欢三角形和环形图案；捷克红三角是毒品的标记；在土耳其绿三角是免费样品的标志等。日本人习惯用3、6、10，而不喜欢4 和9；欧洲人喜欢7，而不喜欢13。包装设计人员应积累这些资料，以提高包装装潢设计的适应性。

（七）符合有关法律规定

我国《药品管理法》对药品的包装专门进行了规定，明确指出：直接接触药品的包装材料和容器，必须符合药用要求，符合保障人体健康，安全的标准，并由药品监督管理部门在审批药品时一并审批。

药品包装，标签上印刷的内容对产品的表述要准确无误，除表述安全，合理用药的用词外，不得印有各种不适当宣传产品的文字和标识，如“国家级新药”“重要保护品种”“GMP 认证”“进口原料分装”“监制”“荣誉出品”“获奖产品”“保险公司质量保险”“公费报销”“现代科技”“名贵药材”等。

三、包装策略

为新产品制定有效的包装，需要作出大量的决策。包装化概念，规定包装基本上应为何物，或为一个特定产品起什么作用。包装的主要作用应为优质产品提供保护，引进一个新颖的使用方式，提示产品或公司的某种质量，或者是其他某些作用。

此外，还必须为包装设计的其他要素作出决策，如包装物的大小、形状、材料、色彩、文字说明以及品牌标记。

包装设计好后，必须进行一些试验。进行工程技术测试的目的是为了保证包装在正常情况下经得起磨损；进行消费者测试的目的是为了保证赢得有利的消费者反应。

产品包装是整体产品的一部分，正确地选用包装策略，可以有利地促进商品销售，常用的包装策略主要如下。

（一）类似包装策略

所谓类似包装策略就是将企业生产的各种产品，在包装外形上采用大致相同的材料，式样和图案或其他特征，使消费者很容易联想到是同一企业的产品。西方大型制药企业和中外合资制药企业常采用这种策略，如西安杨森的各种产品包装都有统一色调。这种策略的优点是：①节省设计宣传费用，增加企业声势，有利于介绍新产品。②可以扩大企业产品的影响，促进各类产品的销售。其缺点是只适用于质量水平相当的产品，质量性能悬殊的产品不宜采用该策略。

（二）组合包装策略

又称系列包装策略，它是指把使用时互有关联的多种商品，纳入一个包装容器内，如家用药箱、旅游药盒、针线包、工具箱等。这种策略的优点是：①给消费者提供方便；②能够起到扩大销售量的作用。其缺点是只能适应一些最基本的产品的包装要求。药品组合包装的名称表述应为“X/Y/Z 组合包装”，X、Y、Z 分别代表各制剂的通用名称；药品

组合包装不核发批准文号，不设立监测期，不使用商品名称；直接接触药品组合包装的包装材料必须适用于各制剂；药品组合包装标注的有效期为各制剂中最短的有效期；药品组合包装的储存条件必须适用于各制剂等。

（三）再用包装策略

又称为双重用途包装策略，是指包装容器内原有的商品用完之后，空的包装可移作别的用途。如口服糖浆采用杯形包装、包装瓶可用作旅行杯等。这种策略的优点是：①买一种商品可以有多种用途，增强了产品的吸引力；②若包装上印有文字说明，重复使用能起到广告宣传的作用。

（四）附赠包装策略

这是目前市场上比较流行的包装策略，就是在商品包装物上或包装内附有奖券或其他物品。这种策略使消费者感到方便或者有意外的收获，能引起消费者的购买兴趣，还能刺激消费者重复购买，如冲剂药品袋内赠药匙或杯子等。

（五）等级包装策略

主要包括：①按照产品的档次来决定产品的包装，即高档产品采用精美的包装，以突出其优质优价的形象，低档产品则采用简单包装，以突出其经济实惠的形象；②按照消费者购买目的的不同对同一产品采用不同的包装，馈赠亲友的包装应该精致、漂亮，自用的则包装应该简朴些。

（六）改变包装策略

商品包装上的改进，正如产品本身的改进一样，对销售有重大意义。当企业的某种产品在市场上同类产品中内在质量近似而销路打不开时，就应该注意改进包装设计；当一种产品的包装已采用较长时间后，也应该考虑推陈出新，变换包装。这种用改变包装的办法达到扩大销路的目的，就是改变包装策略。

总之，包装是产品整体概念的一个重要组成部分，它在宣传产品、促进产品销售、指导人们正确消费方面有着重要的作用。特别是医药市场出现了无人售货的方式后，包装更是起到了“无声推销员”的作用。因此，我国的医药企业应重视药品包装的设计。

医药产品整体概念由三个层次组成：核心产品、形式产品、附加产品。产品从进入市场到被淘汰退出市场的全部过程所经历的时间被称为产品生命周期。一个完整的产品生命周期包括开发期、导入期、成长期、成熟期、衰退期五个阶段，每个阶段都具有不同的特点和营销策略。品牌是产品不可分割的一部分。品牌是一个集合概念，包括品牌名称和品牌标志两个部分。商标是经过注册登记，受到法律保护的品牌或品牌中的某一部分，品牌和商标既有联系又有区别。包装也是产品的重要组成部分，其作用主要体现在保护产品、促进销售、增加利润和指导消费。品牌、商标、包装策略直接关系到企业的市场竞争力。

此外，不断开发新产品是保持企业旺盛生命力的必要前提。医药新产品（新药）的含义需要从两个角度加以理解：从法律角度看，新药是指未曾在中国境内上市销售的药品；从市场营销学角度看，医药新产品是与原有产品相比，在功能或形态上得到改进，并能为

顾客带来新的利益的产品。营销角度的医药新产品概念比法律角度的外延更加宽泛。由于医药行业的特殊性，医药新产品的开发在我国制药行业还是一个尚未完成攻克的难题。

扫码“练一练”

思考题

1. 什么是产品生命周期？简述产品生命周期各阶段的特点及营销策略。
2. 什么是品牌？简述产品的品牌策略有哪些。
3. 什么是商标？
4. 简述包装的作用、设计原则和包装策略。
5. 什么是医药产品的整体概念？

第九章　医药产品价格策略

学习目标

通过本章学习全面了解国家药品价格管理政策的内容与变化；掌握价格构成的内涵、制定价格的程序与目标；熟悉消费者价格心理基本内容及相应定价策略。

在市场经济中，商品价格可以看作市场供需的晴雨表，作为自动调节商品生产供应和消费需求的重要手段。根据我国药品价格政府定价和市场调节相结合的特点，医药产品的价格策略也应该分别从药品价格的政府定价和企业自主定价这两个部分来分析，并分别制定相应的价格营销策略。充分了解国家有关药品价格的具体政策规定，研究药品价格的形成与计算、价格决策的内涵和方法等，是本章的主要内容。

扫码“学一学”

第一节　药品定价的基础

由于药品是防病治病、康复保健的特殊商品，在药品零售市场上，大多数药品的使用和疗效不易为一般消费者所掌握，消费者购药行为多数是由第三者（即医生）决定，需按医生的处方到药房付款取药，因此药品的消费对于药品价格的约束力很弱。世界上大多数国家，包括一些经济发达的西方国家，都对药品价格实行不同程度的管制，我国政府也不例外。

长期以来，我国药品价格实现较为严格的管理制度，除了基本药物由中央政府价格主管部门和各省级政府价格主管部门定价的部分药品外，大部分药品是由医药企业根据市场供求情况自行定价的。随着我国药品价格管理体制的进一步深入改革，由企业自行定价药品范围将逐步扩大。如果药品定价权完全下放到了企业，企业能否很好地掌握定价策略以促进企业的营销工作活动，对于我国绝大部分医药企业而言是一个前所未有的考验。面对这样的机遇与挑战，医药企业应该充分了解商品的定价过程与常用的定价方法，掌握国家相关的政策规定，并结合医药企业自身条件及药品市场的特点，通过采取正确的价格策略、合理地制定药品价格从而促进企业营销工作的顺利开展。

本章将就药品价格的构成内容、企业定价目标和程序、药品定价方法与策略等方面探讨企业药品定价方面的策略与技巧。

一、成本——药品价格的基础

在市场经济中，医药产品与其他任何商品一样，它的价格水平有一条最低界限，那就是生产成本。成本对于药品定价而言是一个关键的因素，从理论上讲要使企业的简单再生产得以顺利进行，药品的价格就必须至少等于生产经营成本。但社会再生产不能只是简单再生产，要使医药企业扩大再生产也能顺利进行，就必须使医药企业获得相应盈利。然而盈利的确定是企业定价过程中最复杂、最敏感的部分，因为它要受到很多外部因素的制约。研究医药产品价格的形成内容及影响因素，有助于医药企业在市场营销过程中充分利用好价格这一灵活多变的组合要素，使之充分发挥应有的作用，更好地为提高市场竞争实力、

实现企业营销目标而服务。

成本是影响、决定药品价格的最重要的因素，营销学中的成本包括药品在生产过程和流通过程中所发生的各项开支。成本是一个综合的概念，按照支出项目及其特征的不同，它可以分为以下几种类型。这些不同类型的成本，构成商品定价的不同基础。

1. 固定成本　即支付在各种固定生产要素上的费用，如厂房、机器设备、管理费用、利息等。这些费用在一定时期内与一定的生产能力范围内不随产量的变化而变化。

2. 变动成本　即支付在各种变动生产要素上的费用，如购买各种原材料、电力、工人工资等。这种成本随着产量的变化而变化。

3. 总成本　即固定成本与变动成本之和。当产量为零时，总成本等于固定成本。

4. 平均固定成本　即固定成本除以产量，它随着产量的增加而减少。

5. 平均变动成本　即总变动成本除以产量。平均变动成本的大小不是固定的，它会随着工人劳动技能、原材料价格、设备维修费等的变化而变化。

6. 平均总成本　即总成本除以产量。它随着产量的增加而降低。

7. 边际成本　指在现有产品数量基础上，每增加一个或减少一个单位产量造成的总成本的变动量。

8. 长期成本　它指企业能够调整全部生产要素时，生产一定数量的产品所消耗的成本。所谓长期，是指足以使企业能够根据它所要达到的产量来调整一切生产要素的时间量。在长时期内，一切生产要素都可以变动。所以长期成本中没有固定成本和变动成本之分，只有总成本、边际成本和平均成本之别。

9. 机会成本　指企业经营某一项经营活动而放弃另一项经营活动的机会，而经营另一项经营活动所应取得的收益即为该项经营活动的成本。研究机会成本的目的在于正确选择企业的经营活动，以使有限的资源得到最佳的利用。

区分成本的不同种类，可使企业在定价决策时有所侧重。药品价格的确定除了需在生产过程中严格控制成本开支，以取得竞争优势外，还需要通过下面的分析对比，确定企业的盈利水平。

二、药品供求与药品价格

医药企业在确定药品价格时应首先考虑商品供求规律的影响。西方经济学认为，商品价格是由市场供求情况而定的。作为客观经济规律的供求规律表明，市场供求决定（或影响）市场价格，同时市场价格又决定（或影响）市场供求。市场就是以此“看不见的手”来自动调整国民经济各部门的生产比例及社会资源的合理化配置。供求规律的内容，具体说来有以下几点。

1. 市场供求决定市场价格　假定某种商品的市场供给量不变，市场价格按照和市场需求同一方向变动，即市场需求增加，其价格就会上升；反之价格就会下跌。假定某种商品的市场需求量不变，市场价格则会按与市场供应相反的方向变动。即如果市场供应量增加，其价格就会下跌；反之，价格就会上涨。

2. 市场价格决定市场供求　假定其他因素（如消费者偏好、收入水平、其他商品价格等）不变，需求量将按照和价格相反的方向变动（图9－1），供给量将按照和价格相同的方向变动（图9－2）。

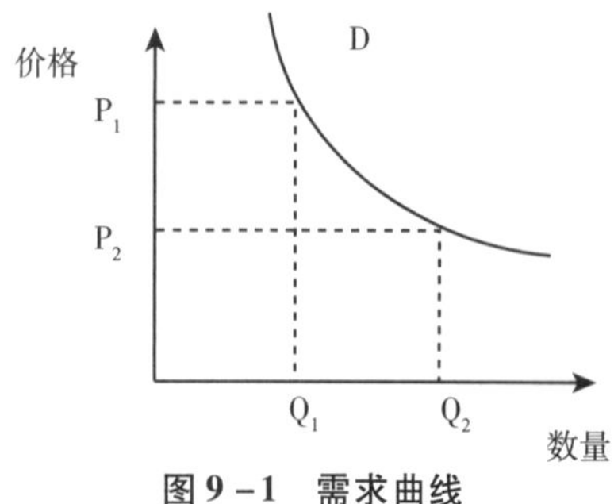

图 9－1　需求曲线

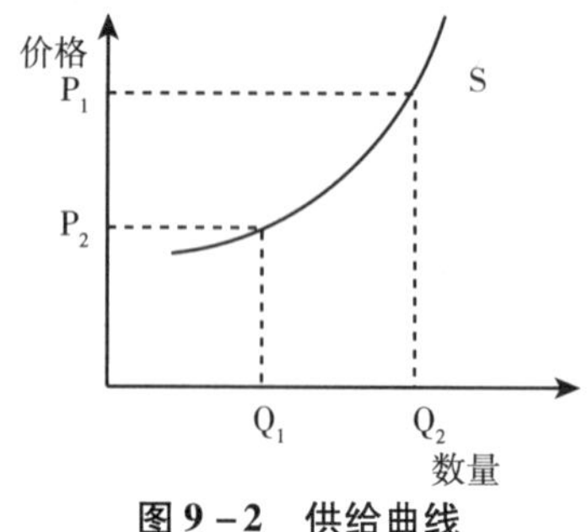

图 9－2　供给曲线

图中，P 表示商品价格；Q 表示需求数量；D 表示需求；S 表示供给。用公式表示：D = f（p），称为需求函数；S = f（p），称为供给函数。

一般而言，价格上涨，需求减少，供给增加；价格下跌，需求增加，供给减少。因此在坐标图上，需求曲线是向下倾斜，供给曲线是向上倾斜的。

3. 供求均衡点的确定　在通常情况下，消费者总是希望商品价格低一点，而生产者则希望商品价格高一点；市场需求量在价格降低时增加，而供给量则会在价格提高时增加。何时供求能够取得一致呢？

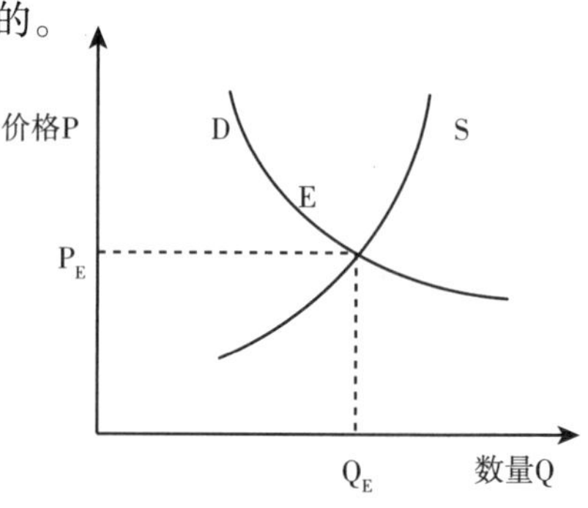

图 9－3　供求均衡

这在西方经济学家看来是很简单的事，他只需将上述图 9－1 和图 9－2 重叠起来，就得到了所谓的市场供求均衡点 E（图 9－3）。这个均衡点表示了在竞争条件下的市场价格及与此对应的供给与需要数量。这时的价格应是能持久的均衡的价格，即企业愿意供应的数量和消费者愿意接受的数量相等时所对应的价格。

4. 均衡点的移动　在竞争状态下的供求平衡与均衡价格只能是暂时的现象。实际上供给曲线会因很多情况而左右移动：当供给发生变化，由 S 变为 S'，交点 E 变为 E'；同样需求曲线也会发生变化，当需求曲线由 D 变为 D' 时，交点 E 变为 E'；即使供给曲线 S 和需求曲线 D 同时变动，两条曲线总会有一个新的交点 E'，这就是新的均衡价格 P_E'。图 9－4、图 9－5 和图 9－6 是确定均衡价格的三种变化情况。

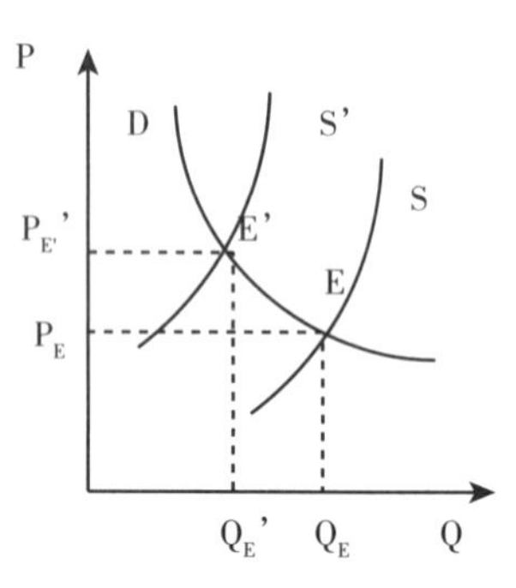

图 9－4　供给的变动

图 9－5　需求的变动

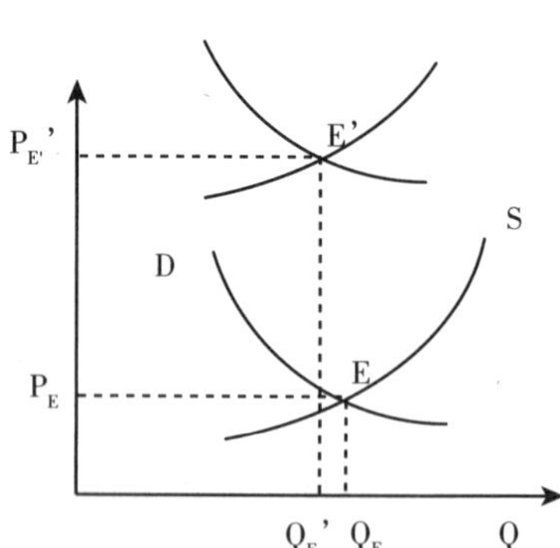

图 9－6　需求和供给同时变动

三、价格弹性与药品价格

医药企业在确定药品价格时，还需要研究价格弹性与价格之间的关系。在商品价格与供求互相影响、互相决定的规律性变化中，不同商品的变动幅度是不一样的。因而市场营销人员需要进一步研究不同商品这种变动的量的规定性，即价格弹性，以了解价格的上涨或下跌对产品销售量的具体影响程度。价格弹性可分为供给的价格弹性和需求的价格弹性两种。现仅将需求的价格弹性叙述如下。

1. 需求价格弹性的概念　需求价格弹性表明，商品需求量对于价格变动的反应的灵敏程度。需求价格弹性的大小衡量由需求价格弹性系数来表示，它反映了需求量变动的比例与价格变动比例之比。说明当商品价格变动百分之一时，其需求量变动的百分比。计算公式为：

$$需求弹性系数 = \frac{需求量变化的百分比率}{价格变化的百分比率}$$ 或者：

$$E_D = \frac{Q_2 - Q_1}{Q_1} / \frac{P_2 - P_1}{P_1} = \frac{\Delta Q}{Q_1} / \frac{\Delta P}{P_1} \quad 或\ E_D = \frac{dQ}{Q_1} / \frac{dP}{P_1}$$

在加入时间因素后，为避免由于时间基数对结果的影响，一般采用：

$$E_D = \frac{\Delta Q}{\frac{Q_1 + Q_2}{2}} / \frac{\Delta P}{\frac{P_1 + P_2}{2}}$$

式中，E_D为需求弹性系数；Q 为需求量；P 为价格；1，2 为时期数。

需求价格弹性系数的大小有五种典型形态，如图 9－7 所示。

图 9－7 中 a 图为需求弹性完全不足或完全无弹性、零弹性，表示无论价格上升或下降，对需求量均毫无影响。b 图为需求弹性完全不足或称无穷大弹性，表示只要价格有一个微小的变化，就会使需求量产生无穷大的变化。这两种情形也是理论上的极端情况，在现实生活中并不存在。c 图为单位需求弹性，表明价格的变化幅度与需求量的变化幅度是一致，大小相等。d 图为弹性充足，表明需求量的变化大于价格的变化。e 图为弹性不足，表明需求量的变化小于价格的变化。由此可见，弹性系数的大小也取决于需求量的变化比例是大于、小于还是等于价格变化的比例。

在一般情况下，由于需求量的变动经常与价格的变动方向相反，因而需求的价格弹性通常为负值。衡量其大小，可用其绝对值来表示。

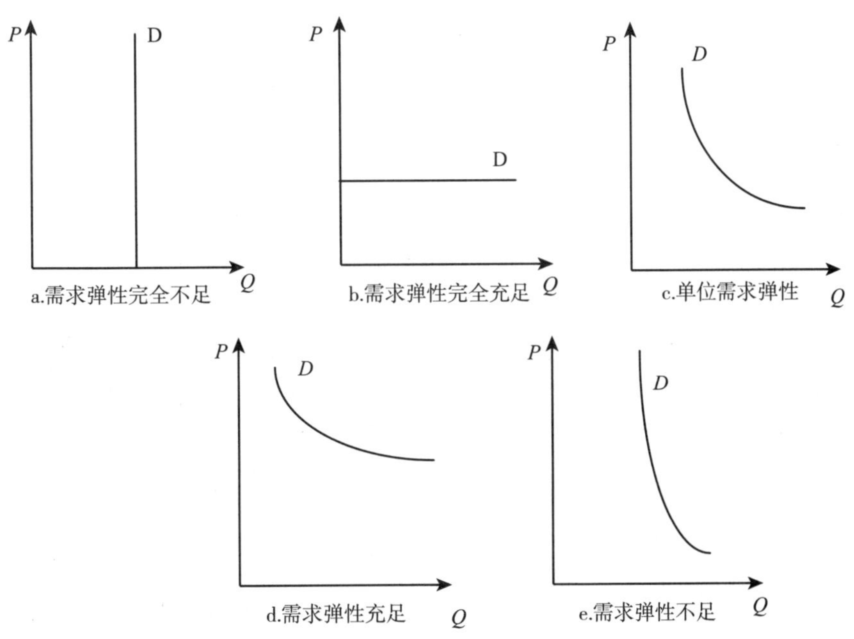

图 9－7　需求弹性五种典型形态

2. 影响需求价格弹性系数的因素　①属于生活必需品的商品，其弹性较小；属于非生

活必需品的商品，则弹性较大。②消费者购买力较高，个人可任意支配的收入较多，所购货物在其总支出中所占比例较小，需求弹性较小；反之，购买力水平较低，所购货物在其总支出中所占比例较大，需求弹性也较大。③某一商品如果存在替代商品（竞争商品），则如代替品供应充分，该商品的需求弹性就较大；反之，如代替品供应不足，需求弹性较小。④连带商品（或配套商品）价格不变，或朝相反方向变动，则需求弹性小；反之，连带商品价格向相同方向变动，则需求弹性大。研究③④替代品或连带品价格变动对需求弹性的变动的影响，一般可用交叉弹性来表示。

3. 计算举例 假设某随身听的售价为850元/台时，需求量为5000台；当售价降为600元/台时，市场需求量为10000台。则该产品的需求弹性为：

$$E_D = \frac{需求量变化百分率}{价格变化百分率} = \frac{10000-5000}{5000} \Big/ \frac{600-850}{850} = -3.45$$

需求弹性系数 -3.45 表示当此随身听的价格下降1%时，其需求量的增加幅度为3.45%。

四、竞争条件与商品价格

在市场经济条件下，竞争作为一种普遍现象广泛存在于社会生活的各个领域。不同程度的市场竞争条件对商品价格的影响是完全不一样的。

1. 完全竞争条件下的商品价格 所谓完全竞争又称纯粹竞争，是指一种竞争不受任何阻碍和干扰的市场结构。完全竞争的市场需具备以下条件：①市场上有许多买主和卖主，他们买卖的商品只占商品总量的一小部分；②他们买卖的商品都是相同的；③新卖主可以自由进入市场；④买主和卖主对市场信息（尤其是市场价格变动信息）完全了解；⑤生产要素在各行业之间有完全的流动性；⑥所有买主出售的商品条件（如质量、包装、服务等）都相同。

在完全竞争条件下，没有哪一个卖主或买主对现行市场价格能有很大影响，其价格是在竞争中形成的。由于任何人都不能左右市场价格，买主和卖主只能按照市场供求关系决定的市场价格来买卖商品。也就是说买卖双方只能是价格的接受者，而不是价格的决定者，其商品价格完全由供求关系来决定。需要指出的是，这种完全竞争条件下的市场，在现实世界上是不存在的，仅作为理论分析中的一种状况。

2. 垄断竞争条件下的商品价格 垄断竞争是一种介于完全竞争和纯粹垄断之间的市场形势。既有垄断倾向，同时又有竞争成分，因而是一种不完全竞争。在垄断竞争的市场上有许多买主和卖主，但各个买主所提供的产品有差异，如产品质量、花色、式样、服务或消费者心理所致的差异。因而各个卖主对其产品有相当垄断性，能控制其产品价格。这就是说，在垄断性竞争条件下，卖主已不是消极的价格接受者，而是强有力的价格决定者。

3. 寡头垄断竞争条件下的商品价格 寡头垄断竞争是竞争和垄断的混合物，也是一种不完全竞争。在此条件下，一个行业中只有少数几家大公司，它们供应、销售的产品量占这种产品的总产量和总销售量的很大比重，它们之间的竞争就是寡头垄断竞争。显然，这些寡头是有能力影响和控制市场价格的。而且各个寡头企业之间互相依存、互相影响。任何一个寡头的一举一动都会影响其他寡头企业，同样任何一个寡头在进行市场营销策略的制定时都必须密切注意其他企业的反应与对策。

西方国家寡头垄断有两种形式：完全寡头垄断和不完全寡头垄断。在前者条件下，各企业产品属于同类，顾客也无明显偏好，因而价格比较稳定。企业间竞争手段主要在于广告宣传、促销等方面，而不是在于价格。在后者条件下，各企业产品有所差异，顾客也有偏好，产品不能相互替代，因而产品的价格会随产品的差异而存在不同。

4. 纯粹垄断条件下的商品价格 纯粹垄断（或完全垄断）是指在某一行业中某种产品的生产和销售完全由一个卖主独家经营和控制，包括政府垄断和私人垄断两种。在纯粹垄断的条件下，企业没有竞争对手，因而可以在国家法律允许的范围内随意定价。

五、国家政策与商品价格

国家药品价格政策无疑是医药企业制定药品价格时必须严格遵守和认真履行的。回顾改革开放以来的价格管理历程，形成了两个截然不同的阶段，造成两个不同的营销环境。

（一）2015 年 6 月前我国药品价格政策

在 2015 年 6 月前，我国的药品价格政策采取政府定价和市场调节相结合的政策模式，采取的是抑制药价过度虚高、减少社会药费负担，但又保证企业合理盈利、促进医药行业健康发展的一系列的稳定物价的政策。

由于药品的购买或消费与一般的商品不同，具有垄断性与福利性，消费者购药行为多数是由第三者（即医生）决定，对于消费者来说在药品的消费上基本处于被动状态；药品的购销与费用的支付有政府、药品企业、保险公司、医院与消费者等多方参与，所以其价格的管理比其他商品要复杂得多，为了确保全社会药品价格合理及药厂、保险机构、医疗机构、患者的多方利益，世界各国政府都比较重视药品价格的管理，通过直接或间接的管理以保持药品价格的稳定或阻止药品价格过快上涨。

1. 药品价格管理原则 药品价格实行政府定价和市场调节价。政府对药品价格的管理主要是以《关于改革药品价格管理的意见》为基础，依据 2000 年底至 2001 年初发布的《药品政府定价办法》《国家计委定价药品目录》《药品政府定价申报审批办法》《药品价格监测办法》《关于乙类药品价格制定调整有关问题的通知》《关于单独定价药品价格制定有关问题的通知》《医疗机构药品集中招标采购试点工作若干规定》等政策进行管理，主要有政府定价范围和原则、药品零售价格的制定以及定价程序等方面。

2. 定价目录与权限 我国政府对药品定价由中央和省两级管理，定价范围由定价目录确定。定价权限在中央政府价格主管部门和省级价格主管部门，中央政府定价药品（中管药品）目录由国务院价格主管部门制定、修订；省级政府定价药品（省管药品）目录由省级价格主管部门制定、修订，报国务院价格主管部门备案。

3. 药品定价程序 2000 年 12 月开始执行的《药品政府定价申报审批办法》规范了药品政府定价的程序。

（1）生产经营企业申报 列入政府定价范围的药品，首次上市销售时，由药品生产经营企业向省级价格主管部门提出定价申请，如果是列入国家发改委定价目录的药品还应由省级价格部门审核后转报国家发改委，未列入国家基本医疗保险药品目录的专利及新药，通过产地省级价格主管部门初审后转报国家发改委核定价格。

（2）专家审议 政府价格管理部门组织药品价格审议专家进行审议。

（3）政府审定与公布 政府价格部门根据专家评审的意见进行审定，将审定的药品价格通过文件、媒体等向社会公告。

（4）对同一品种，原则上每年审定一次价格。在此期间，价格主管部门可根据药品实际销售价格等情况及时调整价格，生产经营企业也可根据市场供求和成本变化，按照价格

管理权限向价格主管部门提出调价申请。省级价格主管部门收到生产经营企业定调价申请后，组织专家评审，属国家发改委定价的药品，审核定调价申报资料后，再上报国家发改委。

（5）单独定价要求　申请单独定价的企业，须向企业所在地省级价格主管部门提出申请报告和有关资料，包括证明该药品的有效性和安全性明显优于或治疗周期和治疗费用明显低于其他企业生产的同类药品的有关资料，省级价格主管部门初审后提出初审意见转报国家发改委，后者组织专家对药品的单独定价进行论证，必要时召开听证会进行公开审议。

（二）2015 年 6 月后我国药品价格新政策

2015 年 5 月 4 日国家发改委发布《关于印发推进药品价格改革意见的通知》（简称《通知》）（发改价监〔2015〕904 号），决定从 2015 年 6 月 1 日起取消绝大部分药品政府定价，完善药品采购机制，发挥医保控费作用，药品实际交易价格主要由市场竞争形成。

《通知》规定，除麻醉药品和第一类精神药品仍暂时由国家发展改革委实行最高出厂价格和最高零售价格管理外，对其他药品政府定价均予以取消，不再实行最高零售限价管理，按照分类管理原则，通过不同的方式由市场形成价格。其中：①医保基金支付的药品，通过制定医保支付标准探索引导药品价格合理形成的机制；②专利药品、独家生产药品，通过建立公开透明、多方参与的谈判机制形成价格；③医保目录外的血液制品、国家统一采购的预防免疫药品、国家免费艾滋病抗病毒治疗药品和避孕药具，通过招标采购或谈判形成价格。其他原来实行市场调节价的药品，继续由生产经营者依据生产经营成本和市场供求情况，自主制定价格。

在前一阶段中，我国药品价格可以说基本由政府严格控制，只要是纳入国家管理价格目录的药品，生产经营企业基本是以执行国家定价为主，少有在价格制定过程中的主动权，也无法使价格这一经营要素发挥出它应有的作用。在后一阶段中，药品逐渐回归其商品的属性，企业在一定程度上可以根据市场规律的要求，灵活制定价格，使价格的作用得以显现。

可以预期的是，随着我国医药卫生制度改革的不断深化，由政府直接定价的药品范围、品种、价格等会根据社会经济的条件变化还会不断调整并减少，医药企业自主定价也会逐渐扩大，政府更多的会加强其他方法的宏观监管手段。这就要求医药企业不断学习与研究国家不同时期有关的药品价格政策，以使自己的定价行为符合政府政策的要求，避免触“电”现象的发生。

六、影响药品价格的其他因素

如前所述，医药企业制定药品价格时首先要考虑的是其成本，药品价格只有在大于等于其成本时，企业才能愿意生产和经营。追求利润欲望的驱使企业当然希望其价格越高越好，但因受到多方面的因素的制约，这种愿望不一定能够实现，这些因素主要如下。

1. 市场需求　研究市场需求与价格的关系应主要研究潜在顾客人数与顾客可能购买的数量，以及顾客对不同价格的反应等，即市场潜力和需求价格弹性。市场潜力是指市场的最大需求量。价格无疑会影响顾客购买的数量，但它对需求价格弹性不一的商品影响程度是不一样的。对于生活必需品而言，由于其弹性系数小，因此降价或涨价对其需求量而言影响不会太大；而对于弹性充足的商品，如耐用消费品，价格的影响就会大得多。此时企业定价需十分慎重，过低容易引起价格战，过高则堵塞销路。

市场需求受很多因素的影响，如人口、收入水平、性别、职业、教育程度、宗教信仰、社会风尚等。但就其主要而言，包括人口、购买力、购买动机三方面。因而西方称为市场需求三因素理论，即市场需求 = 人口 + 购买力 + 购买动机。

企业要想了解真正的市场需求，就必须从影响它的因素入手，通过市场调查了解现状，并通过预测掌握其未来，才能作出正确的市场营销决策。

2. 市场竞争　在我国医药市场上，目前国内药品生产企业有7000家左右，药品经营企业超过100000家，再加上许多外国制药企业的加入，竞争可谓是异常激烈，几乎每种药品都有或多或少的竞争品和竞争对手。既然存在竞争，那么竞争双方的行为都会影响对方。竞争越剧烈，对价格的影响也越大。一般而言，市场竞争的强度主要取决于：产品制作的难易、供求形势、竞争格局、竞争对手的数量、实力等因素。竞争对手的生产能力、产量、销量、定价策略、目标等都是在进行市场营销决策时需要努力弄清楚的内容。

制定价格时除了积极考虑对抗竞争外，还需努力避免价格战。一般地将价格上发生的激烈竞争，称为价格战争。一定条件下市场容纳量是一定的。纯粹价格战争的结果是使参加战争双方都蒙受损失，并且有可能影响到产品的质量（为降低成本而改变产品结构或原材料以次充好）。所以从表面上看好像消费者受益，其实不然。由于价格战争会使一些没有实力的企业倒闭，因此，现在很多企业有意识地避免纯粹价格战争。

3. 消费者的价格心理　对于任何一种商品，人们在购买或使用时都会因个人条件、环境等的不同而产生不同的心理反应过程（即消费心理），体现在对待商品价格的态度上就是所谓的价格心理。市场营销人员研究分析消费者的价格心理，其目的是在确定产品价格时尽量与消费者的心理预期相吻合，以减少产品销售的难度。按照这种思路，医药企业在确定药品价格时，也应充分认识到随着医疗制度的改革和人们自我保健意识的提高，人们对待药品价格的看法上也日趋分化，从而带来需求上的差异。因而研究分析消费者对药品价格的反应和心理预期是医药企业价格策略中的重要一环。医药消费者的药品价格心理，一般有以下几种。

（1）自尊心理　持这种心理的消费者，不仅追求药品的使用价值，更追求其给消费者带来的精神方面的满足。这类消费者一般经济收入较高，有一定的社会地位和身份。在商品的作用上都追求档次和品味，以符合其身份，在药品的消费上也存在相类似的倾向。针对这种心理，药品定价要取整数计价法和高档次低价的方法。

（2）实惠心理　这是普遍的大众消费心理，希望花钱少而效用大。这类消费者通常的特征是经济条件较差，生活负担较重，因而药品选择的首要标准就是其价格，特别是对待普通药品时更加明显。现实生活中药品价格的降低既减少了人民的经济负担，也促进了药品的销售，这就是其最好的例证。针对这类消费者，医药企业在药品（特别是普通药品）定价要采取尾数计价方法，走薄利多销的路子。

（3）信誉心理　这类消费者比较重视药品的品牌、产地、医药企业的信誉、进口药还是国产药、药品是不是按GMP要求生产等。只要是心目中的名牌，价格再高也舍得买。固守着“一分钱一分货”的朴素观念，认为名牌、洋药、按GMP要求生产的药品质量好、价格贵是合理的，特别是在医治疑难重症时更是突出，为了早日康复认为只有洋药或价格高的药品才代表疗效好。对于这类消费者和新特药品，医药企业需要采取力创名牌，走优质优价之路，不能采用低价策略，如要适应不同层次的消费者时可采取拉开质量差价的方法。

（4）对比心理　指消费者对不同药品的价格进行比较，以熟悉的同类药品的价格来衡

量想购买的药品价格是否合适。这类消费者一般具有较多的药品知识，或是业内人士或是久病成医型，对于药品信息比较敏感，善于进行理智的分析对比。因此要求医药企业在确定药品价格时，如果与同类药品在消费者可感知方面不具备太多的优势，就只能使用流行水准价格，以免因价格高而堵塞销路。

4. 产品在生命周期中的位置 药品定价也会受到其在生命周期中所处位置的影响。通常而言，在新药品投放市场初期，价格可能高些也可能低些，这要根据产品特征及企业营销策略而定。到了市场成熟期，价格将视市场情况与营销策略作适当调整，到了饱和期和衰退期更是要作较大的价格调整，以适应企业整体营销策略的要求。

5. 企业状况 主要指企业的生产经营能力和企业经营管理水平对制定价格的影响。不同的药品生产企业由于规模和实力的不同、销售渠道和信息方式不同以及企业营销人员的素质和能力高低的不同，对价格的制定和调整应采取不同的策略。

（1）医药企业的规模与实力 规模大、实力强的企业在价格制定上余地大，当企业认为必要时，有条件大规模地选用薄利多销和价格的正面竞争策略；而规模小、实力弱的企业生产成本一般高于大企业，在价格的制定上往往比较被动。

（2）医药企业的销售渠道 渠道成员有力和控制程度高的医药企业在价格决策中可以有较大的灵活性；反之，则应相对固定。

（3）医药企业的信息沟通 包括医药企业的信息控制和与消费者的关系两个方面。企业信息通畅、与消费者保持良好的关系，可适时调整价格并得到消费者的理解和认可。

（4）医药企业营销人员的素质和能力 拥有熟悉生产营销环节、掌握市场销售、供求变化等情况并具备价格理论知识和一定实践能力的营销人员，是医药企业制定最有利价格和选择最适当时机调整价格的必要条件。

此外，在与国际经济联系越来越紧密的今天，国际市场上同类药品的价格水平将越来越多地影响其在国内药品市场的价格，这也是医药企业制定药品价格时所不能忽视的。

扫码“学一学”

第二节 企业定价目标与程序

一、定价目标的选择

在确定药品价格以前，医药企业首先必须确定一个定价目标。这个目标应和企业的经营总目标、销售目标相一致。因为企业的总目标与销售目标是定价目标的基础，而定价目标又是定价策略与定价方法的依据，即企业的价格策略是根据体现市场营销目标的定价目标来制订的。一般可供医药企业选择的定价目标有以下几种。

1. 以获取最高（大）利润为定价目标 是指企业制定药品价格时的总的指导思想是保证尽可能多地获取销售利润，因而价格是尽可能定得高些。医药企业要想取得最大利润，需要对药品市场进行充分调查研究，正确预测出市场的需要量及可能销售量。在此基础上确定适当的价格，争取扩大销售数量，以获取最大利润。当企业在某一药品市场上处于绝对优势时，就可以采用高价策略，但需注意以下两点。

（1）以获取最高（大）利润为定价目标并不意味着可以任意抬高价格，因为长期维持高价是不可能的，它必然会由于竞争者的加入和参与而迫使价格重新恢复到合理的水平上。

（2）企业最大利润应当从企业的总收益来计算，不能仅以短期收益来衡量，也不能仅着眼于每个单项产品的核算。企业可以用个别容易引起顾客注意的药品，或有意低价出售，无利或低利，充分占领市场，或力争创造名牌，借产品形象树立良好的企业形象，从而带动企业其他药品的销路。

2. 以获得合理利润目标为定价目标　合理利润目标是指医药企业在补偿社会平均成本的基础上，适当地加上一定量的利润作为商品价格，以获取正常情况下合理利润的一种定价目标。以最大利润为目标，尽管从利润上讲十分完美，也十分诱人，但在实际运用时常常会受到各种限制。所以，很多医药企业按适度原则确定利润水平，并以此为目标制定价格。采用合理利润目标有各种原因，以合理利润为目标使产品价格不会显得太高，从而可以阻止激烈的市场竞争，或由于某些医药企业为了协调投资者和消费者的关系，树立良好的企业形象，而以合理利润为其目标。近几年平价药店为了与普通药店竞争采取的即是此策略。

由于以合理利润为目标确定的价格不仅使企业可以避免不必要的竞争，又能获得长期利润，而且由于价格适中，消费者愿意接受，还符合政府的价格指导方针，因此这是一种兼顾企业利益和社会利益的定价目标。需要指出的是，合理利润的实现，必须充分考虑产销量、投资成本、竞争格局和市场接受程度等因素。否则，适度利润只能是一句空话。

3. 以获取预期收益为定价目标　预期收益定价目标也称投资收益定价目标，指以医药企业的投资额为出发点，以回收一定的投资报酬率为定价目标。即把它的预期收益水平规定为占它投资额的一定百分比。收益率高低的确定应当考虑商品的质量与功能、同期的银行利率、消费者对价格的反应以及企业在同类企业中的地位和在市场竞争中的实力等因素。预期收益率定得过高，企业会处于市场竞争不利地位，定得过低，又会影响企业投资的回收。一般情况下，预期收益适中，企业可以获得长期稳定的收益。

4. 以市场占有率为定价目标　市场占有率又称市场份额，是指一个医药企业的销售额占整个行业销售额的百分比，或者是指某个医药企业的某个商品在某市场上的销量在同类商品在该市场销售总量的比重。市场占有率是企业经营状况和企业产品竞争力的直接反映。作为定价目标，市场占有率与利润的相关性很强，从长期来看，高的市场占有率必然带来高利润。美国市场营销战略影响利润系统的分析指出：当市场占有率在10%以下时，投资收益率大约为8%；市场占有率为10%～20%时，投资收益率在14%；市场占有率为20%～30%时，投资收益约为22%；市场占有率为30%～40%时，投资收益率约为24%；当市场占有率在40%以上时，投资收益率为29%。因此，以销售额为定价目标具有获取长期较好的利润的可能性。

市场占有率目标在运用时存在着保持和扩大两个互相递进的层次。保持市场占有率的定价目标的特征是根据竞争对手的价格水平不断调整价格，以保证足够的竞争优势，防止竞争对手占有自己的市场份额。扩大市场占有率的定价目标就是从竞争对手那里夺来市场份额，以达到扩大企业销售市场乃至控制整个市场的目的。

5. 以对抗或防止竞争为定价目标　这是指当医药企业遇到同行的价格竞争时采取的相应对策。以此作为定价目标，通常的做法是，竞争能力弱者多采取略低于强者的价格出售商品；竞争能力强者或在某些方面具有优于其他同行的特点时，可采取高于对手的价格出售；此外如果与对手的条件不相上下时还可以用与竞争者相同的价格出售。另外，如果竞争实力强而采取低于对手的价格出售，就是通常意义上的倾销行为，目的是想把竞争者彻底赶尽杀绝。一般情况下此招必然引起对手的强烈反应，而且有可能引来市场物价部门的

干涉，因此使用时宜慎而又慎。

6. 以稳定价格为定价目标 这样制定的价格又称为“领导者价格”。即医药企业因种种原因具有左右市场价格的能力，能够成为某药品市场的生产和销售领导者的情况下，为了稳定、巩固其市场阵地时采取的保持价格稳定为定价目标。这样做可以避免发生价格战争，不使市场价格发生大的波动。因为无力与之抗争的中小企业所定的价格，绝大多数情况下只能与大企业的价格保持一致，而大企业也可集中精力进行其他营销活动。

二、定价程序

医药企业的产品定价活动是一项纷繁复杂的系统工程，涉及企业自身、竞争者以及消费者等多方面的利益。故依据科学合理的程序制定价格显得十分必要。归纳起来，对政府定价目录以外的药品，市场调节价格的药品企业在定价时的基本程序有以下7个步骤（图9-8）。

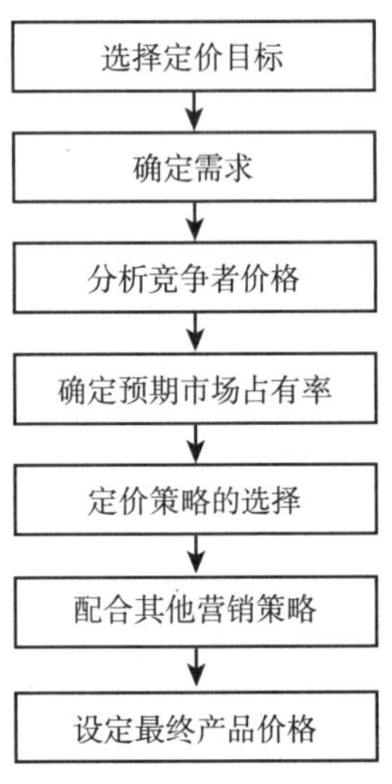

图9-8 药品定价程序

1. 选择企业定价目标 制药企业在制定本企业新生产经营的药品价格时，必须对企业的内外条件进行细致的综合分析，在确定企业生产经营目标的基础上选择如前所述的定价目标。

2. 确定需求 在市场经济条件下，药品价格与市场需求的关系也十分密切。一般情况下，药品价格与需求成反比例关系，即药品价格上涨则市场需求减少，价格下跌则需求增加。因此，企业市场行为中的定价高低，大多数情况下将直接影响其药品的销售量。确定需求要做以下工作。

（1）药品价格对其需求量的影响程度的测定，需借助需求价格弹性来描述（有关内容见前述）。如果企业产品经估测为低弹性需求，则企业的提价可能性就较大；如为高弹性需要，企业则可以采取降价的方法，以刺激需求，增加药品销售量。

（2）估测市场需求量。估测药品的市场需求量包括两项实际步骤：①确定消费者心目中是否已存在一个市场预期价格，即消费者是否对企业的药品进行过价值评价。确定这一预期价格时，应充分注重中间商的经验反应。应该注意到：企业药品定价若低于预期价格过多，会直接影响医药企业的收益水平，甚至给消费者带来质次价廉的印象；但若定价高于预期价格过多，则很难为消费者承认和接受，从而导致销路不畅。②要根据市场供求关系估测不同价格水平下的市场需求量，找出各种售价的市场均衡点以确定何种价格最为

恰当。

3. 分析竞争者的价格和价格反应　企业制定产品价格时，除了应考虑市场需求与产品生产成本以外，还要充分考虑竞争者的价格与可能的价格反应。特别是在医疗单位普遍实行集中招标采购药品的条件下，企业更应根据实际情况，制定合理报价，争取中标，并尽力避免同行间的“价格战”，以免两败俱伤。

4. 确定预期的市场占有率　医药企业拟寻求的市场占有率不同，则其定价的策略与方法可能完全不同。企业若以销售成长为导向，以市场占有率的扩大作为营销目标，往往采用强劲的广告攻势或其他非价格竞争手段，而不采取传统的价格竞争方式，此时企业应充分考虑以下几点。①企业生产能力：若实施低价政策使得产品市场占有率迅速上升，但因生产能力不足而无法满足市场需求，则低价不仅不能创造利润，而且有损于企业声誉。②发展生产的成本：企业生产能力不足，可以采取扩充的方法解决，但若扩充的成本过高，则会得不偿失。③拓展市场的难易程度：企业市场的拓展必然导致竞争的加剧。故低价渗透拓展市场必须与迂回、包抄、侧翼进攻等营销战略相配合。倘若贸然发生正面冲突，则可能使企业处于十分难堪的被动局面。故一般企业最初定价可略为偏高，将市场占有率的拓展放在第二位。

5. 定价策略的选择　定价策略是医药企业为达到特定的营销目标而制定的相应定价方案的总称。一个良好的定价策略的制定与执行，是企业营销成功的必要条件。有关内容，将在本章第四节具体论述。

6. 定价策略与其他营销策略的配合　医药企业定价策略与营销因素组合中其他策略之间存在着相互依存又相互制约的关系。企业定价既要考虑其他因素对价格的影响，也要考虑价格对其他因素的影响，具体内容如下。

（1）定价与产品策略　①必须首先考察产品本身的性质与特征，不同性质的药品，其需求价格弹性不尽相同，消费者对价格的反应程度不尽一致，对企业定价影响颇大。不同特征的产品（仿制品与创新产品，成本导向产品与品质导向产品）其定价要求截然不同。②定价必须考察其产品生命周期，产品处于不同的寿命阶段（如投入期、成长期、成熟期、衰退期）其定价的侧重点是有所不同的。③定价还必须统筹考虑企业的产品组合，决定一种产品的价格时必须兼顾对其他产品的影响。

（2）定价与销售渠道策略的关系　一般而言，销售渠道的长短、宽窄、直接或间接对企业的定价有着不可忽视的影响。价格的设定受到销售渠道的制约，同时价格又对销售渠道的选择有限制作用。如随着销售渠道的延长和中间环节的增多，产品的价格会逐渐上升。因此对于本身价值较高的新特药品，宜选择较短渠道，以减少中间环节和加价。

（3）定价与促销策略　现代企业市场营销活动中，促销日益成为其不可或缺的一种手段。但无论是直接促销还是间接促销，其支出的一切费用都将落实在其营销成本之中，最终在企业产品价格上得到反映和补偿。

7. 设定最终产品价格　按照上述定价程序，经周密考虑后，就可着手设定企业产品的最终价格。制定价格应该采用一些科学、合理的定价方法，有关内容将在下一节介绍。

扫码“学一学”

第三节　企业定价方法

合理药品价格的标准是其价格既受消费者欢迎又使企业满意且具有相当的竞争力。因此，医药企业在确定药品价格时必须考虑三个主要因素：产品成本、竞争者和替代品价格、消费者的认知价值，并且药品价格必须处于产品成本与消费者认知价值所组成的两个极端之间。产品成本是其价格最低下限，如果价格低于成本则企业无利可图，通常无人愿做此傻事；消费者的认知价值（或心理预期价格）是其价格的最高上限，如果实际价格高于消费者预期价格过多则消费者不愿购买，药品就可能无人问津。医药企业的药品价格必然处于这两者之间，并需充分考虑竞争因素。

定价方法的选择对药品价格的制定及市场拓展关系影响很大。医药企业选择的定价方法应包含这三个因素的一个或一个以上，才能使药品价格合理并有弹性。医药企业可以采用的定价方法很多，主要有以下几种。

一、成本导向定价法

成本导向定价是医药企业定价首先需要考虑的方法。成本是企业生产经营过程中所发生的实际耗费，客观上要求通过商品的销售而得到补偿，而且要获得大于其支出的收入，超出的部分表现为企业利润。以产品单位成本为基本依据，再加上预期利润来确定价格的成本导向定价法，是中外企业最常用、最基本的定价方法。成本导向定价又衍生出了成本加成法、预期投资收益率定价法、固定报酬定价法、收支平衡定价法等几种具体的定价方法。

1. 成本加成法 这种方法主要基于对企业内部的考虑，就是按照产品成本加上预期利润成为其价格的定价方法。计算公式为：

$$药品价格 = 生产成本 + 加成额（利润）$$

$$加成额 = 生产成本 \times 利润率$$

$$药品价格 = 生产成本 \times （1 + 利润率）$$

例如，某药品生产成本为100元，毛利率为20%，此药品的价格就为100×（1+20%）=120元。

成本加成法是一种最基本、最普遍和最简单的定价方法，而且准确性较高，对于买者和卖者都易于理解与操作。优点是在正常情况下，可使企业获得预期的一定利润。缺点是这种方法从主观愿望出发，盲目性很大，忽略了市场竞争与市场需求的价格影响，也没有考虑产品生命周期的问题。因而灵活性较差，不容易给企业带来最佳效益。

此种定价法的关键是加成（售价与成本之间的差额即为加成）的计算问题，因为加成的多少直接影响价格的高低。利润率有的须按国家规定执行，有时是按行业内流行的或按行业标准执行，有时也可以是企业自定。此外，成本导向法根据计算时考虑成本的不同又可细分为平均成本加成、总成本加成和按可变成本加成等。当然，按不同成本考虑的利润率也是不同的。

2. 预期投资收益率定价法 这种计算方法是预先根据投资回收期的长短，确定每年相对于总投资的收益率（报酬率），然后根据产量的多少计算单位产品的价格。

计算公式是：$药品价格（单价）= \frac{总生产成本 + 总投资额 \times 投资收益率}{产品量}$

$投资收益率 = \frac{总投资额 \div 投资回收年限}{总投资额} \times 100\%$

假设某种药品的总生产成本为300万美元，年产量为10万件。该企业总投资为7000万美元（假设该企业只生产一种药品），预期6年收回投资。则：

$$投资收益率 = \frac{7000 \div 6}{7000} \times 100\% = 17\%$$

$$药品价格（单价）= \frac{300 + 7000 \times 17\%}{10} = 149（美元/件）$$

此定价方法的条件是企业的药品具有较大的市场垄断性或在市场上处于领导者地位，其价格不易引起消费者的反感。

3. 固定报酬定价法　也称为目标收益率定价法。此定价法是根据企业的总成本和计划完成的总销售量，并在此基础上把价格定在能补偿所需成本费用并完成一定的成本利润率的价格水平上。这种方法实质是将利润看成产品成本的一部分来看待，此时的成本和利润是预期的，因而可称作目标成本或目标价格。

其计算公式是：$药品单价 = \frac{总成本 + 固定报酬}{产量}$

假设某医药企业年固定总成本为500万美元，平均变动成本为10美元，某产品年产量为20万件。企业希望每年获得100万美元的固定报酬。则该产品的单价必须为：

$$药品单价 = \frac{500 + 10 \times 20 + 100}{20} = 40（美元/件）$$

固定报酬或目标收益定价法属于生产者追求长期利润而非短期利润的定价方法。一般适合于经济实力雄厚、生产有发展前途的生产者和产品，特别适宜于新产品的定价，因为新产品如果按试制成本、小批量成本定价，往往会使价格大大高于市场所能接受的水平，使产品打不开销路。而按目标成本定价则可以将定价成本移到设备潜力能较大利用的批量上，成本水平就会低得多，按这样的成本加成定价，就可以为市场接受，并为企业提供期望利润。同时这种方法也能保证企业的投资按期收回，能保本求利，且简单方便。

4. 边际贡献定价法　所谓边际贡献是指产品销售收入与产品变动成本的差额，单位产品边际贡献指产品单价与单位产品变动成本的差额。边际贡献弥补固定成本后如有剩余，就形成企业的纯收入，如果边际贡献不足以弥补固定成本，那么企业将要发生亏损。在企业经营不景气，销售困难，生存比获取利润更重要时，或企业生产能力过剩，只有降低售价才能扩大销售时，可以采用边际贡献定价法。

边际贡献定价法的原则是，产品单价高于单位变动成本时，就可以考虑接受。因为不管企业是否生产、生产多少，在一定时期内固定成本都是要发生的。而产品单价高于单位变动成本，就是产品销售收入弥补变动成本后的剩余，可以弥补固定成本，以减少企业的亏损（在企业维持生存时）或增加企业的盈利（在企业扩大销售时）。这种方法的基本计算公式如下：

$$药品单价 = \frac{总的变动成本 + 边际贡献}{总销量}$$

假如某医药企业的年固定成本为20万元，每件产品的单位变动成本为40元，如果计划的边际贡献为10万元，当订货量分别为5000件、8000件、10000件时，其价格应分别为多少元？

价格1 =（40×5000+10000）÷5000=60（元）

价格2 =（40×8000+10000）÷8000=52.5（元）

价格3 =（40×10000+10000）÷10000=50（元）

5. 收支平衡定价法（量本利分析法）　也称损益平衡定价法、保本点定价法，它是运用盈亏平衡的原理确定价格的一种方法。即在假定企业生产的产品全部可销的条件下，决

定保证企业既不亏损也不盈利时的产品最低价格水平。这是在预测市场需求的基础上，以总成本为基础制定价格的方法。这一方法的关键是计算收支平衡点（即保本点），如图9-9所示。

图中E点称为盈亏平衡点，所对应的生产量（或销售量）Q_E称为保本产量（或销量），所对应的价格水平P_E称为保本价格。

通常的盈亏平衡点计算公式：$盈方平衡点=\frac{固定成本}{单位产品价格-单位变动成本}$

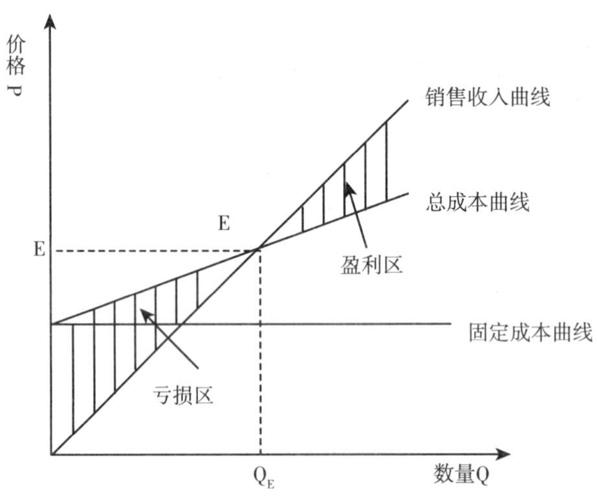

图9-9　量本利分析示意图

上述公式是从已知的成本和价格推导出销售量，也可以根据已知销售量和成本推导得出其应有的价格水平来。公式为：

$$单位产品价格=\frac{固定总成本}{销售量}+单位变动成本$$

如果企业考虑预期利润，则可将利润当作固定总成本的组成部分来看待，此时公式为：

$$单位产品价格=\frac{固定总成本+利润额}{销售量}+单位变动成本$$

假设某医药企业年固定总成本为2100万美元，预期销售量为10000件，单位变动成本为1500美元，需要实现利润100万美元。则此时产品的单价应为：

$$单位产品价格=\frac{21000000+1000000}{10000}+1500=3700（美元/件）$$

采用收支平衡法定价，优点是企业可以在较大范围内能灵活掌握价格水平，且运用简便，但前提是首先应掌握企业成本总量、预期销售量、预期的利税等，并以产品能够全部销售出去为前提。

二、需求导向定价法

需求导向定价法也称为理解价值定价法，它是根据消费者所理解的价格，或者说是根据买主的价值观念来制定产品价格的一种方法。例如人们在药品使用上普遍存在的“普通药品价格以低为好，新特药品以价格高为优”心理，就是这些药品的理解价值。

这种方法主要考虑企业外部因素，即以产品在市场上的需求强度为定价基础，根据需求强度的不同而在一定范围内变动。需求强时价高，需求低时价低。并不是根据当时的实际成本，而是以顾客对产品的“理解价值”而定。

1. 销售价格倒推法　又称价值定价法、反向定价法、向后定价法，我国实际工作中俗称为倒剥皮定价法。它是按消费者能够觉察到的价值或者说可以看得见的价值为依据制定价格的方法。其基本特点是，不是以产品成本为依据直接制定出厂价格，而是先以市场需求状况、消费者所能理解的期望价格为基础，通过各种评估方法得到预计能够实现产销量目标、利润目标的市场零售价格，然后在此基础上推算出批发价格、出厂价格。

其计算公式是：

$$\text{批发价格}=\frac{\text{零售价格}}{1+\text{增值税率}}-\text{批零差价}=\frac{\text{零售价格}}{1+\text{增值税率}}\div(1+\text{批零差价})$$

$$\text{出厂价格}=\text{批发价格}-\text{进销差价}=\frac{\text{零售价格}}{(1+\text{增值税率})(1+\text{批零差率})}\times(1-\text{销进差率})$$

采用本方法的关键，是首先要了解测定消费者的期望价格、能够接受的价格。当消费者对某种产品还没有形成明确定位时，企业可先利用市场营销组合中的非价格因素如展示、宣传等向消费者示范，使他们对商品形成一种较高的坐标观念。其次，分析流通环节的成本构成及费用多少，推算出该产品的生产价格的范围，即目标成本。再次，综合考虑成本和其他一些因素，最终制定出该产品的价格。这种方法的关键是对消费者理解价格的正确掌握和预测，过高过低都会影响今后产品的销售情况。

2. 需求差异定价法　这是按照不同市场、不同消费者对某产品需求的强弱程度，对同一产品制定多种不同的价格的定价方法。这些不同的价格并不反映产品成本的差异，而是体现不同市场对该产品需求的迫切程度的差异。这种定价方法有很大的灵活性，在实际应用中还具体分为以下几种。

（1）以顾客为基础差别定价　消费者收入不同，其需求的弹性也就不同，据此可对同一产品制定不同的价格。即同样的产品或服务对不同顾客设定不同的价格。例如，电价分为工业用电和民用电两种价格，水价也是如此；有些产品对新、老顾客价格也可不同。我国一些旅游景点、博物馆等的内、外宾价也不相同。

（2）以地理位置为基础定价　地域位置也可以说是效用的一种形式，例如影剧院、体育场馆等。尽管购置、安装费用相同，但价格上有前排、中排、后排或正面、侧面等的区别。旅馆中向海洋的一面和背阴面的价格也极悬殊。还有繁华与僻静、收入高低不同地区都可以规定不同价格。

（3）以时间差异为定价基础　时间的差异也能构成影响产品需求强弱的因素，依据同一商品在不同时间、季节里的不同需求强度可对其制定不同价格。如旅馆收费在淡旺季不同，周末飞机价贵，音乐会票价晚上比白天高。

（4）以产品为基础的定价　即对不同批号或式样的商品（如普通型、加强型）制订不同价格，但价格的差异并不以成本差别为基础，主要反映额外的心理需求。

以上定价方法须具备以下条件：①市场必须能够分割成几个不同的细分市场；②差别定价须不致引起顾客的反感或不满。因为实行这种差别定价法，实际上是一种价格歧视。

三、竞争导向定价法

这种定价方法主要考虑的不是产品成本，也不是市场对产品需求的变动状况，而是以本企业本产品的主要竞争对手的价格为定价基础，并以此来确定本企业产品价格。这种方法的特点是着眼于竞争者的价格，以竞争对手的价格为转移，一般有以下几种。

1. **与竞争者同等价格** 又称为“流行水准定价”、随行就市定价法。它是把本企业的产品价格跟上同行业的平均水平，即根据同行业平均定价水平作为本企业定价标准的一种定价方法。这是竞争导向定价的最普遍形式，适合本企业无法对顾客和竞争者的反应作出正确的估计，而本企业又难于另行定价，只能以平均水平定价，因此也叫模仿价格。这种随行就市的定价方法，可以与同行和平相处，少担风险，可以获得合理收益，是较普遍的定价方法。

2. **低于竞争者的价格** 这种方法的运用是企业想迅速扩大其产品的销售额，占有市场或扩大市场占有率的方法。采取这种方法的前提是竞争对手不会实施价格报复或者有能力抵御竞争对手可能实施的价格报复。因而必须慎重，否则极易引起价格战。

3. **高于竞争者的价格** 企业生产或经营的产品质量上乘，并具有一定特色，企业声誉较高，就可采用高于竞争者的价格出售，以谋取高利润。这种方法采用的前提是，该产品相对于竞争对手的产品有较为显著的优势；买主愿意付出高出竞争对手产品的价格来购买该产品。

4. **密封投标定价法** 这是我国医疗机构普遍实行集中招标采购药品以来，医药企业必须采用的定价方法。在投标时，医药企业事先根据招标公告内容，对竞争对手可能的报价进行预测，在其基础上提出自己的价格，用递价密封标书送出。此时制定的价格，并不是完全体现企业的生产成本或市场需求。医药企业为了中标，通常要求其报价低于竞争者。但又不能低于一定的水平，最低的界限就是其生产成本。但从另一方面说，如果价格高于实际成本越多，则中标的可能性就越小。这对医药企业而言是个考验，因此风险较大。

扫码“学一学”

第四节 企业定价策略

定价策略，就是指营销策划者在特定的情况下，依据确定的定价目标，所采取的定价方针和价格竞争方式，是指导营销策划者正确制定价格的行为准则，它直接为实现企业定价目标服务。由于药品市场竞争激烈，当前医药企业十分重视定价策略，常常把它作为进入市场和争夺市场的有力武器。药品价格的制定，是一个非常复杂的决策过程，营销人员必须根据不同产品或市场情况，采取灵活多变的定价策略，以期更好地实现企业预期目标。医药企业定价策略的关键目标在于如何把药品价格定得既能为购买者所接受，又能为企业带来更多的收益。

扫码“看一看”

一、消费者心理定价策略

心理定价策略主要运用于药品零售环节，它是运用消费心理学的原理，根据不同类型顾客购买商品的心理动机，来制定产品价格的一种策略。在药品零售环节中，药品价格主要面对的是消费者，因此必须掌握消费者的心理特点，适应其心理变化的要求，采取灵活的定价策略。可供医药企业选择的心理定价策略主要有以下几种。

1. **奇数定价法** 也称“非正数定价法”或“尾数定价法”。即针对人们求实、求廉的消费心理，把药品价格定为单数或有零数。药品的零售价以零数作尾数，如4.99元、9.99元，这样就会使消费者觉得该药品价格是经过精密计算的、一丝不苟的最低限度的价格。而正数定价法往往会给人错觉，以为是随意而定，没有经过详细考核。由于顾客普遍存在廉价购买的心理，他们会很自然地认为低一位比高一位更廉。尽管0.99元比一元仅差1分，

顾客自然认为前者更便宜。因此，奇数定价法特别习惯于用“9”作尾数的道理就在于此。它会使顾客产生商品便宜、定价认真的感觉，从而使顾客产生购买欲望。这种定价法一般适用于消费者熟悉的国产普通药品的零售价格的制定。

2. 正数定价法　这种定价方法主要为适应高收入阶层的享受豪富和虚荣心理需要的一种定价方法，所以也称为“炫耀价格”。为了抬高商品的身价，使人产生高贵感，可采取这种“取十不取九”的策略，把价格定为正数。例如豪华轿车，定价为十万美元，而不是九万九千美元。通常而言，人们均认为“一分价钱一分货”。价高意味着质量高，特别是对于那些慕名求购、但又对产品不够了解的顾客来说，较高的正数价格可以显示其高人一等的购买能力，以此满足其虚荣心理。反之，顾客会觉得商品不够高级，不能显示身份。所以心理定价要注意区别不同商品、不同销售对象而定，才能取得好的效果。对于药品市场，这种定价方法一般适合于新特药品、合资企业药品和进口药品的价格制定工作。

3. 最小单位定价法　尽管产品销售的数量较大，但在报价时如能以较小单位报价，将会更能促成交易。例如，在瑞典坐飞机，每公里只需 50 欧元；刮一次脸不到两便士；巴黎地铁广告为：只需付 30 法郎，就有 200 万旅客能看到你的广告。在药品市场零售或广告宣传环节，也可用这种定价方法，将药品价格分解到每一粒药片或每一天的用量上，从而给人以所费不多的一种心理错觉。

4. 习惯定价法　就是按照长期的、一贯的固定价格定价。因为有许多药品，特别是普药，在市场上已经为消费者十分熟悉。长期以来，一直是按不变的固定价格出售，已形成一种习惯价格。对于这些商品，一般不能轻易变动价格，任何企业要想出售同类药品，必须按照习惯价格定价，否则很难打开销路。除非改变配方或剂型，按国家有关新药的规定才可重新定价。

5. 声誉定价法　根据生产企业或产品品牌的良好形象、声誉制定相适应的价格。只有当消费者对名牌产品有了信任和依赖，认为价格高代表质量好，愿意出高价格购买名牌产品时才能使用。所以著（知）名医药企业一般不宜采用低价策略，以免给消费者造成误解。

二、折扣与让价策略

医药企业在市场营销活动中，为了促进商业企业和医疗单位更多地销售本企业的药品，根据国家有关规定，可以给予价格上的折扣。这也是调动中间商和顾客购买积极性的一种常用的激励方法。

1. 数量折扣　对经销药品达到一定数量时给予销售者一定的折扣优惠，如 60 折、75 折等。具体操作中还有累积和非累积数量折扣之分。

2. 现金折扣　在规定的期限前付款者，按提前程度给予不同的折扣。如提前 10 天 2%，提前 20 天 3%，这在国外很流行，目前在我国通常称为返利。在企业间相互拖欠货款现象比较严重的情况下，实行这种策略可以帮助企业加速资金周转，减少财务风险。

3. 交易折扣　医药生产企业可根据各类中间商在市场营销中担负的功能不同而给予不同的折扣。一般给予药品批发企业的折扣可大于给零售企业的折扣。

三、产品寿命阶段定价策略

产品生命阶段价格策略是企业根据药品市场生命周期中不同阶段的产销量、成本、供求关系、市场状况及产品的特点，采用不同的价格措施和定价方法，以增加药品的竞争能

力，为企业求得最佳经济效益的价格策略。利用产品寿命阶段定价策略制定的价格叫作阶段价格。由于产品在其市场寿命周期的不同阶段，质量与成本、市场竞争程度、消费者的评价及需求等都存在着较大差异，因此利用阶段价格策略进行企业的价格决策，能够使其价格准确地反映出价值和供求间的关系。

（一）投入期的价格策略（新产品定价策略）

投入期的价格策略也称为新产品定价策略。新产品刚刚投放市场时，由于消费者不了解因而销量很低。因此新产品定价是涉及新产品能否顺利进入市场和取得成功的关键之一。新产品定价时须考虑药品本身的性质、替代品的情况、消费者的购买习惯、需求弹性和竞争者的反应以及药品发展趋势等。

新产品定价的一般原则是：所规定的价格必须为市场所接受，能推动新产品市场开拓，又能给企业带来足够的利润，弥补新产品在投入期的成本和高费用，利于企业今后扩大生产经营。新药品价格策略有以下几种选择。

1. **撇脂定价策略** 实际上是一种先高价后低价的定价策略。撇脂原意是指在煮牛奶时，先把浮在牛奶表面上的奶油撇取出来。这是指先提取其精华，将新产品利益的精华尽快取出，故而得名。即在产品刚刚上市时，以高价出售尽快收回投资，以后随着寿命周期的演变，再分阶段降价。

采用这种策略，可使企业在短期内获取尽可能多的收益。撇脂价格往往导致价格的阶梯式下降，伴随着生产能力的扩大和高收入市场部分需求的饱和，一边降价，一边转而面向新的市场。

这种产品必须具备独特性、竞争者短期无法仿制、消费者对价格不太敏感等条件。如果企业对市场需求情况不清楚，也可用这种定价策略探路。以高价开始，顾客接受不了时再降价。这比以低价开始造成市场脱销再提价好，给消费者留下的印象也好得多。缺点是新产品刚刚投放市场，如果宣传跟不上，高价往往不利于开拓市场，同时还会吸引竞争者加入。

2. **渗透价格策略** 跟上述方法正好相反，采取先低价投放、后涨价的策略。即在新产品进入市场初期，将价格定得尽可能低些，微利或保本无利，以全力推出商品，用最快的速度渗透进入市场，夺取市场份额，尽早取得市场支配地位，阻止竞争者进入，待打开销路后再逐步提价，所以也叫作“侵入市场定价法”。这样做的目的是为了同现有产品竞争，通过便宜价格来吸引购买者。从而迅速侵入市场，获得最高的市场占有率，走在竞争者的前列，建立本企业在品牌、数量上的优势。这种方法必须具备市场潜量大、潜在竞争多、价格弹性较大等特点。优点是可使产品迅速打开销路，扩大市场占有率，还可减少竞争对手，由于价低利微而使许多企业望而却步，所以也叫“别进来”或“待在外头”的策略。缺点是定价过低，不利于企业尽快收回投资，甚至使消费者怀疑产品质量。当产品在市场上地位巩固后，也不容易成功提价。

3. **反向定价策略** 此法介于上述两种之间。它的定价高低适中，定价合理，有利于扩大销售。现实生活中一般定价采取的是“成本导向法”，即顺向的层层加价的办法。而“反向”则是通过市场调查，先拟定出能为市场接受的销售价格，再反向求出各环节价格，以决定企业在制造产品时的最大目标成本和销售费用。也就是企业在产品生产之前，就已经把市场销售价格确定下来。这样的价格，消费者能够接受，生产企业也会获得足够的利润。

当今国际市场，虽然新产品层出不穷，但夭折率却高达 80% ~90%。为使新产品顺利上市、求得企业的生存与发展，这种定价方法也十分受重视。

（二）成长期的价格策略

新产品经过一段时间的推广和销售，逐渐为市场所接受，市场销售量上升。这个时期企业所采用的阶段价格策略是目标价格策略。目标价格是企业完成一定目标利润而制定的价格策略。企业应利用成长期的有利机会，适当提高目标利润水平，加速实现企业利润，到产品进入销售困难时期时，企业就有了降价促销的保证和潜力，从而保证企业生产经营目标的实现。

（三）成熟期的价格策略

产品进入成熟期的标志是竞争者的大量涌入、销量增长速度减慢并开始走下坡路。这一阶段价格策略就以竞争为核心，维持和扩大企业产品市场占有率，保持竞争优势和稳定的利润收入，因此通常使用的价格策略是降价销售。当然降价的前提是生产成本的降低，通常成本越低，价格的竞争力就越强，在价格竞争中取胜的可能性就越大。

企业在降价时需注意的是根据产品需求价格弹性的大小把握好降价的幅度：不能太小，太小不足以引起消费者的注意，对竞争对手的威胁也太小；当然也不能太大，太大可能使企业没有利润。

（四）衰退期的价格策略

企业在产品衰退期的价格，要尽量使企业在保有微利的基础上，将产品全部销售出去，避免积压，发挥产品对企业的最后贡献作用。因此这一阶段主要采用维持价格或驱逐价格的策略。

1. 维持价格策略 维持价格是指在产品进入衰退期时不做大幅度的削价，而是基本保持原有价格水平的策略。这样做不至于恶化在消费者心目中的形象，最大限度发挥产品在最后阶段的经济贡献。

2. 驱逐价格策略 驱逐价格也称歼灭价格，指产品进入衰退期后采用最低价格，阻止企业产品销售量的下降，将竞争者逐出市场的策略。驱逐价格一般不含利润，有时可以直接以平均变动成本作为最低经济界限来定价。

四、相关产品价格策略

相关产品，是指在最终用途和消费购买行为的方面具有某种相互关联性的产品。制造或经营两种以上产品的企业可以利用此特点综合考虑企业产品的定价。

1. 互补产品价格策略 互补商品指两种（或以上）功能互相依赖、需要配套使用的商品。互补商品价格策略是企业利用价格对消费互补品需求进行调节，全面扩展销售量所采取的定价方式和技巧。具体做法是，把价格高、购买品率低的主件价格定得低些，而把购买频率高的配用商品价格相对调高。

2. 替代商品价格策略 替代商品是指功能和用途基本相同，消费过程中可以相互替代的产品。替代产品价格策略是企业为达到既定的营销目标，有意识安排企业替代产品之间的关系而采取的定价措施。

企业若生产或经营这两种以上有替代关系的产品，这两种产品的市场销量常常表现为此消彼长，而这种增加或减少与商品价格的高低有着密切的关系。企业主动地运用这一规

律来实行组合价格策略。如把市场“热销”的产品的价格有意提高，将趋冷的替代品的价格适当降低，从总体上把握企业的盈利水平。

药品价格涉及宏观层面的国计民生，又影响企业正常的收益，如何平衡好这两者的关系一直是我国政府和社会大众关注的焦点之一。作为微观企业经营者必须正确掌握基本价格的构成内容，学会根据国家规定、市场需要、竞争态势以及企业自身目标灵活制定合理药品价格，才能既正确履行企业的社会责任，又满足企业自身发展的需要。

扫码“练一练”

思考题

1. 影响药品价格的因素有哪些？
2. 企业制定价格的目标是什么？
3. 企业有哪些新产品定价策略可供选择？
4. 消费者价格心理的具体内涵有哪些？

第十章　医药产品分销渠道策略

学习目标

通过本章学习全面了解企业产品销售渠道的组成内容，了解国家有关药品销售流通过程中的具体规定；学会根据企业战略及所生产经营药品的特殊性选择合适分销渠道类型、合作伙伴选择与激励方法；掌握相关分销渠道策略。

分销渠道是产品从生产企业到最终消费者的过程中所经过的各个中间环节联结起来的通道。任何产品只有送到消费者手中才是现实的商品，才能获得利润，实现企业的市场分销目标。企业如何把产品最有效最快速地传递到消费者手中满足市场需求，是本章要研究的主要内容。

分销渠道策略是企业市场分销组合中的一个重要策略，其他策略的实施都要通过渠道发生作用。比如说，企业的产品质量很好，价格制定合理，促销手段也得力，但如果分销渠道策略上出现问题，企业的产品也是很难销售出去的。因此，对于医药企业而言，了解通常分销渠道的类型、合理选择合作伙伴、加强渠道的管理工作，不仅有利于企业产品的市场销售，而且也是企业进行市场分销的关键。分销渠道既是产品的销售通道，也是产品导入市场的路径，更是企业感触市场的“神经末梢”。所以，医药企业应充分重视分销渠道的建立与维护工作。

扫码“学一学”

第一节　医药市场分销渠道的概念、作用与类型

一、医药市场分销渠道的概念

1. 概念　医药市场分销渠道是指医药产品或服务从生产者（医药生产企业）向医药单位或患者转移过程中所经过的一切取得所有权（或协议所有权转移）的商业组织和个人。简言之，医药市场分销渠道就是医药产品从生产领域进入消费领域的途径。

在市场环境中，分销渠道具体表现为那些促使产品或服务顺利地被使用或消费的一系列的中间组织或个人。他们与生产企业合作，使产品在市场上流通，并克服产品因地区不同而在时间、需求、供应上所形成的差异。概括来说，分销渠道具有以下特征。

扫码“看一看”

（1）分销渠道由参与商品流通过程的各种类型的组织和个人组成。商品只有通过这些组织和个人才能在市场上销售，从生产者流向消费者，最终实现商品的价值。

（2）每一种分销渠道的起点是生产者，终点是个人消费者或生产经营组织。

（3）在商品从生产领域向最终消费者或生产经营组织流转的过程中，商品的所有权有一次或一次以上的直接或间接的转移。

2. 医药产品分销渠道的特征　医药分销渠道是医药产品从生产者转移到医疗单位或患者所经历的途径。与一般商品类似，医药产品只有从生产者转移到医疗单位或患者手中，才能真正实现其价值与使用价值。然而，由于医药产品是关系生命健康的商品，为了保证

用于防病治病的医药商品质量的安全性、疗效的可靠性与使用的经济性，任何政府都会采用政策与法律手段干预或限制医药商品的流通活动。因此，医药产品分销渠道又有着与一般商品不同的特性，主要表现在：①选择渠道类型的自由度相对较小；②对渠道成员有严格的资格限制；③对一些特殊药品垄断经营。

二、医药市场分销渠道的作用

现代社会中，大部分生产企业并不是（或并不能）把产品直接销售给最终消费者或用户，医药产品更是如此，它需要借助一系列的中间商的转卖活动才能把药品送到消费者手里。因而分销渠道的作用是绝不能低估的。

1. 实现药品从生产者向消费者的转移 对于生产者而言，商品价值得到体现，再生产得以顺利进行；对于消费者而言，获得了药品，保健康复的需要得到了满足。

2. 平衡市场供需矛盾 分销渠道在药品品种、规格、数量、时间上调节着生产者与消费者之间的矛盾。分销渠道组成成员的化整为零、变零为整及分配功能，使医药产品平稳、均衡、按时按质按量地满足市场要求。

三、医药市场分销渠道的构成

医药产品按其最终使用者的不同，中间产品可分为个人消费者与生产者组织两大类，因而产品也可相应地概括为药品、医药（指原料药、中间体等）两大类。由于这两类医药产品的销售管理方式不同，因而其分销模式各有其特点。药品分销渠道类型与医药中间产品分销渠道类型如图 10－1 所示。

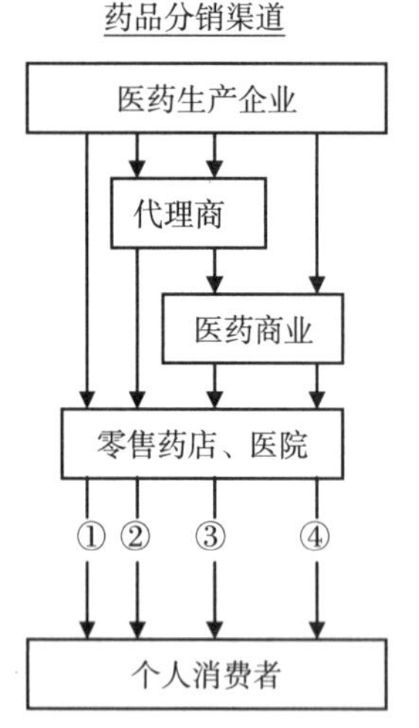

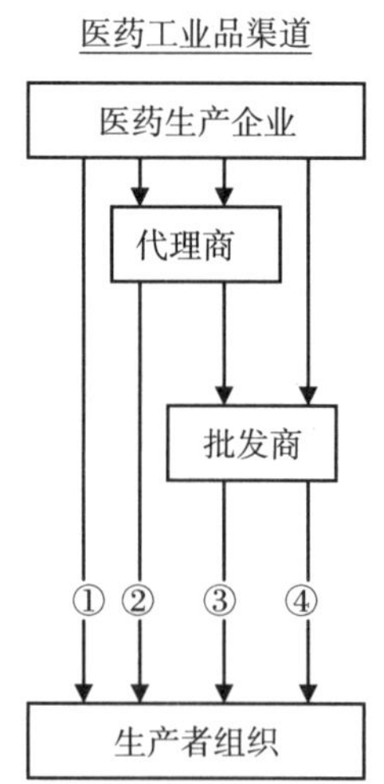

图 10－1 医药产品分销渠道的类型

（一）药品分销渠道的类型

从图 10－1 可以看到药品分销渠道模式常用的有 4 种类型。

①医药生产者—医药零售药店或医院—个人消费者。

②医药生产者—代理商—医药零售药店或医院—个人消费者。

③医药生产者—代理商—医药商业批发公司—医药零售药店或医院—个人消费者。

④医药生产者—医药商业批发公司—医药零售药店或医院—个人消费者。

此外，在药品销售模式中还存在一些特殊的药品直销方式，一些药品生产企业将本企

业生产的 OTC 药品通过自办零售药店直接出售给消费者；或者一些医院把按国家有关规定自制的医院制剂直接向消费者出售。由于这两种方式不具有普遍性，在药品市场分销工作中也不具备可供所有生产者广泛采用的条件，因而在这里不再将它们作为分销渠道策略中可供选择的备选方案加以研究。

另外，按照国家有关规定，药品市场分销中 OTC 药品和处方药品在分销模式上有明显的区别，随着处方药和非处方药分类管理的加强，这两种分销渠道的区别将越来越明显，甚至可能分道扬镳。下面就按 OTC 药品和处方药品分别作如下分析。

1. OTC 药品分销渠道的类型　OTC 药品与普通百姓生活联系较为紧密，大多数患者可以自我诊断与自购自用，因而社会零售药店是其主要销售场所。因此，OTC 药品销售的关键之一是寻找尽可能多的零售药店，扩大消费者与药品的接触范围。

虽然现实生活中药品零售市场比较混杂，在零售药店里也有处方药品和一些国家严格控制的药物出售，但从医药市场的发展趋势看，我国药品市场将越来越规范。因此，处方药品的销售终将会集中在医院或是少数定点药房，一般的零售药店或超市中只允许出售 OTC 药品（甲类或乙类），所以我们就按这样的理想模式进行分析探讨。下面四种分销渠道类型因为都要通过零售药店将药品最后出售给个人消费者，因而通常只适合 OTC 药品的销售工作。OTC 药品分销渠道类型主要可以选择以下几种形式。

（1）医药生产企业—零售药店—个人消费者　在此种分销渠道类型中，产企业将药品销售给零售药店，然后由药店销售给个人消费者。这是分销渠道中简单的渠道模式之一，其特点是没有中间商介入，由生产厂家直接向零售企业提供药品（这种分销渠道类型属于直接渠道，关于直接渠道将在下一节中详细介绍）。其主要优点是医药生产企业对产品营销的整体情况掌控能力较强，产品利润空间相对较大。采用这种分销渠道模式的条件是生产企业实力雄厚，必须在全国各地建有办事机构和分销网络，否则无法应对面广量小的送货、铺货、回款等繁琐工作。目前 OTC 药物一般常采用这种分销渠道模式。

（2）医药生产企业—代理商—零售药店—消费者　在这种分销渠道类型中，医药生产者通过一定的代理商将药品销售给零售药店，然后再由零售药店销售给消费者。这种分销渠道模式适合那些实力不足或没有自分销售网络的 OTC 药品生产企业。其优点是可以充分利用代理商的客户资源以及市场占有率方面的优势解决产品销售方面的问题，提高分工效率。缺点是医药生产企业对产品营销的整体控制能力较弱，应对渠道冲突的能力较差，企业的盈利能力也会承受一定的负面压力。

（3）医药生产企业—代理商—医药商业批发公司—零售药店—消费者　在此种分销渠道类型中，由于企业没有自己的分销网络，所以只能借助于中间商的销售力量销售药品。首先寻找代理商，通过代理商去寻找商业公司，再借助这些商业公司的批发渠道向市场零售药店铺货，最后通过药店将药品销售给消费者。这是中小型医药企业营销 OTC 药品常用的渠道模式，其主要优点是可以有效回避中小型企业市场覆盖能力较差的缺陷，充分利用代理商和中间公司的市场份额和客户资源实现药品销售目标。这一模式的缺陷是生产企业市场分销的主动权掌握在代理商手中，企业无法直接与市场接触，销售利润也会受到影响。因而当企业有能力组建销售网络时，应及时向下一种销售模式过渡。

（4）医药生产企业—医药商业批发公司—零售药店—消费者　这种渠道与前一种渠道相比只是少了一个药品代理商，由企业自有的销售力量与各地商业公司产生业务联系，并由商业公司自有的零售药店或其他专业零售药店向消费者销售药品。与第一种模式相比，

它可以最大限度地借助于医药商业公司的分销渠道和销售力量，扩大产品的销售量，并且对分销渠道乃至产品营销的整体状况都有较强的控制力，利润空间也比较大，同时可以较多参与具体的市场销售活动，了解市场第一手信息，帮助企业作出正确的分销决策。因而这也成为目前OTC药品最常用的销售模式。

2. 处方药品分销渠道的类型 处方药品分销渠道与OTC药品相比有许多相似之处，但不完全相同。按照国家相关规定，处方药品的购买和使用必须凭专业医生的处方，这也就决定了处方药销售场所主要集中在医疗单位（多种类型的医院）。表面上看，与OTC药品分销渠道的主要差别，只是简单地改变了最后销售地点，但由于这两种中间商类型功能与作用的不同，从而导致销售药品的类型、促销工作的内容与方法等都有本质差别。归纳起来，处方药品分销渠道主要有以下几种方式。

（1）医药生产企业—医疗单位—个人消费者 这是一种由生产企业直接将药品供应给医疗单位（医院），在患者就诊时再由医疗单位出售给个人消费者的分销渠道模式。这种渠道模式适用于需要进入医疗单位销售的处方药品（其中包括新特药品、进口药品等）。采用这种分销渠道的企业一般需实力雄厚、管理规范，有自己健全的分销网络，能够承担繁重的发货、推广、回款等工作。需要指出的是这种渠道模式不一定适用于所有地区，因为大部分地区规定生产企业不能将药品直接销售给医疗单位，必须经由当地的医药经营公司中转。

（2）医药生产企业—代理商—医疗单位—个人消费者 这种分销渠道模式是医药生产企业通过药品代理商，使药品直接进入当地医疗单位，再由医疗单位将药品出售给消费者。企业的市场销售工作由代理商全权负责，自己仅相当于一个生产基地。这种模式适合需直接进入医院销售的一些处方药（如特殊药品、进口药品等）、医疗器械类和市场分销能力不足的医药生产企业采用。

（3）医药生产企业—代理商—医药商业批发公司—医疗单位—个人消费者 这是目前医药市场上较为普遍的药品销售渠道类型之一，适合需要进入医院销售的处方药品（进口药、新特药品）的销售工作，适用于整体实力较弱，不能在全国建立销售网络的企业。通常医药企业首先选择合适的代理商，然后通过这些代理商的销售网络及各地医药商业批发企业的力量，使药品进入目标医院，同时生产企业配合商业公司完成医院的推广工作。这种形式既解决了生产企业分销能力不足的缺陷，又满足医疗单位用药品种杂、数量多的要求。这是对多数生产企业和医疗单位来说较为理想的分销渠道。但其缺点是渠道较长、环节较多，从而增加了药品的流通费用，提高了药品价格。此外由于市场分销的主动权掌握在代理商手中，企业对分销渠道的控制能力相对较差，增加了管理难度，不利于企业的长远发展。因此当生产企业的实力较为雄厚，能够直接进行市场分销时，一般可采用下面一种渠道模式。

（4）医药生产企业—医药商业批发公司—医疗单位—个人消费者 这种分销渠道模式是目前处方药品销售中最为普遍的分销模式。通常做法是由生产企业与医药商业公司签订销售合同，由医药公司的销售力量开展医疗单位销售推广工作，并负责与医疗单位的货款结算工作。生产企业与商业公司发生直接货、款往来关系，企业的销售人员帮助商业公司做药品推广工作。国家也提倡这种销售模式，它既能保证药品的质量，又可扼制行业内愈演愈烈的不正之风。对于生产企业这种模式也有很多好处，既减少了药品分销的工作量（只要与一家或几家当地医药公司发生业务联系），又能直接了解药品的市场销售情况，也可以在关键时刻通过自身销售人员的促销工作来提高药品的销售量。

以上八种分销渠道是药品销售活动中常见的分销模式，医药生产企业可根据本身的实际情况合理选择加以应用。

（二）医药工业品分销渠道类型

医药工业品又称为医药中间产品，相比药品的分销渠道，医药工业品的分销渠道类型要简单得多，主要有如下几种。

1. 医药生产企业—生产者组织　这是一种直销类型，由生产企业直接向产品下游生产企业供货，适用于数量大、品种单一的产品类型，这是医药原料药企业常用的销售模式。随着互联网技术的发展，企业具体操作时往往通过网络平台交易。

2. 医药生产企业—代理商—生产者组织　生产企业通过一定的代理商向生产者销售产品。优点是有助于企业扩大市场份额，最大限度地占有分销资源，缺点是企业不能直接与需求者沟通，对市场信息的控制力不够。

3. 医药生产企业—代理商—批发商—生产者组织　这种模式是环节最多、途径最长的一种。通常适用于产品数量少、品种多的生产企业，可以充分借助中间商的各种功能促进生产与销售工作的开展，但也容易造成渠道成员之间的矛盾。

4. 医药生产企业—批发商—生产者组织　这是生产企业借助批发商力量销售产品的另一种形式。

四、医药中间商的功能与类型

医药中间商是通过医药商品买卖或提供相关服务来促成医药商品交易的经济组织，通常指进行医药产品代理、批发和零售的专业医药公司或医疗单位，它是联系生产和消费的中间环节，因此人们在习惯上称之为中间商。

（一）医药中间商的功能

1. 医药中间商存在的必要性　中间商是社会分工和商品经济发展的产物。中间商存在的必要性在于它有助于解决生产与消费之间在时间、地点、数量、品种方面的矛盾，帮助生产者把产品及时、准确、高效地送达消费者手中，节约社会劳动、提高分销效率（图 10－2）。图 10－2 假设药品市场中只有 4 个医药产品的生产者（简称药厂）和 4 个消费者，每个消费者都需购买每个药厂的产品，每个药厂也需给每个消费者销货。图 10－2a 显示了在没有中间商的条件下，生产者和消费者之间要进行 4×4＝16 笔交易；当有了一个中间商介入后，如图 10－2b，则只需 4＋4＝8 笔交易就可完成以上同样的工作量。由此可见，中间商的存在极大地简化了分销渠道机构，减少了交易次数，从而减少了社会资源的浪费。在实际经济活动中，医药生产者与消费者之间的商品交易，不知比这种假设复杂多少倍。由此可见医药中间商存在的必要性。

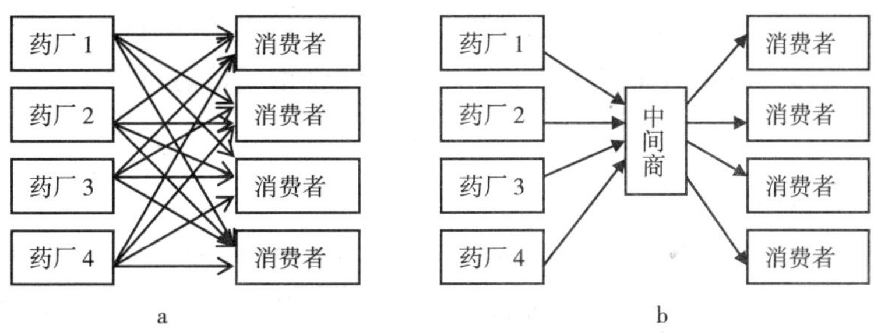

图 10－2　市场中没有中间商和有中间商的情况

此外，生产商与中间商在分销工作中可以互取所长。一方面，由于产品、市场、财力、分销经验、管理水平，尤其是国家政策与法律的规定等方面的原因，医药生产者将药品直接销售给消费者的可能性很小，即使能够实现直接销售，综合经济效益也未必理想。另一方面，中间商可以凭借其在市场信息、分销渠道规模、专业化水平等方面的优势，使产品进入目标市场的难度降低、效率更高，还可以大幅度降低生产企业在流通领域的资金占用比例，使生产企业可集中有限资源进行产品的研发和生产。从商品经济的发展趋势看，社会分工会越来越细，商品流通量也逐渐增大，同时由于产品的生产和使用的层次日益增多以及消费者对医药产品的要求日趋复杂，预示着中间商将发挥愈来愈大的作用。

2. 医药中间商的功能

（1）有助于提高药品营销工作的效率与成果　医药中间商是专门从事医药批发零售业务的组织，其专业水平和营销经验，以及与上下游企业的业务关联都较医药生产者更加专业，效率更高。单就批发商而言，通常为了能够很好地销售药品一般都建立有健全的销售网络，与零售商之间存在着长期的业务关系，相互信任，并有一批专门从事药品批发工作的专业人员。医药生产企业完全可以借助于这些专业机构的力量，使药品能够快速、平衡地到达最终消费者手中。

（2）有助于解决药品生产与消费之间的矛盾　单个生产企业的产品有品种少、数量大、规格少的特点，而消费者的需求则是多品种、多规格、数量小。这种生产与消费上的不协调，只有依靠医药中间商的力量才能使双方满意：中间商首先发挥“蓄水池”的聚合功能，吸纳各个生产企业的药品；然后发挥其平衡分配功能，按消费者的需要将各种药品组成一个个有特殊要求的组合，满足最终消费者或使用者。

（3）仓储与配送产品　生产企业的药品进入医药中间商渠道的仓库储存时，实际上已成为生产企业仓储与配送功能的进一步延伸。由医药中间商储存药品，可以降低生产者的产品储存成本和风险。另外，中间商比生产者更接近顾客，因此可以提供更快捷的配送服务。

（4）融资功能　中间商的融资功能从理论上讲应包括两个方面：①中间商向生产者预购或者及时付款，就相当于为生产者提供了融资服务；②生产者在一定信用额度内赊销药品，可在一定程度上解决中间商的资金不足，对中间商而言也是融资。现实生活中后一种情况较为常见，这给医药生产企业造成了较大的资金压力。如何解决这种无奈的资金沉淀，减少呆死坏账的数量，也是目前医药生产企业亟待解决的现实问题。

（5）风险承担　药品市场出现中间商后，生产者就可将部分商业风险转嫁给批发商。生产企业与批发商发生业务联系后，批发商首先可以承担医药产品在分销过程中的破损或者超过有效期的风险，另外还可在一定程度上避免医疗机构拖欠货款的风险。而目前我国药品市场的供求态势也决定了生产企业要将风险全部转移给中间商也是不可能的。

（6）信息沟通　医药中间商是生产者与消费者之间信息沟通的桥梁。它既能将生产信息通过各种方式传递给市场从而促进市场需求，又能将市场信息反馈给生产者，以便于生产者及时调整生产计划和分销策略。

（二）医药中间商的类型

医药中间商可根据不同的标准，分为如下类型：按照中间商在商品流通中的地位不同，可分为批发商和零售商。批发商处在商品流通的起点，其经营特点是批量购进批量销售。零售商处在商品流通的终点，其经营特点是批量购进、零散销售。而按在商品流通中是否

拥有所有权划分，可分为经销商和代理商。经销商是拥有一定资金、场地、人员的法人，在其经营中，通过购进商品和销售商品实现商品所有权的转移，获得相应的经济利润。代理商则是在商品流通中为购销双方提供穿针引线服务，促成商品交易的实现，获得一定的服务手续费或佣金。

1. 医药批发商　是专门从事药品批量买卖的中间商，目前批发商主要分为商业批发商、代理批发商和生产企业的销售部或办事处三种类型，它们在分销职能方面存在较大的差异。商业批发商，又被称为经销批发商，是指具有法人资格的独立批发企业。这是批发商的主要类型，目前医药市场上主要由各级各类医药商业经营批发公司组成。其收入来源主要是商品批发的价格差。代理批发商，是指受医药生产者的委托，在一定区域内，以被代理人的名义进行药品营销工作的批发商类型。其自身不拥有商品的所有权，以代理合同开展业务，往往不承担风险，收入来源于委托人提供的佣金。生产企业的销售部或办事处主要是由生产企业自设销售组织，专门经营本企业产品的批发销售业务，虽隶属于生产企业但又独立于生产企业的独立部门。这种类型多见于医药工业品市场。

无论是哪种类型的批发商，其本质都是相同的，是主要从事批发业务的商业组织，不直接服务于最终消费者。其特点是：①处在药品流通的起点和中间环节；②销售对象是医疗机构、其他批发商、医药零售商和生产企业等间接消费者；③交易有一定的数量起点，交易次数少、批量大，多以非现金结算为主。大量医药商品经过医药批发商进入医疗机构，医药批发商的经营活动对保障医药市场的基本供应、满足人民用药需要，起着举足轻重的作用。

我国医药批发企业与生产企业相比，具有一些明显的优势。①专业化优势：我国有一批国有专业医药批发企业，经营历史长，机构齐全，分工细，专业化强，经营人才多，管理经验丰富，而且在长期的经营中形成了系统的分销网络。②资金优势：在我国目前金融政策下批发企业能够较多地取得银行贷款，拥有较雄厚的经营资金。③配套能力优势：医药批发企业拥有完备的医药商品的储存、运输及经营场地等配套设施，拥有一支保管养护医药商品的专业队伍，具有处理大量医药商品实物流通的能力。④渠道信息优势：医药批发企业所处的地位，上联生产者，下接医疗机构及零售企业，经营点多、面广，信息收集量大、反馈快，具有指导生产、引导消费的能力。

2. 医药零售商　是向最终消费者或使用者提供医药产品和服务的中间商。一般来说，商品只有经过零售商才最终完成其从生产领域到消费领域的流通过程。目前在我国它主要由各种药店和各级各类医疗机构（医院、诊所）组成。随着我国医药市场日趋规范，OTC药品除了可在社会药店和医院药房购买外，还可进入各种超市和便利店（需要具备国家规定的具体条件并严格按照批准药品范围经营）购买。零售商和批发商的主要区别在于，零售商服务于个人消费市场，比批发商更接近消费者，从而可以方便、准确地向生产者传达消费者的需求信息。

医药零售商是联系生产者、批发商和消费者的桥梁，其特点主要有：①处于商品流通的最终环节；②销售对象是直接消费者或使用者；③经营特点是批量进货、零星销售，交易次数多、金额小；④其经营场地与服务质量的高低，对医药商品的销售有很大影响。

医药零售商的经营活动与人们的生活质量密切相关，医药生产企业在选择合适的零售商时需根据药品的不同类型，并按国家相关规定制定相应的分销策略。由于处方药必须凭医生处方才可销售，因而处方药品需要进入医院或指定的零售药店。而 OTC 药品则可将重

点放在零售药店。2010年以后，我国药品零售市场最突出的特征之一就是医药零售连锁化趋势越来越明显，这种以实体药店为终端销售结点的连锁经营模式正在成为药品营销中最重要的零售方式。截至2017年，国家发展与改革委员会公开的数据中我国药品零售企业连锁化率已经超过50%。同时，互联网技术的发展和互联网技术的发展和普及也为消费者提供了新的消费模式。2017年，网络营销渠道为我国医药营销贡献了接近2%的销售额，连续三年高速增长，年增幅超过50%。由此可见，医药市场营销渠道中，零售商的影响力会越来越大，医药零售业特别是OTC药品市场前景将十分广阔。

3. **医药代理商** 是指受委托人委托，替委托人采购或销售医药产品并收取佣金的一种中间商。它不拥有药品的所有权，只是在买卖双方之间扮演媒介的角色，通过促成交易赚取手续费或者佣金，一般由医药商业公司或个人组成。

医药代理商按一定标准可分为以下两种。①按代理产品分：采购代理和销售代理。采购代理通常与委托人有长期的业务关系，提供进货、验货、仓储和送货、信息、产品选择等服务；销售代理则帮助生产者销售全部或部分医药产品或服务，它对价格、付款及其他销售条件等方面有较大的权力，其功能相当于生产者的销售部门。②按代理地域分：全国总代理和地区总代理。由于地区范围的不同，其销售权力与义务也不相同。有实力的医药商业公司倾向于做全国总代理，全权负责全国的市场开拓、销售工作，同时产品的价格制定、实物配送、资金回笼、售后服务等都由代理商承担。而代理商的义务是确保在一定时间内达到一定的销售目标。从这一点上考虑，一些实力相对较弱的公司就会退而求其次，承担一定地区销售代理的角色。

对于代理商的选择，通常发生在药品生产企业想在新的区域市场销售医药产品的情况下。一方面对于专业性很强的医药产品来说，在分销过程中需要专业的分销知识和技术支持，一般的经销商难以胜任；另一方面，生产企业进入全新的目标市场，很难控制新的局面，而借助代理商专业的分销网络能很快进入新市场，占领市场份额，这对生产企业提高销售效率有很重要的意义。而生产企业选择何种代理商取决于产品的销售潜力、企业的分销基础设施、企业对代理商的控制能力等多方面的因素。所以，企业应根据自身情况灵活操作，力求使企业达到促进产品销售和扩大市场占有率的目的。

4. **医药经销商** 是医药市场分销渠道中的一个广泛群体，利用经销商促进销售也是分销渠道中最为常见的分销模式，医药市场中主要由医药商业公司、医疗机构、社会药店、医院药房等组成。经销商与代理商的主要区别是它拥有产品的所有权，通过转售产品或服务营利，通常经销商的经营风险大于代理商的经营风险。它与代理商的区别还在于，代理商更偏重于某一领域的同类医药产品，如医疗器械代理商或者药品代理商；而经销商经营的产品种类更多，业务繁杂，可能医疗器械与药品同时经营，如药店。在职能分配上，一般由生产企业负责市场开发，经销商负责产品的销售。借助经销商健全的销售网络，生产企业通过与之建立良好的合作关系，形成能够共存共荣的联合体，从而促进经销商完成生产企业在目标市场的销售目标。经销商也可通过其销售网络为生产企业搜集市场信息，及时地反馈给生产企业，以推动产品开发和技术改进。但是这种销售模式也有着不可忽视的弱点，经销商发达的销售网络在扩大生产企业市场范围的同时，也预示着生产企业难以全面控制经销商。一旦与经销商发生冲突，生产企业的销售网络就很容易遭到破坏，甚至瘫痪。所以生产企业要保证经销商为企业销售发挥作用，关键是要有一定的经销商约束政策对之加以管理和控制。

扫码"学一学"

第二节　医药市场分销渠道的设计

对于医药生产企业而言，在熟悉分销渠道类型、明了各种类型的中间商的特点、功能与业务性质的基础上，还必须科学地进行具体分销渠道设计与管理，才能使药品顺利地从生产者向消费者手中转移。

一、医药市场分销渠道的类型

（一）直接渠道与间接渠道

扫码"看一看"

按照医药产品从生产者到达消费者手中的过程经过中间商类型的多少来分类，可以分为直接渠道与间接渠道两类。

1. 直接渠道　与一般行业不同，医药行业中直接渠道是指医药产品从生产者流向最后消费者或用户的过程中只经过一层中间商（适用于药品）或不经过任何中间商（适用于原料药）的分销渠道。直接渠道是医药工业产品分销渠道的主要类型。这是因为工业品需求品种规格少、数量大、前后工序联系性强、用户数量少而且相对集中。

直接渠道的优点是：生产者与消费者接触较多，能及时、具体、全面地了解市场需求及变化，从而及时调整生产经营决策，能为消费者提供售前、售后技术咨询、服务；销售环节少，商品能很快地到达消费者手里，从而缩短商品流通时间，减少流通费用，提高经济效益。当然，直接渠道也有其不足：直销生产者要设置销售机构、销售设施和配备销售人员，这不但会增加相应的销售成本，还会分散生产者的精力。此外，生产者还要负担储存费用、商品损耗。如果市场供求变化影响了商品价格，由于库存产品所有权在生产者手中，因此生产者要承担市场风险。

2. 间接渠道　是指医药产品从生产者流向最终消费者或用户过程中经过两层及以上中间商的分销渠道。间接渠道是药品分销的主要类型，这是由药品的特殊性和国家的政策法规所决定的。

间接渠道的优点是：通过中间商交易，减少了相应的交易次数，节省了生产企业花费在销售上的人力、物力、财力；可以借助中间商的销售经验、销售网络和商誉，扩大商品销售范围，提高市场占有率；可以减少资金占用，增加生产资金投入，减少生产者经营风险。间接分销渠道也有不可避免的缺点：由于中间商的介入，增加了相应的销售环节，延长了商品流通时间。一般来讲，中间商不可能对其经销的所有商品的知识和技术要求都了如指掌，故难以为消费者提供完善、周到的售前、售后技术服务工作。另外生产者与消费者之间有了许多隔温层，因而生产者对市场变化反应迟钝，常有明显的滞后性。

（二）宽渠道与窄渠道

医药分销渠道的宽度是指分销渠道中每个层次使用同种类型中间商数目的多少。多者为宽，少者为窄。

1. 宽渠道　在每一个产品流通环节上选用两个以上同类型的中间商分销产品则称为宽渠道。采用宽渠道分销的优点在于：药品可以大批量地迅速进入市场，增加销售量；同类中间商互相竞争，可促进整体分销效率的提高；有利于生产企业对渠道成败进行评价、取舍。在目前的市场条件下，OTC药品和处方药生产者多采用这种渠道。宽渠道的缺点主要

表现在：中间商与生产者的合作关系不密切，很难保证中间商对生产企业的忠诚度，他们在分销过程中有可能不专注于产品销售，不愿付出更多的费用和精力，从而影响药品的销售甚至是企业形象。此外，生产企业难以对分销渠道进行有效控制。

2. 窄渠道 药品生产者在每一层流通环节只选用一个中间商来销售自己的产品，这种分销渠道一般称为窄渠道。窄渠道最大优点是生产者与中间商协作关系紧密，生产企业对中间商的支持力度相对较大，易于控制、管理中间商。缺点是生产者对中间商的依赖性太强，一旦关系发生变化，生产企业将面临难以预料的市场风险。这种分销渠道类型适用于单位价值高的进口药品和新特药品的销售。

（三）长渠道与短渠道

按照药品流通过程中中间环节的多少，分销渠道又可以分为长渠道和短渠道两类。

1. 长渠道 药品生产者使用两个以上的不同类型的中间商销售产品，这样的分销渠道称为长渠道。长渠道的优点是：渠道长、分布广、触角多，能有效地覆盖目标市场，扩大自己的产品销售。通常销售量大、销售范围广、单位价值低的药品适合采用长渠道策略。但长渠道也有其不足之处：由于长渠道涉及的中间商多、环节多，从而使销售成本增加，最终造成药品销售价格提高，从而削弱了药品的价格竞争力；中间环节多、信息路线长、失真率高，会影响生产者决策；中间环节多、商品运输距离远、时间长、货物配送成本高，也容易增加药品损耗；各渠道环节中工商之间、商商之间难以建立密切的合作关系。

2. 短渠道 药品生产者在销售过程中只使用一个环节或者没有经过中间环节的分销渠道称为短渠道。短渠道的优点是：中间环节少、商品流通时间短、流通费用低，能增强药品的价格竞争力；有利于生产企业了解市场信息，及时决策；也利于生产者与中间商合作。短渠道的主要弊端是：由于渠道短，市场覆盖面相对较小，不利于药品的大量销售，因而只适合单位价值高的新特药品、进口药品等的销售；此外由于流通渠道短，市场稍有变化，就可能直接波及生产者，因而生产者经营风险也较大。

二、影响医药市场分销渠道设计与选择的因素

分销渠道的设计与选择是任何医药生产企业都必须认真对待的一项工作，它关系到药品能否及时销售出去和收回货款，关系到企业的销售成本与利润，与企业分销的成败关系甚大。判断分销渠道有效的标准之一就是可利用渠道将医药产品顺利地转移到企业的目标市场。要设计与选择好分销渠道，就不得不考虑影响渠道设计与选择的因素。影响医药分销渠道设计与选择的主要因素有：产品特点、顾客特性、企业（公司）状况、市场环境状况等。

（一）医药产品的特性

根据医药产品的特性来设计与选择分销渠道主要从药品的单价、重量、技术含量、有效期限、适用性、市场生命周期等方面考虑。

1. 药品的单位价值 单位价值高的药品如生物制品、进口药品、新药等，在选择分销渠道时应采用短渠道或用直接渠道，因为每经过一个环节，都要增加一定的费用。而使用面广量大而又价格较低的药品，其分销渠道可以长而宽，以增加市场覆盖面。

2. 产品的体积 产品体积过大或过重，渠道宜短，中间环节少，可以节约运输、储存费用和减少商品损耗，如大型医疗器械。

3. 时效性或有效期 季节性强或有效期短的产品，应将渠道简化到尽可能短，以减少流通时间和中转环节对产品质量的影响。

4. 科技含量 药品技术含量高，宜采用直接渠道或短渠道。因为大多数医药产品，特别是刚上市的新特药，对技术服务要求很高。

5. 适用性 如药品的适用性较广，宜选择间接渠道、宽渠道；相反则可采用直接渠道、短渠道甚至是直销渠道。

6. 生命周期 药品所处的市场生命周期不同，渠道选择也应不同。在导入期为了尽快使产品进入市场，收集产品销售信息，应选择短渠道或直接渠道；成长期则应在巩固原有渠道的基础上，增加渠道宽度；成熟期为适应竞争，吸引更多的顾客，应拓展渠道宽度，增加销售网；衰退期为了缩减开支，渠道宜窄、短。

（二）市场特征

1. 市场规模 目标市场潜力、购买力、零售商规模都与渠道模式的选择有密切关系。市场容量大、购买力强、零售药店多的大城市，可采用短渠道和直接渠道。企业一般都要建立自己的办事机构，直接负责当地市场的销售工作。而市场潜力小、购买力弱的地区，可通过批发商向中小零售商供货，其渠道模式则采用长渠道或间接渠道。

2. 购买频率 购买频率高的药品，宜选用间接渠道和宽渠道；购买率低的新特药品，应选用直接渠道或短渠道销售。

3. 购买习惯 若是顾客希望随时买到的常用药、保健品则宜采用宽渠道、间接渠道，如创可贴的销售。

4. 市场竞争 出于市场竞争的需要，企业有时可选择与竞争者相同的渠道、相近的地区；有时则需要故意避开竞争者，另辟蹊径，开拓新的渠道。

（三）企业状况

分销渠道的设计与选择深受企业的规模、管理能力、资金实力、产品组合、经营目标、分销策略等企业特性的影响。一般而言，规模较大的生产企业资金力量雄厚、声誉较高，其市场覆盖范围、顾客规模也大，销售能力与中间商合作的能力都较强。这样的企业通常建立有自己的分销网络，并会有选择地使用必要的中间商，一般来说其渠道特征是“短而窄”；情况相反的企业，尤其是那些缺乏分销经验与管理能力弱的医药企业，一般必须更多地依赖中间商提供服务，多选择一些合适的中间商可能更为有利，其渠道就会“长而宽”。

（四）分销环境因素

分销环境因素如政治、经济、法律等，也会对药品分销渠道的设计与选择产生影响。例如药品招标采购制度、医疗体制改革、基本医疗保险药品目录、处方药与非处方药分类管理及其他有关药品销售方面具体的法律法规，都直接影响或制约了医药分销渠道类型的设计与选择，使一些特殊药品必须按照法定渠道流通。除此之外，环境因素形成的社会价值观和伦理观会时刻影响渠道行为，渠道成员的业务行为符合社会价值观和伦理观，就能取得信誉，也就为赢得市场扫清了人为障碍。

三、药品分销渠道设计决策

对医药生产企业来说，如果目标市场和产品定位均已确定，企业面临的下一个问题就

是渠道设计问题。渠道设计要根据上述影响渠道选择的各种要素，作出下述决策。

（一）确定渠道的基本模式

医药企业在设计药品分销渠道时首先必须对这些问题作出选择。①药品的最终销售地点：是通过零售药店销售还是医疗机构销售，或者既在零售药店销售又在医疗机构销售。②是否使用中间商：是企业自建分销网络将药品销售给零售药店、医疗机构还是通过中间商实现上述目标，或者既用中间商销售自己也销售。③中间商的类型和数量：如果决定选用中间商，那么选用什么类型和多少数量的中间商。

（二）确定中间商的类型

企业在设计渠道时要考虑选择哪个类型的中间商更利于产品分销任务的完成。生产企业在选择中间商时往往还要受自身条件的限制，也就是说企业吸引合格的中间商的能力是有区别的：具有声誉好、效益佳产品的企业有很多备选中间商；默默无闻实力弱的小企业难以吸引优秀的中间商。具体来说，企业选择中间商类型时主要从以下几方面进行考虑。

1. 经销商 主要指医药产品分销区域内的商业批发公司、零售药店和医疗机构。企业规模的大小和其产品常常决定了企业选择怎样的经销商。在选择经销商时应主要考察其经营历史、经营现状，具体包括经销商的地区销售优势、产品种类销售优势、产品政策，还应该包括经销商的财务状况和管理水平、销售技术和服务水平等，尤其是企业不能忽视对经销商的忠诚度的考察。

2. 代理商 尤其在专业性要求很高的医药产品分销领域，对于那些资金实力不足，分销和管理能力比较弱的医药生产企业，或者实力强大的公司在某一个销售量很低的非重点区域来说，采用专业代理商是比较好的选择。专业代理商一般在某领域的药品分销有自身优势，有助于产品迅速进入市场，帮助企业回避交易风险，而且可以由代理商提供技术支持和服务，降低销售成本。在选择代理商时应主要考察以下因素：代理商的经营优势、销售网络、财务能力和管理水平、技术水平、诚信等。有时候代理商是否有政治、社会影响力也是需要生产企业考虑的非常关键的因素。

（三）确定中间商的数目

当确定使用中间商以后，医药生产企业分销决策者还必须决定在每一渠道层次上使用中间商的数目，即决定渠道的宽度。这主要取决于医药产品本身的特点、市场容量的大小、需求面的宽窄以及企业整体经营目标等因素。在分析设计时，根据中间商的数量，通常有三种类型可供选择。

1. 密集型分销 即寻找尽可能多的中间商，无论谁申请经销自己的产品只要具备相应资格医药企业都予以批准。企业可利用尽可能多的分销网点，使渠道尽可能加宽，让每一个潜在消费者都能接触到医药产品，从而以扩大销售量取胜。医药市场中的常用药品、保健品都适合采取这种分销形式，给消费者提供最大的购买便利。

2. 独家型分销 厂家在某地区仅选定一家中间商负责其产品分销，通常双方协商签订独家经销合同。所谓独家经销，是指生产企业要求该经销商不得再经营其他竞争产品。通过授权独家销售，生产企业希望经销商在销售活动中更加积极，而且能够在价格、促销、信用、技术支持服务方面对中间商的政策加强控制。独家经销是最窄的分销渠道，通常适用于新产品或品牌性强的产品的销售。独家分销对生产者和中间商都存在利与弊：对生产者而言，有利于提高产品形象和获得较高利润，不利之处是过度或完全依赖中间商，中间

商能否很好地发挥作用直接关系到生产者的生存与发展；对于中间商而言，独家经销风险较大，因为经销药品是否具有良好的市场潜力和销售形势，也直接关系中间商的命运。两者可谓一荣俱荣、一损俱损。

3. 选择型分销　这是介于上述两种形式之间的分销形式，即利用中间商的数量不止一个，但对那些有意参与产品分销的中间商并不全都加以利用，而是有条件地选择其中几家经销自己的药品。大多数医药产品都可利用这种形式的渠道，因此无论是信誉良好且成立已久的企业，还是刚刚起步的新企业都可以采用选择型分销。这样企业不必再为中间商数目众多，中间商不肯协调而耗费很大精力；同时企业又能集中精力与确定的中间商发展良好的合作关系，并可激励其努力工作以提高企业销售水平。相对独家经销方式它的优势有：市场覆盖面广，有利于扩大销路和开拓市场，促进中间商之间展开销售竞争；相比密集分销方式它又能节省费用、降低成本，并易于控制中间商的销售活动而不必分散太多的精力。

（四）规定渠道成员的权利与义务

医药企业在确定了中间商的类型和数目以后，接下来的工作便是明确各分销渠道成员的权利与义务。主要内容有价格政策、销售条件、经销区域或特殊服务等。

价格政策是决定生产者与中间商双方经济利益的关键。生产企业所制定的价格和折扣计划必须获得中间商认可，使他们相信这些政策的公平性，这样他们才能在实际工作中去严格执行。价格政策的制定需考虑众多因素，如企业产品特征、市场供求关系、同行业平均水平与商业惯例等。

销售条件中最为重要的是明确付款条件和生产者担保。为促进货款及时回笼，企业可制定一些奖励措施，如现金折扣、优先供货等。生产者保证在何种条件下企业允许退货、途中损耗的分担等。其目的是解除中间商的后顾之忧，积极主动地销售本企业药品。

在中间商权利与义务中，经销区域权也是一个关键要素。企业需根据具体情况明确划定各个经销商的销售区域，以防因窜货问题而造成市场秩序混乱；必须制定明确的惩罚条例，以避免这种现象的发生。

一些特殊的服务条例也必须在与中间商签订的经销合同中明确，尤其是采取独家经销渠道的，否则项目不明、责任不清，必然影响双方的经济利益与合作关系。

四、对渠道设计方案的评估

医药企业在选择分销渠道时，要对已设计好可供选择的各种渠道形式进行科学地评估，根据评估的结果选出最有利于实现企业长远目标的渠道形式。评估主要涉及三个方面：一是渠道的经济效益；二是对渠道的控制力；三是渠道的适应性。

经济效益标准主要是要比较每一种渠道可能带来的最大销售量与销售成本的关系，选择投入少效益好的渠道。这里关键的一点是统计分析与专家分析须完美结合，以提高销售量预测的准确程度。另外需要注意的是这里的成本不仅是指分销渠道的建立成本，还应考虑分销渠道以后的营运与维护成本。

对渠道的控制力方面，自然是渠道越短越窄越易控制。因为中间商毕竟是一个独立的经济实体，它必然要考虑自身的经济利益与长远发展，它更关心的是企业的产品能否给它带来最大的经济利益，所以生产企业不能指望中间商对自己像下属机构那样忠诚与专一。维系生产企业与中间商合作关系的根本还是经济利益。所以在现代市场分销工作中十分强

调“双赢”模式，因为只有双方在合作中都获利，合作才会牢固和长久。因而对渠道控制的内涵与方式也应重新界定，否则观念上的偏差也可能导致终止合作关系。

分销的适应性与经销合同的内容和期限密切相关。市场是复杂多变的，企业的分销策略需要随市场供求的变化而改变：药品品种可能改变、价格可能调整、渠道结构和政策可能变更，因而与中间商签订合约特别是长期合约时需充分考虑未来可能变化的因素，避免陷入被动局面。

扫码“学一学”

第三节　医药市场分销渠道的管理

在实际工作中，医药分销渠道的管理通常被称作医药企业客户管理，它是指当企业设计并选择了适合本企业的分销渠道以后，就必须在分销活动中对所有商业客户（指医药商业公司、药品零售商、医疗机构等）进行具体的管理工作。其内容包括选择渠道成员：寻找潜在客户，取得潜在客户的一切必须资料，筛选出最有合作可能的合作伙伴；与实际客户建立良好的业务关系，采取有效措施激励中间商并使良好的合作关系得以延续。客户管理规范化：对客户的推销工作业绩进行评估，以及帮助、支持客户或在必要时进行渠道调整。

一、选择渠道成员

扫码“看一看”

并不是所有的生产企业都可以随意选择渠道成员，有些企业可以很容易找到合适的中间商，有的企业则很困难。由于中间商也会从经济利益出发“择良木而栖”，故对中间商的选择通常只是对中间商有吸引力的生产商而言有实际意义。吸引中间商的关键在于生产者的形象优劣与产品销路的大小。因而医药生产企业首先要搞好生产经营管理，提高产品质量，扩大企业与产品在市场上的影响力与号召力，以增加吸引有实力、有影响的中间商的加盟合作的优势，才有可能在众多的候选者中进行比较与选择。

（一）选择渠道成员时需考虑的因素

在医药市场中一个好的医药商业客户的标准是具备必须的药品经营资格和条件，具有良好的商业信誉，能够快速准确地将药品推向目标市场，并能通过与生产者合作进行市场推广活动，迅速抢占相关市场以提高该药品的市场占有率。可见，医药企业选择合适的合作伙伴的重要性是不言而喻的。因为商业客户选择的好坏将直接影响药品在当地的市场销售情况。如果选择不当，轻则影响销量，重则败坏企业声誉，增加呆坏账，影响企业资金周转。一般来说，选择渠道成员的标准应包括中间商的声誉、经营范围、经营能力、协作精神、业务人员素质以及未来销售潜力等。

1. 基础资料

（1）团体资料　即客户的最基本的原始资料。主要包括客户的名称、地址、电话、隶属关系、经营管理人员、法人代表及单位等级、经营医药产品所必须的“一证一照”（《药品经营许可证》或《医疗器械经营许可证》、企业法人《营业执照》）是否齐全。

（2）个人资料　客户法人及相关合作者的姓名、年龄、籍贯、性格、兴趣、爱好、学历、职称、职务、业务专长、科研成果、社交团体、家庭成员、相互关系、有特别意义的日期等。

2. 经营特征　主要比较各个中间商的服务区域、销售网络、销售能力、发展潜力、经营理念、经营方向、企业规模、经营体制、权力分配等内容。

3. 业务状况　主要比较各中间商之间以往经营业绩、同类产品的销售情况、本企业产品所占比例、管理者及业务人员的素质、与其他竞争者的关系、与本公司的业务关系及合作态度等。

4. 交易情况　各中间商的交易情况主要包括客户的销售活动现状、存在问题、保持和扩大产品市场占有率的可能性及优劣势、未来的变化及对策、企业形象、声誉、信用状况、交易条件等。其中特别需要着重考察的是其信用（资信）状况，该商业客户的销售回款额、在外应收款数量、回款期限、会计事务所审计报告、银行信誉等级等。

（二）选择渠道成员的一般方法

选择渠道成员的方法很多，如销售量分析法、销售费用分析法等，这里重点介绍企业最常用的一种方法：强制评分选择法。强制评分选择法的基本原理是：对拟选择作为合作伙伴的每个中间商，就其从事商品分销的能力和条件打分评价，作出最终选择。由于不同的中间商存在分销优势与劣势的差异，因而每个项目的得分会有所区别。注意到不同因素对分销渠道目标完成的关系程度，可以给不同的因素赋予一定的权数，然后计算每个中间商的总得分，选择得分较高者。这个方法主要适用于一个较小的区域市场。

二、激励渠道成员

激励渠道成员是渠道管理中最基本的内容，它是指在中间商选定之后，为促进渠道成员实现渠道目标，使之不断提高业务经营水平，生产企业采取的一切措施或者活动。激励渠道成员应本着互利互助的合作精神，对经营业绩好的中间商应及时予以奖励，以争取建立长期合作关系。

（一）商业客户的经营心理与需求分析

研究商业客户的经营心理与需求，是生产企业采取激励措施的前提。就如同个人消费心理会影响、支配其消费行为一样，商业客户也会因经营宗旨、利益分配、内部人事环境等因素的变动而影响其与生产企业的合作状态。主要可从以下内容把握商业客户的行为与心理。

1. 商业客户是独立、平等的经营者　通常情况下商业客户是一个独立、平等的经营者，与生产企业仅仅是业务上的合作关系，而非受其直接管辖的下属销售机构。因而生产企业需要充分尊重和理解合作者，摆正双方关系：中间商需要依靠生产企业的声誉和产品获得生存发展机会，而生产企业也要依赖中间商才能在市场分销中获得有利地位。这种相互依存的同盟关系要求双方在相互尊重和理解的基础上，友好协商来解决一切问题。

2. 商业客户最关心的还是经济利益　中间商无论与生产企业的合作关系多么融洽，双方关系得以维系的根本还是因为中间商销售某一生产企业的产品能够给它带来比销售其他生产企业的产品更多的经济利益。因而经常会出现品种好、利润高的产品中间商抢着销售，而那些没有品种优势销售难度大的产品则中间商唯恐躲之不及。所以有专家评价说中间商首先代表的是它目标顾客的利益（顾客需要的产品、畅销的产品中间商才愿意经销），其次才是生产企业的销售代理人。因此，生产企业只有不断为中间商提供质量过硬、销售前景看好的产品，才能保证其“忠诚度”和“销售热情”不会下降。

3. 合作方式的多样性　除授权独家经销形式外，通常中间商会经销多家企业的多种产品，而且同一品种也会有多个厂家供货。其目的之一是方便它的顾客选择，另一目的是为

了在供应厂家之间造成竞争态势，以取得更优惠的销售条件。因而这类中间商与生产企业的关系不可能像独家经销那样紧密，也不可能将每一个企业的每一种产品都作为重点产品去精心运作。这样一来，生产企业想让其及时提供市场相关信息是比较困难的，除非在签订合约时特别约定，否则只有依靠企业本身去实地调研。

4. 人际关系的影响 在与渠道成员的合作过程中也会受到人际关系的一定影响。如果产品相同、市场相同、各生产者提供的条件相差无几，则人际关系状况就会影响到渠道成员与生产企业的合作关系。因而企业也需要实现分销工作的人性化管理，与合作者保持良好的人际关系。

（二）常用激励措施

为激发渠道成员的经营积极性，生产者对中间商采用的激励措施很多。本质上通常有直接激励和间接激励两种方式。

1. 直接激励 是指生产企业以物质或金钱作为奖励刺激渠道成员，具体措施如下。

（1）根据市场需要及时向中间商提供适销对路的药品，并协助其做好相应的药品市场开发工作。通常 OTC 药品需要做大众促销工作，对于处方药品生产企业通常需派专业分销人员进行目标医疗机构的销售推广。

（2）制定合理的药品价格与折扣政策。合适的药品价格不仅有助于市场销售，而且会使中间商获得相应的利润。因而在制定价格时应充分考虑企业成本与消费者的承受能力，同时根据实际销售业绩，给予中间商合理的价格折扣（通常有累计折扣和数量折扣两种），这是鼓励中间商积极销售本企业药品的有效手段。

（3）设立合理的奖惩制度，鼓励中间商多销货、早回款。通常做法是：在一定时期内，中间商的药品销售累积到一定数量，或是经销商实现当月回款时，给予它们一定数量的返利；相反，当中间商没有达到合同约定的销售量或不按期回款时，则给予一定的惩罚。

（4）对于 OTC 药品可通过生产者负担广告费用，或者与中间商合作广告等形式，扩大企业和品牌的知名度，以促进市场销售。对于处方药品生产企业则应在能力范围内负责医院推广工作，或者由中间商负责医院的推广工作而由生产企业承担相应的费用，以促进临床使用量的提高。

2. 间接激励 是指生产企业通过非物质或非金钱奖励激发渠道成员的经营积极性，常用措施如下。

（1）药品生产企业可提供技术指导、宣传资料、举办药品展示会、指导商品陈列、帮助零售商培训销售人员或邀请中间商派人员参加生产企业的业务培训等，以支持中间商开展业务活动，提高专业水平，改善经营管理，促进药品销售。

（2）生产企业需建立规范的客户管理制度，对原本分散的客户资源进行科学的动态化的管理，协助分销人员及时了解中间商的实际需要，通过良好的沟通建立相互信任、相互理解的业务伙伴关系。

（3）建立企业战略联盟。这是指生产企业和渠道成员为了完成同一目标而结合起来的分销统一体，如双方协商制定销售目标、存货水平、广告促销计划等。其目的是生产企业以管理权分享来促进经销商经营效率的提高，并期待建立长期稳定的合作关系。

三、评估渠道成员

确定渠道成员和相应的激励措施之后企业可以执行分销策略，但这只是渠道管理工作的开端。这时企业应通过各种途径了解渠道成员日常工作的开展情况，考察其经营表现，这也就是企业对渠道成员的评估和监测，目的是通过对中间商的考查和评估，及时采取相应的监督、控制与激励措施保证分销活动顺利而有效地进行。生产企业需将现有客户的资料登记造册，建立客户数据库，通过对现有客户进行资料分析，将潜在的市场机会变为现实的销售业绩，将分散的客户资源组合成企业可大力开发的整合资源。企业可从以下几个方面对渠道成员进行评估。

1. 渠道成员构成分析 通过对一定时期内企业全部或是某个大区或是某个销售人员的产品销售、回款情况统计分析，将中间商分为不同类别，以便企业在日后分销工作中有所侧重、区别对待，也可作为信用额度、回款期限等的判断标准之一。通常可根据销售量及回款额的大小确定客户的不同地位：A 类重点客户（占累计销售额或回款额的 75%）；B 类客户（占 20% 左右）；C 类所占销售比例较小，则可将其视为具有未来潜力的客户。

2. 重要客户与本公司的交易业绩分析 企业应随时掌握各客户的月交易额或年交易额及回款额，统计出各重要客户与本公司的月交易额或年交易额（回款额），计算出各重要客户占本公司总销售额（回款额）的比重。通过对比其实际业绩与计划，认真找出原因并采取相应措施保持企业总体销售的稳步增长。

3. 不同品种的销售和回款构成分析 将企业销售的各种产品按销售额和回款额从高到低排列，分别计算出各类产品的销售额及回款额占总销售额和回款额的比重，对比公司销售、回款计划，找出差距与分析问题所在，配合企业分销策略的调整，确定今后的工作重点。

4. 渠道成员的忠诚度和顾客满意度分析 渠道成员的忠诚度是指他们对生产企业或者某个产品的忠实程度、持久性、变动情况等，如中间商是否严格履行了分销合同，是否积极参与或配合企业的产品宣传推广工作等。顾客满意度分析重在考察最终消费者或者用户是否对中间商提供的服务或者技术支持的满意程度。

四、调整渠道

始终保持竞争优势的分销渠道是不存在的，因此医药企业不仅要做好分销渠道的建立与运行管理工作，还需要根据实际需要及时改进渠道。特别是当市场环境发生变化时，如购买方式发生变化、市场容量扩大、产品处于不同生命周期、国家相关政策变化如处方药品变成 OTC 药品、新竞争者的兴起、企业整体分销策略的变动、中间商不能顺利完成任务，企业应当及时对原有分销渠道进行修正，渠道调整措施主要如下。

1. 增减渠道环节 即原有分销渠道基本类型不变，根据需要适当增减渠道环节，以达到优化资源配置，提高营运效率的目的。如在原有的区域市场内增加或取消代理商这一层。一般情况下，为了适应激烈的市场竞争，企业多采取减少渠道环节的做法，也即目前分销渠道由金字塔式向扁平化方向转变的新趋势。在进行具体渠道调整时，企业需要对通过增减渠道环节可能给企业盈利带来的影响进行比较作出决策。

2. 增减渠道成员和提高成员素质 即保持原有渠道模式不变，只是增加或减少个别渠道成员。这时需要认真权衡增加或减少中间商所能带来的销售量增加或减少与所付代价之间的关系。渠道成员素质的提高有利于产品分销渠道总体效率的提高，具体可采用不定期对渠道成员进行培训或者为其提供必要的智力支持。

3. 对原有渠道进行彻底调整 根据产品的不同生命周期和市场分销环境的变化而对渠

道策略进行必要的调整，或是由于经营产品的改变而对渠道进行根本性的重新设计。如当某分销渠道不能将产品顺利地送达目标市场时，要考虑对其重新定位新的目标市场；当现有渠道严重阻碍了企业经营目标的实现，需要选择新的分销渠道。

扫码“学一学”

第四节　医药市场分销渠道冲突管理

企业和中间商之所以能走到一起，是因为他们不得不配合起来完成分销任务，通过满足最终消费者的需求使双方都获得一定的利益。对企业而言，渠道设计就是设计出一个合理的渠道结构以便更好地完成企业的分销任务。而在这之后，便是企业根据分销目标和计划对渠道进行科学管理，促成产品或服务的实体分配。但是无论对渠道进行怎样好的设计和管理，随着渠道环境的变化，如渠道成员的变化、企业产品或服务的变化、市场需求的变化等，企业和渠道成员间的矛盾与不平衡就会逐渐显现出来，渠道冲突也就出现了。在渠道管理中，渠道冲突（conflicts in channel）是指同一个渠道的成员之间在追求各自的利益和实现特定销售目标的过程中，某一成员认为渠道中的其他成员所采取的做法和措施，阻止或妨碍了该成员目标的实现，从而引发的矛盾。医药渠道冲突管理是医药分销渠道管理的重要内容之一，成员之间的关系如何将会直接影响渠道目标的实现和渠道管理失控，最终影响整个渠道的分销效率和企业的经营利润。

一、医药市场分销渠道冲突的主要类型

依照不同的划分标准，渠道冲突有多种分类方法。其中最常见的是从渠道成员之间关系的协调性与竞争性的角度出发，将渠道冲突分为水平渠道冲突、垂直渠道冲突、多渠道冲突三种。

1. 水平渠道冲突　水平渠道冲突（horizontal channel conflict）指的是发生在同一渠道同一层次中间商之间的冲突。当分销渠道中只有一个中间商时，水平渠道冲突往往不存在。但是当同一渠道层次中有多个中间商时，渠道冲突往往难以避免。而造成水平冲突的原因大多是企业目标市场的中间商数量分管区域规划欠合理。医药分销领域中常见的水平渠道冲突主要表现形式有同层次的代理商（或医药商业批发企业）之间跨区域销售，即窜货问题、压价销售等。如果发生了这类冲突，生产企业应及时采取有效措施，缓和并协调这些矛盾。另外，生产企业应未雨绸缪，采取相应措施防止这些情况的出现。

2. 垂直渠道冲突　垂直渠道冲突（vertical channel conflict）指在同一渠道中不同层次企业之间的冲突，也称作渠道上下游冲突。一个典型的医药分销渠道包括医药生产企业、代理商（医药商业批发公司）、医疗机构（或零售药店），那么医药生产企业与代理商（医药商业批发公司）间的冲突、医药生产企业与医疗机构（或零售药店）间的冲突、代理商（医药商业批发公司）与医疗机构（或零售药店）间的冲突便属于垂直渠道冲突。渠道的长度越长（渠道的层次越多），可能的垂直渠道冲突越多。就医药产品而言，由于国家政策的限制和研发成本、生产成本的上升，利润空间越来越小，那么在这种情况下，某些医药商业批发公司可能会抱怨药品生产企业在价格方面控制太紧，留给自己的利润空间太小，而提供的配套服务太少；医疗机构（药店）对医药商业批发公司或医药生产企业，可能也存在类似的不满。垂直渠道冲突带来的问题：一是在分销过程中上游分销商不可避免地要同下游经销商争夺客户，这会大大挫伤下游渠道成员的积极性；二是当下游经销商的实力

增强以后，希望在渠道系统中有更大的权利，也会向上游渠道成员发起挑战。因此，生产企业必须从全局着手，妥善解决垂直渠道冲突，促进渠道成员间更好地合作。

3. 多渠道冲突 随着顾客市场的不断细分化和可以利用的新兴分销渠道地不断出现，越来越多的生产企业采用多渠道分销系统。当生产企业建立多渠道分销系统后，不同渠道服务于同一目标市场时所产生的冲突就是多渠道冲突（multi - channel conflict)，有时候也被称为交叉冲突。例如，某原料药生产企业同时利用互联网销售平台、销售队伍、中间商三条渠道进行药品销售，那么互联网销售平台、销售队伍、中间商三条渠道之间的冲突就是多渠道冲突。这种冲突主要表现在销售网络紊乱、价格差异等方面。在互联网时代，多渠道冲突有了一种新的形式——电子商务渠道和传统渠道间的冲突。当多渠道冲突发生时，生产企业要重视引导渠道成员之间进行有效地竞争，权衡各渠道的影响力，并加以协调。

在目前我国的医药分销领域，渠道冲突的主要表现形式是水平渠道冲突和垂直渠道冲突，其中尤以水平渠道冲突中的窜货为最主要的和最经常的冲突代表。需要指出的是，渠道冲突并不一定只对企业的渠道系统的发展造成不利的影响，在特定条件下，一些渠道冲突会更好地促成企业分销目标的实现。

二、医药市场分销渠道冲突产生的原因

分销渠道存在的基础是专业化分工所带来的相互依赖，只有依靠分销渠道中各成员的专业化分工，彼此团结协作才能最终实现产品或服务的价值，完成渠道目标。然而，渠道中各成员的相互独立性又决定了他们都力图获得利润最大化。这就意味着渠道冲突的存在是必然的，往往渠道成员间的相互依赖越强，渠道冲突产生的可能性就越大。但是医药分销渠道冲突产生的原因多种多样，概括起来有以下几点。

1. 目标差异 每个渠道成员都有与其他成员差别很大的一系列目标，而目标又常常决定了渠道成员的行为，因此，目标的差异性是引发成员之间发生渠道冲突的因素之一。一般来说，渠道中的成员为了提高自己的效率或节省成本，愿意为渠道的整体目标贡献自己的力量。但在如何达到渠道的整体目标上，或者说在具体的渠道运作过程中，各个渠道成员都会有各自的主张和要求。这些主张和要求源于并表现于各自不同的个体目标的设置上，从而产生个体目标与整体目标的差异。这些都可能阻碍其他成员目标的实现，于是，渠道冲突也就不可避免的产生了。例如，医药生产企业希望为它的新药获得更多的推广机会以快速进入市场并获得认可，而代理商则更关心这种新药是否会比其他产品创造出更多的利润。实际上，对于刚刚上市的新药来说，生产企业和代理商的目标是相互矛盾的。

2. 感知差异 是指由于各自的经验、掌握信息的数量和质量的限制，不同的渠道成员对同一事件、状态或所处环境的看法或反应存在分歧。渠道成员的感知差异主要包括：对现实事件当前状况的理解，对其未来发展趋势的预测和抉择，对信息的掌握情况，对各种分销策略后果的认识情况以及对目标的理解等方面的差异。对现实的理解不同，渠道成员采取的行动也不同，当渠道成员对如何实现渠道目标，或者对如何解决他们之间存在的问题持不同的观点时，冲突就有可能发生。比如医药生产企业不满足于现有分销状况，想进一步扩展业务，开拓新的市场；其渠道下游的医药商业批发公司，也许安于现状，对现有业务表示满意，而且考虑到扩展新市场会在一定程度上增加运作资金，延长工作时间等，所以医药批发商业公司往往会拒绝扩展业务。在这样的情况下，双方难以达成共识，冲突在所难免。除此之外，对于同样的渠道政策渠道成员也可能作出不同的反应。例如，规模

小的零售药店可能会认为，与生产企业合作广告更有利于促销，而规模较大的连锁药店也许会认为这种举措对促销作用不大。这些都是医药分销领域中比较常见的因渠道成员的感知差异引发的渠道冲突。

3. 角色不一致 一个渠道成员的角色，是指他在渠道中应当承担的任务，以及使每一个渠道成员都可以接受的行为规范。当一个渠道成员的行为超出了其他成员的预期范围，就会出现角色不一致。这种角色的不一致更多地体现在渠道分工。尤其在医药分销利润空间日益缩水的情况下，一些零售药店试图将部分渠道功能和成本移交给供应商而达到降低成本的目的。例如，他们要求一些供应商在提供药品的同时为药品配套相应的使用工具，以免自己花时间和金钱。一些药品生产企业要求零售药店提供技术支持和服务，而零售药店认为自己没有这项义务。这样一来，零售药店没有像生产企业预期的那样作出行动，就有了发生冲突的可能性。除此之外，渠道成员对技术的理解掌握和运用情况不同，也是角色不一致的表现。以分销技术为例，零售药店和医药商业批发公司注重的是如何经营，特别是渠道运作的基础保障和人力资源工作；药品生产企业注重的是体现其分销导向的战略层面的行为，而对那些他们认为耗费精力的、琐碎的经营细节并不注意。由此来看，普遍存在于渠道成员间的对分销战略、战术的理解及运用能力的不一致也是引发渠道冲突的重要原因。

4. 决策权分歧 是指渠道成员对于其他应当控制的特定领域的业务掌控权限的强烈愿望。这种分歧往往发生在各成员对同一业务的不同目标及采取措施的过程中，如是药品生产企业还是零售商有权在政策允许的范围内决定商品的最终销售价格：生产者可以通过价格控制来确定产品的形象与定位，零售商可以通过价格控制来确保利润率。或者生产企业是否有权规定分销商的存货水平：为了自身经济效益，生产企业和分销商都希望把存货水平控制在最低，而存货水平过低会导致分销商无法及时向顾客提供足够产品而使得消费者转向竞争者，而分销商的低存货水平往往也会导致生产企业的高存货水平，从而影响到生产企业的经济效益。此外，存货过多也会增加产品超过有效期的风险。

5. 沟通困难 沟通对于分销渠道系统的顺利运行的重要性是不言而喻的。渠道成员间信息传递缓慢或不正确都会引起渠道冲突。一般来说，沟通困难导致的冲突常有下面两种情况。

（1）没有沟通或沟通不及时 比如，一方面，药品生产企业为了保持其竞争优势，往往是在分销系统形成时才会宣布其新产品，尤其是对于竞争激烈的非专利药品；另一方面，医药批发商业公司或零售药店希望尽快得到新产品相关信息，以便采取相应的导入期分销战略。

（2）沟通因受到外界干扰而使信息不准确 分销渠道中的不同人员对专业用语有着不同的理解或使用不当时，如目前药品的商品名、通用名、化学名的混淆使用经常会给渠道信息的传递造成障碍，那么冲突发生的可能性就会增加。

6. 资源稀缺 资源稀缺或者说资源的分配不均也是导致渠道冲突产生的重要原因之一。这方面主要体现在对目标顾客和产品的优先政策上。目标顾客是渠道成员为实现渠道目标最为关注的对象，产品的优先政策也给目标的实现创造更多的机会。因为拥有目标顾客意味着拥有更多的销售机会，而产品的一些优先政策也会吸引更多的消费者，比如更低的价格、更优惠的促销政策。在渠道运作过程中，药品生产企业在同一市场区域可能有多种渠道，包括企业自身的销售队伍、各类中间商。但是企业直接面向目标顾客的销售队伍

不可能与中间商共享同一个目标顾客，同一个顾客也只会和生产企业众多渠道中的一个进行交易。这种状况下很容易产生渠道冲突。

事实上，导致医药分销渠道冲突的因素往往是相互影响的，不是孤立存在的。如渠道成员沟通困难经常是引起感知偏差的重要原因，角色不一致又可能导致成员间的目标差异。所以在实践中，一定要根据具体情况，科学分析，找出渠道冲突产生的真正原因，然后有针对性地解决问题。

三、化解渠道冲突的常用方法

渠道冲突管理是指分析和研究渠道合作关系，对预防和化解渠道冲突工作加以计划、组织、协调和控制的过程。渠道冲突的存在是一个客观事实，在任何产品或服务分销过程中都是不可避免的。专家研究表明，并非所有的渠道冲突都会阻碍企业的发展，存在适当的冲突还能在一定程度上增强渠道成员的忧患意识；而且在特定条件下，某些冲突也有助于激发渠道成员的创新性，提高渠道效率。然而，我们也必须认识到，对生产企业来说绝大部分冲突的影响是消极的，甚至可能影响到分销渠道的生存。因此，企业要辩证分析渠道冲突，区别对待。

目前渠道冲突管理和解决尚未形成比较成熟的指导原则，但是结合渠道冲突管理理论、策略研究和我国医药企业渠道冲突现状，人们在大量的实践中总结出一些有助于避免和化解渠道冲突的方法。常用的一般方法大致有以下几种。

1. 激励　这一方法通常是处理渠道矛盾和冲突的主要方法。要化解渠道冲突，特别是企业和渠道组织的冲突，企业首先要从理念上认识到渠道组织作为外部组织，和企业一起构成了价值链，是产品价值实现的必要环节。因此，企业和渠道组织的关系不是对立关系，而应该是促进价值实现的伙伴关系。企业可以通过采取有效措施激励中间商。如提供资金和技术援助，及时向中间商提供最新的药品临床使用信息、最新的和严重的不良反应信息等。当冲突发生时，企业对其政策和策略进行折中修改，以物质或非物质利益刺激中间商，如数量折扣、价格折扣、人力培训、旅行奖励等。除此之外，企业可与中间商适当分享管理权，如建立战略联盟。建立战略联盟是一种典型的关系分销形式，主要以产销联盟的形式出现，如会员制、独家销售代理制、联营公司等。

2. 协商和谈判　企业和渠道组织之所以能在一起，是因为要通过各自的专业化分工协作共同完成分销目标。因此，为了更好地处理渠道冲突，企业和其渠道成员应该通过建立定期或不定期的沟通机制，即可以通过协商和谈判来弱化和降低渠道冲突，甚至可以起到预防渠道冲突的作用。渠道成员因存在的认知差异、角色不一致、资源稀缺等都可能产生渠道冲突。因此，企业在渠道规划时应未雨绸缪，使企业和渠道成员、渠道成员之间加深对共同目标的认识，加深相互理解，尽可能多地考虑到实际情况，详细界定渠道成员间的权利、责任、义务等。事实证明，这能较好地将渠道冲突消灭于萌芽状态。鉴于当前国内医药生产企业分销渠道冲突在很大程度上是因为与下游渠道成员关系恶化造成的，企业一是可通过加强自己与渠道成员之间的信息交流与沟通，实现信息共享，从而增进相互了解和信任；二是可以加强有效的人际沟通，与渠道成员维持良好的协作关系。

3. 重新整合分销渠道　在激励、沟通与协商均不起作用的情况下，企业应该对现有的渠道模式、渠道关系以及企业运作渠道的管理方式进行重新审视、分析，对企业现有的渠道进行重新组合、优化，简化渠道关系，提高渠道整体运行的效率，以此来适应渠道环境

变化，增进渠道成员彼此之间的合作，从而预防和控制渠道冲突。具体可采用的方法如通过警告、减少服务以及降低经营性援助；而对那些对渠道规则置若罔闻、屡犯不改的渠道成员，如中间商肆意跨地区销售、恶性压低产品或服务价格、长时间未完成销售目标，可能是企业在最初选择渠道成员时对其资格和标准考察失误，因此，企业可以将其清除出渠道。

四、窜货管理

窜货，在业内又被称为倒货、冲货，是渠道冲突的一种具体表现形式，主要体现为产品跨区销售。在分销渠道的建设与维护中，企业往往会遭遇窜货问题，窜货已经成为国内医药分销工作中的一个顽疾。这是令经营者们头疼不已的问题，控制窜货很可能导致企业失去原有的分销渠道从而影响销量；任其发展又可能降低企业对市场的控制力，破坏市场秩序，造成价格混乱，甚至使得消费者对品牌失去信心。

（一）窜货的主要类型

1. 按窜货的动机目的和窜货对市场的影响程度不同分类

（1）自然性窜货　是指经销商在获取正常利润的同时，无意中向自己辖区以外的市场倾销产品的行为。这种窜货在市场上是不可避免的，只要有市场的分割就会有窜货。它主要表现为相邻辖区的边界附近互相窜货，或是在流通型市场上，产品随物流走向而倾销到其他地区。如某药品在甲地零售价格低于乙地，乙地消费者可能在条件允许的条件下去甲地购买，这种产品多集中于治疗慢性病且需长期服用的药品。这种形式的窜货，如果货量大，该区域的价格体系就会受到影响，从而使利润下降，严重时可发展为恶性窜货。

（2）恶性窜货　是指为获取非正常利润，经销商蓄意向自己辖区以外的市场倾销产品的行为。经销商向辖区以外倾销产品最常用的方法是降价销售，主要是以低于厂家规定的价格向非辖区销售。恶性窜货给企业造成的危害是巨大的，它不但可以扰乱企业产品的整个价格体系，降低渠道总利润，还会使分销商丧失积极性并最终放弃经销该企业的产品，甚至混乱的价格还可导致企业失去消费者对其产品、品牌的信任与支持。恶性窜货是我们通常所指的窜货，也是医药企业最为关注和重点打击治理的市场现象。

（3）良性窜货　是指企业在开发市场初期，有意或无意地使其经销商的产品流向非重要经营区域或空白市场的现象，多见于流通性较强的市场。在市场开发初期，良性窜货是有利于企业的：可在空白市场上提高其知名度和市场占有率但无需任何投入。但是由此而在空白市场上形成的价格体系尚不规范，因此企业在重点经营该区域市场时应对其进行重新整合。

2. 按窜货发生的不同市场分类

（1）同一市场上的窜货　医药企业的分销渠道系统一般都是按医药生产企业—医药商业批发公司（代理商）—医药零售药店或医疗机构—个人消费者来组建的。这种类型的渠道级数层层放大，呈金字塔状，这就为同一市场中的窜货提供了可能。窜货的具体表现形式有产品的单向倒货，产品的互倒以及产品的外流。如图 10－3 所示，某医药生产企业在甲市场的总经销商 A 下有两名二级经销商。那么产品单向倒货就是指 A1 将货倒给 A2，或者 A2 将货倒给 A1；产品的互倒就是指 A1 将货倒给 A2 的同时 A2 将货倒给 A1；产品的外流就是指 A 或者 A1、A2 将货倒出该市场，让产品流向其他地区市场。

（2）不同市场之间的窜货　指的是市场上产品的外流。参与不同市场之间的窜货主体

是同级别的总经销商和同一家药品生产企业不同的分公司或销售人员。如图 10－3 所示，在甲地区和乙地区的两个市场上有总经销商 A 和 B，A、B 之下又各有次一级的经销商 A1、A2 和 B1、B2。这时的窜货主要表现为：①由甲地区总经销商 A 向乙地区的经销商销售，产品流通如 A→B→B1（B2），从而使产品在乙地市场流通；或者产品反方向由乙地流向甲地市场；②互相倒货或交叉倒货，产品流通如 A→B1（B2），且 B→A1（A2），使得产品分别在甲乙两地市场流通；③不同市场总经销商之间相互倒货，产品流通如 A→B，且 B→A；④某一地区市场的总经销商将产品直接分销到另一市场，产品流通如 A→B1（B2），或者是 B→A1（A2）；⑤分公司或业务员之间相互窜货，产品流通过程与以上四种情况类似。另外，也可能由于生产企业的监管不力，在较大利益的驱使下，总部销售人员也会违反地区配额政策，使区域供货平衡失控，造成市场格局不合理而发生窜货。

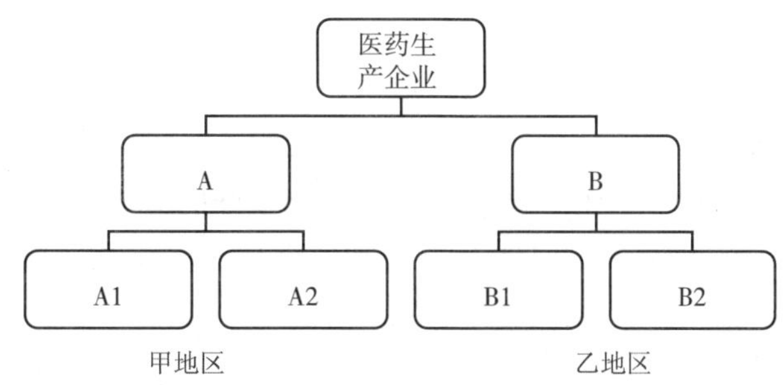

图 10－3　医药分销渠道

企业必须警惕另一种更为恶劣的窜货现象：经销商将假冒伪劣产品与正规渠道的产品混在一起销售，掠夺合法产品的市场份额，或者直接以低于市场价的价格倾销。尤为重要的是医药产品关乎生命安全，这种情况一旦发生，不仅会如一般商品发生窜货时扰乱市场秩序，而且还会在社会中造成不可低估的负面影响，使人们对药品监管部门产生信任危机，甚至对整个医药市场产生怀疑。

（二）窜货现象产生的原因

窜货之所以在生产企业的重压之下依然发生，归根结底是一个“利”字，利润永远是渠道成员追求的目标。同时也应该意识到，渠道现象存在的原因是多方面的，这里把它归纳为以下 4 个方面。

1. 渠道政策有偏颇

（1）价格体系紊乱　只要存在价格差，窜货就不会断绝。紊乱的价格体系是窜货的重要源头之一，一些企业在制定价格策略时，由于考虑不周，隐藏了许多可导致窜货的隐患。目前生产企业普遍采用的定价方法是对出厂价层层利润加成最后形成零售价。每层分销渠道的价格都有一定比例的折扣，这个折扣的存在，便成了利润的源头。如果总经销商（总代理）自己做终端，就可以同时享受两个层级的价格折扣所带来的丰厚利润。这种价格体系所产生的巨大差异，就形成了那些重利不重量的中间商越区销售的价格。

（2）渠道规划失误　企业分销渠道规划失误，涵盖很多内容，比如中间商之间市场划分距离过密而造成的窜货。市场资源的稀缺性导致中间商之间为争夺更多的市场、取得更多的利益而交叉倒货。另外企业在选择渠道中间商时也会出现漏洞，如一些生产企业因扩大市场占有率置市场规范于不顾，不经过多方严格考核就选定多家分销商，而最终导致企业难以有效控制中间商的行为，尤其当企业遭遇一些只以利益为重不考虑市场规则的不合

格的中间商时，窜货的发生也是在情理之中了。

(3) 渠道激励措施的影响　企业为激励中间商努力销售本企业产品，提高本企业销售量和市场占有率，往往向经销商承诺种种条件如年终返利、高额回扣、特殊奖励、经销权等。企业针对渠道成员制定的种种激励措施，一般都会以分销商完成一定额度的销售量为基准，分销商超额完成的百分比越高，获得的奖励政策越多，带来的利润越丰厚。这样一来，原本制定好的价格体系被这一激励措施瓦解。为完成既定的销售量以获得高额奖励，许多经销商往往不顾一切地提高销售量，如一些大经销商往往平价进出，去冲击其他规模较小的经销商；一些不道德的经销商会不择手段地侵占其他区域市场，通过提高销量获得返点，如倒贴差价，这些做法都将扰乱原本井然有序的市场。有的时候，企业在启动新市场时，会让中间商掌握新产品的推广费用，变相为低价位或采取优惠价格政策，而形成价格空间导致窜货。

(4) 防范机制不到位　一些企业不顾当地市场的消化能力盲目地给分销商硬性销售指标，当销售任务超过该地区市场正常销售量时，便刺激了分销商进行越区销售；有些企业为确保经营目标的实现，对一些销售稳定、业务增长较好的分销商，盲目增加销量任务导致分销商在完不成任务的情况下，只能向周边其他区域市场销售；其他分销商苦不堪言，只好推波助澜，如此一来，整个市场就出现无序化恶性循环。

2. 企业管理水平有待提高　这主要体现在管理制度不完善和销售管理不力两方面。有些企业根本没有窜货方面的制度，对代理商、经销商以及销售人员没有严格的约束政策，更没有奖惩措施。销售管理不力一是体现在对销售的管理不力。一些企业在销售的过程中片面追求销售量，采取了短期行为，对于窜货的现象重视不够，或是信息反馈不及时，不能及时发现窜货现象，或是对窜货的客户处理不严，姑息纵容，更甚者是助纣为虐。企业的这种态度间接鼓励了经销商窜货。二是企业对企业的业务员管理不严。在许多企业，业务员的收入始终是与销售业绩相联系的。一些业务员或企业派驻经销商的市场代表，为了完成既定的销售目标，低价向相邻市场抛售产品；有时为了提高收入，会鼓动经销商违规操作进行越区销售。还有许多越区销售现象是由业务员操守不正引起的。他们因嫉妒企业其他业务员的出色业绩，故意引起区域冲突，以达到破坏该地区正常销售秩序，引起经销商抱怨以及销售积极性减退、销售量下降的目的。

3. 产品差异为窜货提供了可能　由于产品在包装及销售情况上形成的差异，也为医药产品窜货提供了契机。国家为了加强对药品的管理，对药品包装、说明书相关内容在法律上都有明确的规定。而往往企业相同的产品采用统一的包装设计也为窜货提供了便利。尤其在发生窜货问题时，也无从区分窜货产品的来源，难以掌握药品的分销流向。药品分销领域的窜货，无法追踪问题的源头，加大了窜货管理的难度。医药产品窜货还有一种原因，就是中间商为了减小损失而抛售滞销品。这主要是因为一些生产企业由于售后服务欠佳，造成产品的存货量多但又不予退货。中间商难以在短时间内自行处理，为了减少损失他们通常会把这些滞销产品冲到畅销的市场上出售，或者会将本区域市场内的滞销产品向其他区域市场窜货。此外，还有一种情况，就是同类产品的竞争，致使中间商经营难度增加，为了完成销售量他们除了会在本区域市场降价，同时还会向其他区域窜货。对于竞争者，他们有时候也会采取不正当竞争，把市场上企业的药品收购一空，即被业内称为“扫货”，然后将其产品以极低的价格倒向市场，而达到破坏企业分销网络的目的。

4. 市场环境的客观影响　主要体现在对市场供需的影响上。市场需求受很多因素的影

响，需求变化而生产企业的分销策略没有及时变更，也容易给窜货制造可能。如不同的地区产品所处的生命周期也会有所区别。尤其对医药产品来说，从市场导入期到成熟期所需时间较一般商品更长。在那些市场成熟的区域医药产品需求大，而那些产品处于成长期或者导入期的市场需求相对小。此外，我国地理环境也会通过影响季节性疾病的发病率来影响某些药品的需求。某些药品在南方需求大，在北方却可能需求非常小，甚至没有销路，如治疗血吸虫病药品。这些客观原因都使得市场需求出现了差异，如果生产企业没有根据这些市场需求的变化及时变更策略，也为窜货的发生埋下了隐患。

（三）医药渠道窜货的控制措施

医药产品窜货的最大危害莫过于让销售者失去操作市场的信心，因为很多实例已经证明频繁的窜货虽然在短期可以提高企业的销售量，但最终后果是销售量都有不同程度的下降，甚至产品市场遭到封杀。窜货的危害是严重的，窜货的原因是多样的。为了解决存在于企业分销中的顽症——窜货，可以从原因着手，采取相应的策略，以有效地遏制窜货的发生。

1. 完善渠道政策

（1）企业应建立完善、公正的价格体系　企业在制定价格时，可将销售网络内的经销商分为总经销商、二级批发商、三级零售商，分别制定出明确的总经销价、出厂价、批发价、团体批发价和零售价。在确保销售网络中各层次各环节的经销商都可获得相应利润的前提下，对销售网络中的各个层级的中间商进行严格的出货管理，使得各地经销商都能在同一价格水平上进货，以堵住窜货的源头。

（2）科学规划分销渠道　这是实现窜货控制的基础。医药商品的特殊性决定了药品分销渠道中中间商有举足轻重的作用。所以，首先要根据具体药品的特点，如是处方药还是非处方药，销售渠道主要在零售药店还是在医疗机构等因素综合考虑中间商的选择，这主要包括中间商的数量和分销合作形式。除此之外，企业建立良好的售后服务机制也能减少窜货发生的概率。完善周到的售后服务能在一定程度上减轻经销商的负担，而有助于改善生产企业和经销商之间的关系。经销商为维系这种已建立好的关系，轻易不会通过窜货来破坏这份感情，因而这种良好关系的建立在一定程度上可以控制窜货的发生。

（3）制定合理的激励措施　企业在制定激励措施时，应注意政策的持续激励作用，政策应能协调生产企业与各地经销商之间的关系，尽量为所有经销商创造平等的分销环境。激励措施应当充分考虑合理的促销目标、适度的奖励措施、时间的控制、严格的兑现制度和市场监控，确保给予的奖励是在受控之下的。对有窜货行为的经销商按后果的严重程度分别给予警告、停止广告支持、取消年终返利和取消经销权等处罚，对窜货行为起一个惩戒的作用。现实中，大部分医药企业即便发现窜货，出于对一些大的代理商对企业的产品销量影响巨大，而有所顾虑，这个时候企业应该认识到，企业不仅需要有分销能力的经销商，更需要按照规则运作的经销商。因为市场秩序的稳定是保证企业长期发展的关键。所以一旦发现经销商违规，企业要及时查证、规范处罚、公开结果，以提高监审的透明度和威慑力。

（4）制定现实的分销目标　企业应对现有市场环境、市场容量进行调研总结和自我资源进行评估，在此基础上制定符合实际的分销目标，尤其是要根据产品所处的不同的生命周期、分销商的分销能力来衡量分销目标是否合理。这里的关键问题是企业要提高对市场预测的能力。

2. 提高分销管理水平

（1）完善渠道管理制度建设　由于渠道管理者和各经销商之间是平等的企业法人的关系，销售网络不可能通过上级管理下级的方式来实现，所以企业要通过完善的合约来约束经销商的市场行为。在合同中明确加入“禁止跨区销售”的条款，将总经销商的销售活动严格限制在自己的市场区域之内。在企业内部业务员之间也可以签订不窜货协议，规范他们的市场操作。另外，还可以将业绩考核与窜货挂钩，制定出公正合理的绩效评估和酬赏制度。

（2）加强分销队伍的建设与管理　分销队伍是分销制胜的保证与根本，为防止分销人员窜货，应加强分销队伍的建设与管理。在企业内部的分销队伍建设与管理方面：①严格人员招聘、选拔和培训制度。企业应把好业务员的招聘关，挑选真正符合要求的最佳人选，并提供完善的培训。②在企业中营造一种有利于人才发挥所长的文化氛围，企业应尊重人才、理解人才、关心人才，并制定人才成长的各项政策，从而在增强其成就感与积极性的同时，增强其对企业的忠诚度。③企业应建立良好的淘汰机制，因为在企业的分销队伍中难免会混进一些素质不佳或能力平庸的人，而淘汰机制应能有效地维持业务员的分销效率。企业对中间商的选择也与业务员的选拔类似，而且渠道成员的选择因为与市场运作的成败关系密切，更要谨慎选择。一旦发现本企业业务人员或者渠道成员有窜货行为，在劝说无效的情况下应当果断地把其清除出销售网络。

3. 产品包装区域差异化　在不同的区域市场上，相同的产品采取不同的外包装形式，通过对产品不同外包装的识别，可以在一定程度上控制窜货。实现产品外包装区域差异化的主要措施有：①实行产品代码制，即在产品的内外包装上印上给每个销售区域产品编制的唯一号码，且在条件允许的情况下，各企业还可对喷码技术进行适当改进，也可以经常变动位置喷印暗码。②产品包装在数量上差异化，即同种药品在不同的销售渠道，在符合法律法规的前提下，采用不同的包装数量来区分。如药品的流通领域主要有社会药店、医院（社区诊所），那么企业可以向零售药店供应小包装，这是因为来这里购买药品的顾客多是病情不严重，希望随买随用，提供的药品数量够一次使用就可以了；而向医院（社区诊所）就诊的顾客需求就有所不同了，他们希望通过医生的诊治解除病痛，而且去医院（社区诊所）不如去零售药店那么便利，因此企业给医疗机构提供的产品包装数量可以增加。③通过文字标识，即在每种产品的外包装上印刷“专供某地区”的字样。实现产品包装差异化主要是为了能准确地监控产品流向，使得经销商在窜货上会有所顾忌；即使发生了窜货，企业也可以追踪产品来源，为企业处理窜货事件提供真凭实据。可以说，产品包装差异化带给企业的是在监控和解决窜货问题上的主动权，也成为目前医药企业采用最多的防止窜货的措施之一。

4. 完善沟通与监督机制　与经销商多面沟通，了解季节变化或者产品的销售环境。当企业外在客观环境发生变化并影响到市场需求时，及时修订销售目标。像那些季节性强的药品，如感冒药，春秋多发季节的销售指标与夏冬季节的一定要有所区别。在一定程度、一定条件下，允许退货并与经销商共担风险。这样主要是为防止经销商在处理滞销产品而发生的窜货行为。如果经销商的分销能力的确不能满足企业要求，那么企业可以考虑替换分销商，而对其存货可由接任者原价接管，避免低价冲入市场。目前更多的医药企业倾向于组成行业协会。这个组织由渠道内的所有经销商组成，各成员之间达成协议，相互监督来控制和防止窜货。

重点小结

商品流通是创造社会财富的重要源泉，它对促进各类形态的资本运转起着关键作用。因此素有“渠道为王”之说。作为完整价值链的重要组成部分，药品生产企业必须充分认识其重要作用，既要努力开发有市场竞争力的药品，又要合理地选择与激励渠道、使用成员，形成牢固的战略发展联盟，发挥各自长项以图共同发展。

思考题

扫码“练一练”

1. 药品分销渠道的概念与构成是什么？
2. 药品分销渠道的常规类型有哪些？
3. 企业如何根据自身特点选择合适的分销渠道？
4. 企业药品常规分销渠道策略的内容是什么？
5. 药品窜货的原因与常规预防措施有哪些？

第十一章　医药产品促销策略

学习目标

通过本章学习，全面了解促销组合的内涵和促销组合决策的影响因素；全面掌握人员推销、营业推广和公共关系的内涵、运作方法及技巧；掌握国家对医药产品的人员推销、广告、营业推广和公共关系等方面的各项规定与要求。

纵观目前药品市场，不同企业生产的药品种类数以万计，但并不是每一个消费者对每种药品都具有同样的兴趣，这一方面是由于每一患者的病情不一样，另一方面是由于消费者对药品的购买欲望不同。而消费者的购买欲望在很大程度上取决于医药企业科学、合理的促销活动。促销是市场营销组合中的一个重要因素，在企业的整体营销活动中占有不可低估的地位，促销决策也成为企业营销决策中的重要内容。在产品同质化日益明显的今天，促销作为一种非价格竞争策略，对药品的销售有着非常重要的作用。

扫码“学一学”

第一节　医药产品促销和促销组合概念

一、促销的概念与作用

（一）促销的概念

所谓促销，就是将有关企业及其产品信息通过各种方式传递给消费者或用户，帮助其认识产品所能带来的利益，促进其信赖并购买本企业的产品，以达到扩大销售的目的的行为。促销的实质是营销者与潜在购买者之间的信息沟通。

医药企业日常生产经营过程中存在着两种不同的信息沟通行为：一方面医药企业需要通过各种渠道将市场信息引入企业的产品开发、生产与销售过程中来，保证生产经营的产品及营销组合策略符合市场的需求；另一方面，医药企业也要把药品营销信息通过种种方式传递给中间商和消费者，使目标市场更多更好地了解本企业、了解本产品，从而帮助消费者作出最佳的购买决策。这个由内向外传播营销信息的过程，就是医药产品的促销过程。

此外，医药产品消费的特殊性决定了医药企业要面临更为复杂的营销信息沟通过程。信息传递对象除中间商、消费者和社会公众外，还有对患者用药持有处方决定大权的医生这一特殊公众。在处方药品市场中，医生是医药企业产品促销中不容忽视的信息沟通环节与传播对象。

（二）促销的作用

随着医药科技的迅猛发展，医药新产品层出不穷，医药市场供求复杂多变、竞争日益激烈。全方位、多方面的营销信息沟通对于医药企业的生存与发展日益显示出重要和关键的作用。企业促销的主要任务就是传递产品信息，激发市场需求，不断扩大销售，其主要作用表现如下。

1. 传递药品信息　传播营销信息是医药企业销售成功的前提条件之一。当医药产品正式进入市场或即将进入市场时，企业应及时地将产品的有关信息传递给目标市场中的消费者、用户、中间商和相关医生。

2. 刺激消费需求　医药企业通过种种促销手段，使药品消费者和用户对其提供的产品感兴趣，从而刺激消费需求。有效的促销活动在一定程度上也能够创造市场需求。

3. 建立产品形象，提高企业竞争力　在竞争激烈的市场环境里，消费者和用户很难详细辨别出各种同类药品间的差别，并合理地决定其需求的取舍。医药企业通过各种促销活动，千方百计地突出本企业产品的不同特点以及给消费者或用户带来种种利益，在市场上树立起本企业和产品的良好形象，使消费者对本企业及产品产生信任感，能够保持销售的稳定与增长。

二、促销组合的内涵

促销通常可以分为人员推销与非人员促销两类。人员促销主要指人员推销，非人员促销主要指广告宣传、营业推广和公共关系。各种促销方式都有其长处和短处。为了取长补短，充分发挥其作用，需将广告宣传、人员推销、营业推广、公共关系四种促销方法结合起来，相互协调、相互补充地综合运用，就是形成促销组合。所谓促销组合策略，就是这几种促销方法的选择、运用与组合搭配的策略，也就是如何确定促销预算及其在各种促销方法之间的分配。

每个医药企业都面临制定和不断改进促销组合的工作，以图找到一种既经济又有效的促销方法组合。药品市场的复杂多变及各种促销手段的特点，使得促销组合的制定过程是非常复杂的，许多因素会影响企业的促销组合决策。营销人员首先应了解各种促销方式的特点，然后再进一步考虑影响促销组合决策的各种因素，最后才能正确制定促销方法组合。

1. 广告的特点　广告是企业按照一定的预算方式，支付一定数额的费用，通过不同的媒体（如广播、电视、报纸、杂志、告示等）对产品进行广泛宣传的一种促销方式。广告既是一门科学，也是一门艺术。它具有公众性、表现性、渗透性和非人格性。

广告可用来激发欲望、刺激销售，又可用来树立企业和产品形象。广告可用较低的成本将信息有效地传递给地理位置上比较分散的购买者。所以广告是企业界使用最为广泛的促销手段，但医药产品的广告要受到国家有关法规的限制。

2. 人员推销的特点　人员推销是指医药企业派出或委托推销人员，亲自向目标顾客对产品进行介绍、推广、宣传和销售。现代营销观念指导下的人员推销，不仅是出售现有货物，而且要配合企业的整体营销活动来满足消费者需求。药品推销人员的工作除了完成现有产品的销售外，还必须善于发现顾客的需求、解决顾客的问题、收集药品市场情报，并及时反映给企业主管部门以制订推销决策，为企业带来长期、稳定的最大利润及有利的市场地位。它具有反馈迅速和培养感情的特点。

人员推销在医药产品的促销中扮演着重要角色，因为医药产品是高科技产品，同类或同种产品的竞争在很大程度上取决于卖方提供的专业技术服务，特别是新药，其配方机理、药理作用和临床应用成效很难用广告表达清楚。医生在医药产品的消费中起着主导作用，医药产品是否有销路，关键在于产品能否被临床接受。所以医药产品必须由具有较高专业知识与文化素养的药品推销人员与相关医生进行直接的沟通与说服。

3. 营业推广的特点　营业推广是为刺激需求而采取的、能够迅速产生激励作用的促销

措施。营业推广由一系列具有短期诱导性的促销方式组成，如折价销售、奖券、有奖销售竞赛、附带赠品等。其共同特征是吸引顾客、刺激购买、只能产生短期效果。

4. 公共关系的特点 公共关系是企业以非付款的方式通过第三者在报刊、电台、电视、会议、信函等传播媒体上发表有关医药企业的消息报道以促使人们对企业及其产品产生好感的行为。公共关系是一种间接的促销方式，有其特殊的意义。公共关系具有新闻价值、可信度高、节省费用开支的特点。

除此之外，现在又不断出现直复营销、游击营销、会议营销等新的概念，给我们药品市场的营销注入了不少新鲜血液。例如直复营销能产生直接响应，可以利用目标广告覆盖大量受众，并在过程中使用完全的、定制的、个性化的广告词，且营销效果易于评估。而游击营销则是以低成本、易吸引注意力且不易混淆作为取胜的法宝。

三、有效传播组合基本方法与技巧

1. 有效传播组合的常用方法

（1）说理教育法 通过介绍医药产品的原理、使用方法、功能效果等有关知识，使消费者认识到产品能给自己带来利益，从而产生购买的欲望和动机。适用于产品生命周期的投入期和成长期，以及文化程度较高的理智型消费者和工业品。

（2）情感共鸣法 这种方法注重感情交流和情感激发，主要是利用推销人员面对面的有针对性的推广，以及在广告中利用情感型的创意和运用色彩、音乐及画面，激发受众的潜意识及情感共鸣，以达到营销传播的目的。这种方法适用于情感型消费者和处于产品生命周期的饱和期和衰退期的产品。

（3）希望聚焦法 以重大的新闻事件和新闻人物为契机，及时把本企业或本企业的产品与它联系起来加强广告宣传，使受众在关注新闻时间和新闻人物的同时也能注意到企业和企业的产品，达到广为宣传企业和企业产品的目的。

2. 有效传播组合的常用技巧

（1）实证 运用产品本身的特性来表明产品的优良性能，消除消费者的种种疑虑，是最有说服力的营销传播技巧。例如，展销会、现场示范、时装表演、试用、品尝等，以及广告中运用拍摄实录的生产过程、操作使用过程和实际使用效果等的视频及摄影照片都属于实证。

（2）论证 运用逻辑推理的办法来证明产品的优良，从而说服消费者产生购买欲望和动机的营销传播技巧。例如，“乐百氏”含有双歧因子的 AD 钙奶能帮助消化，增进食欲，是当今常患有厌食症儿童的佳品。

（3）证据 列举充分的证据来证明产品的优良品质，从而使消费者信服的营销传播技巧。例如，权威部门的质量抽检报告、市场占有率排行榜、奖牌、奖章、奖励证书等。

（4）权威 利用专家学者、权威机构的证言、证词向消费者推荐产品，或者由权威机构或权威人物出面推荐产品。例如，利用影视明星推荐服装、化妆品等，利用医生推荐医院、药品等。

（5）对比 将本企业产品与同类产品或者替代产品在价格、质量、性能、服务、款式等方面进行比较，以证明产品优良的营销传播技巧。在比较过程中，应使用间接、不明指的对比法，以避免法律纠纷。

四、促销组合决策

医药企业在决定促销组合时，除了应了解各种促销方式的特点外，还应考虑下列影响促销组合决策的因素。

1. 促销目标　医药企业在不同时期及不同的市场环境中所进行的促销活动，都有其特定的促销目标。促销目标不同，促销组合也就有差异。例如，营销目标是迅速增加销售量、扩大企业的市场份额还是在该市场树立企业形象，显然两者对应的促销组合的选择、方法配置也是不同的。

2. 促销的总策略　企业促销总策略有“推动”与“拉引”之别。所谓推动的策略，就是以中间商为主要促销对象，把产品推进分销渠道，直至最终推向消费者和用户。所谓拉引策略，则是以最终消费者为主要促销对象，吸引消费者向中间商施加压力，询购某一特定药品的一种策略；也就是由消费者向零售药店和医疗单位询购，零售商向批发商要货，批发商向制造商进货的过程。“推动”与“拉引”之别如图11－1所示。

很显然，如果企业实行的是“推动”策略，那么人员推销和营业推广的作用更大；若采用“拉引”策略，则广告的作用最大。

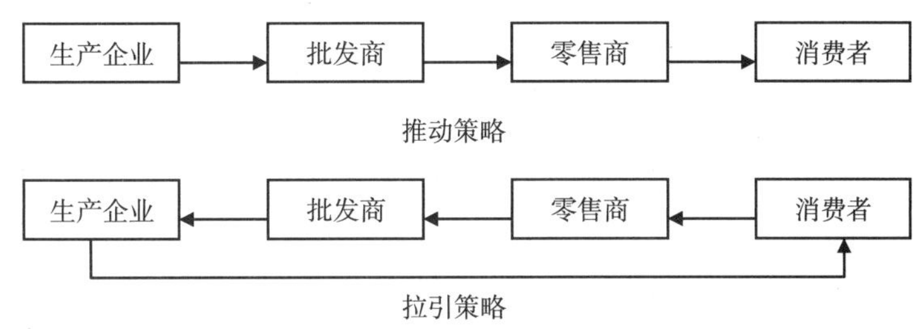

图11－1　“推动”策略与“拉引”策略

3. 产品性质　对于不同性质的医药产品，消费者和用户具有不同的购买习惯和购买行为，因而医药企业所采取的促销组合也会有所差异。OTC药品的营销，最重要的促销方式是广告，其次是营业推广，最后是公共关系；而处方药品的营销则首选是人员推销，其次是专业广告宣传，最后是公共关系；医药原料药的促销则要依靠人员推销。

4. 市场特点　药品目标市场的特点是影响促销组合决策的重要因素之一。一般而言，如果是市场地域范围广、买主多而分散、技术性弱、消费者可以自主使用的OTC药品，多采用广告宣传、营业推广和公共关系方式；而针对价格较高、消费者人数少而集中、产品技术性强、需要在医生指导下服用的处方药品，则比较多的采用人员推销和公共关系的方式。

5. 产品生命周期　在产品生命周期的不同阶段，有不同的促销目标，因此，企业需相应地制定和实施不同的促销组合。

在产品的引入期，新产品首次进入市场，潜在消费者对产品还比较陌生，此时医药企业需要进行广泛的宣传，以提高其知名度，因而广告和公共关系应毫无疑问地担当重任，相关的营业推广、人员推销可鼓励消费者试用，因而也有一定的作用。在产品的成长期，市场特点发生了变化，销售开始迅速上升，这时企业的促销目标应有一个战略性转变，促销重点应从一般性介绍转为着重宣传企业产品的特色、树立品牌，使消费者逐渐形成对本企业产品的偏好。这一阶段广告和公共关系仍需加强，营业推广可相对减少。到了产品成熟期，销售量从鼎盛转为呈下降趋势，需求已经饱和。这时，医药企业应增加营业推广措施，削减广告开支，只需保留一定的提示性广告就足够了。产品进入衰退期后，同行业竞争已达白热化程度，替代新产品已在市场上出现，消费者和用户的兴趣开始转移。这时，企业促销费用应削减到最低，仅针对老用户保留一定份额的营业推广开支，配合少量的提示性广告，甚至于宣传报道可完全停止。

6. 其他营销因素 促销组合的效能大小不仅在于各种促销手段本身的配合使用状况，还取决于产品开发、渠道选择、定价策略等企业营销组合其他因素的协调状况，也就是说，在其他营销策略既定时，促销组合的选择必须同其相适应。

总之，只有在充分了解各种促销方式的特点，并考虑促销组合的各种因素的前提下，有计划地将各种促销方式加以适当搭配，形成一定的促销组合，才能取得最佳的促销效果。

扫码“学一学”

第二节 医药产品广告

现代经济生活的一个最突出的现象就是人们生活中充斥着各式各样的广告。合理有效的广告既改变、影响、引导着人们的生活方式，也为生产经营企业带来可观的市场份额与利润；与此同时，大量具有虚假、欺骗性质的医药广告也在干扰着正常的经济生活，损害人们的身体健康，甚至对人们的生命造成了严重威胁。作为一个企业经营者，要想充分利用广告在营销工作方面的积极作用，就必须全面掌握国家在药品广告方面的特殊要求，掌握广告及媒体的基本特征以及消费者的广告心理活动过程。

一、医药产品广告的概念与作用

（一）广告的概念

广告（advertising），即“广而告之”，是指企业等组织机构支付一定费用，采取非人员沟通形式，通过各种大众传播媒介或专业媒介，向目标受众传递企业或组织机构的商品或服务等其他信息，以达到信息传播目的的一种手段。它不仅包括企业等营利性组织为了促进产品销售而进行的商业性推广活动，还包括其他非营利性社会组织为实现自身的功能而进行的公益性宣传活动，如政府、学校、慈善组织等。许许多多的非营利性组织和社会机构利用广告向各种公众对象作宣传，比如，位居美国第40位的广告最大消费者就是一家非营利性机构——美国政府。

（二）医药产品广告的概念与作用

1. 医药产品广告的概念 医药产品广告（medicine product advertising）是指由医药企业作为主办人发起的，通过付费的非人员方式推广企业形象并介绍企业产品用途、特点和益处的营利性信息传播活动。①医药产品广告是营利性组织机构发布的，即发起人为医药企业，包括医药生产企业、医药经营企业和医药代理商；②医药产品广告必须通过非人员渠道进行传播，与人员推销严格区分；③免费宣传不属于广告行为，医药产品广告必须向媒体支付等价的费用；④医药产品广告既涵盖机构广告又涵盖产品广告，既可介绍产品又可以推广企业形象。

2. 医药产品广告的作用

（1）传递新医药产品的信息 介绍新医药产品的广告属于通知型广告，比如新药在市场上首次出现，需要运用通知型广告对潜在消费者和临床医生进行推广和宣传。通常，医药企业将研制的新药投放市场之初，以发布广告的途径介绍新药的情况，告知临床医师或医药消费者新药与市售药相比在剂型、疗效和安全性等方面上有了哪些新改进，在对比的基础上突出说明新药的利益，消除顾客的疑虑，告知使用方法和消除使用风险的方法，以促进顾客的购买行为。

（2）帮助顾客建立品牌偏好 运用适当的医药产品广告策略可以帮助顾客在心目中树

立品牌偏好，此类广告亦称为说服型广告，其目的是使顾客对本企业品牌产生信任、偏好和信赖，并且愿意持续购买。在法律允许的条件下，说服型广告可以使用比较的方法，即通过与同类的其他品牌的竞争产品相比较来突出产品所具有的优点，如美国法律并不禁止在药品广告中使用比较的办法，美国某制药公司曾在广告中声称："新奥柯利尔眼药水减轻疼痛是维新的三倍。"说服广告的最终目标是鼓励顾客转向本企业的品牌。

（3）提醒顾客注意本企业的医药产品　有一些广告的主要功能是提醒顾客注意本企业的产品，这类广告被称之为提醒型广告，它们在公众面前出现的频率很高，其目的是反复不断地唤起顾客的需求，让顾客随时可以想起本企业的医药产品，进而在购买此类商品时能唤起对这个产品的记忆，刺激顾客对产品或服务的重复购买行为。

（4）表现顾客对医药产品的肯定态度　菲利普·科特勒说："满意的顾客就是最好的广告"。为了说服现实顾客和潜在顾客坚信他们作出的购买决策是正确的，可以通过医药产品广告表现顾客对产品使用后的满意程度，从而影响顾客对产品的态度，此类广告又称为增强型广告。

二、医药产品广告的目标与预算

（一）医药产品广告目标

广告活动的首要步骤，就是确定广告的目标。所谓广告的目标（advertising goal）就是指医药企业试图借助广告活动要达到的目的。医药企业只有确定了精确的广告目标，才能够对广告活动的成功与否作出客观的评价。因此，广告的目标必须清楚、明确，不仅要做到定性，最好能够定量，即具有可衡量性。为了保证广告目标具有可衡量性，医药企业市场营销人员应对广告目标进行精确地分析。广告目标应指出基点，并说明企业希望从基点上升到怎样的水平，比如如果医药企业的广告目标是提高药品销售量和扩大企业市场份额，那么必须指出现行销售量和市场份额的具体数字以及通过广告欲提高的百分比；广告目标还应明确具体的进度，即制定具体可行的广告活动进度计划，如医药企业需要明确应花费多长时间才能达到销售目标。某医药企业可以制定如下广告目标：使某品牌的抗生素处方药的月平均销售额在 10 个月内从 60 万元上升到 100 万元。除了基于销售进行定义广告目标之外，医药企业还可以基于提升企业和产品的知名度来定义广告目标。如果广告活动是为了增加品牌认知度，增进顾客对企业的理解和信任，那么广告目标就可以表述为："在 6 个月内使医药消费者对某品牌感冒药为缓释胶囊的认知度在一年中由 0% 上升到 40%。"

（二）广告经费预算

广告经费预算（advertising appropriation budget）是指医药企业在一定时期内预期分配给广告促销活动的总费用。由于广告的作用很难进行量化评估，所以医药企业很难确定在某一段时期内所需花费的广告费用。医药企业广告经费的投入并非多多益善，而是应全面考虑影响广告效果的各种因素，采取科学的手段对成本效果比进行计算，预测必需的经费，以最低的成本获得最佳的效果。通常认为，工业品如原料药的广告经费所占销售额的比例较少，而消费品如非处方药、保健食品的广告经费则所占销售额比例较高。

1. 医药企业广告经费预算的影响因素

（1）产品的特性　决定广告促销作用的大小，从而影响广告费用的预算。由于原料药产品的顾客是医药生产企业，医药企业直接面对生产企业开展促销活动，一般并不需要通过大量的广告来传递产品信息，因而所需广告费用较少；而药品制剂如非处方药的顾客是

广大医药知识欠缺的普通消费者，医药企业应通过较高频率的广告帮助消费者了解产品的特点，处方药则需要通过大量专业书刊广告向临床医师传递产品信息，说服临床医师使用本企业生产的药品。如果医药产品具有很强的替代性，市场上有大量的厂家生产同一品种的药品，则需要医药企业运用大量的广告把自己的产品与同类产品进行区分。如以对乙酰氨基酚为主要化学成分的非处方感冒药，我国医药市场上有数百家企业在生产，医药企业只能依靠广告来树立产品品牌的特色和独特的功能利益。

（2）市场规模和市场份额的大小　如果医药企业面对的市场规模庞大，消费者数量众多且地理位置分散，则应选择多种传播媒体组合投放大量的医药广告；反之，如果医药企业面对的市场规模狭小，消费者人口总数有限且地理位置集中，只需投入较小的广告量就可以达到预期效果。如果医药企业刚刚进入市场，需要依靠投放广告来提高药品的销售量以期在短时间内抢占市场份额，则需要大量的广告费用；如果医药企业是某一市场的领先者，其占领的市场份额较高，则投放广告的目的是维持现有的市场份额，那么广告费用的预算通常不高且不宜频繁变动。

（3）竞争状况　也影响广告费用的预算。医药企业广告的投放量必须能够以超过竞争对手的干扰的强度为底线。如果医药企业的产品是尚处于专利保护期内的新特药，市场上暂时不存在竞争对手，广告宣传的效果良好，信息传递过程无需克服竞争对手的干扰，广告预算经费可适当减少；如果市场上的竞争对手众多，就会给医药企业广告信息的传递产生干扰，影响广告促销的效果，企业就应该提高大幅度广告经费预算，消除竞争对手广告活动的干扰。

（4）广告的投放频率　提醒型广告的目的是反复不断地加强消费者对产品的印象，需要在媒体上多次传递产品信息，广告投放频率很高，因此需要医药企业考虑较高的广告经费预算。

（5）产品所处的生命周期阶段　处于导入期和成长期的新产品主要通过广告宣传在消费者心目中建立知名度，其广告经费预算应该维持在较高水平。处于成熟期和衰退期的老产品最好应减少广告预算费用，以节约销售成本，便于企业最大程度地获取产品生命周期末期的利润。

2. 确定广告经费预算的方法　一般而言，可以通过以下几种方法确定广告经费预算。

（1）目标任务法　①将广告活动所要达到的目标进行量化；②在此基础之上确定为达到目标所需要完成的各项具体任务，分别计算各项任务的广告投入成本；③进行总计，得到的数字就是整个广告活动的经费预算。

（2）销售百分比法　①根据医药企业已经发生的历史销售状况估算在今后一段时间内产品销售量增长或减少的趋势，预测将来这段时期的销售总量；②将预测的销售总量乘上一个标准百分比就可以得到广告经费预算。这个标准百分比是根据全医药行业平均广告支出和企业过去一年内的广告支出来确定的。

（3）竞争匹配法　又称自卫法，即医药企业根据竞争对手广告支出总额或占销售额的百分比决定自己的广告经费预算，也就是使自己的广告预算与竞争对手的广告预算大致相当。此方法有一定的适用条件，即医药企业或广告代理商应深入了解竞争对手的广告支出状况，经常考察竞争对手的广告支出水平，并与自己的广告支出水平进行比较。

（4）利润百分比法　即医药企业根据预测的利润额的一定百分比来确定广告经费预算。

（5）销售单位法　又称为成本分摊法，即医药企业按每箱、每盒、每件、每桶等计量单位分摊一定数量的广告费用，主要适用于横向联合广告或贸易协会广告成员之间分摊费用。

（6）精确定量模型法　即医药企业和广告代理商采用计算机进行精确的数据计算，依据史料和假设定量预测广告费用。

三、设计广告信息

扫码“看一看”

医药产品广告信息只有能够充分吸引消费者的注意力并引起共鸣，才能促进医药产品的销售。现代经济是一种“注意力经济”，如果产品一上市就能抓住市场的注意力，便可以脱颖而出，在竞争激烈的市场上取得主动权。因此，消费者的注意力就成为医药企业追寻的目标，成为市场利润的源泉。医药产品的注意力经济就是通过媒体以广告等方式吸引消费者的注意力，从而促进产品的销售。

设计广告信息的第一步是对消费者进行调查与分析，合适的广告信息是建立在充分了解消费者行为、习惯和需求的基础之上精心设计出来的。其次，设计广告信息还要考虑产品本身的特点、用途和优点。广告信息主要包括两个方面：一是信息内容的产生；二是信息内容的表达。

1. 信息内容的产生

（1）分析目标受众　广告的信息内容是由目标市场特征与产品特征两种因素所决定的。信息内容首先是建立在对目标受众仔细分析的基础之上产生的，即产品的目标消费者是谁，目标消费者的性别、年龄、教育状况、民族、收入、职业、生活方式、价值观念等特征如何等问题是医药企业必须搞清楚的重要问题。因为只有根据不同的消费者有的放矢地设计不同的广告信息，才能获得预期的广告效果。如某医药企业曾向市场推出一种安全性很好的感冒药，根据剂量的大小可以供婴幼儿和成年人使用。产品上市后，营销人员经过调查发现，70% 的购买者是年轻的父母，他们购买使用的目的是为自己年幼的子女治疗感冒，也就是把这种感冒药当作婴幼儿药品使用；30% 的购买者是其他成年人，他们把这种药品当作供自己常备的感冒药。因此，产品主要的使用者是婴儿、幼儿等未成年人，于是作出决策专门设计针对性的广告面对年轻的父母进行宣传，放弃剩下 30% 的其他成年人市场，取得了良好的效果。

（2）确定广告信息的诉求点　广告信息的诉求点代表着产品的根本利益，它反映出目标消费者的需求。营销人员应对产品最具有竞争力的利益进行提炼和挖掘，使广告信息的诉求点具有针对性和竞争力。广告信息的诉求点应能够把本产品品牌与竞争对手品牌区分开来，反映出本品牌产品的特色和利益。此点要求市场营销人员准确分析目标受众，在此基础上确定广告信息的诉求点。比如针对阿司匹林止痛药会引起患者胃出血的缺点，生产经营止痛药对乙酰氨基酚片的医药企业可以在广告中宣传自己生产的药品是“不会引起胃出血的止痛药”，这样，在广告词中开门见山地将本产品最具有竞争力之处传递给潜在消费者，把广告在市场竞争的作用发挥得淋漓尽致。

2. 信息内容的表达　在确定了广告“说什么”之后，还得确定广告“如何说”，即广告信息内容的表达。信息内容的表达就是市场营销人员对广告信息进行编码的过程。广告信息必须把产品带给人们的实际好处表达清楚，因为只描述产品特征而不描述产品利益的广告很难引起消费者的注意。当然，广告并不是对诉求点进行平淡无奇地客观描述，而是应采取具有一定独创性、感染力、亲和力的广告信息表达方式。生动、幽默且富有创意的产品广告将会帮助医药企业在激烈的市场竞争中脱颖而出。在医药产品广告活动实践中常采用的信息内容表达方法多种多样。广告信息表达的语句必须言简意赅，便于记忆、朗朗

上口，才能给消费者留下深刻的印象，如耳熟能详的药品广告词“24 小时缓解感冒症状，药效持续达 12 小时”“难言之隐一洗了之”等。

此外，医药产品广告欲使潜在的消费者信服广告信息的诉求点，就应该在广告中证明产品带给人们带来利益的确存在，也就是将产品利益通过广告传递给潜在消费者，使消费者产生认同感，从而刺激购买欲望。设计药品广告信息必须注意国家法律、法规和社会道德规范对药品广告的限制。

四、非处方药品广告的媒体选择

（一）非处方药品（OTC）消费的特点

1. 消费者对 OTC 药品具有自主购买决策权 为保障人民用药安全有效、使用方便，我国药品分类管理制度把药品分为处方药和非处方药。消费者无需凭借医师处方就可凭借自己的医学、药学知识或在执业药师的指导下自行购买 OTC 药品，而处方药则必须严格按照医师处方方可购买和使用，这也就决定了 OTC 药品消费模式与处方药消费模式完全不同。前者以消费者为中心，消费者在药品购买决策中具有举足轻重的地位，而后者以临床医师为中心，消费者是被动消费，在药品购买决策中不起主要作用。因此，OTC 药品与普通消费品的特征相似，消费者可以从 OTC 药品的包装、广告中获知药品性能、适用范围、用法用量及注意事项方面的信息，消费者的意见在市场营销活动中具有至关重要的作用，医药企业完全可以借鉴普通消费品的市场营销组合策略推广 OTC 药品。

2. 医药专业人员间接影响 OTC 药品的消费行为 虽然 OTC 药品无需医师处方，消费者即可在零售药店购买，使 OTC 药品越来越接近于普通消费品，但是药品毕竟是一种特殊商品，OTC 药品的安全性也只是相对而言，医药知识的专业性较强，还不是一种普及性知识，所以消费者在购买和使用 OTC 药品时，非常乐意接受医药专业人士如医师、执业药师等人的用药指导意见。因此，医药专业人士间接影响了 OTC 药品的消费行为。

3. OTC 药品品牌众多，市场竞争激烈 根据国家非处方药目录，OTC 药品大多数为治疗普通轻微疾病的常用药物，如维生素、减肥药、咳嗽感冒药、解热镇痛药、胃肠及助消化药等治疗“小病”的药物。这类药品在生产工艺上大多比较成熟，通常没有专利保护。因此，OTC 药品的生产厂家众多，同一种类的 OTC 药品往往具有多个品牌，市场竞争异常激烈。消费者为购买优质高效的 OTC 药品，一般都表现有较强的品牌意识和对品牌的选择性。

（二）OTC 药品的广告媒体选择

主要广告媒体的优缺点对比见表 11－1。

表 11－1 主要广告媒体的优缺点比较

媒体	优点	缺点
报纸	覆盖面广泛、稳定、地区特征明显、可信度高、灵活性强、费用低廉、传播迅速	时效短、不易保存、难以复制，可传阅性差、感染性差、印刷质量难以保证、注目率低
杂志	专业性强、周期长、视觉集中、保存性好、保存时间长、声誉度高、可复制	预备周期长、绝对成本高、覆盖面小
广播	成本低、移动性好、受众广泛、传递速度快、具有一定的地理选择性和人口选择性	周期短、只有声音信息无图像缺乏表现力、受众注意力会受到限制、难以记忆
电视	覆盖面广、声音图像并存，生动、可视性强、受众广泛并具有一定的地理选择性和人口选择性	瞬息即逝，信息容易过时、制作成本过高、黄金时间易受限制、受众目标无法控制，针对性差

续表

媒体	优点	缺点
交通工具内部	成本低、吸引力强，具有一定的地理选择性	难以触及专业人员、反馈性差
交通工具外部	成本低、可触及的受众面广、量大，具有一定的地理选择性	由于高速行驶，受众难以看清、难以给受众留下深刻的印象
户外	展露时间每天长达 24 小时、成本低、可放置在离销售现场较近的地方	表现形式单调、难以吸引受众的全部注意力
互联网	反馈及时、互动性强、可建立顾客数据库、成本低、	明确目标成本较高、容易被过滤、难以衡量效果、经济落后地区不适用

由于我国法律对 OTC 药品广告媒体选择没有限制，OTC 药品广告的媒体选择的自由度较大。医药企业应结合 OTC 药品消费的特点选择最有利于 OTC 药品信息传播的广告媒体。

1. 电视　学术界普遍认为，电视是 OTC 药品广告的最佳媒体。这是因为，首先，OTC 药品直接面对广大消费者，多用来治疗常见疾病，广告受众广泛。而电视在我国的普及率很高，电视的覆盖面广泛并具有一定的地理选择性和人口选择性，它完全符合 OTC 药品广告受众广泛的要求；其次，电视作为一种传播媒体，优点是声音图像并存、生动、可视性强，电视广告的场景富于表现力，艺术性比较高，可以加强受众对广告的印象并易于记忆；再次，电视广告包含的形式多样，它不仅可以满足医药企业对 OTC 药品的宣传，而且还能够传播企业形象，对提高企业信誉十分有利。医药企业通过电视媒体进行广告宣传，极大地增强了品牌 OTC 药品的附加利益，有利于医药企业在同质化程度较高的 OTC 药品市场取得优势地位。比如，法国某品牌非处方药曾经长期偏重报刊广告和户外广告，这使其品牌形象的传播受到很大的制约。1995 年制造商为该品牌制作了一条电视广告，结果产品销量从 1994 年的 50 万盒上升到 1996 年的 220 万盒，在非处方药中一举进入销量前 10 名，而在 1994 年时，它的排名仅为第 149 名。

2. 销售现场　是一种重要的 OTC 药品广告媒体。通常 OTC 药品的销售地点为分布在城市和乡村的零售药店、超市和普通商店。OTC 药品的销售地点不仅是广大消费者购买药品的地点，更是消费者获得药品信息的地方。如果在销售现场陈列大量的 POP 广告，一方面为消费者提供了大量的 OTC 药品信息，另一方面可以对消费者的潜在购买心理和已经形成的购买意向产生强烈的诱导作用，促使潜在的购买意识在很短的时间内转化为实际购买行为。

3. 报纸、杂志等印刷媒体　报纸、杂志、画册、样本招贴、说明书、挂历、电话簿、票证、标签、邮寄商品定购单、奖券、优惠券等印刷媒体对 OTC 药品消费也具有强大的引导作用。

4. 其他　OTC 药品广告还可以选择户外招牌、路牌、公共汽车的车身、互联网等其他媒体。

五、医药产品广告效果评价

广告效果是指通过广告媒体传播之后所产生的影响。医药产品广告活动成功与否的关键在于对广告效果的评价。评价广告效果主要包括对广告传播效果的评价和对广告销售效果的评价，前者是指广告对消费者的影响，即判断广告是否能将信息有效传递给消费者，后者是指对医药企业生产经营活动的影响，即评价广告带来的销售量和市场份额的变化。

评价广告效果的活动可以在广告活动的事前、事中和事后进行。

（一）广告传播效果的评价

广告传播效果主要通过测试广告能够引起消费者注意、记忆、理解及购买欲望形成的程度来反映。注意程度的评价是测试消费者对各种广告媒体的收视率、收听率和读者率；记忆程度的评价是测试消费者对广告中企业名称、商品名称、商标及商品性能的记忆程度，其中主要是知名度；理解程度评价是测试广告的内容能否被消费者理解；购买动机形成程度是测试广告对顾客的购买动机形成是否起到了关键性的作用以及到底起到了多大作用。

评价广告传播效果的活动一般在广告活动的事前或事后进行，即广告的事前测试和广告的事后测试。

1. 事前测试 广告在大规模投放市场之前通常要进行传播效果的事前测试，根据测试中所产生的问题，可以及时调整已定的广告方案，改进广告制作，提高广告的成功率。如果经过测试发现广告确实能够达到甚至超过预期的传播效果，即可正式投放市场。事前测试主要有以下 3 种方法。

（1）消费者直接评分法　邀请消费者或潜在消费者对广告方案直接打分进行测试，即由消费者事先观看本企业产品的各种备选广告，并事先设计好评分表，请消费者在观看几个备选广告后打分，哪一个得分最高就选择其作为最终的广告方案。

（2）组合测试法　邀请消费者在任意长短的时间内观看或收听一组广告，然后请他们回忆广告的内容，其结果可以表明广告内容的易懂性、易记性，以及广告中哪些内容最为突出，令人印象深刻。

（3）实验室测试法　即通过仪器测试消费者对广告内容的生理、心理反应。如研究人员在消费者观看广告之后，对消费者的血压、心跳、瞳孔放大以及流汗情况进行测试。这类实验测试只能测试广告的吸引力，无法测试消费者的信任、态度和意图。

2. 事后测试 是广告正式发布之后再对消费者进行的测试，主要有以下两种方法。

（1）认知测试　即市场营销人员邀请接触过本企业产品广告的消费者观看若干组广告，测试消费者是否能从这些广告中辨认出他已经看过的本企业产品的广告，结果用来说明广告给消费者的印象是否深刻。

（2）回忆测试　即市场营销人员要求消费者在没有任何线索的帮助下回忆他们最近几次媒体发布过的广告，其目的是测试广告是否引人注意以及广告是否达到了容易记忆的程度。

（二）广告销售效果的评价

广告传播效果的评价可以帮助医药企业了解广告传递信息的效果，却无法揭示其对销售额的影响。对广告销售效果的评价其实就是直接评估广告使销售额和利润额增加了多少，但是这种评价活动的难度很大，因为销售效果不仅受到广告活动的影响，市场营销环境、产品价格、包装、服务方式、渠道、消费者收入等诸多因素都会影响销售量和市场份额的变化。尤其是主要运用品牌广告或企业形象广告开展市场营销工作的医药企业，其广告销售效果就更难评价。

1. 评价广告销售效果的常用数学公式

（1）测试广告费比率　这是用来比较医药企业某一时期内广告费占销售量的比率。自然是比率越小，广告效果越好。公式为：广告费率 =（广告费用 ÷ 销售量）×100%。

（2）广告效果比率　这是用来测试一定时期内广告费用增减对医药产品销售量增减的影响。其公式为：广告销售效果 =（销售量增加额 ÷ 广告费用支出）×100%。

如果该比率越大，广告的销售效果越好。如果企业对该产品第一次做广告，就按全部广告费用计算；如果是测试某一段时间的广告效果，则应按同期广告费用的增加额计算。

（3）单位费用销售额增加额　这是用来反映单位广告费用对产品销售额的影响。其公式为：单位费用销售额增加额 = 销售量增加额 ÷ 广告费用。

当然，用这些公式计算出来的数字只能反映广告销售效果的一部分，仅仅只能供医药企业参考。一方面，有时医药产品广告活动的目的并不一定就是扩大销售量，如医药企业纯粹为了保持销售额，或是因阻止销售和利润急剧下降的目的而利用广告，此时，上述公式就无法反映广告销售效果了；另一方面，广告的促销作用往往具有滞后性，即广告信息发布之后，不一定会立即增加销售额，需要经过一段时间才可能达到目的，此种因素也必须在评价中予以考虑。

2. 评价广告销售效果的常用方法　评价广告销售效果的活动通常在广告活动的事中和事后进行，有两种测试方法。

（1）历史分析测试法　指利用先进的统计方法找出以前各个时期产品的销售量、市场份额和广告支出之间的联系，以此作为依据分析目前广告促销的销售效果。比较常用的测试方法是利用最小平方回归法求得过去的销售额与企业过去广告支出两者之间关系。比如美国的蒙哥马利和西尔克统计了医药行业所运用的 3 个传播工具的效果。一家医药企业将 38% 的传播预算用于直接邮寄，32% 用于样品和印刷品，而 29% 则用于杂志广告。但是，销售效果研究表明，杂志广告这一花费最少的传播工具的长期广告弹性却最大，是 0.365，样品和印刷品的弹性是 0.108，而直接邮寄只有 0.018。由此，他们认为，企业在直接邮寄方面花费过大，而杂志广告的费用太少。

（2）实验分析测试法　主要是指高开支测试和低开支测试。医药企业可以选择不同的地区，在其中某些地区进行比平均广告水平强 50% 的广告活动，在另一些地区进行比平均水平弱 50% 的广告活动。这样，从 150%、100%、50% 三类广告水平地区的销售记录，就可以看出广告活动对企业销售究竟有多大影响，还可以导出销售反应函数。如果高开支测试导致销售量大增，这表明企业广告开支过少。如果高开支测试没有增加销售或者低开支测试没有导致销售量大幅度下降，则企业广告开支过大。当然，这些测试必须辅以良好的实验控制和保持足够的时间，以观察改变广告控制水平后的滞后效应。

近年来，一些发达国家的医药企业也开始采用先进的测试仪器来测试广告销售效果。即利用记录仪器把消费者观看广告的行为和购买行为跟踪、记录下来，用得到的数据分析广告活动与消费者购买行为之间的关系。如研究人员把控制器放置在选好的顾客家中，微型电脑记录下电视机打开的时间和收看的频道。在药品零售商店的收银处，被调查人出示身份证，收银员用扫描器记录下购买情况，这样，被调查者在电视机前到收银处前的行为全部被跟踪记录下来，然后数据被传送到研究人员手中，成为最有说服力的分析资料。

扫码“学一学”

第三节　医药产品人员推销

人员推销是一种古老而又活力四射的促销方法，因为它有着其他促销手段所不具备的特殊作用，如针对性强、可与客户进行面对面深度的沟通等，因此在当代商品经济活动中广受欢迎。

一、人员推销的概念与作用

（一）人员推销的概念

人员推销（personal selling）是由企业派出推销人员或委派专职推销机构向目标市场顾客介绍和销售产品的经营活动。实践表明，人员推销与其他促销手段相比具有不可替代的作用，是一种重要的促销方式。

美国营销协会对人员推销所下的定义是：推销是个人或公司劝说并协助潜在顾客购买商品或服务的过程，或者给予潜在顾客具有在商业上富有建设意义的想法。

从上面的定义中可以看出，影响和劝说潜在顾客，是推销的一个极其重要的方面，推销可视为包括行动在内的一种过程，一种协助潜在顾客满足需求的具有艺术性、创造性的活动。当然，推销还包括帮助顾客弄清问题，提供可能出现问题的解决方法，提供售后服务，使顾客长期得到满意。

（二）人员推销的作用

人员推销是促销组合中一种人与人之间直接接触进行推销的方式。广告是单向的、同目标消费群进行的非人员交流。相反，人员推销是双向的，这意味着在较为复杂的销售形势中，人员销售比广告更为有效。销售队伍在企业和消费者之间起到关键的纽带作用。

1. 对于消费者而言是公司的代表　销售人员的首要任务是找到并发展一批新顾客，向他们传播企业的产品和服务的信息。他们通过接近顾客、展出产品、解答疑问直至成交来完成产品的销售。此外，销售人员还为消费者提供服务、市场调查和情报工作，并填写销售订单报告。

2. 对于公司而言是消费者的代表　销售人员在公司内部充当消费者利益的维护者。销售人员将顾客的有关企业产品促销的看法、态度、抱怨、要求等信息反馈给那些与此直接相关的人员。他们了解消费者的需求，并同公司的其他人员一起为提高企业在顾客中的信誉而努力。因此，销售人员必须充当一个在卖者和买者之间调整相互关系的“客户经理”的角色。

（三）药品销售人员与医药产品销售

药品销售人员（medicinal representation）是受过医学、药学、管理学、经济学等的专门教育，具有一定临床理论知识及实际经验，经过市场营销知识及促销技能的培训，从事药品推广、宣传工作的市场促销人员。

1. 药品销售工作的特点

（1）促销产品的特殊性　药品销售人员促销的产品是关系人的生命与健康的药品，在其使用过程中需具备相应专业知识才能对症用药。

（2）促销对象的特殊性　药品销售人员的促销对象是具备广泛专业知识与技能的医院的临床医药人员。

2. 药品销售人员工作的内容　用其专业的医学知识及促销技巧，通过对所促销药品特性的推广与宣传，实现促销的目的。具体说来医药营销人员的工作内容包括开拓市场、销售产品、回收货款、技术服务、市场调研、客户维护、企业形象拓展等。

3. 药品销售人员的作用　专业药品销售人员（通常称医药代表）是率先进入我国的合资医药企业模仿国外销售方式组建的，我国第一批药品专业销售人员 1988 年出现在施贵宝

公司。医药代表模式为我国医药产品营销注入了全新的活力，他们不只是推销药品，更重要的是在药厂和临床医生之间架起“桥梁”，即对药品尤其是新面世的药品成分、功效及副作用担当起“答疑”任务。经过几十年的发展，现在几乎每家医药企业都有自己的药品专业销售人员。虽然社会上对医药代表有众多的非议，但它对药品营销的促进作用还是不容忽视的，况且目前医药代表工作的种种不良“行为”，根本上说是由我国医药行业恶性竞争状况造成的。可以预见，随着我国医药市场环境的改善和净化，医药代表的工作内容和形式会更加规范和有效。

二、推销人员的选择、培训、考核与激励

（一）推销人员的选择

企业的销售工作要想获得成功，就必须认真挑选推销人员。这不仅是因为普通推销人员和高效率推销人员在业务水平上有很大差异，而且用错人将给企业造成巨大的浪费。一方面，如果推销人员所创造的毛利不足以抵偿其销售成本，必然导致企业亏损；另一方面，人员流动造成的经济损失也将是企业总成本的一部分。因此，挑选高效率的推销人员成为管理决策的首要问题。

企业在确定了挑选标准之后，就可着手招聘。招聘的途径和范围应该尽可能广泛，以吸引更多的应聘者。企业的人事部门可以通过由现有推销人员引荐、利用职业介绍所、刊登广告等方式进行招聘。此后，企业要对应聘者进行评价和筛选。筛选的程序因企业而异，有的简单，有的复杂。一般可分为初步面谈、填写申请表、测验、第二次面谈、学历与经历调查、体格检查、决定录用与否、安排工作等程序。

（二）推销人员的培训

许多企业在招聘到推销人员之后，往往不经过培训就委派他们去进行实际工作，而企业仅向他们提供样品、订单簿和区域情况介绍等。之所以如此，是因为企业担心训练要支付大量费用、薪金，并会失去一些销售机会。然而，事实却表明，训练有素的推销人员所增加的销售业绩要比培训成本更大，而且那些未经训练的推销人员其工作并不理想，尤其是在顾客自主意识和自由选择日益增强的今天，如果推销人员不经过系统的训练，他们很难获得与顾客的沟通。所以，企业必须对推销人员实行训练。

培训推销员，首先要设计良好的培训计划。为此，应考虑下列问题：训练计划的目标；训练所要达到的程度；由谁来主持训练工作；在何时从事训练；在何地从事训练；使用何种教学方法和训练技巧；如何评价训练计划的效果。训练计划的设计还应考虑到继续训练、主管人员培训、新进人员培训等不同类型训练的差异。训练计划的内容，归纳起来大体包括以下几个主要方面。

1. **企业的情况**　企业的历史、战略目标、职能机构、财务状况和主要产品的销售地位以及企业的主要设施等问题。

2. **产品的情况**　本企业产品的生产情况、技术情况以及产品的功能。

3. **顾客的情况**　目标顾客的不同类型及其需求特点、购买动机和购买行为。

4. **竞争者的情况**　竞争者产品的地位和营销措施。

5. **推销技巧**　推销技巧、公共关系、人际关系。

6. **推销工作流程**　推销工作的程序和责任，如何合理地分配时间、有效的使用推销费

用，尽可能多地接触客户等。

（三）推销人员的评价与考核

推销人员的评价是企业对推销人员工作业绩考核与评估的反馈过程。它不仅是分配报酬的依据，而且是企业调整市场营销战略、促使推销人员更好地为企业服务的基础。因此，加强推销人员的评价在企业人员推销决策中具有重要意义。

1. 要掌握和分析有关的情报资料 情报资料的最重要来源是销售报告。销售报告分为两类：一是推销人员的工作计划；二是推销员的访问报告记录。工作计划管理部门能及时了解到推销人员的未来活动安排，为企业衡量他们的计划与成就提供依据，由此可以看出推销人员计划他们的工作及执行他们计划的能力。访问报告则使管理部门及时掌握推销人员以往的活动、顾客账户状况，并提供对以后的访问有用的情报。情报资料也可来源于其他方面，如销售经理个人观察所得、顾客信件与抱怨、消费者调查以及与其他推销人员交谈等。总之，企业管理部门应尽可能从多个方面了解推销人员的工作绩效。

2. 要建立评估的指标 评估指标要基本上能反映推销人员的销售绩效。主要有：销售量增长情况；回款额；毛利；每天平均访问次数及每次访问的平均时间；每次访问的平均费用；每百次访问收到订单的百分比；一定时期内新顾客的增加数及失去的顾客数目；销售费用占总成本的百分比。为了科学、客观地进行评估，在评估时还应注意一些客观条件，如销售区域的潜力、区域形状的差异、地理状况、交通条件等。这些条件都会不同程度地影响销售效果。

3. 实施正式评估 企业在占有了足够的资料，确立了科学的标准之后，就可以正式评估。大体上，评估有两种方式。一种方式是将各个推销人员的绩效进行比较。这种比较应当建立在各区域市场的销售潜力、工作量、竞争环境、企业促销组合等大致相同的基础上，否则，就显得不公平。同时，比较的内容也应该是多方面的，销售额并非是唯一的评估标准，推销人员的销售组合、销售费用及对净利润所作的贡献也要纳入比较的范围。另一种方式是把推销人员目前的绩效同过去的绩效相比较。企业可以从产品净销售额、定额百分比、毛利、销售费用及其占总销售额的百分比、访问次数、每次平均访问成本、平均客户数、新客户数、失去的客户数等方面进行比较。这种比较方式有利于推销人员对其长期以来的销售业绩有个完整的了解，督促和鼓励他努力改进下一步的工作。

（四）推销人员的激励

激励在管理学中被解释为一种精神力量或状态，起到加强、激发和推动作用，并指导和引导行为指向目标。事实上，组织中的任何成员都需要激励，推销人员亦不例外。由于工作性质、人的需要等原因，企业必须建立激励制度来促使推销人员努力工作。

1. 销售定额 订立销售定额是企业的普遍做法。它们规定推销人员在一年中应销售多少数额并按产品加以确定，然后把报酬与定额完成情况挂起钩来。每个地区的销售经理将地区的年度定额在各推销人员之间进行分配。

2. 佣金制度 企业为了使预期的销售定额得以实现，还要采取相应的物质与精神相结合的鼓励措施，如奖金、销售竞赛、外派培训、晋升、旅游等，而其中最为常见的是佣金。佣金制度是指企业按销售额或利润额的大小给予推销人员固定的或按情况可调整比率的报酬。佣金制度能鼓励推销人员尽最大努力工作，并使消费费用与现期收益紧密相连，同时，企业还可根据不同产品、工作性质给予推销人员不同的佣金。但是佣金制度也有不少缺点，

如管理费用过高、导致推销人员短期行为等。所以，它常常与薪金制度结合起来运用。

三、药品销售人员推销技巧

（一）设定走访目标

药品销售人员应制订每月、每周的访问计划，然后再根据计划的内容制作每日拜访顾客计划表。访问顾客的计划，应在前一天制定好，最好养成就寝前定计划的习惯。走访客户应考虑拜访的目的、理由、内容、时间、地点、面谈对象及拜访的方法。

（二）推销访问前的准备工作

1. 访问对象的资料调查 医药推销人员应先了解访问对象的姓名、住宅电话、住址、个人爱好、业余生活、家庭情况等，以及其所在单位的简介和各方面的近期动态。如拜访企业，则应先了解该企业的名称、地点、电话、负责人等资料。

2. 推销工具的准备

（1）皮包 包内东西要整理清楚，将产品目录和推销手册收集齐全，并放入订货单、送货单或接收单等。

（2）与顾客洽谈时必备的推销工具 名片、客户名单、访问准备卡、价目表、电话本、身份证明书、介绍信、地图、产品说明书、资料袋、笔记本、药品一证一照的复印件等。

（3）促进销售的工具 计算器、样品、相关报纸杂志、广告和报道材料、优惠折扣资料、其他宣传材料等。

（三）巧用样品

样品虽是无偿提供，但要管好、用好及巧用，这对企业及营销人员是十分必要的。

1. 发挥宣传作用 请医生将企业产品和产品手册摆放在桌上，患者排队时可顺便翻看，能收到较好的宣传效果。

2. 扮演“礼品”角色，增进友情 把样品当作礼品，但要考虑场合、地点和人物，如果错用则得不偿失。

3. 让人人感知“她” 无论药品销售人员介绍自己的产品功能之优，疗效之奇特，而对方看不到样品，往往印象不深刻，效果不好。如果边拿样品边介绍，让顾客摸一摸、闻一闻、尝一尝、试一试，他们真正感知过，则接受起来就比较容易。

4. 处理好“点”和“面”的关系 有些药品较贵，不宜见人就送，药品销售人员大多犯难。其实每种产品都有它的局限性和特点，分清主要与次要、点与面的关系，不必盲目“破费”。

总之，只要善于分析产品的特点，认真总结，每种样品都能挖掘出广阔的空间，在节省开发市场费用、节约营销成本等方面才会大有可为。

（四）正确使用促销材料

药品销售人员拜访前应带好整套的促销材料，但不能直接把促销材料给医生，而必须做到边叙述边使用。使用材料时应注意以下几点。

（1）使用时应一直拿在自己手上，并用钢笔指示重要部分给医生看，同时叙述。

（2）应注意把无关的部分折起。

（3）所有材料给医生之前，应该先用钢笔把重要部分标出来。

（4）与医生谈完后，再将材料交给医生，注意不要在谈话之前递送。

（五）推销异议的处理

不同的客户会提出不同异议，而不同的异议有不同的应付方法，因此，应付异议虽然有一定的原则，但却没有什么成规。在处理异议时，重要的是要学会因人而异、因时而异、因事而异，机智灵活地应变。这样，才不致为异议所难住。

1. 推销是从被顾客拒绝开始的 在推销过程中，顾客常常提出各种理由拒绝推销员。他们会对推销员说："我不需要你的产品""你们产品没有做广告""你们产品没有进医保目录""我们已有同类产品""价格太高"等。面对顾客异议，推销员必须正确对待和恰当处理。

推销员对顾客异议要正确理解。顾客异议具有两面性：既是成交障碍，也是成交信号。异议表明顾客对产品的兴趣，包含着成交的希望，推销员对顾客异议的答复，都可说服顾客购买产品，并且，推销员还可以通过顾客异议了解顾客心理，知道他为何不买，从而有助于推销员对症下药。对推销而言，可怕的不是异议而是没有异议。不提任何意见的顾客常常是最令人担心的顾客，因为人们很难了解顾客的内心世界。

2. 消除顾客异议的步骤 推销员要想比较容易和有效地解除顾客异议，就应遵循一定的程序。

（1）认真听清顾客的异议 回答顾客异议的前提是要弄清顾客究竟提出了什么异议。在不清楚顾客要想说些什么的情况下，要回答好顾客异议是困难的。因此，推销员要做到：①认真听顾客讲；②让顾客把话讲完，不要打断顾客谈话；③要带有浓厚兴趣去听。推销员应避免的现象是：打断顾客的话，匆匆为自己辩解，竭力证明顾客的看法是错误的，这很容易激怒顾客，并会演变成一场争论。

（2）回答顾客问题之前应有短暂停顿 顾客会觉得你的话是经过思考后说的，你是负责任的。这个停顿会使顾客更加认真地听你的意见。

（3）要对顾客表现出同情心 明白他的观点，但并不意味你完全赞同他们的观点，而只是了解他们考虑问题的方法和对产品的感觉。顾客对产品提出异议，通常带着某种主观感情，所以要向顾客表示你已经了解他们的心情，如对顾客说："我明白你的意思""很多人这么看""很高兴你能提出这个问题""我明白了你为什么这么说"等。

（4）复述顾客提出的问题 为了向顾客表明你明白了他的话，可以用你的话把顾客提出的问题再复述一遍。

（5）回答顾客提出的问题 对顾客提出的异议，推销员要回答清楚，这才能促使推销进入下一步。

这时，推销员应当避免的一个问题是：在后面的介绍中，又提及顾客前面提到的异议。这样做，只能夸大问题的严重性，容易在顾客脑子里留下不必要的顾虑。

3. 消除顾客异议的方法

（1）"对，但是"处理法 对顾客的不同意见，如果推销员直接反驳，会引起顾客不快。推销员可以首先承认顾客的意见有道理，然后再提出与顾客不同的意见。这种方法是间接否定顾客意见，比起正面反击要委婉得多。

（2）同意和补偿处理法 如果顾客提出的异议有道理，推销员采取否认策略是不明智的。推销员应首先承认顾客的意见是正确的，肯定产品的缺点，然后利用产品的其他优点来补偿和抵消这些缺点。例如推销员常对顾客说"价高质量更高"，即是通过质量更高的优点来抵消和弥补价格高的缺点。

（3）反驳处理法 推销员有时根据现实情况对顾客异议直接加以否定也是可以的，但

需要注意说话时的语气与方式等。

扫码“学一学”

第四节　医药产品公共关系与营业推广

公共关系和营业推广都是医药企业促销的重要手段。公共关系主要是利用企业和产品的形象与信誉促进销售，营销推广则是利用药品本身或其他利益来促销。在医药科技日新月异、不同品牌药品功能差异日益缩小的今天，企业与产品的形象日益成为其争夺市场、争夺消费者的主要手段。正是由于企业形象对企业营销与生存的重要作用，国际市场营销学泰斗菲利普·科特勒先生将公共关系从促销中的手段之一提升到了与产品、价格、渠道、促销、政治力量等并列的营销组合七个主要要素之一。由此可见企业公共关系工作在企业经营管理中的重要作用。

一、公共关系概念与分类

（一）公共关系概念

所谓公共关系是指任何形式的社会组织在其生存发展过程中，运用大众化媒体手段，在与之相关的公众间开展的，目的在于增加双方了解、理解、信任与合作关系并树立良好企业形象的各项活动。

医药企业在进行市场营销活动中，公共关系作为一种促销手段，它是指企业运用公共关系来正确处理企业和社会公众间的各种关系，树立企业的良好形象，赢得公众的理解和支持，从而促进企业产品销售的一种活动。公共关系作为企业的促销手段，其目的是通过各种传播方式和途径，制造舆论，使社会公众掌握企业的经营方针和营销策略，全面掌握企业产品和服务的特点及优点，通过与企业的合作行为赢得各界公众对企业的信赖和支持。

（二）企业市场营销活动中的公关工作

根据公关工作对象的不同，企业公关工作可分为内部公关和外部公关两类。

1. 内部公关　内部公关工作是对企业内部公众开展的公关工作，主要对象是企业内部各类员工，其目的是通过企业内部的沟通与协调，增强企业内部的凝聚力与战斗力。由于本书只涉及市场营销方面的内容，企业内部公关工作不在此列，如有兴趣请参阅有关书籍。

2. 外部公关　企业外部公关工作是对企业外部公众开展的公关工作。企业的外部公众种类很多，就企业营销工作所涉及的外部公关工作而言，最主要是要协调好企业与消费者、供销部门、社区及政府之间的关系。这四者关系的处理直接决定着市场营销的成败。消费者是市场营销的基础，没有消费者，产品就不是真正的产品，没有顾客，市场营销没有对象，没有对象，企业无法生存；中间商是企业经营过程中不可缺少的合作伙伴，企业生产经营所需的原材料、设备和能源，需要其提供；产品也要通过各种中间商组成的各种销售渠道销售出去；社区为企业的生产经营提供场所，是企业生存的“根本”；政府管理部门则是企业正常经营的宏观监督人。这一系列外部公众，构成了企业市场营销的关键因素，决定着企业的成败。企业营销公关的目的就在于帮助企业协调好与外界公众的关系，帮助企业明了供求状况、寻找潜在用户、引导消费趋势、促进产品销售、维系用户忠诚。可以说，公关工作在企业管理的营销职能中占据着十分重要的地位。

二、公共关系促销工作的主要内容

（一）建立企业与消费者之间信息联系

为了建立良好的消费者关系，医药企业公关人员应当积极促进企业与消费者之间的信息交流。与消费者之间的信息交流可采取以下手段。

1. **直接交流** 企业可设立消费者来访接待室，欢迎消费者上门反映他们对企业药品、服务的意见；企业营销人员走访消费者、零售药店征求意见，并向消费者宣传本企业经营政策、产品的优点、使用方法等。除此之外，为建立良好的消费者关系，企业应该实行开放政策，热情欢迎消费者到药厂参观，参加座谈会，甚至公开征集消费者的意见。

2. **印刷手段** 主要包括广告、宣传品、产品使用说明书、消费者通讯，以及直接向消费者散发、邮寄各种小册子、通讯等。

3. **视听手段** OTC 药品可利用广播、电视等传播媒体播放有关企业的新闻纪录片、广告或赞助播放有影响的电视节目等。

（二）企业与合作者的关系

随着社会分工的深化和生产力的发展，企业与最终消费者的关系将变得越来越间接。医药企业并不能直接把制造出来的药品输送到最终消费者或最终工业用户手里，而是需要借助一系列中间组织和个人的配合协调活动，才能最终完成产品从生产领域向消费领域的转移。因而，医药企业处理好与合作者的关系，也成为企业营销工作过程中的重要内容。

1. **企业与供应商的关系** 现代医药企业的生产经营活动日益复杂，要维持企业正常的生产经营活动，就必须依靠各类供应商的支持。供应商是指那些向生产企业提供各种生产要素，包括原材料、能源，机器设备、零部件、工具、技术和劳务服务的公司和部门。供应商所提供的生产要素的质量和数量以及价格等，直接影响到企业的生产经营状况。因此，企业在市场活动中对待供应商的态度应从长期利益出发，重视建立、维护与供应商之间长期的互惠互利、密切合作的关系。

2. **企业与销售商的关系**

（1）为了处理好与经销商的关系，企业首先应向经销单位阐明自己企业的生产经营状况、生产经营能力、产品的性能和质量、企业的发展史、组织现状、资金原料的来源及人事管理等情况，从而使经销商全面了解企业的有关情况，使他们敢于放心大胆经销本企业的药品。

（2）定期举行经销商大会，如订货会、征求意见会等，以加强双方信息交流。对长期合作的经销商，在企业产品供应紧张时，要尽量满足他们的需要，这样往往能尽快地提高企业的声誉，同时也使企业能不断扩大和培养一批稳定的经销商队伍。

（3）帮助经销商培训职工。对于一些技术性较强的产品，企业要选派一些有经验的工人和技术人员对经销人员进行适当培训，使他们推销产品时得心应手，从而促进产品的销售。

（4）与经销商分担广告费用。为推销产品，如果企业能分担一部分广告费，那将会是一举两得的好事。

（5）有选择地邀请经销商参加本公司的公关活动，使他们感觉到与企业利益的一致性，以增强其对企业的向心力，并有利于企业开展营销活动。

（三）企业与政府部门的关系

各级政府中有关部门是医药生产经营的组织者和监督者，处理好与这些部门的关系，是医药企业营销工作顺利进行的前提条件之一。

1. **调查信息** 医药企业要及时了解国家药品监管方面政策法规的现状与趋势，收集汇编国家各级政府和有关部门下达的各种文件、颁布的各项法令，将其归档保管，用以分析药监政策变动的原因与动态，向企业决策层及时、全面、准确地提供政府部门的信息，调整自己企业的经营方针和经营策略使自身的经营行为符合国家宏观调控和国家利益的要求。

2. **了解职能** 医药企业公关人员还应全面了解政府主管机构的结构设置、职能分工、工作范围和办事程序，并与政府主管部门工作人员经常联系，以提高双方互识的能力，从而促进办事效率的提高。

3. **通报情况** 医药企业要主动、经常地向政府有关部门提供信息，通报企业当前的生产经营情况。

4. **遵纪守法** 医药企业在具体的生产经营活动中要遵纪守法，坚决制止有损于企业形象的事件发生。

5. **公关沟通** 医药企业公关人员要经常代表企业主动热情地参加政府主管部门的各项活动，虚心听取各级领导对企业的意见和建议。积极参加公益活动，加深政府对企业的信赖和赞誉。

（四）企业与社区的关系

1. **提高企业在社区中的影响** 通过多形式、多渠道向社区公众展示企业的生产情况和所取得的成就。如通过邀请社区代表进厂参观、召开展览会、座谈会或访谈等形式，告之企业产品的用途、上缴税金、对社区的种种支持等情况，使公众能保持对企业基本情况的熟悉。

2. **保持与社区的联系** 企业要同社区地方政府的各级领导保持接触，让他们了解本企业产品的市场行情，该企业在社区的重要地位以及所作的贡献，让社区领导对企业产生信赖并支持企业的工作。

3. **开展公益活动** 尽可能地支持和参加各种重大的公益活动，如赞助学校教育、资助文化宣传、赞助社会福利等，以树立起企业尽力承担社会义务的优秀社会成员的形象。

（五）营销危机处理

1. **危机的防范** 危机给医药企业带来的后果通常是破坏性的和灾难性的，不仅会影响药品销售，而且最终危及企业形象乃至企业存废。因此，危机处理的根本工作是预防。及时发现危机事件的苗头，在其潜伏期采取必要的措施，及时疏导协调，防止危机事件的暴发，做到防患于未然。此外，对于一些可以预测的经常性危机，应事先就有计划措施和一整套处理程序，并经常对企业全体职工进行危机及其处理的教育和训练，定期检查各项措施的落实情况。危机一旦发生，就照章办事、例行处理、临危不乱，以最小的费用将危机的损失减轻到最低限度。

2. **危机的消除** 医药企业负有对消费者、股东、债权人、职工、国家及社会等的责任。因此，一旦危机事件爆发，企业应本着积极负责的态度去进行处理。为了公平而迅速地处理危机，应多为消费者着想，避免与受害者产生不必要的摩擦，尽力谋求圆满的解决方案。事实一旦查明，就应立即着手处理，并将处理方法及结果告之相关公众，争取尽量把事故影响减小到最低程度。危机处理的关键是实事求是，如是企业的责任绝不能推诿，并与媒体保持良好的沟通，以求获得媒体与社会舆论的公正对待。

3. 危机的转嫁 保险是危机转嫁的典型代表，保险作为危机转嫁的手段当然是最优越的。但并非所有的危机都可以向保险转嫁，因为保险有自己的承保责任范围。此外，危机的转嫁是有代价的，其代价就是无论危机事件是否暴发，都必须向保险公司支付保险费，这种费用由于具有经营费用的性质，其结果将减少利润。因此，必须改变危机处理完全依靠保险的做法。换言之，即使是可以投保的危机，也未必都要投保，而是要通过经济核算、权衡利害得失之后再作决定。

此外，医药企业在市场营销过程中还要下功夫处理好内部员工及新闻媒体这两个重要的公众关系。内部员工关系是团队战斗力的直接制约因素，也是医药行业中营销队伍管理的团队精神的客观基础，如何使自己的营销队伍成为一支高绩效的战斗集体，公共关系是其首选的有效手段之一。新闻媒体是医药企业特殊公众之一，它既是企业争取的对象，又是企业借助的宣传手段，因而，媒体公众应该永远成为企业公关中重要的公众。经常与之保持良好的沟通，通过种种手段达成多方位的联系，才能成为企业形象拓展、危机处理中必需的和可以依靠的对象。

三、营销公关促销方法

医药企业常用的公共关系促销活动，通常包括药品推广会、开放参观日、社会赞助、特别节目、服务活动、危机处理等方式。

（一）药品推广会

药品推广会是医药行业中最常用的一种综合运用各种媒介宣传药品和企业信息的传播方式，它通过现场展示和提问咨询来传递药品信息，推销企业形象，是一种常规性的医药企业公共关系活动，药品推广会的特点如下。

1. 综合运用各种媒介复合性的传播方式 药品推广会综合运用文字说明、图片、宣传品、实物、现场讲解、幻灯片、视频、电影、音响效果、环境布局、面对面咨询、与会者参与等形式，给予目标受众立体性、直观性的传播效果。

2. 生动、直观的效果 由于药品推广会综合了上述多种传播媒介的优点，使得其传播十分生动、直观；加之药品推广会本身具有较高的专业性，较丰富的知识性、趣味性，因而有利于吸引相关专业公众，从而达到有针对性的传播的目的。

3. 双向沟通的传播效果 药品推广会能够有效地利用现场讲解、提问与咨询、洽谈活动、意见簿、征询表等形式，有效地了解相关公众的反映、意见，从而达到双向沟通的效果。

4. 制造新闻热点 药品推广会作为专业性的药品促销公关活动，较容易形成舆论热点，成为当地新闻媒介有价值的报道对象。如果成为电视的专题节目题材，就更加能够吸引其他公众的注意和兴趣。

需要注意的是，药品推广会取得实效的关键除了专家的选择、场地的布置外，重要的是事先的精心准备和操作过程中的按部就班。事先准备的内容包括宣传材料的制作、专业人员的配备、演示过程的协调、各种器材的操作等；操作过程中主要是考察医药企业团队销售人员的临场应变能力与解决问题的能力。

（二）开放参观日

举办开放参观日活动是企业进行的一种特殊的“公开展览活动”或广告活动，它能够提高企业的社会透明度，增进外界对企业的了解，消除企业与公众之间的隔阂，培养公众对企业的感情，创造良好的营销环境气氛，树立良好的公众形象。

对外开放参观的接待对象主要如下。①消费者、员工家属及社区居民等一般公众。②营业团体：生产协作者、原料供应者、药品经销商、药品零售商等。③股东公众：股东股票经纪人、金融专家等。④其他专业团体：金融机构、律师协会、新闻界团体、保险公司、卫生检查团、环境保护组织等。⑤行政机关：各级政府药品监管部门、上级主管单位、党政要人等。⑥舆论领袖：专家学者、各界名人、媒体记者等。⑦科技教育文化单位：药品研究所的研究人员、高等药学院校的师生、各类社会团体和组织等。⑧ 各种慈善组织和社会福利团体。⑨海外人士：客商、投资者、观光者等。

（三）赞助活动

赞助是医药企业通过无偿提供资金或实物支持某一项活动，以获得一定的形象传播效益的社会活动。举办赞助活动是企业承担社会责任与义务，搞好社会公众关系的一种有效手段，这也是国内外企业常用的公关促销手段之一。医药企业促销中常用的赞助活动的类型如下。

（1）赞助体育运动　这是企业赞助活动最常见的一种形式。因为除了战争以外，公众影响面最大、公众投入感最强的就是体育运动。特别是像奥运会和世界足球锦标赛等一类的大型体育比赛，涉及的公众可能遍及全球。因此，国内外厂家都争先恐后地赞助这些体育活动，以扩大自身的社会影响力。

（2）赞助文化事业　如音乐会、演唱会、文艺演出晚会等，也能够有效地吸引公众的注意力，提高知名度。

（3）赞助药学科学教育事业　如设立某项培养和奖励药学专门人才的奖学金、基金，或直接赞助某项药学科研项目和某学科建设，也开始成为企业赞助活动的热点。

（4）赞助社会慈善和福利事业　如赞助国家希望工程活动，残疾人士的社会救济，重大自然灾害（如地震、水灾等）的救灾活动，对孤寡老人的援助，对重大病患者的资助，对社区公益福利事业的捐赠等。这类活动既能充分表达企业的同情心，又能实现企业最根本的经营理念，因而能唤起社会公众对企业的普遍好感。

（5）赞助地方性的节日活动　如各种具有地方色彩的节日等。

（四）公关促销专项活动

如果以上是医药企业公关促销中较规范和系统的形象提升活动的话，医药企业为提高企业形象、促进药品销售，还可以采取以下的一些专项公关工作。

1. 专题竞赛　由医药企业配合相关媒体举行公开的药品知识有奖竞猜、竞赛、学术研讨等活动。

2. 专业咨询　医药企业进行药品服务咨询的活动主要有公开的药品知识咨询、健康知识咨询教育、专家坐堂咨询等。

3. 其他　医药企业可以利用开业庆典、周年庆典等机会，向社会传播企业正面形象。

四、医药产品营业推广概念及技巧

（一）医药产品营业推广概念

医药产品营业推广是指通过短期的推销活动，直接引导和启发、刺激顾客，以提高其购

买兴趣，促使其立即作出购买行为，它是介于人员推销与广告宣传之间的一种特殊的推销方法。

医药企业采用这种促销方式，必须与人员推销、公共关系宣传和广告宣传等密切配合，针对不同产品、不同的目标市场，分别采用不同的促销组合方法，才能收到良好的效果。

医药企业的营业推广工作根据生产经营药品的不同可分为：针对OTC药品对消费者的营业推广和对中间商的营业推广、针对处方药品对中间商（批发商、医疗单位）的营业推广两类。消费者促销针对的是各类疾病患者，商业促销针对的是连锁药店、零售药店、医药公司、医疗单位等。但是，不论什么样的促销手段，它的作用都是一时性、阶段性的。企业品牌与形象的建立才是企业在药品市场立于不败之地的根本。

（二）对消费者的营业推广

对消费者的营业推广主要适用于OTC药品推销，它是以消费者为推广对象，运用各种推广手段，以直接提高消费者的现场购买兴趣，达到促进销售的目的。消费者促销的目的是促使已使用者大量购买，吸引尚未使用的消费者群、维持现有顾客，增加产品的使用频率，抵制竞争品牌的威胁，常用的促销方法如下。

1. 折价销售 所谓折价就是指厂商与零售药店联手通过降低产品的价格，以优惠消费者的方式促进销售。如某种OTC药品，在促销活动期间，按零售价的9折优惠销售。

2. 样品赠送 利用一定场合（药店、公园、广场等），医药企业将自己的标准产品或专门制作的样品包装（通常在包装盒外印上礼品、样品或非卖品等标记），免费赠送给目标消费群体的一种促销活动。如某品牌的感冒药品、健胃片等在其上市之初曾经利用国家法定的节假日在全国主要城市举行了大规模样品赠送活动，让消费者免费试用或使用，使消费者了解产品的优点及价格、购买渠道，从而使其在当地药店的铺货顺利而且快速。

3. 附送赠品 是指消费者在购买某药品的同时可以获得一份非促销产品的礼品的促销活动，如某感冒药品在药店促销活动中就采用这一手段，凡是购买一盒本药品的顾客，均可获得精美的体温计一支，其促销活动取得了很好的效果。在OTC药品市场中，厂家运用这一手段的例子是屡见不鲜的。这种促销方法成功的关键是要使赠品对消费者有一定的吸引力。

4. 有奖销售 药品有奖销售包括抽奖和竞赛两种形式。

（1）抽奖方式　最常见的是回寄式或抽奖与其他促销模式组合运用。回寄式抽奖一般是患者在购买了某种药品之后，在指定的抽奖凭证上填写姓名、住址、电话、身份证号码等资料，或者由厂家在报纸或单独负责印制有关企业或产品等方面的知识单页、传单等，让消费者填写并寄至指定地点，就可参加抽奖。

（2）有奖竞赛　是指厂家预先设立一定奖励标准，在有关公证机关的监督下，举办一定的知识竞赛、有奖征询等活动，以提高企业和药品知名度的一种促销方式。

5. 累积换物 类似于普通商品的现金兑换方式（通常采用累积一定数量的商品包装来兑换一定数量的现金），药品销售也可采用让消费者收集药品的某种购买凭证（包装袋、瓶盖、商标、累计卡等），达到活动规定的数量即可换取不同的奖励（奖励可以是现金，也可以是礼品，或者是下一次购买同类药品时的折扣优惠等）的一种促销活动。

例如，某企业“口腔溃疡灵”的促销活动中，就采用了这一促销手段：每购买口腔溃疡灵一盒，留下包装上代表分值的凭证，当累积到一定数量后，就可以凭此兑换与口腔卫生健康有关的奖品，如牙刷、牙膏等。

（三）对中间商的营业推广

对中间商进行营业推广是指医药企业针对医药公司、零售药店、医疗单位等进行的促销活动，其主要目的是为了使中间商树立信心，促使他们增加进货，积极参与推销，并使他们的盈利与推销实绩挂钩。常见的促销形式有价格折让、商店折价券、店面或柜台宣传品、销售积分或陈列竞赛、销售会议等。

五、医药产品营业推广方案的制定与实施

（一）营业推广方案的制定

企业在制定营业推广决策时，不仅要确定营业推广的对象、选择适当的推广形式，还要制定出具体的推广方案，主要内容包括奖励规模、奖励范围、发奖途径、奖励期限以及营业推广的总预算。

1. 奖励规模　营业推广的实质就是对中间商、消费者予以奖励，所以医药企业在制定营业推广方案时，应首先决定奖励的规模，在确定奖励规模时，要进行成本 - 效益分析。

2. 奖励对象　医药企业应决定奖励哪些顾客才能最有效地扩大销售。一般应奖励那些现实的或可能的长期顾客。

3. 发奖途径　即确定通过何种途径发奖。如代价券可放在产品包装里分发，也可通过广告媒介分发或直接邮寄。在选择分发途径时，既要考虑传播范围，也要考虑成本。

4. 奖励期限　奖励期限过长或过短都会影响到营业推广的效果：期限太短，许多消费者还没有来得及购买而得不到奖励；期限太长，又不利于消费者立即作出购买决策。

5. 总预算　确定营业推广预算的方法有两种，一是先确定营业推广的方式，然后再预计总费用；二是在促销预算中拨出一定比例用于营业推广活动。

（二）营业推广方案的实施与评估

在营业推广方案实施以前，如果条件许可，应对各种方式进行测试，以确定所选择的是否最合适。企业还应对营业推广确定具体的实施计划。实施计划中应明确规定准备时间和实施时间。对营业推广的方案进行事后评估也是一件重要的事，应予以重视。常见的方法是营业推广前、后和进行中三个时期销售额的比较，以评估其促销效果。

总之，营业推广这一促销方式在短期通常可收到立竿见影的效益。需要指出的是，医药企业如何使用这些工具是没有固定模式可循的，常常是需要几种促销工具的组合使用。促销活动毕竟是一种阶段性的销售手段，所以促销活动的开展一定要符合企业的整体营销目标，并保持品牌形象的统一性。因为如果运用不当，会损害到企业和产品的长期利益。因此营业推广中所有的信息传达，包括广告设计、奖品的设置、促销活动的策划等，都应与企业的整体形象保持一致。

促销作为企业与潜在购买者之间的信息沟通，分为人员促销与非人员促销。非人员促销主要包括广告宣传、营业推广和公共关系。医药广告作为企业销售的手段之一，要遵循广告活动的规律，合乎法律法规的要求。高绩效销售队伍的建立与维持是企业市场竞争力的重要组成部分，医药产品人员推销有着其特殊的销售方法与技巧。企业通过公共关系既

能树立良好的企业和产品形象，促进产品销售，还能用它来处理好企业与政府的关系，应对可能出现的各类危机事件。营业推广是日常普通消费品的有效促销手段，但在医药销售工作中作用受到限制。

扫码“练一练”

思考题

1. 什么是促销？促销组合的影响因素有哪些？
2. 广告的作用是什么？如何设计广告信息？
3. 药品销售工作的特点是什么？药品销售人员推销技巧有哪些？
4. 什么是公共关系？医药企业常用的公共关系促销方法有哪些？
5. 依据推广对象划分，医药产品营业推广技巧有何区别？营业推广方案的主要内容有哪些？

第十二章　医药产品国际市场营销

学习目标

通过本章学习，全面掌握国际市场营销的概念与基本模式；掌握药品国际市场营销环境；熟悉各类药品市场营销战略抉择；了解医药产品国际营销的战略与策略。

自从我国2001年底加入世界贸易组织（WTO），国内经济便加快了融入世界经济的进程，越来越多的医药企业正在积极准备或已经进军国际医药市场。但是，正所谓“内战内行，外战外行”，国际医药市场行情瞬息万变，关系错综复杂，竞争异常激烈。有些医药企业虽然能成功地开展国内市场营销，但是从事医药产品的国际市场营销却有可能遇到想象不到的困难，甚至遭受失败。

世界上许多成功的跨国医药企业的实践证明，一个医药企业要想顺利地进入国际市场，进而占领、巩固和不断扩展国际市场，必须以国际市场营销的基本理论为指导，注重国际市场营销的战略、策略、方法及技能的学习、研究和灵活运用，注重分析和研究企业所面临的复杂多变的国际营销环境，正确选择企业的国际目标市场，在产品、价格、国际分销渠道、国际促销及国际营销组合等方面作出切实可行的、科学的营销决策，以巩固和壮大企业在国际市场上的实力地位。否则，企业要想开展国际市场营销活动并获得成功，是不可想象的。

本章集中阐述国际市场营销的基本概念、国际医药市场营销环境分析、国际医药市场战略抉择和市场营销组合策略等方面的问题。

扫码“学一学”

第一节　国际市场营销概论

目前，我国从事医药产品进出口或在国外从事生产经营活动的医药企业正与日俱增，即便是从未直接参与过对外经营的医药企业，也不可能摆脱那些从事跨国经营的竞争对手的影响。当今世界，正逐渐形成一个全球化的经济体系，国内市场正进一步与国际市场相融合。医药企业不管其愿意与否，都不得不走出国门，在更广泛的国际市场上争取新的生存空间和发展机会，形势所迫，要求有越来越多的人学习、研究国际营销理论，掌握科学的国际营销技巧。这也是我国改革开放不断深入进行的客观要求。为此，我们必须对国际市场营销概念形成正确的认识。

一、国际市场营销的基本概念

1. 国际市场营销内涵　目前，有关国际市场营销的定义多种多样，尽管这些定义在表述上各不相同，但实质内容相差不大。它与国内市场营销的基本原理相似，只不过由于营销活动需要跨越国界而必须采取不同的方法。

根据前文分析，市场营销是企业从生产到销售，一切活动都要以市场为出发点，以满足顾客需要为中心，生产合适的产品，制定合适的价格，运用合适的销售方法，选择合适

的时间和地点，针对合适的消费者出售商品，以获得经济效益的过程。国际市场营销是企业国内营销活动在国际市场上的延伸，即企业在两个或两个以上国家进行的市场营销活动，它与国内市场营销具有相同的特点，但是必须超越国界。

扫码“看一看”

国际市场营销，就是以国际市场（某国市场）为出发点，以满足国际顾客（或某国的顾客）的需要为中心，生产合适的产品，制定合适的价格，选择合适的销售方式，选定合适的时间和地点，针对合适的消费者出售商品，以获得良好的经济效益的过程。为正确理解和掌握国际营销的定义，必须注意以下几个问题。

（1）国际营销是一种多国性或国际性的经济活动　这种活动必须跨越国界，但商品却不一定跨越国界从一国转移到另一国。例如，我国医药企业将在我国境内生产的医药产品，通过各种途径销往世界各地，此时企业的营销活动已跨越国界，商品实体也跨越国界，从一国转移到另一国。但是在企业开展跨国生产活动的前提下，商品实体就无需跨越国界，比如我国某医药企业非洲国家建立工厂，完成产品的制造加工后直接在当地销售。这样，营销活动已跨越国界，但产品的流动却并未跨越国界。

（2）国际营销活动与国际贸易活动既有联系又有区别　尽管国际市场营销与国际贸易都属于以获取经济效益为目的跨越国界的经济活动，但是我们并不能把两者简单等同起来，它们存在着较大差别。比如国际市场营销活动的行为主体是各国企业，而国际贸易活动是以国家为行为主体的；参与国际贸易活动的商品必须实现真正的跨国实体转移，是一种纯粹的买卖活动，而国际市场营销则未必要求商品实体进行跨国转移；国际贸易包括进出口两个方面，而国际市场营销更强调出口方面。因此，国际市场营销并不是国际贸易的表现形式。

（3）国际营销不是国际推销　医药企业的国际营销活动应该是一项完整的系统管理工程。其中应该包括国际市场调研、国际营销环境的分析与研究、国际营销战略与计划的制定、国际目标市场的选择与确定、产品开发、定价、分销、广告、人员推销、公共关系、营业推广以及售后服务等一系列内容和环节。而推销仅是现代企业国际营销活动中的一部分，并非是最重要的部分。

2. 研究国际市场营销的意义　随着我国市场经济体制的确立，对外开放的深入，生产经营国际化已成为必然趋势。在新的形势下，企业只有充分掌握国际市场的营销知识与技巧，才能做到在国际竞争中扬长避短，向国际市场推出质量过硬的产品，借助先进的经营理念在国际市场上占有一席之地。

目前我国医药企业开展的国际市场营销活动还存在着较大的局限性。长期以来，我国医药企业只能向国外出口无专利保护的化学原料药和一些中药类的医药产品，虽然近年来化学药的制剂品种出口有所增长，但是出口困难的局面并未得到根本的改观。这和我国医药行业仿制药品过多、发达国家的歧视、国外医药消费者的偏见以及外国政府设置的技术壁垒等因素息息相关。这足以说明我国医药企业的国际市场营销面临着重重困难。

研究国际医药市场，可以促使企业经营尽快国际化，配合医药科技发展不断研究开发新产品、提高产品质量，降低产品的成本，改善服务态度，提高经营管理水平，增强医药企业在国际市场上的竞争能力、应变能力、赢利能力、发展能力、自我完善能力等。还有利于扩大我国的医药产品出口贸易，增强我国在国际医药市场中的影响。

二、国际国内市场营销的区别

国际市场营销是市场营销学在国际医药市场上的应用，因此在国际市场营销中运用的营销理论与国内市场营销基本是一致的。但是国际营销并不是国内营销的简单重复，因为国际医药市场环境与国内医药市场环境大相径庭，甚至具有根本性的差别，这使得国内与国际市场营销策略与技巧存在着很大差异，主要体现在以下几个方面。

1. **营销的国际性**　医药产品一旦跨越国界就会使市场、产品、销售等具有国际性。医药产品在跨越国境时要受到双方国家海关的管理和两国经济贸易政策的限制，且每个国家的经济发展水平、人口状况、政治法律制度、医药科技水平以及风俗习惯等不可控的环境因素相差甚远，形成了不同的营销环境，这就是“医药产品经营的国际性”。营销的国际性意味着医药企业面临的国际市场环境远比国内营销环境复杂得多。

2. **需求的异国性**　不同国家的医药消费者的需求因其收入、消费习俗、宗教、文化存在差异而不同，由此导致医药消费者的购买行为模式也不相同，每个国家有各自特色的市场，即“医药市场的异国性”。因此必须认真调查研究每个国家和地区的医药市场情况，找出国际国内市场的不同之处，有针对性地采取不同的营销策略。

3. **竞争的多国性**　国际医药市场中常常有很多国家和地区的多个医药企业和成千上万个医药产品在同时进行竞争，竞争的激烈程度几乎可以用“商战”来形容，这就是“竞争的多国性”。因此，医药企业要研究如何调整经营模式以适应不同国家和地区市场的需求，避免参与恶性竞争。

三、国际市场营销的基本模式

从目前世界范围内来看，国际市场营销有三种基本模式。

1. **出口贸易型**　是指医药产品在国内生产，医药企业通过出口将医药产品销往国外的模式，这是最简单也是最常见的一种国际市场营销模式。从事这类国际营销活动的企业被称为贸易型企业。医药产品在跨越国界的过程中，将会遇到医药企业自身难以回避的他国各种环境因素的限制。在商品运输、合同的签订与履行、税收缴纳等各方面，出口贸易型营销活动比国内营销活动都显得复杂很多。

2. **跨国直接投资型**　是指医药企业采用独资或者合资的形式在海外直接投资建立制造加工基地从事医药产品的生产，在生产国就地销售的模式。从事这类国际营销活动的企业被称为海外投资企业。虽然医药产品不需要跨越国界，但是医药企业必须走出国门，直接现身于所在国的营销环境之中，营销活动面临的难度大、风险高。

3. **跨国公司型**　是指在两个或两个以上的国家开展医药产品研发、生产和经营活动的公司，即医药企业在多个国家设立子公司并对子公司的各种活动进行控制，要求其执行母公司的营销决策。这些海外设立的子公司既有从事制造生产医药产品业务的，又有专门从事新药研发业务的，还有专门从事贸易流通业务的，子公司之间甚至还可以开展进出口贸易。目前这是医药企业开展国际市场营销活动的最高阶段，也是世界上一些著名医药企业普遍采用的经营模式。

扫码“学一学”

一般而言，医药企业开展国际市场营销，需要由易到难、由简单到复杂，由低层次到高层次，即先后采取出口贸易型、跨国直接投资型和跨国公司型三种模式。

第二节　国际医药市场环境分析

与国内市场营销类似，医药企业要想顺利进入国际医药市场，第一步必须对国际医药市场的经营环境进行调查研究，仔细分析之后才能决定营销策略。调查的内容主要分为两大类，一是对国际环境的分析，即对国际上不利于或者有利于企业开展国际市场营销活动的各种政治、经济和竞争因素进行分析，这些因素能够体现出不同国家市场营销环境的共性特征；二是对目标国国内环境的分析，即对每个不同国家独特的市场营销环境进行具体分析。

一、国际环境分析

（一）国际政治环境分析

众所周知，经济活动常常会受到政治因素的影响，尤其是涉及国与国之间的经济活动极易受到国家间政治因素的影响。医药企业是一种经济组织，企业的国际市场营销活动也是一种经济活动，因此，国际市场营销常常遇到国际政治因素的干预与影响。能够影响国际营销的政治因素主要是国家之间的双边关系以及协调国家集团之间关系的多边协定等。

1. 双边关系 国与国之间的贸易联系不仅仅是两国间经济关系的反映，同时也是一种包含政治因素在内的非经济因素的关系的体现。世界上某一个国家和任何其他国家或地区都或多或少存在包含着政治、经济、文化、法律、军事等内容的双边关系，既可能给该国企业的国际市场营销创造有利的外部条件，也可能形成不利的阻力。更为重要的是，这种双边关系具有动态性，它不断地发展变化，随着时间的推移而演变，有利与不利的局面常常频繁交替。当然，贸易关系存在的首要前提就是两国在政治上和平相处，国与国之间关系紧张，无论是冷战还是公开发生武装冲突，都会严重损害国际市场营销活动的开展。医药企业如果不了解国际非经济因素，就难以取得国际营销活动的成功。

2. 多边关系 对外开放是当今世界的主题和潮流，世界上任何一个国家都很难奉行闭关锁国的政策，或者一意孤行，完全按照本国的意图开展对外交往，这样的国家将被国际社会孤立和遗忘。因此，国与国之间更应该开展必要的和有用的协调行动，组建国家间的一体化组织，比如战争或冷战时期国家间组成的军事联盟就属于国家间一体化组织。即使是在和平时期，不少国家出于利益上的考虑，也会结成不同形式的国家集团。尽管集团内部成员国可能不完全同意集团的目标和任务，但只要行动上被看作是一个集体，就以国家集团的形象出现在国际政治或经济舞台上，如欧佩克（OAPEC）——石油输出国组织，它对集团内成员国企业的国际营销会产生重要影响。

（二）国际经济环境分析

1. 国际经济发展阶段 一个国家的经济发展水平，对于欲进入这个国家的外国企业来说具有重要意义，它涉及产品的档次、包装、价格定位、促销策略等营销战略的决策。关于各国所处经济发展阶段问题，W·罗斯托的六阶段理论有一定参考价值。

（1）传统社会阶段（traditional society） 处于传统社会阶段的国家，本质上属于自给自足的自然经济社会，生产能力有限的农业居于任何行业的首位，经济生产力水平低，不能利用科学技术从事生产活动，人们的文化水平很低，大部分人为文盲或半文盲，市场空间十分有限。

（2）起飞前夕阶段（pre－take－off status） 为经济起飞阶段的过渡阶段，处于起飞前夕阶段的国家，科学技术已开始运用于工农业生产之中，各种交通运输、通信设施、电力设施逐步开设建立。这些国家常常会出现收入和财富分配不均匀的现象，贫富差距悬殊，

尚没有形成中产阶级阶层。因此，进口产品从种类和档次上差异很大。

（3）起飞阶段（take – off – status） 处于起飞阶段的国家，已经能够把现代科学技术普遍运用于工农业生产中，工农业的生产逐渐实现现代化，工业发展具有一定规模，工业占国民生产总值的比重越来越大，这些国家往往需要进口先进的机器设备以完善自己的工业体系。

（4）趋向成熟阶段（drive – to – maturity status） 起飞阶段的后一阶段是趋向成熟阶段。处于此阶段的国家能够把更先进的科学技术运用到经济活动中去，而且这些国家的企业还能广泛地参与国际市场营销活动。这些国家的消费者喜好高质量、高档次的商品，同时，这些国家还大量地进口和出口，进口原材料、半成品、劳动密集型产品、奢侈品等，国际市场空间的规模很大。

（5）大众高消费阶段（high mass consumption status） 处于大众高额消费阶段国家是一个高度发达的工业社会，其消费者个人收入飞速增长，国家的公共设施、社会福利设施日益完善，产业结构已经具备系统和完整的特征，产品结构应有尽有，整个经济呈现大量生产和大量消费状态。比如日本、德国、意大利、法国、英国等西方发达国家就处于这一阶段。

（6）追求生活质量阶段（pursue life quality status） 追求生活质量阶段的主导部门是以公共服务业和私人服务业为代表的提高居民生活质量的有关部门。这些部门包括公共投资的教育、医疗保健、住宅建筑、城市和郊区的现代化建设、社会福利等部门。此类部门和前述各阶段的主导部门有一个显著区别：以前各成长阶段的主导部门都是生产有形产品的，产品可以出口，而追求生活质量阶段的主导部门是服务业，提供的是劳务，以提供服务为特征的第三产业成为社会经济的主导部门。比如，美国正进入这一阶段，位居其他国家前列。

在罗斯托的六个经济成长阶段论中，最为关键性的是起飞和追求生活质量两个阶段，起飞是相当于工业化开始的阶段；追求生活质量阶段则是工业化社会中人们生活的一个真正的突变。对于国际市场营销来说，罗斯托经济发展阶段论的理论意义在于，每一个阶段内的产业结构、需求模式、消费心态等方面均有所不同，企业面临的市场机会和进入国际市场的障碍也不尽相同。因此，医药企业必须根据各个目标市场国家所处经济发展阶段的市场特点，有针对性地制定市场经营策略。

2. 区域经济组织 第二次世界大战后，经济一体化已经成为影响国际市场发展变化的主要因素之一。各国都希望结成某种形式的经济合作关系，以便有效地利用各自的资源为成员国市场提供产品或服务。经济活动的一体化导致了各种区域经济组织的产生，世界各大洲均出现了一批区域经济一体化组织，其中规模最大、最著名的如欧盟（EU）、北美自由贸易区（NAFTA）。其他较大或较著名的区域经济一体化组织有：安第斯集团（1969年）、东南亚国家联盟（1967 年）、海湾合作委员会（1981 年）、西非国家经济共同体（1975 年）、中非国家经济共同体（1983 年）、加勒比共同体（1973 年）、阿拉伯马格里布联盟（1989 年）、亚太经济合作组织（1989 年）。这些区域经济组织按照经济结合程度及相互依存的关系可以分为：优惠贸易安排、自由贸易区、关税同盟、共同市场、经济联盟、完全一体化。

3. 国际贸易政策 区域经济组织尽管对成员国的对外贸易有统一协调的职能，但各国政府毕竟有权制定本国的贸易政策，所以医药企业开展国际市场营销活动还必须熟悉目标

国家的国际贸易政策。国际贸易政策主要包括关税和非关税壁垒。

（1）关税　是指一个国家的海关对进出口其关境的货物所征收的税金。征收关税的目的在于增加政府的收入和保护国内经济。经常性的关税种类包括：进口税，即进口国海关在外国商品输入时，对进口商品征收的正常关税，又可分为最惠国税和普通税；出口税，即出口国的海关在本国商品输出时，对出口商品征收的关税；过境税，或称转口税，是本国海关对于通过其关境的外国货物所征收的关税。除上述三种关税外，还有临时性关税、差价税和进口附加税三种非经常性关税。关税对医药企业国际市场营销活动的影响十分明显，尤其是在价格策略方面，出口商品被征收关税之后，价格将大幅度上升，降低了产品在国际市场上的竞争能力；本国海关对他国进口商品征收高额关税，容易导致他国的贸易报复行为，严重阻碍本国企业的国际市场营销活动。

（2）非关税壁垒　除关税措施以外的一切限制进出口贸易的其他各种措施均可称为非关税壁垒。主要的非关税壁垒有进口配额、出口限额、进口许可证制、外汇管制、技术性贸易措施等。其中技术性贸易措施，是指一国以维护生产、消费安全和人们健康为理由，对进口商品制定并实施复杂苛刻的技术标准、卫生检疫规定、商品包装和标签规定等。发达国家大多在医药领域采取了严格的技术性贸易措施限制来自其他国家的医药产品，比如美国 FDA 要求任何其他国家输往美国的药品必须经过 FDA 的注册，经过审查符合美国《联邦食品药品和化妆品法案》的要求，而且生产药品的医药企业必须随时接受美国 FDA 的工厂检查，确认符合 FDA 的 GMP 要求，方能向美国输出药品。非关税壁垒对企业的国际市场营销活动的影响有时甚至超过了关税限制，比如进口配额措施将会使企业提高产品质量、降低生产成本、设计新颖促销措施等经营努力失去效用。

4. 国际货币制度　主要是指国际各种货币之间的比率制度，即汇率制度。目前，国际上普遍实现浮动汇率制度。除易货贸易外，产品或服务的跨国界交换需要以货币作为媒介。每个国家都有自己的法定货币，世界上有 150 多种货币，多种货币的存在阻碍了国际市场营销活动的开展。任何国家都不能用自己的货币随意购买其他国家的商品，它必须持有国际上普遍接受的货币；医药企业也不可能向没有国际通用货币的国家出口医药产品。因此，国际市场营销活动涉及不同货币的换算问题，如果实行浮动汇率制度，汇率变化反复无常，货币的价值也时常变动，将会影响医药企业的利润，使医药企业国际市场营销的价格策略及货币支付的操作方式形成不确定性因素。

（三）国际医药竞争环境

医药行业的国际化程度相当高，它是国际社会公认的国际化产业之一，医药企业的生产经营活动日益超出一国国界，一些国际知名跨国医药公司经过兼并重组之后甚至已经很难辨别出其国籍，它们以全球医药市场为目标，组织跨国经营，其分支机构遍布全世界，比如瑞士罗氏制药公司（Roche）在国外的销售额达到了其销售总额的 97%。因此，医药企业的国际市场营销将面临比其他企业更为激烈的国际竞争。目前，世界上主要的制药发达国家包括美国、英国、德国、法国、瑞士、瑞典、比利时、日本等。

1. 美国的情况　美国医药行业在全球具有领先地位，无论是在传统化学制药领域还是在新兴的生物制药领域，美国医药企业的优势都无可辩驳。美国是入围 2018 年全球制药企业 50 强最多的国家，2018 年共有 6 家制药企业进入全球制药企业前 10 名，共有 17 家企业进入前 50 名，反映美国在制药行业上遥遥领先于其他国家。美国辉瑞制药公司（Pfizer）2018 年的处方药销售额为 453.55 亿美元。强生（Johnson & Johnson）、默克（Merck）、惠

氏（Wyeth）、百时美－施贵宝（Bristol－Myers Squibb）、礼来（Eli Lilly）等老牌制药巨头都拥有100多年的历史，在市场竞争中能够保持长盛不衰，不断发展壮大。它们十分重视技术进步在市场竞争中的作用，致力于把人类历史上最重大的科学技术发明用于研究开发和生产药品，每年把企业销售收入的15%以上投入到新药研究与开发中去。美国生物技术制药企业近年来发展迅速，它们由一开始的小型生物技术公司依靠风险投资机制获得R&D资金，在极短的时间内爆炸式地成长，成为年销售额达到几十亿甚至几百亿美元的著名制药企业。比如美国的安进公司（Amgen）成立于1984年，因其成功研制出红细胞生成素EPO和细胞生长因子G－GSF，很快成为国际生物制药业的领头羊。又如以研发为基础的美国生物制药公司艾伯维公司（AbbVie）2018年的处方药销售额为256.62亿美元，其排名也一举上升至2018年全球制药企业的第9位。美国生物技术制药企业更加注重技术创新，新药R&D投入的比例甚至占销售收入的20%以上，有些公司新药R&D投入竟占销售收入的46%。

2. 英国的情况 英国的新药研究与生产一直走在世界前沿，现在世界上最实用的35种处方药中有10种是英国研究开发出来的。制药业是英国第二大出口产业，英国也是世界四大药品出口基地之一。2018年，英国的葛兰素史克（Glaxo Smith Kline）公司和阿斯利康（Astra Zeneca）公司入围世界制药企业前20强，分别排第8位和第11位，这2家企业的处方药销售合计达到475.25亿美元，位列美国、瑞士之后，平均每家企业的处方药销售额为237.625亿美元。英国生物技术制药公司的数量和从事医药生物技术的研究人员在世界上排名第二位，仅次于美国。整个欧洲生物技术公司有1/3驻扎在英国。现在，英国制药企业与研究机构的合作越来越多，仅美国就有40家生物技术设在英国，为新药研究与开发奠定了良好的基础。

3. 法国的情况 法国是药品研发、生产及消费大国。医药工业是法国最重要的产业部门之一，它是法国第四大工业，在国民经济中占有重要地位。法国年人均用药水平达到了340欧元，居欧盟各国前列。2018年，法国的赛诺菲（Sanofi）公司是世界第五大制药公司，在欧洲排名第三。该公司依靠其世界级的研发组织，开发创新的治疗方案，在七大治疗领域居领先地位，其业务遍布世界100多个国家，现拥有约11000名科学家和科研人员，分布在三大洲的20多个研发中心以及拥有10万名员工。2018年赛诺菲的处方药销售量为343.97亿美元。法国药品向欧盟各国、非洲、亚洲国家出口，其主要出口国是德国。

4. 德国的情况 医药产业是德国的支柱产业之一。德国共有1100多家医药企业，生产的医药产品出口到世界各地，是世界上最大的药品出口国，每年出口的医药产品数量占总产量的40%左右。德国拥有拜耳医药（Bayer）、勃林格殷格翰（Boehringer－Ingelhem）等数家排名全球生物制药企业前50强的制药企业，其新药研究力量十分雄厚。德国医药企业十分重视天然药物和草药的研制与生产，其在市场规模和产品开发力度方面都占有举足轻重的地位。德国市场上共有36000余种药品，其中5100种是天然药品，是欧洲植物药销售量最高的国家。在激烈的医药市场竞争中，德国药品生产的趋势是，化学药品的生产仍然保持着强劲的势头，天然药物的研究与生产发展正方兴未艾，而基因药品已突破限制，正在走向商品化。

5. 日本的情况 日本的医药产业自20世纪七八十年代后异军突起，也一举进入医药发达国家之列。第二次世界大战之后，日本全面引进西方的医药技术，在仿制的基础上开展模仿性创新研究，开发高效、安全的新药。现在，日本医药企业不仅具备了高超的医药技

术，其新药研究与开发能力也可与欧美国家的跨国医药公司相提并论，并拥有多种畅销全球的新药。近年来，日本医药企业在世界排名榜上节节攀升，2018 年，日本制药行业处方药销售量居前三位的分别是武田（Takeda）制药、安斯泰来制药（Astellas Pharma）和第一三共株式会社（Daiichi Sankyo），其处方药销售额分别为 142.62 亿美元、129.28 亿美元和 74.11 亿美元，在全球制药企业中分别排名第 19 位、第 21 位和第 25 位。

6. 印度的情况 印度虽然不是经济发达国家，但是印度医药企业是我国医药企业在国际市场上的主要竞争对手。近几年来，印度制药业迅猛发展，不仅药品的种类和产量充分满足了国内需求，其质量在国际市场上显示了竞争优势，并且培养出了一批能与跨国公司相抗衡的大型制药企业。印度的制药行业在过去 10 年中增长迅速，虽然市场规模较世界上的一些主流制药市场（如美国、中国、日本）小了不少，而且印度的一些处于引领地位的制药公司对全球制药市场的影响变得越来越大。现阶段，印度是世界上最大的仿制药生产国，约占全球仿制药出口总量的 20%。同时，印度还是全球制药业输出增长最快的地区之一，2015 ~ 2016 年，印度的医药出口额同比增长 11.4%，达到 129.1 亿美元。2018 年，印度的太阳制药公司（Sun Pharma Industries）和鲁宾制药公司（Lupin）入围世界制药企业前 50 强，分别排第 30 位和第 45 位，这 2 家企业的处方药销售分别为 46.33 亿美元和 26.33 亿美元。

二、目标国国内环境分析

（一）目标国政治法律环境分析

国际医药市场营销作为一种经济活动，离不开营销目标国的政治、法律环境的制约。世界各国有着不同的政治制度，政局的安定、政策的连续以及具有不同法律效力的条约、公约及协定等，使得企业在不同国家开展营销活动所面临的情况及采取的对策有所不同，医药企业的国际市场营销策略必须把这方面的环境因素充分考虑进去。

1. 目标国政治环境与国际医药市场营销 目标国政治环境主要是指营销目标国家的政治制度、有关的政策法令及外贸政策对医药企业跨国营销的制约。一个国家的进出口贸易程度不同地受到本国政治环境的影响和限制，友好的国家会使贸易顺利，不友好的国家则会阻碍贸易进行。为此，要认真研究分析各国的政治态度。这种政治环境主要包括一国的政治制度、政治的稳定性以及可能出现的政治风险等。

（1）政治制度 是指一个国家的政体、政党体系及有关制度。

1）一国的政体 按权力的归宿可以分为君主制与共和制两种，共和制国家又可以分为议会制和总统制两种形式。不同的政体组织代表着不同的国家管理经济的形式。熟悉一国的政体对医药企业顺利进入国际市场很有必要。

2）政党体系 目标国的政党体系按行使政权或干预政治的形式可分为一党专权制、一党制、两党制、多党制四种类型。国际市场营销人员了解一国的政党体系，对分析该国的现行政策和预测未来政策的变化是有益的。

（2）政治稳定性 是评价一个国家外商投资环境所必须考虑的因素之一，它主要包括政局的稳定性和政策的长期性两个方面。一般而言，政局稳定才能保证政策的持续不变，医药企业最关心的是目标国政府的外商政策能否得到长期而稳定的贯彻，由政策摇摆不定而引起政局动荡会使外商望而却步，降低投资信心。政治的稳定性通常可以从诸如暴动、罢工、骚乱事件发生的多寡来判断。

（3）政治风险　目标国政局不稳定预示着欲进入该国市场的医药企业将面临较高的政治风险。一般来讲，作为主权国家的东道主往往有着绝对的权力来影响和制约外国企业在该国的营销活动，开展国际营销的医药企业必须对可能遇到的政治风险作出科学的分析和预测。通常的政治风险主要包括以下几个方面。

1）没收、征用和国有化　没收是指东道国政府无偿把外资企业的所有资产收归本国所有，由此导致财产所有权从外国企业向东道国转移。征用是指东道国政府在给予一定额度补贴的基础上将外国企业在该国的投资收归国有，但是补贴往往和被征用的财产价值并不相等。与没收、征用相比，国有化是一种更微妙的国家管制形式，它不同于带有突然性的没收、征用方式，而是采取渐进方式，逐步以各种隐蔽手段和方法将外资企业的所有权全部或部分地转移到东道国手中。如提拔大批本国公民担任外资企业的高级管理人员；规定产品必须在本地生产，禁止进口组装；规定苛刻的产品出口比例等。没收、征用及国有化是国际营销企业所面临的最严重的政治风险。随着近些年来国际局势的缓和，来自这三种形式的政治风险有所降低。这一方面是因为各国政府已认识到引进外资对本国经济发展的作用；另一方面东道国所采取的这些极端措施也会招致投资国的报复或制裁，从长期来看不利于本国经济的成长。

2）进口限制与外汇控制　这两项风险在国际营销中普遍存在。任何主权国家为了限制那些与本国利益发生冲突的产品进入该国市场，都设有不同种类的进口障碍。比如东道国可以利用发放进口许可证来限制某些产品的进口；利用进口配额从数量上限制国外企业某一产品的进入；或者通过提高关税阻止某些外国商品的进入；或是利用外汇控制对本国外汇交易和流通实施管制。外汇管制既限制了国际企业在东道国的销售，也影响了所实现利润的顺利返还。

3）价格管制与劳工问题　价格管制也是国际营销所面临的风险之一。对于关系到国计民生的重要商品或劳务的价格，目标国政府会采取严格管制的方式加以干涉，干涉价格的目的之一就是为了防止其被外国企业操纵。比如，鉴于药品的特殊性，绝大多数国家的政府都对药品采取严厉管制的态度，不允许企业自由定价。涉足这些领域或部门的外国企业很容易成为价格管制的对象。由于劳工问题涉及就业问题，世界各国政府非常重视也很敏感。如果外国企业因解雇工人而触动了当地劳工的经济利益，有些国家的工会组织就会在当地政府的支持下要求外国企业禁止解雇工人，或者要求给予工人某种优惠待遇，给外国企业造成一定的压力。

除上述风险外，医药企业在东道国还面临着诸如政府的行政效率和清廉程度、经济民族主义、医药企业所在国与东道国的关系等问题。医药企业只有对进入国际医药市场后所可能面对的各种政治风险作出全面的分析和预测后，才能在风云变幻的国际政治环境中制定出有效的国际营销策略。

2. 目标国法律环境与国际市场营销　任何国家的法律制度与其政治体制都有着千丝万缕的联系，从某种角度来说，法律的实质就是以正式的书面形式表达一个国家的政治意愿。调整各国经济活动与行为的是各国有关法律，而各国的法律体系千差万别，错综复杂。到目前为止，世界上还没有一部统一的国际商法用以调整国际间的商业交易活动。国际营销实际上面临着各国不同的法律环境。因此，熟悉和了解目标国的法律制度、有关贸易活动的法律规定以及具有法律效力的条约、公约及协定，成为国际市场营销人员的重要任务。

（1）法律制度　一般而言，按照法的历史传统可以把世界各国的法律制度分成两大类，

一是英美法系，二是大陆法系。由于两大法系渊源不同，两大法系可能对同一商事问题的规定大相径庭。比如，英美法对工业产权的权利确定依赖于使用该项财产的历史，即谁先使用，谁就拥有财产，即按照“使用在先”的原则来判断工业产权的所有者。而大陆法则依据当事人实际注册登记的时间先后来判定权利归属，即“注册在先”的原则来确定所有权。因此，医药企业要特别注意两大法系国家关于商标注册和专利授权的法律规定，不要把“使用在先”或“注册在先”的原则原封不动地照搬到国际市场其他国家，否则就会造成一定的损失。

（2）涉及国际营销的法律规定　国际市场营销组合的四个基本要素毫无例外地都会受到东道国法律尤其是经济法律的限制。医药企业应当注意的问题如下。

1）有关产品的法律规定　贸易保护主义的盛行使得各国纷纷采取十分苛刻的技术规范限制外来商品的进入。各国法律在产品的包装、标签、品牌、商标、计量单位、保证和服务方面都有着自己的特殊要求。越是发达国家，在产品生产、经销方面的限制就越严格。比如，以美国 FDA 为首的西方发达国家的药品监督管理部门制定了一系列堪称是世界上最完善的医药产品监管的法律制度。在 FDA 严厉管制药品的背后还隐藏着对来自发展中国家医药产品尤其是民族医药产品的歧视。我国医药企业唯有在新产品研发上下足功夫，努力使自己的产品符合发达国家的产品技术法规，才能顺利打开发达国家的医药市场。

2）有关价格的法律规定　世界各国法律对于产品的价格管制各不相同，有的国家对所有产品都实行价格控制，有的只对极个别产品实行价格控制。一般而言，生活必需品容易受到各国法律的控制。在干预的方式上，各国法律的规定也不尽相同，有的直接限定最高价，有的控制利润水平，如阿根廷政府允许制药商可获得 11% 的利润，比利时政府除限定最高价外，规定制药批发商可以获得 12.5% 的利润，制药零售商可以获得 30% 的利润。

3）有关渠道的法律规定　医药企业在东道国选择合适的营销渠道时需要考虑各国法律对营销渠道的规定。只有在法律无明文规定某种销售渠道禁止采用的前提下，医药企业才可以自由选择东道国的销售渠道。有些销售渠道会受到东道国法律的限制，如法国法律禁止企业挨家挨户地上门直接面对消费者销售产品。

4）有关促销的法律规定　在国际营销中，有关广告的争议最多，而且广告也最容易受到政府部门控制。世界上大多数国家都制定了有关广告的法律法规，从广告信息的内容到广告媒体的选择，法律都有详细的规定。在大部分发达国家发布药品广告必须事先获得该国药品监督管理部门的批准。因此，凡从事国际营销的医药企业，在进行市场环境分析时，必须顾及目标市场国的法律规范，并据此制定出符合目标市场特征的营销组合策略。

（3）具有法律效力的国际公约、协定及仲裁机构　医药企业的国际营销活动除了必须遵守本国和目标国的法律、法规之外，还应熟悉国际通行的条约及协定。虽然国际上并没有一部统一的国际商法来调整国际商事行为，但是国与国之间签订的条约、公约和协定对于缔约双方或多方就具有法律约束力。同时交易双方还可以在合同中明确运用哪一国的法律来解决国际商务争端，以备将来一旦发生纠纷，在协商不成的前提下寻求司法途径解决。尽管世界上并不存在一个凌驾于各个国家之上的司法机构，但是各种国际仲裁组织一直为各国所承认，当事人可以选择国际商事仲裁来解决争端。比较著名的国际仲裁机构包括伦敦仲裁院、国际商会、美国仲裁协会、加拿大 - 美国商事仲裁委员会、泛美商事仲裁委员会。如果涉及国际商事争端的国家共同加入了联合国《承认和执行外国仲裁裁决的公约》，仲裁的结果可以在一国境内强制执行。

（二）目标国人口与经济环境

1. 人口因素　考察目标国人口环境的主要目的是估算目标国的市场规模和市场潜力，即目标国消费者现实的和潜在的购买能力如何，这是医药企业进入国际市场必须考虑的重要问题。根据目标国的人口数量、收入水平及经济基础结构等因素，可以大致地描绘出这一地区人口环境的基本状况。市场是顾客的集合，顾客就是持有货币的人，市场规模和人口因素息息相关，虽然人口不是一个国家或地区市场的唯一决定因素，但是只有掌握人口状况，才能估算出商品尤其是消费品市场潜在的需求。人口因素包括人口数量、人口增长、人口结构、人口分布及人口流动的状况及发展趋势等几个方面的内容。

（1）人口数量　从某种意义上来说目标国的人口数量将决定医药市场规模的大小。一个国家的医药市场规模、市场潜量和其人口总数成正比。在其他条件相同的情况下，一个国家的人口越多，则这个国家的医药市场规模就越大，也就说明越容易在这个国家寻找和发现更多的市场机会，对企业在这个国家开展国际医药市场营销活动也就越有利。比如近年来，很多跨国制药公司把国际营销的目标放在了人口众多的中国、印度等发展中国家。

（2）人口增长　医药企业不仅要关注目标国的人口数量的现状，还应从战略角度考虑某一国家或地区的人口发展增长状况。世界上不同地区的人口增长速度差异悬殊，低收入和中等收入国家的人口年平均增长率远远高于高收入国家。虽然高收入国家的人口增长率较低，市场规模将会不断缩小，但是，这仅是在收入因素不变的条件下得出的结论，如果将收入增长的因素考虑进去，人口增长率的变化要么会扩大市场容量，要么会限制市场容量。

（3）人口结构　主要是指人口的年龄结构，这类因素对消费者购买行为以及医药市场规模产生一定的影响。一般而言，处于同一年龄阶段的医药消费者群体具有相似的购买偏好，因此，不同年龄的人口构成不同的子市场，年龄是国际市场营销人员常用的市场细分依据之一。如目标国出现某一年龄阶段人口数量众多的现象，将会影响医药企业的市场选择。目前世界人口年龄结构变化与医药营销紧密相关的主要特征是人口老龄化和人口出生率下降。如果目标国出现了由人口老龄化导致的老年人市场不断扩大的现象，那么，一些治疗心脑血管疾病、呼吸系统疾病等老年性疾病的药品将有着良好的市场前景，相关保健食品的需求量也日益增长。如果目标国因为人口出生率持续下降出现了人口零增长甚至负增长的现象，那么，一方面目标国的婴幼儿市场将面临日益萎缩的局面。因此，从事婴幼儿药品国际营销的医药企业将不得不把目标市场转移至人口出生率较高的发展中国家，比如以生产婴幼儿用品闻名世界的美国强生制药公司近年来就把营销战略重点转移到印度和中国医药市场；另一方面，人口出生率的下降也会导致人们更加重视婴幼儿养育和教育的问题，对婴幼儿的身体发育和智力发展的所需投资也将大大增加，这将使婴幼儿医药市场成为具有巨大开发价值的市场。

（4）人口分布　目标国的人口密度反映着这个国家的人口分布状况。人口密度将会影响医药企业进入此国市场的难易。世界上很多国家的人口分布极不平衡，在人口密度大的地区从事营销活动难度较小，因为此类地区消费者较为集中，企业容易以较低的营销成本取得更高的市场规模效益。人口密度对于国际营销的医药企业评估分销渠道和物流成本尤为重要。

（5）人口流动　目标国市场规模的空间变化是从人口流动或人口转移的状况上体现出来的，世界各国人口流动或转移的趋势是从农村到城市，人口的城市化趋势将会给医药市

场营销活动带来直接影响。在大多数国家城市居民和农村居民的消费倾向有所不同。城市居民通常拥有良好的教育背景，乐于接受新鲜事物，收入较高，购买力水平也比较高；而农村居民在各方面都要略逊一筹，往往以自给自足为主，习惯于省吃俭用，购买力低。因此，城市医药市场的吸引力要高于农村医药市场，医药企业更愿意把目标市场放在那些已经基本实现人口城市化的国家和地区。

2. 收入因素 是决定医药市场规模大小的另一重要因素，目标国家的医药市场规模是由既有需求又有购买能力的人组成的，因此研究医药市场规模不仅要看人口还要看收入，市场规模的大小等于人口与收入的乘积。与国际医药营销有着直接联系的是目标国的人均收入。除基本生活必需品的需求量可由人口规模作出直接估算外，对大多数消费者而言，人均收入是最能表现非生活必需品市场潜力的因素。由于在收入层次上存在着差异，不同国家或地区的消费者对文化娱乐产品、休闲旅游产品以及服务用品的需求也呈现出层次上的差异。因此，不同国家的人均收入的确可能是说明消费行为的主要原因，人均收入也就成为考虑目标市场医药消费水平的重要依据。当然，如果在贫富差距悬殊的国家，人均收入就难以反映一国居民真实的消费水平，因为这种类型的国家大部分人的收入都低于平均数，只有少数人的收入高于平均数。因此，医药企业在开拓这类国家的市场时，仅掌握人均收入的数据还不够，还应注意分析不同社会阶层消费者的收入差异。

3. 经济基础设施 主要分为一般基础设施和商务基础设施，前者是指目标国的能源供应、运输条件、通讯保证等基础设施，后者是指目标国的金融机构、保险机构和广告宣传工具等商务基础设施。任何一个从事国际市场营销的企业都离不开东道国的这些基础设施。一个国家的基础设施水平和这个国家的经济发展水平息息相关，经济实力越强，基础设施也就越完善，也就更加便利外国企业在本国市场的营销活动。反之，本国经济发展水平较低，基础设施不完善或是很落后，那么外国企业在本国的国际营销活动就越困难，营销效率也就越低，甚至不能进入本国市场。交通、通讯、能源以及具有销售辅助功能的机构和设施对国际医药营销活动产生约束作用，成为国际市场经济环境的一个重要方面。

目标市场的商务基础设施也决定着医药企业是否能够顺利开展国际营销活动。当地的金融信贷机构、保险公司、广告公司、市场调研组织以及包括批发商、零售商在内的销售渠道机构也是医药企业可以充分利用的因素。通常企业的国际营销活动开展得越广泛，就越需要当地的银行、广告代理商、经销商等配套商务基础设施的帮助。

（三）目标国社会文化环境分析

人类虽然具有生物学意义上的共同特征，但是人与人之间却存在着更大的社会和文化方面的差异，这一点在不同民族和不同国家的人之间表现得尤为明显。由于各国历史、地理、人文等原因的影响，使国家之间在社会文化环境方面存在着很大差异，因此生活在不同国度里的人们分别具有不同的语言文字背景、不同的宗教信仰、不同的价值观念。这些因素都直接影响着医药企业的国际市场营销活动。医药企业需要调查研究的目标国社会文化环境方面的内容主要有以下几方面。

1. 社会阶层 包括家庭组织、阶层、行为准则等内容。

2. 文化素质 教育普及程度及人民文化知识水平。受教育程度高，爱好比较高雅，对产品的欣赏与鉴别能力较强，喜爱知识性、趣味性的商品。

3. 宗教观念 各国宗教信仰不同，其伦理道德和价值准则都不同，对产品需求上也呈现出宗教特色。

4. 语言文字　各国的语言文字差异很大，对事物的解释和理解也不同。例如“大象”在我国和东南亚很受欢迎，但在英语里却是“累赘而无用”。仙鹤在印度是伪君子的象征、乌龟在日本非常受欢迎等。因而在外贸中，文字的应用应充分考虑进口国的特点。

5. 艺术与音乐水平　各国由于不同的历史文化影响，使得在艺术修养、音乐、舞蹈等方面存在着差异，也影响产品的设计、命名、商标等。

通过上述对国际医药市场营销环境的分析和研究，医药企业可以找出进入国际市场的种种机会，并且对这些机会进行对比分析，从中选择一个或几个目标市场，作为进入国际市场的最佳方案。

扫码“学一学”

第三节　国际医药市场战略抉择

一、国产医药商品进入国际市场策略

目前我国扩大出口主要是国内生产的商品。在国内生产，不仅可提供就业，国家获得外汇，还能内外贸结合，充分利用劳动资源的优势，因而风险小。扩大国内商品出口的方法有两种。

（一）间接出口途径

1. 医药企业通过外贸出口的方法，即医药企业把出口医药商品卖给或委托外贸企业（如各种医药进出口公司），由外贸企业负责把医药产品推向国际市场。

2. 由外贸企业实行代理，由医药企业决定经营决策，代理的外贸企业则相当于医药企业一个对外部门。企业对出口有控制能力，代理机构可为一批企业服务，收取佣金。代理制在西方非常盛行，我国目前也已广泛采用。

3. 工贸联合形式，由医药生产企业和外贸企业联合起来成立联合体，各负其责，发挥各自优势，互相补充。这是比较有良好发展前景的半间接半直接出口方式。间接出口总的说来，生产企业不直接从事国际市场营销，风险较小，不需要建立专门的国际营销机构，节省费用。有利于中小企业产品推向国际市场。但从长远发展来看，企业不直接参与国际市场竞争，对市场变化的反应迟缓，不能及时调整其营销策略。因此，从长远来看，应该向直接出口过渡。

（二）直接出口途径

直接出口指医药企业独立完成所有出口任务，对外贸有出口控制权，直接承担海外经营的风险，不仅收益与经营直接挂钩，而且可以不断积累国际市场营销经验，一般有以下 4 种做法。

1. 医药企业直接与外商签订产品生产销售合同。企业按规定负责生产，销售由外商负责。企业承担出口的全部风险和盈利。

2. 医药企业可参与国外工程项目的招标或海外国家、部门订货的竞争。

3. 寻找国外的代理商、经销商。通过他们来了解、摸清医药市场的潜力和前途，推销企业产品。

4. 在国外直接销售。优点是企业可以控制出口活动，掌握医药市场信息，减少中间商的费用，便于完善售后服务。缺点是需要合适的外贸人才（要求进行国际医药贸易人员既有医药专门知识，又具有国际贸易理论与实务的知识，还需要较高的外语水平），国际销售网络的建立与成熟更加需要大量的时间和大量的业务经费，延长了企业的投资回报期。

二、补偿贸易的策略

补偿贸易是二次大战后兴起的一种贸易方式，对于缺乏外汇的国家，是利用外国资金和技术，发展本国经济的一种好方法，主要形式有以下三种。

1. **产品返销方法** 即我国进口某发达国家的医药产品生产设备和先进技术，用生产出来的医药产品偿还进口设备和技术的贷款及技术转让费。这样，既引进了先进技术，又扩大了出口，而且没有花费外汇。

2. **易货补偿办法** 即我国进口某国的设备和技术，而用出口给某国其他医药产品来偿还。

3. **部分补偿方式** 即一部分用现汇偿还（或用贷款），一部分用返销产品或易货的办法补偿。

三、租赁策略

租赁方式是指某医药企业在没有外汇的情况下向外商（或我国外贸企业）租赁生产设备，企业用这些设备生产出口商品，返销后获得外汇，以交付租赁费用。

此种策略的优点是医药企业不需要外汇就可以引进设备，加速了企业的技术改造和扩大出口能力；不足之处是租赁代价较高。此方式在西方发达国家十分盛行，称为“借鸡下蛋”。

四、在国外建立制造基地的策略

在国内生产再出口到国外存在着某些国家的关税、进口配额以及运输等问题。为绕过一国的关税及非关税壁垒，节省运输成本，可采取到国外直接设立制造基地进行生产并在当地销售的办法，有以下几种做法。

1. **在销售地区建立医药产品生产中心** 直接投资，在当地招工，利用当地资源生产。独立经营，风险较大。

2. **在国外设立分装中心** 从我国供应最终成品，如药品制剂，到目标国按照当地要求的规格进行分装，因关税运费支付减少，故可降低产品成本，从而有利于占领市场。

3. **搞许可证贸易** 即我国出口专利技术、设备工艺和商标，利用当地企业组织生产，提取许可证费。

4. **合资经营** 即我方与外商合资在国外建厂，共同经营，共担风险，按股分利。直接投资可迎合当地市场需要，产品成本低、竞争力强、收益较高，但投资费用多，风险也大。

扫码“学一学”

第四节　国际医药市场营销组合策略

类似于国内市场营销的方法，国际市场营销也是从产品、价格、渠道、促销四因素的组合上来研究如何进入国际市场。

一、国际市场产品策略

1. **直接延伸策略** 即将在国内市场上营销成功的医药产品，直接类推到国外市场。优点是不需额外研制费，生产费用低，投资少，收益好。缺点是出口目标市场只能局限于类似于国内市场的地区。比如我国传统医药产品只能延伸到与我国医药市场营销社会文化环境极其相似的华人聚集的国家和地区，如中国香港、中国澳门、新加坡等东南亚国家及地区等。

2. 变通适销策略 在产品功能上作些变通，适用其他市场。如中药产品，在我国可以作为预防、治疗、诊断疾病的重要药品，而在美国则为保健品和营养补充剂，无须通过FDA的药品注册即可上市销售，而某些发展中国家如非洲的一些国家则也把中药作为主流医疗产品。

3. 产品适销策略 将产品作适当修正，做到适销对路。如针对同种类的药品，医药企业可以开发缓释、控释非处方药制剂，然后销往西方发达国家。因为从提高医药消费者的依从性的角度考虑，发达国家的医药消费者生活节奏快、工作压力大，如果患上一些诸如感冒的轻微疾病，他们没有更多的时间去医院诊治，更需要服药次数少，携带方便的缓控释制剂药品。同时如果产品销往发展中国家，医药企业则可以以普通制剂顺利打开市场。

4. 双重适销策略 同时改变产品和促销方法，这是由于“多国性产品周期”所致。即由于不同国家经济发展水平、收入、消费水平的不一致，造成各国对不同产品需求的差异性。同一种产品在本国已进入衰退期，而在另一国则刚进入导入期。经济发达国家常采用这种策略，当某种产品升级换代后，就将老产品转让到其他国家，利用这部分收入反过来加强新产品的开发。

5. 开发新产品策略 当通过市场调查和预测了解到某国外市场有新的需要，就立即组织力量研究试制，创造新产品。这种策略对企业素质要求较高，要求医药企业具备研究和开发新药的能力，需占用一定的人力、财力、物力，而且风险较大。但是一旦成功，收益很大。

通过以上策略，医药企业可以选择合适的产品到合适的市场上销售。为减少经营风险，一般常同时采用几种产品定位策略，效果就会更好。

二、国际市场定价策略

1. 国际市场价格的概念及类型 国际市场竞争激烈，定价作为一种竞争武器，其作用已越来越受到人们的重视。国际市场价格是指具有代表性的国际市场的成交价，如某市场当地国际贸易成交价格、拍卖价格、招标价格、市场零售价格以及批发价格等。

国际市场定价一般分三种情况：①完全由市场制定价格，生产厂家基本上无法控制价格水平。这种情况可见于原料药等标准化的（即比较而言无甚特色）产品。②是市场条件有多种定价方案。这种情况多见于求过于供的市场上销售特色产品，在不受政府干预的自由市场上销售的大部分制成品都属于这种情况，比如专利药品。③是定价主要出于政治上的考虑，市场因素乃是第二位的。有时一种产品只有经政府批准方可进入某一市场，由买方政府作为定价人。例如为应对突发事件的应急药品一般由一国政府用招标采购的方式购买，因此，政府部门就是定价人。

2. 国际市场价格的构成

（1）出口价格的构成 一般有以下内容：生产成本（或进货成本）、国内运费、商品包装费、仓储费、商品检验费、出口税金、出口关税及出口报关手续费、运费、货运保险费、办理托运、结汇及签发所需单证手续费及其他各种杂费、毛利润、中间商佣金；促销

费、服务费、损失等。

（2）进口价格的构成　一般有：出口国的成本费、运费、运输保险费、进口关税及其他税、卸货费、理货费、进口商检费、包储费、国内运费、杂费、毛利润、中间商佣金、促销费、服务费、损失等。

3. 国际市场定价策略　产品进入国际市场，应考虑以下因素。

（1）国际市场价格　即把国际市场价格作为定价的基础和水准。

（2）国际市场竞争　国际市场竞争分为两类：直接竞争是指两家产品相同或类似的公司之间的竞争；间接竞争是指完全不同的产品为满足用户需要而产生的竞争。考虑市场竞争因素，对于产品定价一般来讲有以下几种情况：对于新产品，必须把价格压得比平均市场价格低，以利于进入市场；对有一定市场占有率或声誉的产品，价格可以与平均价格相当或偏高；具有特色、没有竞争对手、价格弹性小的产品，价格可高一些；质量比竞争者高，则价格也高；产品供不应求，价格可以上浮。

（3）货币形式　即用什么货币定价。一般采用美元定价，但有些国家愿意采用本国货币定价。因此需要及时掌握和预测货币的相对利率、汇率、相对通货膨胀率、贸易顺逆差、人民心理的期望值等。从事国际市场营销的企业对货币波动极为敏感，但尚未找到更好的方法使自己免受其害。如果在长期合同中忽视货币因素的变化，将会使企业在不知不觉当中付出很大代价。因此，必须考虑到汇率逐日浮动所增加的成本，特别是从签约到发货间隔时间较长时更应如此。

（4）付款条件与定价方式　一般采用对方到岸价，即离岸价加上运输和保险费，对我国更为有利。

三、国际市场销售渠道策略

一个称职的市场营销人员只要掌握本国销售渠道的知识，那么他对国际经营中所能使用的销售渠道类型也就有了一个基本认识。国际销售渠道的特别之处不在于结构上的选择，而在于那些影响渠道决策的经营与市场因素的无穷变化。市场营销人员在进行渠道决策时必须考虑以下四大因素：①有无中间商可以利用；②为取得中间商的服务需要多少费用；③中间商应承担哪些义务（以及效率如何）；④制造商对中间商可以进行控制的程度。

国际市场营销中可利用的渠道可分为两大类：国内渠道和国际渠道。销售渠道和中间商的种类很多，限于篇幅，这里不再赘述。影响国际销售渠道选择的因素有以下几项。

1. 成本　分销渠道的成本有两种：一是开发渠道的成本，即投资成本；另一种是维持渠道的连续成本。后一种成本可能是维持公司销售力量的直接开支，如人员工资、广告宣传费用和业务洽谈费用等，也可能是经销商品的各个中间商的毛利、加成或佣金。国外成功的经验是由经营消费品的公司将商品直接售给外国一家拥有自己分销渠道的经销商，最能盈利。整个销售战略的基础是在最小销售成本与其他五个因素的最大效能之间的平衡，也就是评价销售渠道成本的基本原则是用最少的分销成本达到预期的销售目标。

2. 资本要求　如果企业建立自有销售渠道，使用自有销售力量，通常需要巨额资金的投入，要求企业具备雄厚的财力作支撑；利用独立中间商可减少现金投资，但生产企业必须在寄售时提供期初存货、信贷等间接投入；利用代理商虽然不需要另作投资，但是企业在初期阶段要给予代理商一定额度的补贴。

3. 控制　建立自有销售力量虽然会增加投资成本，但却能保证企业对销售渠道的最大

限度的控制。随着销售渠道的延长和同一环节中间商使用数目的增加，企业对产品价格、销售额、促销方式等的控制会逐渐减弱。有些企业放弃了对中间渠道的控制，就只能听任中间商的市场营销决策，甚至造成国际营销中的“窜货”现象，即本来销往某国的产品却被中间商转手销往另一国家，扰乱了国际营销渠道系统；有些企业却深入地参与国际营销，加强了对营销渠道的控制，结果对市场更熟悉，销售额也随之增加。

4. 覆盖 是指企业在国外销售某种产品的市场区域，覆盖的要求包括：获取每一市场所能获取的最佳销售额；获取合理的市场份额；获取满意的市场渗透率。为了实现足够的市场覆盖，分销系统必须随着国家或时间的不同而有所改变。许多企业并不奢求对市场充分覆盖，而侧重在人口稠密区提高市场渗透率。比如，60%左右的日本人口都聚集在东京、名古屋、大阪这三大区域内，虽然在空间上市场覆盖范围并不广泛，但医药企业进入这类市场却能以较低的销售成本获取较大的市场份额。

5. 特性 企业选择的销售渠道必须符合企业及目标市场的特性和产品的特征。以目标顾客需要什么、为什么需要、什么时候需要以及怎样购买等因素来决定医药产品到达顾客手中的途径，以顾客数量的多寡和地理位置是否分散等因素决定中间商的数目，顾客的购买习惯也是必须考虑的因素之一。产品的易腐性、体积大小、销售程序的复杂性、是否需要销售服务以及产品价值的高低等是设计产品销售渠道必须考虑的因素。

6. 连续性 即销售渠道的寿命问题。一般而言，大多数中间商（批发、零售商）并不注意经营上的连续性，谈不上什么对其卖主的忠心，前提是某种商品能赚钱，否则就会拒绝。当某种商品畅销、有利可图时，中间商便蜂拥而至，一旦产品滞销、利润下降时，它们就会转而销售其他利润水平较高的商品。因此，一方面企业应尽力在中间商中树立良好的品牌信誉，另一方面要慎重选择中间商，与那些愿意经营本企业产品并符合本企业营销目标的中间商合作，一旦选定，不应轻易更换中间商，或者最好选择专营零售商。否则，在激烈的市场竞争中将会损失部分中间商。

在建立销售渠道的总体战略过程中，要认真调整、平衡以上六个因素，使之协调一致，建立起一个经济、有效的分销系统。

四、国际市场促销策略

国际市场促销活动是国际市场营销组合因素中的一项基本活动。为满足消费者需求而研制出来的一项产品，经过适当定价，然后投放市场，这时就需要让那些潜在的消费者知道市场上已经有了这种产品，并向其介绍这种产品的使用价值。国际市场促销组合与国内市场促销一样，包括广告、营业推广、人员推销、公共关系四个要素。它们目标一致，彼此互相补充。国际促销策略的制订包括以下五个步骤：①依据本国市场情况制定出促销组合要素（即广告、人员推销、营业推广等因素的混合）；②确定对世界各地的促销业务实行标准化的程度；③确定最有效的广告主题；④选择有效的广告媒介；⑤建立必要的管理制度，从而有助于实现国际市场营销目标。

国际市场促销活动的基本原则和概念与国内的促销活动没什么差别。与国际市场营销活动的其他方面比较，促销活动在世界各地所呈现的相似之处最多。但同时，促销所涉及的与文化背景有关的独特的问题也最多。因此，使促销战略适应世界各地市场的文化差异乃是国际市场营销人员所面临的最需要解决的复杂课题。

1. 广告 是国际市场营销中促销组合的一个重要手段，但其重要作用会因时间、地

点、企业而异。有必要将广告的可能费用和所起的作用与促销组合或市场营销组合中的其他因素的成本和效益进行比较。对广告也要像对其他战略手段一样，只有当它能够经济有效地为实现企业目标发挥作用时，才可以被采用。

由于各个国家的经济发展水平和民族文化习惯不同，所以各国政府和民众对广告的态度也有差别。因此，必须首先了解各国在语言文化、法律等方面的限制，以利于扬长避短。

有些国家对广告的管制比其他国家要严格，因此，做广告就要根据不同国家的情况创造性地因地制宜。例如，在德国，法律禁止在广告中使用比较的手法，不能含有贬低另外一种商品的语言。在意大利，甚至连“除臭”“排汗”这类普通字眼也不能在广告中出现。

语言的限制是阻碍广告有效传播信息的主要因素。困难在于不同国家使用不同语言，甚至同一国家内也有不同的语言，如国土面积很小的新加坡的仅官方语言就有英语、汉语、泰米尔语和马来语四种。此外，还有语言上存在外国人难以掌握的细微差别和方言问题，仅凭某一词句的字面意思很难探究其真实含义。另外，广告的语言抽象、简洁、精炼，是广告的最大优点，但对翻译人员来讲却是难题。因为文化传统、教育水平方面的差异很大，即使是对一句话或一个简单概念的理解也不尽相同。因此，国际营销中的广告用语必须要注意想方设法克服异国语言文化的差异。

对于国际市场营销人员来说，如何适应不同文化已经是老生常谈的问题了，了解各种颜色的不同象征意义也是国际市场营销工作的一部分。白色在欧洲是纯洁的象征，在亚洲却通常与死亡联系起来。如果知道了颜色在各种文化中的象征意义，那么市场营销人员在使用颜色时就可以选择得当。在充分考虑了国外市场与国内市场在广告方面的差异后，运用与国内相类似的制订广告策略的方法，在比较经济性和可行性后，就可确定国际市场促销中的广告策略了。

2. 营业推广 除了广告、派员推销和宣传报道以外，任何鼓励消费者（用户）购买产品、提高零售商和中间商推销能力并改善其合作态度的市场营销活动都属于营业推广的范畴。

简言之，收款时去掉零头、在商店里进行操作表演、送样品、发优惠券、搭售商品、发行彩票、举办音乐会和商品交易会等特别的活动，以及在零售店的橱窗布置等，都是国际市场促销手段中营业推广的种种手段。

在那些由于媒体的限制而难与消费者相沟通的市场上，营业推广就会显示出它独特的作用。在某些不发达的国家，营业推广活动在农村和偏僻地区是促销活动的主要组成部分。例如，在拉丁美洲的一些地区，百事可乐和可口可乐公司都采用“游艺巡回车”推销产品。这种车开到一个村庄，就演出电影或进行其他娱乐活动。只要在零售商那里买一瓶没有打开过的饮料，就可以入场观看，因此零售商在得知巡回车将到来时就会更多地进货。

与做广告一样，营业推广活动成功的关键之一是能否因地制宜。有些国家的法律对发放赠券或附赠商品加以禁止，对折扣的数量加以限制，尤其对医药商品的营业推广活动加以严格限制，规定一切营业推广活动，必须获取许可。一般来说，当医药企业受外界条件的限制而不能充分运用广告手段时，营业推广就能起到替代作用。

3. 人员推销 由于国际市场竞争激烈，国外营销人员在促销方面的作用越来越明显。企业为了完成既定的营销任务，必须对国外市场的营销人员负起直接责任。

任何一级的营销人员都有以下三个来源：①企业所在国；②企业业务所在国；③第三国。

当国际营销活动只处于一个或几个国家只要具备少量的销售人员的水平时，由本国外派销售人员是合理的。而现在，在同一市场上就需要上百名销售人员。销售队伍如果全由国内外派，不仅要动用大量经费，而且实际是不可能的。

如果企业产品的技术性很高，或销售工作需要大量的背景知识和应用知识，那么由企业外派人员组成的营销队伍恐怕是上策。派驻国外的营销人员可能受过较多的技术培训，对企业及产品情况比较熟悉，企业对其忠诚程度和办事能力早就了解，这是有利之处。但缺点是成本高，存在文化和法律方面的障碍，缺少愿意长期在国外工作的高水平人才。因此，只要有可能，应尽量利用目标市场国或第三国人员作为企业的销售人员，由他们与国外市场的中间人与公众进行最直接的交易。

建立一支干练的国际营销队伍，既有助于企业产品在国外市场顺利销售，又是企业综合实力的体现。然而要建立一支高效能的营销队伍，就必须对外派人员及其家属进行谨慎的招募、挑选、培训、鼓励和薪酬补偿，以保证企业的人员投资得到最大的收益。使国际营销队伍保持高效率的最实际的办法是在人员培训的各个阶段以关心的态度仔细地规划，调动营销人员的积极性，促进企业产品的销售。

4. 公共关系　医药企业在国外市场营销产品时，还应充分利用公关活动及宣传报道的作用，通过信息沟通为企业创造“人和”的效果。利用各种机会，把对企业有利的具有新闻价值的信息传播出去，吸引国际消费者对本企业及本企业产品的注意和了解，在国外市场树立企业和产品的良好形象，增加公众对本企业的信任感。避免有意或无意的反公关行为，积极参加国际政治经济事务，为企业产品顺利进入国际市场打通道路。

随着国际经济一体化进程的日益加剧，我国产品走向国际是一个不可逆的大趋势，医药行业与医药产品同样不例外。然而毕竟国际国内的社会文化、政策法律、经济水平、科学技术、种族宗教等存在巨大的区别，普通商品走向国际尚且困难重重，更不用说受政府政策管制严格的医药行业与医药产品了。虽然目前我国医药产品走向世界还在初级阶段，但相信终有一天我国医药企业将全面走向国际市场。

思考题

1. 国际市场营销与国内市场营销的区别与联系有哪些？
2. 现行国际贸易的相关规定与组织有哪些？
3. 国际市场营销环境分析的内容是什么？
4. 进入国际医药市场有哪些战略选择？
5. 国际医药市场营销战略的内涵是什么？

扫码“练一练”

扫码“学一学”

第十三章　医药市场营销理论发展新趋势

学习目标

通过本章的学习全面了解医药市场营销理论发展的新趋势；了解绿色营销的概念和内容；理解服务营销的内容及应用；掌握关系营销的本质；学习并熟悉网络营销和微营销的发展趋势。

社会在不断发展，时代在日益进步。在奔腾不息的科技创新浪潮中，社会生产力迅猛增长，国民经济蓬勃发展，各种各样新产品层出不穷，争夺市场、争夺顾客的较量连绵不断，其手段和内容也不断更新；劳动者的收入不断增加，生活水平日见提高，消费的内容和要求也日益丰富多彩；加之全球市场经济活动日益向社会生活的方方面面拓展、新科学技术的不断创新，沟通交流的需要与手段不断出新。在这种不断新生与变化的市场需要环境中，为适应营销实践的要求，传统由生产经营者担任营销主角的市场营销学已经从营销理论、应用范围、营销方式、营销手段等各个领域中逐渐孕育出一系列新的营销理念与方法。例如营销理念方面有绿色营销、整合营销（传播）、关系营销等；营销应用范围方面有国际营销、国家营销、学校营销、城市营销、医院营销等；营销对象方面有服务营销、文化营销、旅游营销、房地产营销、汽车营销、农产品营销等；营销方式方面有体验式营销、互动营销、口碑营销、品牌营销等；营销手段方面有直复营销、机会营销、网络营销、数据库营销、病毒营销、微营销等。这些内容不同、形态各异的营销领域中的新生力量，既大大充实和丰富了原有营销大家族，又相互交融在一起，与原有营销家族成员共同构建了21世纪营销体系。毫无疑问，随着全人类在21世纪社会实践中的不懈努力，凭借人类与生俱来的永不停息的克服困难、追求成功的信心和毅力，新的、更多的营销理念与方法将越来越多地展现在我们的面前，为市场活动的所有参与者提供更多更先进的组合式营销策略与手段，以适应社会的发展。

为使大家对整个营销大家族有个全面了解，并掌握世界最新的营销理念与方法，现将其中具有代表性的内容简单介绍如下。

扫码“看一看”

一、绿色营销

（一）绿色营销的概念

在世界经济高速发展的同时，环境污染已经成为世界性的难题。环境保护活动蓬勃兴起，一场绿色革命的浪潮正席卷全球，于是，“绿色营销（Green Marketing）”便应运而生。

所谓绿色营销，就是指企业在营销全过程即产品的设计、生产、制造、消费、废弃物的处理方式等都应充分体现环境意识和社会意识，即产品在设计生产过程中要少用资源和能源，减少对环境产生的污染；产品使用过程中少污染甚至不污染环境并且低能耗；产品使用后可以易于拆解、回收利用或能够完全废置并长久无虞。绿色营销作为实现可持续发展战略的有效途径，无疑成为现代企业营销的必然选择。

当前，人类社会和经济的可持续发展已成为人类发展的基本要求，而要达到这样的目的，不仅要求企业在对资源的开发利用上实施可持续发展，同时也要求人们的消费行为也是可持续的。但是传统的营销学却要求企业采取各种方式刺激消费无限扩张，以实现企业最大生产规模和最大经济效益的目的，在现在看来，这显然与人类社会和经济可持续发展的基本要求是相悖的，因而要求企业的营销充分表现为可持续性的。传统营销学将满足消费者需要作为企业营销的最终目标，这在本质上讲是没有错的，但如果一味强调完全满足消费者的需要则有可能造成社会问题，甚至引起环境污染，因为消费者的需要有时会与社会利益不一致，有时则会损害社会利益。因而，如何协调消费者的需要，使这与社会利益相一致，就成为环保时代企业营销的新课题。

传统营销学主张采用各种营销手段以达到企业营销的最终目的，然而这些营销手段可能具有污染环境的后果。与此相反，现代营销则强调，企业营销必须与自然环境、社会环境和谐、协调，企业营销活动必须有利于环境的良性发展。

总之，环保时代的营销观念、营销目标、营销手段、营销管理等许多方面产生的对营销绿色化的要求，推动了企业绿色营销的产生和迅速发展。20 世纪 80 年代末，绿色营销已经成为企业营销最重要的内容之一，尤其是在发达国家，绿色营销已成为企业营销的主导观念。我国的一些出口商品，由于没有取得欧盟的绿色标志认证而难以进入欧盟市场。这充分说明了在人们已对环境问题高度重视的今天，绿色营销观念出现的客观必然性。

（二）绿色营销的实施

绿色营销不仅对改善环境有帮助，更能有效地树立企业在消费者心目中的良好形象，具体实施内容如下。

1. 制定绿色营销战略决策体系，以适应全球可持续发展的要求。制定企业绿色营销战略计划，无论从指导思想上还是具体措施上讲，都是保证企业营销工作符合绿色要求的关键。计划体系一般应包括环保投资计划、绿色产品开发计划、清洁生产计划、绿色营销计划等内容。

2. 收集绿色信息，开发绿色资源。企业应注重绿色消费需求的调查与引导，绿色信息包括绿色消费信息、绿色科技信息、绿色资源和产品开发信息、绿色政策信息、竞争信息、绿色产品市场销售信息等。

3. 研究开发绿色产品。开发绿色产品，需要从产品的设计开始，包括材料的选择、产品结构、功能、制造过程的确定，包装与运输方式，产品的使用直至产品废弃物的回收与处理等都要考虑对环境的影响。

4. 制定绿色产品价格。绿色价格反映的是生态环境成本，绿色产品的价格中应包括企业用于环保工作方面的支出。

5. 选择绿色销售渠道。绿色销售渠道是指企业选择的销售通道应能体现这两方面的要求：①最佳的销售网络支持与网点建设保证消费者及时购买到所需商品，以减少时间、精力的浪费；②确保一些时令商品及时销售，以减少产品浪费。

6. 开展绿色产品的促销。绿色产品的宣传促销应着重在消费者绿色意识提高上。同样需要运用人员宣传、公共关系宣传、广告宣传、销售促进等方式大力提高绿色产品的影响力、销售力和市场占有率。

二、服务营销

（一）服务营销的概念

随着西方经济逐步向后工业化阶段发展，经济发达国家中的服务业得到了特别强劲的发展。在世界高收入国家里，大约有2/3以上的国内生产总值来自于服务业。20世纪70年代后期，一个非常引人注目的变化是美国经济的服务化，即服务业在美国经济与贸易中的地位越来越重要。1977年美国花旗银行副总裁列尼·休斯坦克发表了一篇文章“从产品营销中解脱出来”，由此拉开了服务营销（service marketing）研究的序幕。2018年美国服务业产值占国内生产总值的80.6%，中国同期为52.11%。

服务与有形的产品相比可谓是一种无形的特殊商品，它具有以下特点：①不可触知的、抽象的；②消费者有时也卷入到生产过程中来；③产品不能预先生产，也不能储存；④产品很难实现标准化。

因此，传统的营销理念与方法已无法满足服务营销的要求，迫切需要一种新的符合服务产品特色的营销方法对此加以指导。此外，一些专业服务公司也在面临营销挑战。如市场研究公司、广告公司、管理咨询公司、教育培训机构、会计事务所、律师事务所、审计事务所、证券公司等专业化很强的公司普遍发现仅依靠品牌难以取得有利市场地位。专业化的服务公司营销正成为营销学者研究的难点。尽管难以建立差异化，但专业服务公司的品牌、质量、信誉已至关重要。

在此大的背景前提下，服务营销应运而生了。瑞典服务营销学者克里斯蒂·格鲁诺斯提出了“内部营销”（internal marketing）的概念，它要求在培养企业内部员工接受以顾客为导向的概念时的重要价值。这是服务性企业营销成功的关键。

20世纪70年代末出现的服务营销研究在21世纪中仍将成为营销学研究的重要内容。它们有可能与传统的产品营销平分天下。

（二）服务营销研究的主要内容

1. 顾客的特性 包括顾客的类型、购买服务时的态度和决定因素、对品牌的忠诚度、购买类型、市场细分与目标市场定位等。

2. 营销环境因素 包括服务营销的政治、经济、竞争、法律、社会文化等环境因素的分析与评价。

3. 营销组合管理 指服务感受、服务价格政策与制定、服务的进入与服务沟通的种种措施与策略。

4. 服务接触策略 由服务的特色决定了它与产品营销相比，更应该重视服务营销过程中的接触艺术和服务营销技巧。

由此可见，服务营销一定意义上是传统营销学在服务业领域的应用，随着科技和网络技术的进一步发展，技术对服务的影响也将更加深远。

三、关系营销

（一）关系营销的概念

关系营销是从“大市场营销”概念衍生、发展而来的。西方营销学者默林·斯通（Merlin Stone）和尼尔·伍德科克（Nell Woodcock）将关系营销（relationship marketing）定义为关系营销是市场营销、销售学、营销沟通和顾客管理技巧与过程在以下方面的广泛运用：①找到你所列出的每一个顾客；②建立公司与这些顾客间的关系——一种在许多交易中都存在的关系；③管理这些事关顾客与公司利益的关系。

关系营销与传统营销的根本区别是在于对顾客的理解和对待方式。传统营销对关系的理解仅仅限于向顾客出售产品，完成交易，把顾客看作产品的最终使用者；关系营销则把顾客看作是有着多重利益关系、多重需求、有思想、有情感、存在潜在价值的人。进而关系营销以系统论为基本思想，把营销活动看成是一个企业与消费者、供应商、经销商、竞争者、政府机构、社区及其他公众互相作用的过程，企业营销活动的核心是建立并发展与这些公众之间的良好关系。

1985 年，巴巴拉・本德・杰克逊首次强调了关系营销的重要性。认为企业应在维系和发展顾客关系的营销过程中，致力于建立顾客的忠诚度。它有别于传统的商品营销，为顾客增加经济、社会、技术支持等的附加值。关系营销更能把握住营销理念的精神实质。企业不仅是要达成交易而是要建立各种关系。

当服务在产品销售中作用越来越突出的时候，关系营销更优于交易营销。其实，在大宗产品、设备、专业服务中我们已经看到关系营销远比交易营销更适用。但在日用消费品行业，关系营销则更多的适用于与经销商的合作，而与终端消费者，仍需更多的交易营销。

关系营销的理论基础是《大市场营销》《整合营销传播》《系统论》《公共关系学》等。

（二）关系营销的本质

关系营销的本质综合反映了企业在营销过程中的符合社会发展要求的指导思想和经营理念，这些具体表现在以下几个方面。

1. 信誉第一、客户至上　对于任何一个企业来说，信誉历来都是至关重要的。人心的向背，是任何一个政府能否对国家进行有效治理、政党能否得到人民拥护、军队能否在战争中获胜的根本条件，因此，古今中外的政治家都深深懂得“取信于民”的重要性。在产品越来越丰富、替代品越来越多、选择余地越来越大的时代，一个产品、甚至于一个企业，要想在市场上站稳脚跟，没有良好的信誉是很难实现的。因此，关系营销要求企业在营销过程中高度重视声誉与形象，把声誉与形象视作珍贵的无形财富，重视形象的投资、管理与塑造，将树立和维护良好的声誉与形象作为企业重要的战略目标。而要实现这个目标，就要求企业充分认识到，没有顾客就不可能生存与发展，从而自觉地将顾客的意愿和利益作为营销决策和行动的依据，将了解顾客、顺应顾客、满足顾客、服务顾客作为重要而根本的营销管理原则。

2. 双向沟通、信息共享　双向沟通是信息传递的科学模式，在这种模式下，企业既可以充分了解市场、用户的具体要求，从而使自己的产品或服务更好地满足消费者的需要；市场、用户甚至社会也可以清晰而具体地掌握企业的所作所为，从而对其施加各种影响或决定自己的消费行为。良好的信息传播通道，既可使企业增强产品或服务本身的市场竞争力，同时也能更好地树立良好、鲜明的企业形象，使企业与用户之间产生相互信任、理解、支持与合作的融洽关系，进而又反过来增加企业在市场上的综合竞争实力。

3. 互利互惠、协同合作　关系营销认为买卖双方的关系应该是在交往与合作的过程中共同获益、共同发展，将平等互利作为处理各种关系的行为准则，认为凡是有损于自己关系对象的行为最终必将损害自己，因此维护关系对象的利益也就是维护自身的长远利益。为此，应彻底摈弃过去那种为了各自的目标、眼前利益而相互排斥、对抗、斗争。在竞争

激烈的社会环境里，只有互利互惠的关系才是最稳定、最可靠的关系。

4. 统筹兼顾、综合协调 在现代社会中，企业与社会环境之间的关系越来越复杂，诸如政治的、经济的、行政的、法律的、道德的、文化的、个人的、团体的等外部力量对企业的目标与发展，均有着越来越强的影响和约束力。为此，企业只有开展各种社会活动，以处理好各种关系，使之和谐化，并应付一些突发性事件，不给自身造成太大危害。总的要求是，统一与调配矛盾的双方或各个要素，使它们之间达到平衡、一致、融洽与和谐，使组织目标与社会需要一致，营利性与社会性平衡，眼前利益与长远利益统一，内部关系与外部关系协调。

四、网络营销

（一）网络营销的概念

随着人类社会跨进21世纪，我们已经走进了电脑发展的第四个阶段——网络时代。因特网的商业应用也从以简单的文本、图像的方式传送营销者的广告，到初期出现的网络商务应用，进一步发展到目前营销者能利用、控制网络技术，来为企业的营销目标服务的阶段。商业一经与网络技术结合起来，就焕发出现了无限的光彩，并对传统营销理念与手段带来了根本性的革命。

网络营销（cyber marketing 或 online marketing）实际就是企业在充分研究网络顾客需要的基础上，利用网络技术、电脑通信与数字交互式多媒体的威力来实现企业的营销目标。网络技术并不是万能的，要成为一个合格的网络营销商，除了需要掌握现代化的网络技术外，也需要全面掌握整个营销过程，包括市场调研、掌握消费者的需求、产品开发、产品定价、分销、销售沟通等。网络营销对企业来说既是机遇，又是挑战。

与传统营销相比，网络营销产生如下变化。

1. 营销方式的改变 随着网络技术向宽带化、智能化、个人化方向发展，用户可在更广阔的领域内实现声、图、像、文一体的多维信息共享和人机互动功能。使得网络的互动性、虚拟性、私人性、全球性等特点在商业领域得到充分的展现。

2. 营销渠道的改变 通过因特网，生产者可与最终消费者建立直接联系，传统营销渠道中广泛存在的中间商的作用越来越小，甚至完全消失。

3. 营销组合策略的改变 由于网络的全球化，使得传统营销组合要素的可变性、可调性越来越小，如价格就不可能做到因时、因地、因人而变化。

（二）网络营销过程

1. 在充分市场调研的基础上制定网络营销计划，以确定合理的目标，明确界定网络营销的任务。

2. 锁定目标顾客群，确定并分配营销任务。

3. 设计创建界面友好、信息全面而丰富的企业网页，全面反映营销活动的内容，进行网络营销的促销工作。尽量与更多的网站合作，拓宽网络销售渠道。

4. 与网络连接，进行营销测试、网页的改进与技术保证。

5. 提供可靠的网络顾客服务，接受订单、销售产品、提供服务。

6. 将网络营销纳入到企业管理的宏观体系中来，整合协调各营销要素，保证网络营销的正常顺利开展。

（三）网络营销存在的问题

网络营销因为主要是借助于网络技术销售自己的产品或服务，而因特网本身发展也还存在许多急需解决的问题，所以，网络营销存在着许多可谓是世界性的难题。

1. **网络安全问题**　如个人资料的保密、交易双方身份的确认等。

2. **税收问题**　如税收管辖权无法确定、检查稽查难度大等。

3. **法律问题**　如网上合同、消费者权益的法律保护等。

4. **购物体验问题**　如无法真实了解商品、缺少逛街购物的乐趣体验等。

五、微营销

（一）微营销的概念

微营销（micromarketing）是当今社会随着互联网及其应用的迅速发展而产生的新型营销方式，它是以移动互联网为主要沟通平台，配合网络媒体和大众媒体，通过有策略、可管理、持续性的线上线下沟通，建立和转化、强化顾客关系，从而实现客户价值的一系列过程。

（二）微营销的特点

微营销本质上是一种精准营销模式。在如今以市场需求为主导的经济时代，消费者的需求呈现出精细化和多样化的特点，细分市场日渐成熟，同时在互联网技术快速进步和应用的刺激下，整体市场的发展节奏也在不断加快。市场营销作为企业实现盈利的重要辅助环节，被众多企业经营者当作制胜的法宝，然而传统粗放式推广方法已不能满足部分精细化市场的营销需求，企业投资回报率也在不断下降，因而市场亟待出现一种更为快捷高效的营销途径。在这种大环境中，“微营销”的概念应运而生。

微营销是现代一种低成本、高性价比的营销手段。与传统营销方式相比，“微营销”主张通过“虚拟”与“现实”的互动，建立一个涉及研发、产品、渠道、市场、品牌传播、促销、客户关系等更“轻”、更高效的营销全链条，整合各类营销资源，达到以小搏大、以轻博重的营销效果。

微营销的核心手段是客户关系管理，通过客户关系管理，实现路人变客户、客户变伙伴的过程。微营销的基本模式是拉新（发展新客户）、顾旧（转化老客户）和结盟（建立客户联盟），企业可以根据自己的客户资源情况，使用以上三种模式的一种或多种进行微营销。有人总结微营销九种标准动作是：吸引过客、归集访客、激活潜客、筛选试客、转化现客、培养忠客、挖掘大客、升级友客、结盟换客。

（三）微营销的组成

1. **微博营销**　随着微博在网民中的广泛运用，伴随产生了有关的营销方式，就是微博营销。每一个人都可以在新浪、网易等网站上注册一个微博，然后利用更新自己的微型博客。每天更新的内容可以跟大家交流，或者挖掘大家所感兴趣的话题，以此达到营销的目的，这样的方式就是通常所说的微博营销。

2. **微信营销**　是网络经济时代企业对营销模式的创新，是伴随着微信的火热产生的一种网络营销方式。微信不存在距离的限制，用户注册微信后，可与周围同样注册的“朋友”形成一种联系，用户订阅自己所需的信息，商家通过提供用户需要的信息，推广自己的产品，这是一种点对点的营销方式。

微营销不只是微信营销，微信营销是微营销的一个组成部分。微博、微信、微信公众平台、微网站、APP同时组合在一起也不是微营销，他们都是实现微营销的一个工具和方法的一部分。

（四）微营销的优缺点

微营销的优点：潜在客户数量多、营销成本低廉、营销定位精准、营销方式多元化、人性化、营销信息到达率高。缺点是：微信不能显示用户是否在线的状态、认证问题、太耗时间、二维码安全问题。刷屏、内容千篇一律、广告体和夸张的宣传语也使得越来越多的人开始对微信营销产生反感甚至抵触。

微营销是网络时代的新兴产物，不仅本身存在着许多不确定性，而且它与社会法律、道德需要之间存在太多需要磨合之处，因此可以相信其与上述相对成熟的营销方式相比还有很大的不足与发展空间，有待更多的创新与改进，总之，微营销将会是未来营销发展的一个重要方向。

随着社会经济、科技的发展，现代医药市场营销也出现了一些新趋势，本章选择了绿色营销、服务营销、关系营销、网络营销和微营销等方面对这些新趋势作了介绍。其中，绿色营销、服务营销是当下企业比较重视的营销新方法，在很多企业的具体营销实践中得到了体现。关系营销则让企业更好地融入社会，并与消费者及社会公众形成良好的关系。网络营销和微营销在发展中虽然遇到不同的问题，但在不断地完善中。

扫码“练一练”

1. 绿色营销与环境保护有什么关系？
2. 简述服务营销的起源与发展。
3. 关系营销的本质是什么？
4. 网络营销存在哪些问题？
5. 微营销的特点是什么？

参考文献

［1］［美］菲利普·科特勒．营销管理．第13版．上海：格致出版社，2009.
［2］陆娟．市场营销学．南京：南京大学出版社，2000.
［3］杨世民．药事管理．北京：中国医药科技出版社，2000.
［4］张汉华．药品生产经营使用通典．北京：当代中国出版社，1999.
［5］何晓兵．销售业务管理．北京：科学出版社，2011.
［6］张立明，罗臻．药事管理学．北京：清华大学出版社，2011.
［7］裴蓉．市场营销学精华读本．北京：民主与建设出版社，2001.
［8］宁昌会．整合营销．武汉：湖北人民出版社，2000.
［9］夏俊．直复营销管理．北京：中国发展出版社，2001.
［10］万后芬，马瑞婧．绿色营销．武汉：湖北人民出版社，2000.
［11］张新国．关系营销．北京：经济管理出版社，2000.
［12］［美］达娜－尼科莱栽塔·拉斯库．国际市场营销学．北京：机械工业出版社，2010.
［13］蓝青山．OTC药品营销实战技巧．上海：上海三联书店，2001.
［14］吴健安．现代推销理论与技巧．北京：高等教育出版社，2005.
［15］徐文方．新药设计与开发．北京：科学出版社，2001.
［16］詹正嵩．新药研究开发与应用．北京：人民军医出版社，1998.
［17］杨克钊，潘旭初，尹海峰．实用药事管理学．北京：中国医药科技出版社，2000.
［18］吴永佩．综合知识与技能．北京：中国医药科技出版社，2000.
［19］威廉·M·普赖德，O. C. 费雷尔．营销观念与战略．梅清豪等译．北京：中国人民大学出版社，2005.
［20］胡天佑．药品广告策划·创意·文案．北京：中国广播电视出版社，2001.
［21］吕一林，岳俊芳．市场营销学．北京：科学出版社，2005.
［22］景奉杰．市场营销调研．北京：高等教育出版社，2006.
［23］风笑天．社会学研究方法．北京：中国人民大学出版社，2005.
［24］艾尔·巴比．社会研究方法．北京：华夏出版社，2005.
［25］伊恩·布雷著．市场调查宝典：问卷设计．上海：上海交通大学出版社，2005.
［26］屈云波，郑宏，张平淡．营销方法．北京：企业管理出版社，2008.
［27］熊涛，张兵．玩转微营销实战手册．北京：中国铁道出版社，2013.
［28］赵占波．市场营销学学科前沿研究报告．北京：经济管理出版社，2013.
［29］冯国忠．医药市场营销学（第3版）．北京：中国医药科技出版社，2015.
［30］朱佳英，任晋文，华恃彬．城市药品带量采购在公立医院的实施效果预测与探讨．浙江医学，2019，41（10）：1103－1107.
［31］李琛，刘艺敏，王文杰，等．我国药品集中采购工作回顾与展望．中国医院管理，2018，38（9）：17－19.
［32］邹武捷，张婧媛，管晓东．中国药品集中采购政策发展与思考．药品评价，2016，13（10）：18－20.